Reihe Film 42 · Max Ophüls

Die Reihe Film stellt das Werk von Regisseuren, bestimmte Genres oder andere übergreifende Themen des internationalen Films in Monografien vor. Dabei werden die einzelnen Bände unter wechselnden Perspektiven und verschiedenen Aspekten erarbeitet. Eine umfangreiche Filmobibliografie gehört zu jedem Band.
Max Ophüls (bürgerlich: Oppenheimer) wird am 6. Mai 1902 in Saarbrücken geboren, als Sohn eines wohlhabenden jüdischen Textilkaufmanns. Die künstlerische Laufbahn, die er bald als Theaterschauspieler und -regisseur, als Radiomacher und später als Filmregisseur einschlagen wird, steht zeit seines Lebens im Widerspruch zur bürgerlichen Herkunft und zu traditionellen Lebensanschauungen, gegen die sich Ophüls immer wieder durchzusetzen hat. Er entwickelt aus den Widersprüchen ein schier unabsehbar reiches Vokabular der Bilder, Töne und Wörtlichkeiten, die sich zu einem ganz eigenen, unverwechselbaren Kosmos zusammenfügen. So bescheiden sein Themenkatalog erscheinen mag, in dem er immer wieder auf den Skandal der romantischen Liebesbegegnung setzt, so unerschöpflich sind von LIEBELEI (1932) über LETTER FROM AN UNKNOWN WOMAN (1948) bis LA RONDE (1950), LE PLAISIR (1952) und MADAME DE ... (1953), von Deutschland über Frankreich nach Amerika und wieder über Frankreich nach Deutschland, die reich facettierten stilistischen Mittel. Mit seinem letzten Film LOLA MONTEZ (1955) erreicht diese Kunst einen Höhepunkt, der dieses lange verkannte und oft grausam verstümmelte Werk zu einem der überragenden Ewigkeitswerke der Filmgeschichte macht. Hervorragende Merkmale von Ophüls' Kunst ist fast durchweg ein fließender Erzähl- und Kamerastil, ist die große Geste lang durchgedrehter Einstellungen, mit denen Menschen und Dinge gegen jede Realität außerhalb der Kunst abgeschirmt und gleichzeitig zur vollen Entfaltung gebracht werden, ist die als ganz mühelos erscheinende Verbindung disparater Orte, Begebenheiten und von Zeit- und Bewußtseinsebenen sowie eine schwebende Musikalität, deren Geheimnis nur schwer zu erfassen ist. In den bewegendsten Momenten des ophülsschen Filmwerks begegnet eine Form von fast schwermütigem Einverständnis mit dem Leben und seinen Brüchen, das man als Melancholie absoluter Könnerschaft bezeichnen könnte. – Max Ophüls ist am 26. März 1957 in Hamburg gestorben.

Die Autoren

Helmut G. Asper (1945, Köln). Studium Theaterwissenschaft, Kunstgeschichte, Literaturgeschichte. Promotion 1970. Akademischer Rat an der Universität Bielefeld. Veröffentlichungen über Theater, Film und Fernsehen. Lebt in Bielefeld.

Wolfgang Jacobsen (1953, Lübeck). Studium Germanistik, Theaterwissenschaft, Kunstgeschichte. Magisterarbeit über Alexander Kluge und Rainer Werner Fassbinder. Seit 1981 freier Mitarbeiter der Stiftung Deutsche Kinemathek, Berlin. Journalistische Arbeiten für Rundfunk und Presse. Redakteur des Filmlexikons »Cinegraph«. Bücher: »Filmstadt. Kino. Berlin« (1987), »Erich Pommer« (1989). Lebt in Berlin.

Peter W. Jansen (1930, Elsdorf). Verlagsbuchhändler, Studium Germanistik, Geschichte, Soziologie. Dr. phil. Redakteur bei »Der Mittag« (Düsseldorf), WDR (Köln), »Frankfurter Allgemeine Zeitung«. Seit 1966 beim Südwestfunk Baden-Baden; Leiter der Hauptabteilung Kultur (Hörfunk). Lebt in Gernsbach/Baden.

Gertrud Koch (1949, Garmisch). Studium Germanistik, Soziologie, Philosophie und Erziehungswissenschaften. Seit 1969 Filmkritiken in der »Frankfurter Rundschau« u. a. Lehraufträge für Filmtheorie an verschiedenen Universitäten. Aufsätze zu einer feministischen Film- und Kinotheorie u. a. filmwissenschaftlichen Themen. Mitherausgeberin von »Frauen und Film«. Lebt in Frankfurt.

Hermann Naber (1933, Ochtrup/Westf.). Studium Germanistik, Anglistik, Philosophie und Publizistik. Journalistische und schriftstellerische Tätigkeit. Hörspiel-Dramaturg beim Hessischen Rundfunk (1962-65). Leiter der Hörspielabteilung des Südwestfunks (seit 1965). Sekretär des Karl Sczuka-Preises für Hörspiel als Radiokunst. Herausgeber der Kassetten-Edition Cotta's Hörbühne. Mitglied der Akademie der Darstellenden Künste Frankfurt/Main, Medien-Senat. Mitglied der Akademie der Künste Berlin. Lebt in Baden-Baden.

Max Ophüls

Reihe Film 42

Mit Beiträgen von
Helmut G. Asper
Wolfgang Jacobsen
Peter W. Jansen
Gertrud Koch
Hermann Naber

Carl Hanser Verlag

Die Reihe Film wird herausgegeben
in Zusammenarbeit mit der
Stiftung Deutsche Kinemathek
von Peter W. Jansen und Wolfram Schütte

Redaktionsschluß: 30. Juni 1989

Reihe Film 42
ISSN 0172-8267
ISBN 3-446-15274-1

Umschlagfoto: © Südwestfunk, Baden-Baden
Reproduktionen: Repro Knopp, Inning
Gesamtherstellung: Appl, Wemding
Printed in Germany

Inhalt

Zeitsprünge

Von Gertrud Koch

Über die Filme von Max Ophüls gibt es so viele Vorurteile, wie seine Filme Facetten enthalten: die Charakterisierungen und Charakteristika dieses eigenwilligen Regisseurs und seines Werkes reichen vom todessehnsüchtigen Erotiker über den ironischen Gesellschaftskritiker bis zum Vorläufer der Postmoderne, der vor allem die Selbstreferenz auf das eigene Medium des Films und der Kulturindustrie gegeben hat. Bekannt wurde Ophüls in verschiedenen Wellen der Rezeption, die auf ganz unterschiedliche Nuancen des Werks abhob, zuletzt rückte er im feministischen Diskurs über das Melodrama in ein neues Zentrum.[1]

Ganz offensichtlich lassen sich die Filme von Ophüls nicht auflösen in die Regeln von Genrekonventionen, noch sind sie als bloße Abweichungen von der Regel interessant. Das wird besonders deutlich an der komplexen filmischen Organisation von Raum- und Zeitstrukturen, die Ophüls' Filme in eine Vielschichtigkeit treiben, die sie noch vielen Deutungsversuchen als pièces-de-résistance erhalten wird.

Unternimmt man den Versuch, den komplizierten narrativen Aufbau der an ihrer Oberfläche keineswegs uneinsehbar wirkenden Erzählungen der Filme aufzulösen, dann stößt man bald darauf, daß sich dahinter keineswegs eine umfassende kompositorische Logik verbirgt, die man formal systematisieren könnte. Die vielen Rückblenden, in denen Ophüls die Geschichten entfaltet, wie beispielsweise in LOLA MONTEZ, stellen vielmehr mitunter eher so etwas wie sich verselbständigende Einheiten her, die in ihrer gleichzeitigen Präsenz als Erinnerungsbilder und ihrer Ortlosigkeit in der filmischen Struktur rätselhaft bleiben. Denn Ophüls liebt es, das Publikum auf seinen eigenen Status zu verweisen, indem er eine erzählende Figur einführt, die den Zuschauer gleichzeitig an der Hand nimmt und in die Welt der Erinnerungen entführt – und Distanz zu dem herstellt, was da erzählt wird. Das Spiel mit Nähe und Distanz ist freilich selbst trügerisch, denn die à part-Sprecher oder die Stimmen aus dem Off sind keineswegs diejenigen, die *alles* erzählen, was wir zu sehen bekommen. Als unsichtbare Hand ist es am Ende doch der Regisseur, der das Publikum zu ganz verschiedenartigen Einlassungen auf sehr verschieden erzählte Geschichten verführt. Drei zentrale Filme in Ophüls' Werk sind von Beginn an als eine recherche du temps perdu angelegt: LA SIGNORA DI TUTTI, LETTER FROM AN UNKNOWN WOMAN und LOLA MONTEZ. In weiteren Filmen wie LA TENDRE ENNEMIE und SANS LENDEMAIN ist eine solche zumindest in einigen Zügen präsent.

Dabei ist das, was innerhalb einer filmischen Erzählung von einer handelnden Person als Erinnerung erzählt wird, keineswegs gesichert. In SANS LENDEMAIN trifft eine Frau, die in einem Nachtclub als Schönheitstänzerin arbeitet, den Mann wieder, den sie liebte. Er hat sie als unbeschwerte, charmante junge Frau in Erinnerung, die ihn mysteriöserweise während eines gemeinsamen Kinobesuchs auf Nimmerwiedersehen verlassen hat, obwohl sie ihn hatte heiraten wollen. Das Bild, das er von ihr hat, hat freilich schon damals nicht gestimmt, schon damals war sie die Frau eines anderen. Eine Rückblende vom nächtlichen Paris in eine sonnige Schneelandschaft Kanadas verdeutlicht das Dilemma der bestehenden und der geplanten Ehe, die sich beide gegenseitig zur Farce machen. Auch in LETTER FROM AN UNKNOWN WOMAN erzählt die weibliche Hauptfigur erfundene Erinnerungen an eine Reise, die sie nie gemacht hat, mit einem Vater, den sie nie gehabt hat.

Erinnerungen, das heißt zuallererst Herstellung von Bildern als ihren materiellen Trägern, Materialisierungen und Irrealisierungen zugleich. Denn wenn Erinnerungen zu produzieren heißt, sich in inneren Bildern etwas vorzustellen, was abwesend ist, weil es nicht mehr im Raum/Zeitkontinuum der Gegenwart vorhanden ist, dann sind diese Bilder etwas ganz anderes als die dokumentarischen Protokolle ablaufender Zeit. Der Sprung in die Vergangenheit, sei es in ein anderes Jahrhundert oder lediglich der Erinnerungssprung einer Filmfigur, wird immer zum Sprung ins Reich der Fantasie.

Rasen, Fallen, Fahren, Stürzen

Sich dreh'n, sich dreh'n,
Bis die Sinne vergeh'n.

Die Auflösung von Räumen durch weitausholende Bewegungen der Kamera, für die Ophüls berühmt geworden ist, konstituiert weit mehr als einen Stil, der sich durch den ausgiebigen Gebrauch der Plansequenz vor der Montage auszeichnet. Im übrigen bedient sich Ophüls beider formaler Mittel in kombinatorischer Weise. An einer Passage aus LOLA MONTEZ läßt sich beschreiben, wie sich die verschiedenen Zeit- und Erzählräume ineinander verschränken. In der Zirkusvorstellung, die das Leben der Lola Montez als eine Art Bühnenshow inszeniert, sagt der Conférencier gerade den Höhepunkt in der Karriere seines Stars an. Die sprachliche Metapher von der »Stufenleiter des Erfolges, die sie höher und höher klettert«, übersetzt sich visuell in eine akrobatische Allegorie: Lola klettert von Trapez zu Trapez bis in die Spitze der Zirkuskuppel. Auf der »Höhe des Erfolges«: der Sturz. In der Zirkusvorstellung wird der »Sturz«, der »Fall«, durch einen Sprung dargestellt. In der filmischen Darstellung wird genau dieser Spannungsmoment zerdehnt. Auf der Höhe der Zirkuskuppel angekommen, erinnert sich Lola Montez an die Zeit ihres Lebens, die als der Gipfel ihres Erfolges gilt, die Zeitdauer ihrer Liaison mit dem bayerischen König Ludwig I., die mit ihrer Vertreibung und Flucht aus Bayern endet, eben mit Sturz, Fall und Absprung.

»Auf der Höhe des Erfolges«, in der Zirkuskuppel, heftet sich die Kamera, die sonst mühelos, selbst ein akrobatisch behendes Auge, die akrobatischen Allegorien durch den Raum verfolgt hat, an das gequälte Gesicht der Lola. Eine längere Überblendung führt auf Lolas Erinnerungsspur nach Bayern. Der ganze Teil wird fast als ein Film im Film erzählt, mit komischen opera buffa-Einlagen, dramatischen, historischen Szenen, ein in sich geschlossener Komplex. Wo die chronologisch aufgebaute Erinnerungspartie an das Ende der Erzählhandlung gerät, beginnt der Aufbau der Sprungsequenz, deren Zerdehnung durch den Erinnerungsschub eingesetzt hat. Nun wird die Handlung zurück in den Zirkus geholt, das warnende Gespräch im Hintergrund, die Benach-

richtigung des Conférenciers, die Entscheidung für oder gegen die Absenkung des Sicherheitsnetzes sorgen noch einmal für einen Aufschub. Der Aufbau und Ablauf der eigentlichen Sprungsequenz ist natürlich extrem kurz, die ganze Sequenz dauert wohl kaum eine halbe Minute. Sie baut sich, rhythmisiert durch die drei Trommelwirbel der Zirkussensation, in einem klassischen Schnitt-Gegenschnittverfahren auf, wobei es einen auffälligen Umschwung gibt: die raumgreifenden Bewegungen der Kamera, die den Betrachter sonst zugleich in die Bilder hineinreißen und ihm doch keinen fixierten Standpunkt innerhalb der Narration einräumen, sind in diesem ganz auf Montage basierenden Verfahren stark subjektiviert. Einerseits wird das schwer atmende Gesicht Lolas in Großaufnahme herangerückt, andererseits aber wird der Gegenschuß aus der Vogelperspektive Lolas in der Zirkuskuppel zu ihrem eigenen Blick in die Tiefe.
Nun ist es keineswegs ungewöhnlich, eine solche Sequenz so aufzubauen und eine Spannungssteigerung dadurch zu erzielen, daß das Objekt, das für den Blick des Zuschauers Angst zeigt, im nächsten Moment mit dem Zuschauer identisch wird und diesen in einer subjektiven Einstellung in seine eigene Position zwingt. Ungewöhnlich ist es aber im Kontext

Dreharbeiten Lola Montez

Lola Montez

der ophülsschen Präferenz für die ausschweifenden Kamerafahrten. Der abrupte Wechsel von fließenden Bewegungen und hartem Schnitt korrespondiert auf eigentümliche Weise mit der Zeitstruktur der filmischen Erzählung, dem Wechsel von der Vergangenheit in die Gegenwart hinein.

Dabei sind Vergangenheit und Gegenwart nicht chronologisch gesehen und inszeniert, sondern in wechselseitigen Überlagerungen und Abhängigkeiten voneinander verwoben. Die vielen Stürze und Sprünge, die den Fluß der Bewegungen schockhaft anhalten, sind im Bewußtsein der Zuschauer Einbrüche jäher Gegenwärtigkeit. Dieser Eindruck entsteht auch bei der folgenden Sequenz aus dem dritten Teil von LE PLAISIR, die von dem Maler und seinem Modell erzählt. *Le modèle* hat einen doppelten Rahmen und wird vom Erzähler aller drei Teile, dem fiktiven Autor, eingeleitet, indem dieser den Erzähler der Geschichte vom Maler und seinem Modell vorstellt, und dieser wiederum erzählt die Geschichte mit einem visuellen Suspense-Effekt. Die beiden Männer an der Strandpromenade erzählen sich nämlich die Lebensgeschichte eines Ehepaares, das die Zuschauer nicht zu sehen bekommen. Wie der Bayern-Teil in LOLA MONTEZ wird die Geschichte fortlaufend erzählt – bis zu ihrem Ende, dem

Sturz. Auch dieser Sturz ist ein Todessprung, und auch dieser Sprung wird überlebt.
Bemerkenswert ist in dieser Sequenz die Plötzlichkeit der Handlung und der Wechsel zur subjektiven Einstellung, in der der Sprung selbst inszeniert ist. Die eilig hastenden Schritte über die Treppe, das Zerren am Fensterknauf, der wie ein Torkeln schlingernde Sprung, das vor allem im Geräusch inszenierte Splittern des Glasdaches, das die Selbstmörderin auffängt, der jähe Abbruch der Musik, die zweimaligen verzweifelten Nein-Schreie des zynischen Geliebten, der die Verlassene in der Gewißheit, daß sie dazu nicht in der Lage sein würde, auffordert, aus dem Fenster zu springen, wenn sie ohne ihn nicht leben könne: all diese Einzelheiten verdichten sich zu einer raschen Handlungsfolge, die ihre ganze Wirkung daraus bezieht, nicht mehr nur zu erzählen, was nacheinander passiert ist, sondern die Handlung und das Handeln einer Person in einer subjektiven Einstellung identisch werden zu lassen.
Dieses Handeln ist immer auch ein Eingriff in das eigene und in das Leben anderer Personen, insofern ist es im ganz traditionellen Sinne immer »dramatisch« (ein Begriff, in dem sich etymologisch noch das griechische Verb für »handeln, tun« verbirgt). Während sich die plötzlich ereignenden Handlungen aus den Bewegungen der vorhergehenden Sequenzen ergeben, jeder Sprung sozusagen eine Anlaufstrecke nimmt, wird an ihr Ende hart angeschnitten.
Bevor noch der Sprung, der Lola Montez durch eine weiße, von Lichtreflexen aufgesprengte Farbkaskade hindurchrasen läßt, schließlich auf dem im Sturz immer größer werdenden Sprungtuch endet, schieben sich von den Seiten her schwarze Blenden ins Bild. Wenn die nächste Einstellung beginnt, dann auf der *narrativen* Ebene elliptisch, auf der *formalen* Ebene mit einem identischen Rekurs auf die Seitenbewegungen der Schwarzblenden, indem ein weißer Vorhang von der Mitte her zu den Seiten hin aufgezogen wird, *technisch* durch einen Schnitt. So wissen wir, daß Lola den Sprung überlebt hat, wir erfahren es durch das Bild ihres nächsten Auftrittes, der sie dem ausschließlich männlichen Publikum in einem Raubtierwaggon vorführt. Der Sprung hat außerdem das Verhältnis des Conférenciers zu ihr auf die Ebene des Dialogs transportiert: »Ich glaube, ich hätte es nicht überlebt,

Le plaisir (Le modèle)

ich kann ohne dich nicht sein.« Darauf Lola, müde: »Das Leben geht weiter.«

In LE PLAISIR folgt auf den Fenstersturz der Schnitt zurück auf die Strandpromenade, an der die erzählte Geschichte begonnen hat. Nun kommt das Paar ins Blickfeld, das die ganze Zeit nur in der Vergangenheit zu sehen war und nicht in seiner gegenwärtigen Verfassung. Der Maler schiebt sein Modell in einem Rollstuhl, auf immer sind sie aneinander gebunden, im Schock von Schuld und Verletzung wurde die Ehe geschlossen, die nun ein Leben lang halten wird, und »damit ist sein Leben zu Ende«, sagt der Erzähler.

Beiden Sprüngen ist also eine eigentümlich ambivalente Gefühlslage beigemischt: der dramatische Akt des Todessprungs markiert das Verhältnis zum Leben als Resignation. Viele der ophülsschen Personen sterben aus Enttäuschung und Resignation, als Gebrochene, die an den Folgen des Handelns aus eigener Antriebskraft oder dem anderer zerbrechen. Während der zaudernde Geliebte sich in LIEBELEI seiner Gefühle für Christine fast schon bewußt geworden ist, bevor er im Duell fällt, wird Christine von der Ambivalenz resignativ überwältig: nie wird sie wissen, ob er gelogen hat, als er ihr seine Liebe schwor. Ophüls läßt offen, ob Christine aus Zweifel oder aus Trauer in den Tod springt.[2] Aber auch schon in diesem frühen Film hat er den Sprung als Klammer gesetzt zwischen Sequenzen, die auf ein Handeln gerichtet sind, und einer Schlußsequenz, die noch einmal die Erinnerung beschwört, die Stimmen der Toten wiederbelebt. Der Sprung selbst ist in LIEBELEI fast lakonisch inszeniert, von außen sehen wir Christine in schemenhaftem Umriß an die beschlagene Fensterscheibe treten, dann nur noch die weit nach außen schwingenden Fensterflügel. In dieser Sequenz gibt es noch keine formale Subjektivierung, und dennoch hat Ophüls den Sprung schon vorbereitet in der Musik mit dem Lied vom »bleichen Brüderlein«, das Christine mit brüchiger Stimme singt, als wüßte sie bereits, was sie in kurzer Zeit erfahren wird. Dennoch ist die Dramaturgie hier noch sehr viel einfacher, sind die Zeitebenen noch klar voneinander getrennt, ist die Erinnerung eher ein Epilog denn ein integriertes, selbsttätiges Bewußtsein von Akteuren. Aber gleichzeitig enthält LIEBELEI bereits Kerne von Darstellungsweisen der Gefühlswelten und Zeiterfahrung, die Ophüls später zu immer komplexeren Ausfächerungen der Zeitdimension zur Verfügung stehen.

Eine Dramatik anderer Art hat der Treppensturz in LA SIGNORA DI TUTTI zu bieten: kein resignativer Todessprung findet da statt, sondern eine Verfolgungsjagd im Rollstuhl. Wie der jähe Fall des Maskenträgers auf dem Ball in LE PLAISIR, ist auch hier der Sturz nicht ein todessüchtiges Sich-Fallenlassen, sondern ein Fall aus der Raserei heraus, ein stolperndes Stürzen, ein Zusammenklappen, das auf eine übermäßige Bewegung hin zustandekommt.

Wenn in LA SIGNORA DI TUTTI das junge Mädchen, Gesellschafterin der an den Rollstuhl gefesselten Dame des Hauses, sich die Treppe hinunterschleicht, weil sie der Herr des Hauses mit seinen Avancen bedrängt, wenn schließlich das ungleiche Paar im eher unheimlich dunklen Park des Anwesens sich dubiose Versprechungen macht, dann beschwört Ophüls schon damit eine Atmosphäre von Schuld und Unheil herauf, in der die eifersüchtig gewordene Gattin wie eine wild gewordene Furie aus einem Hitchcock-Szenario auftritt. Wie ein gerädertes Flügelwesen schiebt sich ihr bedrohlicher Schatten auf der Wand entlang, der Stock fährt wütend ins Fenster, das sich nicht vom Sitzen aus öffnen läßt, das Gesicht ist schmerzverzerrt in der doppelten Enttäuschung, nicht nur den Gatten, sondern auch die liebgewonnene Freundin abtrünnig zu sehen. Wenn der Stuhl schließlich unter der Rasenden rückwärts die Treppe hinuntergeschleudert wird, die Gelähmte wie eine Lawine mit sich reißend und unter sich begrabend, dann ist die Raserei Ausdruck von Bewegungsunfähigkeit, die nur noch den wütenden Ausbruch kennt, sich selbst im Wege ist und schließlich Rache an allem nimmt, was sich noch bewegt. Das ist allerdings ungleich dramatischer als der Fall in LE PLAISIR: fast mit dem Hautgout eines buñuelschen Mordkomplotts der Gedanken gegen die Wirklichkeit in den Gegenschnitten unterfüttert, die das heimliche Paar zeigen und die Beschwörungen des älteren Mannes, das junge Mädchen möge angesichts der fortschreitenden Krankheit der Gattin doch auf den Moment seiner wiederzugewinnenden Freiheit warten.

In LE PLAISIR ist ein rasender Fall als Resultat einer Bewegungshemmung das Motiv der »Maske«: auch hier geht es um die Angst vor der Impotenz, die durch Bewegung bis zur

Überdrehung kompensiert werden muß. Der alternde Galan, der wie eine schlecht geölte Marionette über das Parkett strauchelt, bis er zusammenbricht, schließlich weggetragen wird wie ein lebloses Objekt, ist eine gespenstische Figur, die nur vor dem Hintergrund einer überbewegten, hastig-nervösen Kulisse eines brodelnden Tanzpalastes ihre grauenhaften Züge entfalten kann. Nicht nur die Beschreibung durch den Autor, dessen Stimme aus dem Totenreich die Scheintoten unter den Lebenden nominiert, schafft die morbide Grundstimmung dieser Sequenz, es ist vor allem die bis zum Zerreißen gestraffte Zeit, die im sich überstürzenden Tempo dröhnender Musik eine makabre Zwanghaftigkeit ausdrückt, deren Verkörperung der Maskenträger schließlich ist.

Das Straucheln, Fallen, Stürzen, das aus dieser Bewegungssucht herrührt, baut Ophüls in eine eindrucksvolle Sequenz ein, in der nicht nur die Personen vor der Kamera in eine bizarre Bewegungsmanie verfallen zu sein scheinen, sondern die Kamera selbst die Räume in einer Weise auflöst und sich in Bewegung versetzt, bis sie selbst Teil des Getriebes wird, den Zuschauer direkt in die hitzige Nervosität des Ortes vortreibt, bevor der jähe Fall die Überleitung schafft.

Weder der Fall des Maskenträgers aus LE PLAISIR, noch der Treppensturz aus LA SIGNORA DI TUTTI lassen sich mit den subjektiven Todessprüngen vergleichen, die LOLA MONTEZ und das »Modèle« aus LE PLAISIR kennzeichnen. Die hastige Flucht vor der Bewegungslosigkeit bzw. der Impotenz und die Freiwilligkeit des Todesspringers sind gänzlich verschiedene Stadien in Bewegungsabläufen, die filmisch nicht zufällig als eine Differenz zwischen Beschleunigung des Tempos in den ersten beiden Sequenzen und einer Zerdehnung in den beiden letzten Fällen ablesbar sind. Allen Fällen dieser intentionalen Stürze und Sprünge oder ihres Zustandekommens als intendierter Flucht oder aggressiver Bewegungen scheint ein eindeutiger affektiver Zustand zugrunde zu liegen.

Daß Ophüls aber auch der Meister in der Inszenierung von Ambivalenz als einer räumlich-zeitlichen Erfahrung ist, zeigt die folgende kurze Sequenz aus LA SIGNORA DI TUTTI. Auf einer Terrasse am See liegt die Hausherrin im Liegestuhl, die Schwester ihrer jungen Gesellschafterin ist gekommen, um sie auf Wunsch des Vaters nach Hause zu holen. Die drei

Frauen debattieren in einer klassischen amerikanischen Einstellung, zu einem hübschen Dreieck arrangiert. Die Schwester verabschiedet sich, winkt noch einmal aus der Baumallee zurück, während Gaby ihre Jacke ablegt und ein Ruderboot besteigt. Im selben Moment, in dem sie, durch die überhängenden Baumzweige fast verborgen, loszurudern beginnt, fährt mit Hupsignal der Hausherr die parallel zum Seeufer verlaufende Auffahrt entlang auf die Terrasse zu. In einem merkwürdigen Schnitt-Gegenschnittverfahren werden die beiden in ihren Fahrzeugen so aneinander vorbei bewegt, daß der Eindruck entsteht, als befänden sie sich in einem Raum, der sich auf der Stelle bewegt wie ein Laufband, das rundläuft. Dieser Raumeindruck entsteht durch die Montage von Bewegung in den Bildern, die unterschiedliche Empfindungen auslöst. Während nämlich der Herr im Auto im Schrittempo mehr gleitet als fährt, scheint das Boot mit der rudernden Gaby, obwohl man sie die Ruder bewegen sieht, fast wie ins Schlepptau des Autos genommen; ihre Versuche, vorwärtszukommen, werden auch dadurch zunichte gemacht, daß sie mit dem nach vorne fahrenden Auto Schritt zu halten sucht, indem sie, mittlerweile im Boot stehend, rückwärts rudert. Das ist eine Bewegung, die gleichzeitig Parallelität und Zurückweichen bedeuten kann, auf alle Fälle haftet dieser Sequenz etwas gefährlich in Bann Geschlagenes an. Auch im Dialog wird dieses Moment von Verwirrung deutlich, häufig antwortet Gaby auf Fragen abwechselnd mit Ja und mit Nein, sie befindet sich nicht nur mit dem Rücken zur eigenen Fahrtrichtung, sondern auch in einer Art Verhör durch den Autofahrer, der von ihr hören will, ob sie froh ist, ihn zu sehen. Diese Situation, die Ophüls in dieser einen Sequenz schon so eindrucksvoll zum Ausdruck bringt durch die leichte Desorientierung des Raumgefühls, wird zur paradigmatischen Falle des Films, in der die Figuren schließlich zerbrechen werden. An der Unfähigkeit, Entfernung herzustellen oder zu akzeptieren, stirbt schließlich der aus der sozialen Existenz geworfene väterliche Liebhaber, als er angesichts der Kinoplakate seiner Ex-Geliebten auf der Straße unter ein Auto läuft, aber auch Gaby, die schließlich Selbstmord begeht, weil sie nie aus der Falle der Intimität herausgekommen ist.

Die Vorliebe von Ophüls für die Dreh- und Kreiselbewegungen des Tanzes, aber auch für die raumgreifenden Schritte im Bewegungsrausch befindlicher Paare sind geradezu sprichwörtlich für ihn geworden. Ob die Endlosschleifen des Paares in LETTER FROM AN UNKNOWN WOMAN im leergefegten Tanzcafé oder die rauschenden Kreise, die das Paar auf dem Diplomatenparkett der MADAME DE ... zieht, ob der erste im Drehwurm endende Tanz mit dem Sohn des Hauses der späteren SIGNORA DI TUTTI oder die ausgelassenen Tänzchen im Maison Tellier pour LE PLAISIR: der Tanz, die Bewegung ist bei Ophüls immer ein Stück Eros, vorwärtsdrängend und nicht aufzuhalten wie die Bögen in Mozarts *Don Giovanni*.

Zu den Ufern des Rubikon: Ströme der Vergangenheit

»Wir haben keinen anderen Weg«, klagt Sigmund Freud, »von einem komplizierten Nebeneinander Kenntnis zu geben als durch das Nacheinander der Beschreibung, und darum sündigen alle unsere Darstellungen zunächst durch einseitige Vereinfachung und warten darauf, ergänzt, überbaut und dabei berichtigt zu werden.«[3] Das »komplizierte Nebeneinander«, das Ophüls' Filme für das »Nacheinander der Beschreibung« so ungeeignet erscheinen läßt - kein Zufall, daß schon kürzeste Sequenzen lange Seiten an Beschreibung notwendig machen -, meint freilich bei Freud wie bei Ophüls eine komplizierte Überlagerung von zeitlichen Dimensionen des menschlichen Bewußtseins einschließlich des unbewußt bleibenden Teils. In demselben Kapitel, in dem Freud auf das Problem zu sprechen kommt, daß sich unsere Vorstellungen, in denen verschiedenste Bedeutungskomplexe nebeneinander existieren, sprachlich eben nur als Nacheinander beschreiben lassen, da ihr Bedeutungsgehalt sich nicht gleichzeitig in seiner Vielfalt erläutern läßt, entfaltet er eine These über die Zuordnung von Gegenwart und Zukunft und die Instanzen des innerpsychischen Apparates wie Es und Überich. Sie läßt sich in seiner Feststellung zusammenfassen: »So kann man sagen, die Außenwelt, in der sich der Einzelne nach der Ablösung von den Eltern ausgesetzt finden wird, repräsentiere die Macht der Gegenwart, sein Es mit seinen vererbten Tendenzen die organische Vergangenheit und das später hinzugekommene Überich vor allem die kulturelle Vergangenheit (...). So nimmt das Überich eine Art von Mittelstellung zwischen Es und Außenwelt ein, es vereinigt in sich die Einflüsse von Gegenwart und Vergangenheit. In der Einsetzung des Überichs erlebt man gleichsam ein Beispiel davon, wie Gegenwart in Vergangenheit umgesetzt wird.«[4] In dieser kurzen Passage kommt es Freud auf die Erläuterung der Konfliktlage an, in der sich die Subjekte zu fast jedem Zeitpunkt in ihrem Leben befinden, insoweit jeder Zeitpunkt der Schnittpunkt von Gegenwart und Vergangenheit ist, der bereits die Zukunft entweder zu antizipierter Gegenwart macht, sie sich also vorstellt und damit bereits wieder denselben Verarbeitungsmechanismen unterliegt wie den vorgestellten Erinnerungen. Da sich aber alle Vorstellungen aus dem Fundus der Erinnerungsbilder speisen, ist die Zukunft in unserer Vorstellung nichts anderes als konstruktiv gewendete Erinnerung, also Vergangenheit. Da Gegenwart lediglich die Zeitspanne genannt zu werden verdient, in der Handeln für die Zukunft vorgestellt wird, Wünsche der Vergangenheit in Ziele umformuliert werden, die sich handelnd erreichen lassen, wird deutlich, was Freud damit meint, wenn er schreibt, »die Außenwelt (...) repräsentiere die Macht der Gegenwart«, denn in ihr sehen wir uns gezwungen zu handeln. Es ist die Gegenwart, die, nach einer Formulierung Alexander Kluges, die übrige Zeit angreift.[5]

In den Filmen von Max Ophüls mit ihrer merkwürdigen Vermischung von Zeitebenen und Auflösung von Räumen, mit ihren merkwürdigen Stimmen aus dem Off eines fiktiven Totenreiches, ihren dem Tod zustrebenden Akteuren, die von der Erinnerung ausgehend schließlich die Gegenwart ganz verlassen, aus der Welt herausspringen oder resigniert in ihr zugrunde gehen, haben die Raum- und Zeitwechsel weit mehr mit dem Gefühl innerer Stimmigkeit in deren Wahrnehmung zu tun als mit der chronologischen oder auch nur epochalen Zeit des Epos. Die internen Dramatisierungen, die ja meist um Nichtigkeiten (wie die Ohrgehänge der Madame de ...) herum ihren Kristallisationspunkt bilden, sind in der Tat aufgebaut wie die inneren Konflikte der als dramatis personae auftretenden innerpsychischen Instanzen eines freudschen Szenario. Die widerstreitenden Gefühle zwischen erotischem Impuls und Wunsch und Konvention und Tradition werden bei Ophüls nicht zufällig oft genug in der tödlichen Form des Duells ausgetragen, und nicht zufällig tragen die traditionellen Mustergatten, die in Duellen immer dann die Liebhaber ihrer Frauen erschießen, wenn diese bereits Erinnerung geworden sind, die Gegenwart zunichte macht, Uniformen. Es ist oft bemerkt worden, daß Ophüls ein ambivalentes Verhältnis zur Uniform und zum Ehrenkodex des Militärs hat.[6] Selbst der Conférencier im Zirkus trägt eine Uniform, wenn er Lola die Frage stellt: »Ready?« - zum Sprung. Das führt zu einem anderen Spezifikum der ophülsschen Filme, das schwer auflösbar scheint: warum werden all diese erotischen Rebellinnen am Ende gebrochen, bringen sich um, gehen ein, vergehen wie die Opernheldinnen des neunzehnten Jahrhunderts im Konflikt zwischen Eros und Zivilisation?

Sans lendemain

Vielleicht läßt sich das Besondere daran am ehesten an einem Film festmachen, dessen narratives Gerüst besonders wenig an plausiblen Rahmenstrukturen schafft, um den Zuschauer auf den freiwilligen Gang in den Tod so unauffällig vorzubereiten, daß das Dilemmatische daran als unausweichlich akzeptiert wird. In SANS LENDEMAIN (auf den ersten Blick ein klassisches Melodram vom sozialen Abstieg) nimmt eine Frau, um ihr Kind durchzubringen, einen deklassierenden Tingeltangel-Job an, setzt, um das Kind zu retten, ihre eigene Zukunft aufs Spiel und bringt sich schließlich um. Dabei opfert sie zwei Liebesbeziehungen, die zu ihrem Sohn und die zu ihrem ehemaligen Liebhaber, der am Ende für das Kind eine sozial gesicherte, bürgerliche Existenz bereitstellen soll. Auf der narrativen Ebene erscheint dieser Konflikt absolut banal: die junge Frau, die ihre erste Ehe mit einem Gangster eingegangen ist, ohne dies zu wissen, verläßt den jungen Arzt, den sie liebt und mit dem sie Ehepläne schmiedet, als ihr zeitweilig verschwundener krimineller Gatte sie erpreßt. Mit ihm geht sie nach Europa und bekommt ein Kind von ihm, bevor er stirbt. Alleine arbeitet sie als Schönheitstänzerin in einem pariser Nachtclub, unterhält eine durchaus zärtliche Beziehung zu ihrem Jungen. Durch Zufall trifft sie auf der Straße nach vielen Jahren den Geliebten der Jugendzeit wieder, der nie erfahren hat, warum ihn die Verlobte verlassen hat. Für diesen nun inszeniert sie sich als wohlhabende Witwe, der es an nichts fehlt, und er macht Pläne, sie mit nach Kanada zu nehmen. Als sein Freund durch einen Zufall, eine Unachtsamkeit des Kindes, die Identität der Frau durchschaut und sie für eine Heiratsschwindlerin hält, beginnt sie planmäßig alles so vorzubereiten, daß der Geliebte mit dem Sohn allein nach Kanada fährt. Da sie nur noch die Wahl hat zwischen der sozialen Erpressung durch das Gangstersyndikat, das ihre Inszenierungskosten übernommen hat, und der moralischen Erpressung durch den Freund, der die geplante Ehe für eine Mésalliance hält, entschließt sie sich für die Rettung der sozialen Zukunft des Kindes. Merkwürdig an dieser Konstruktion ist, daß der Geliebte keineswegs als ein besonders bornierter Mensch vorgestellt wird, der seiner Liebe angesichts der realen Lebensgeschichte dieser Frau mit Sicherheit abschwören würde. Die Möglichkeit, durch die Aufdeckung der »wahren« Lebensumstände zumindest den Versuch einer Rettung der Liebesbeziehung zu unternehmen, wird durch einen Kollegen aus dem Nachtclub artikuliert und am Ende, zu spät, erprobt. Er versucht, den Geliebten der Frau noch zu erreichen, doch das Schiff läuft bereits aus - und sie verschwindet im Nebel der Seinequais.

Dieses Ende völliger Hoffnungslosigkeit ist nicht nur deprimierend wegen der moralischen Engstirnigkeit, mit der die Frau planmäßig jede Möglichkeit eines Glückes zerschellen läßt, es ist von so überwältigender Rührung, daß man sich, spätestens wenn man beim fünften Sehen des Films zum Taschentuch greift und davon überzeugt ist, keiner zufälligen sentimentalen Stimmung aufzusitzen, fragt, woher diese Rührung kommt.

Es ist das Nachtwandlerische, das schon Christine wie in Trance aus dem Fenster springen läßt und Madame de . . . in Morpheus Arme treibt, und besonders deutlich wird in dem Zeitmodus eines Films wie LETTER FROM AN UNKNOWN WOMAN, der mit dem Satz beginnt: »Wenn Du diesen Brief liest, bin ich schon tot«. In SANS LENDEMAIN ist die Todessehnsucht im Gestus der Frau, die sagt, daß es schön sein müsse, einfach im Nebel zu verschwinden, keine Schmerzen mehr zu haben, offen formuliert. Alle Bewegung des Eros versinkt im Nirwana, kommt zum Stillstand, wenn alle Spannung, alle Lust und aller Schmerz aufgegeben werden. Vor diesem Hintergrund der narzißtischen Auflösung gewinnen auch die zahllosen Schneebilder bei Ophüls eine genauere Kontur[7] und sind vielleicht die Vorwegnahme der Erstarrung, die sich gleichzeitig wie eine schützende Decke um Schlafende legt.

Das Stück Todessehnsucht, das darin steckt, kann zwar deutlich machen, daß das Dilemma der Zeitlichkeit, der Rastlosigkeit, des Gehetztseins der Triebwelt, zum Stillstand gebracht und alles Glück Erinnerung werden soll, es verdeutlicht, daß diese Tode oft mit dem Gefühl des Verströmens einhergehen und als sinnlich und schön erscheinen. Aber es kann nicht unbedingt das beigemischte Gefühl der Rührung klären, das über das narzißtisch getönte Selbstmitleid hinausgeht.[8]

Ophüls' Filme lassen an solchen Stellen Rührung aufkommen, weil sich in ihnen zwei mächtige Ströme der Vergan-

Liebelei

genheit treffen: die, wie Freud sagt, »organische« und »kulturelle Vergangenheit« vereinen sich. Nur deswegen konnte Ophüls bei vielen auch als »bürgerlicher Moralist« durchgehen. Was seine Filme durch die Rührung des »glücklichen« Zusammenfalls von Es- und Überich-Strebungen gerne in Bildern des Katholizismus beschwören (wie am Ende in MADAME DE ... und in dem *Maison Tellier*-Teil aus LE PLAISIR), rettet er freilich aus den Klauen regressiver Versöhnung durch den durchgehaltenen depressiven Tonfall und die rasanten Ausbrüche in die Bewegung zurück.
Das Resignative, das sich über die Filme legt, ist freilich eine Schutzschicht, die sie vor allzu schnellem Einordnen ins kathartische Drama bewahren. Zu sehr sind diese Tode und diese Toten in einen Eigensinn verstrickt, der sie nicht unbedingt zu Geläuterten werden läßt. Gerade die merkwürdige Kombination aus Zwanghaftigkeit und Rebellion, die sie fast eigensinnig den Tod suchen läßt, macht sie auch zu negativen Helden der Verweigerung. Das Sinnlose ihres Todes, die nach zweckrationalen Begriffen vollkommene Unangemessenheit ihres Tuns bleibt dem Gedanken treu, daß sich das

Leben in seiner vorgegebenen Form seinen Namen noch nicht verdient habe. Der Konflikt, der sich in ihnen darstellt, ist nicht bloß ein äußerlicher der falschen bürgerlichen Moral, sondern ein Konflikt, der tief in die Subjekte selbst eingegraben ist. Und genau diese Genese, das Konstruierte hat Ophüls immer wieder zum Thema seiner Filme gemacht. In LA SIGNORA DI TUTTI wird die Abrichtung der Frau zum sozialen Mythos durch alle Stadien ihrer Biografie gezeigt; in LOLA MONTEZ wird die reale Person nicht weniger zum Bildschirm der Projektionen von Weiblichkeit der Männer verschiedenster Schichten; in LETTER FROM AN UNKNOWN WOMAN ist die Figur des Scheiterns gebunden an die unaufhebbare Differenz zwischen dem Bild der Frau und seiner Verkörperung, und in SANS LENDEMAIN gerinnt die Frau in den Augen der Männer zum allegorischen Bild vom Winter, den sie in der Bühnenshow zu verkörpern hat. Insofern hat Ophüls bei aller Hartnäckigkeit, mit der er selbst die Frau auf die Basis des moralischen Masochismus stellt, doch die dadurch in ihr erzeugten inneren Konflikte mit inszeniert.

Madame de . . .

Wenn's glückt, ist alles nur »so gut wie richtig«

Doch Ophüls ist nicht nur der Regisseur der im Melodrama gebrochenen Frauen, er hat auch Sinn für die pragmatischen Aspekte der konfliktorischen Verwicklungen bewiesen. In den Komödien wie DIE VERKAUFTE BRAUT oder den komischen buffa-Einlagen der LOLA MONTEZ entfaltet er burleske Züge, die die Tragik unterlaufen. Wenn der bayerische König und Lola Montez entschlossen sind zur Liaison, wird der ganze Hofstaat in endlosen Kamerafahrten über die Freitreppen gehetzt, um Nadel und Faden herbeizuschaffen: Lolas keineswegs kalte nackte Schulter soll unter dem Beifall des Souveräns wieder vom Kleid verborgen werden.
Solche »Schräglagen«, aus denen heraus das »Glück« als ambivalent gedeutet werden kann, lassen - wie im Schlußkommentar zum Todessprung des Modells in den Ehehafen - freilich auch zynische Töne anklingen. Wenn's glückt, ist eben alles wenigstens »so gut wie richtig« (DIE VERKAUFTE BRAUT).

1 Auf die in dieser Debatte gebrauchten Argumente werde ich im folgenden nicht explizit eingehen. Vgl. dazu: Gertrud Koch: Positivierung der Gefühle - Max Ophüls' Perspektive auf die Weiblichkeit. In: »Was ich erbeute, sind Bilder«. Zum Diskurs der Geschlechter im Film, Basel/Frankfurt 1988, S. 63-82; Mary Ann Doane: The Abstraction of a Lady: LA SIGNORA DI TUTTI. In: Cinema Journal 28, Nr. 1, Herbst 1988, S. 65-84; außerdem die Dissertation von Susan M. White: The Cinema of Max Ophuls: Marginality, Magisterial Vision and the Figure of Woman. Ph. D. diss., John Hopkins University, 1987

2 Vgl. meinen Aufsatz zu diesem Aspekt der Positivierung der Gefühle in: a. a. O., S. 68: »Wenn am Ende Christine sich aus dem Fenster stürzt, dann hat sie bei Schnitzler den Prozeß der Aushöhlung und Verunsicherung ihrer Gefühle durchgemacht, bei Ophüls wissen zumindest der Zuschauer und die Überlebenden, daß ihre Zweifel einem tragischen Mißverständnis entstammen. Zerbricht sie bei Schnitzler an der Einsicht in die falsche Ordnung der Gefühle, also keineswegs unbegründet, so stirbt sie bei Ophüls aus den falschen Gründen: nicht, weil sie Fritz de facto nicht mehr liebte, sondern weil sie seiner Liebe nicht mehr vertraut.«

3 Sigmund Freud: Abriß der Psychoanalyse, in: Gesammelte Werke XVII, London 1941, Frankfurt 1978^6, S. 136

4 ebd., S. 138

5 Alexander Kluge: Der Angriff der Gegenwart auf die übrige Zeit. Das Drehbuch zum Film, Frankfurt 1985. In diesem Drehbuch und auch in dem

gleichnamigen Film beschwört Kluge sehr stark das Potential der Gegenwart zur Auslöschung und Vernichtung von Zukunft und Vergangenheit, insofern sich verschiedene Prinzipien an Zeitdeutungen bekämpfen: Prinzip Hoffnung gegen Realitätsprinzip und Illusionen der Vergangenheit usw. ... In diesem Buch zitiert Kluge in einem hervorgehobenen Kasten einige Ergebnisse von Jean Piagets Untersuchungen über die Bildung des Zeitbegriffs beim Kinde. Darunter: »Die Zeit verstehen, heißt also durch geistige Beweglichkeit das Räumliche überwinden.« (zit. n. Kluge: a. a. O., S. 83) Dabei kommt Kluge zu dem nach Piaget durchaus logischen Schluß, der »Realismus ist egozentrisch.« (ebd., S. 83) In der Tat hat der ästhetische Realismus insofern mit dem Problem des Egozentrismus zu kämpfen, als seine Behauptungsform die Übernahme anderer Perspektiven ausschließt, das Konstruierte jeder Wirklichkeitswahrnehmung übersehen muß zugunsten einer Favorisierung eines Modells, das die zweite, konstruierte, soziale Natur als erste, unabänderliche ausgibt. Dagegen lebt Ophüls' Filmwelt genau von der Auflösung realistischer Konzepte und Raumkonstruktionen. André Bazin hat, die Angriffe gegen LOLA MONTEZ zurückweisend, hervorgehoben, daß Ophüls trotz des konventionellen Stoffes und der problematischen Produktionsbedingungen einen Film der »Avant-garde« gemacht habe. (zit. n. Georges Annenkov: Max Ophuls. Paris 1962, S. 102; Annenkov zitiert darin eine Sammlung mit Ausschnitten aus Kritiken zu LOLA MONTEZ, die von den Cahiers du Cinéma im Januar 1956 zusammengestellt worden war.)

6 In LIEBELEI gibt es eine politisch motivierte Kritik am Duell, die Ophüls dem schnitzlerschen Stück hinzugefügt hat. Vgl. dazu Koch, a. a. O., S. 68–71. Im hier ausgeführten Komplex der zeitlichen Situierung von Konflikten ist gleichwohl interessant, daß im Dialog der Freund darauf verweist, daß es sich, um einen »Skandal von früher, aus einem ganz anderen Leben, aus einem ganz anderen Leben ...!« (a. a. O., S. 69) handele. So wird auch hier die Gegenwart der neuen, »wahren« Liebe zu Christine von der Vergangenheit eingeholt und zunichte gemacht.

7 So am Ende von LIEBELEI, wenn der schneebedeckte Wald des Duells übergeht in den schneebedeckten Wald des Ausflugs im Schlitten, den das Paar unternommen hat. Aus dem Off tauchen an dieser Stelle der Evozierung vergangenen Glücks als Erinnerungsbild die Stimmen der beiden auf, die sich Liebe schwören.

8 An anderer Stelle habe ich den Zusammenhang dieser Gefühlsstruktur zum von Freud so genannten »moralischen Masochismus« als ästhetische Funktion der Hörwelt bei Ophüls zu zeigen versucht. Vgl. Die masochistische Lust am Verkennen. Zur Rolle der Hörwelt in Max Ophüls' LETTER FROM AN UNKNOWN WOMAN. a. a. O., S. 77–82

Mit den Augen hören, mit den Ohren sehen

Von Hermann Naber

Ich habe eine geheime Neigung: das Radio. Ich liebe sehr die Hörspiele. Alles, was am Theater oder als Film nicht geht, werde ich versuchen, fürs Radio zu machen.
(Max Ophüls, 1956, im Gespräch mit Jacques Rivette und François Truffaut)

Samstag abends pflegten Paul Barnay, der Intendant des Breslauer Lobe- und Thalia-Theaters, und sein Regisseur Max Ophüls in den Zirkus Busch zu gehen, um sich dort die Ringkämpfe anzuschauen. Eines Sonnabends (das war in der Spielzeit 1928/29, die Max Ophüls mit *Hokuspokus* von Curt Götz eröffnet hatte) wollte Paul Barnay nicht in den Zirkus, sondern ins Kino. Dort gab es, als neueste Attraktion, zwei Tonfilme: *Vier Teufel* mit Hans Albers und *Atlantik* von E. A. Dupont, eine englisch-deutsche Produktion, die am 28. 10. 1929 in Berlin Premiere gehabt hatte. An diesem Sonnabend hatte der damals 26jährige Theaterregisseur Max Ophüls ein entscheidendes Erlebnis. Die Leute im Parkett applaudierten, als Hans Albers jemandem auf der Leinwand Feuer gab.
Ophüls liebte es, seine Erfahrungen in Anekdoten zu kleiden; wer weiß, wie oft er die Hans-Albers-Episode erzählt hat. Sie kommt zum Beispiel in dem Gespräch vor, das Jacques Rivette und François Truffaut 1956 mit ihm geführt haben. Er erzählt dort von seinen Stummfilmerlebnissen, und wie er sich am meisten von Filmen angezogen fühlte, die nichts mit Naturalismus zu tun hatten. Er nennt Fritz Lang und Friedrich Wilhelm Murnau, er hat dessen *Faust* gesehen; an anderer Stelle weist er auf Chaplin hin, der ihm sehr

gefiel - aber für ihn, den Theatermann, kam Film nicht in Frage. Bis zu jenem Abend im breslauer Kino, bis zu dem Augenblick, als Hans Albers ein Streichholz anriß.

Der Haupteindruck waren Geräusche

In jener breslauer Kinovorführung, erinnert sich Max Ophüls in seiner Autobiografie, »wurde nicht sehr viel gesprochen, was gesprochen wurde, konnte man kaum verstehen; und wenn man's verstand, war der Dialog von einer solchen Qualität, daß man besser nichts verstanden hätte. Der Haupteindruck waren Geräusche. Man hörte die Schritte der Schauspieler; die Türen auf- und zugehen; und als Hans Albers jemandem eine Zigarette anbot und lange und deutlich die Streichhölzer an der Schachtel rieb, fing das Publikum an zu applaudieren, denn das Geräusch war so wunderbar deutlich.«
Zehn Jahre nach der ersten Niederschrift dieser Anekdote hat Max Ophüls sie (in der *Neuen Zeitung* vom 1.8. 1954) mit dem Zusatz versehen, er sei ein bißchen traurig gewesen, denn bis dahin habe er es so schön gefunden, »daß man sich im stummen Kinematograph solch einen Krach dazuträumen konnte, jeder nach seiner Façon«. Im Gespräch mit Rivette und Truffaut zitiert er die Albers-Anekdote als Initialzündung für sein erwachendes Filminteresse: »Damals dachte ich, daß jetzt vielleicht der Augenblick sei, wo man uns gebrauchen könnte, wo die Männer, die es nicht gewohnt waren, Schauspieler sprechen zu lassen, die nicht wußten, was das gesprochene Wort war, der Situation nicht mehr gewachsen waren.«
Im Kino in Breslau war das alles noch nicht so klar; Paul Barnay hat damals die Frage nach dem Unterschied zwischen Theater und Film mit dem lapidaren Satz beantwortet: »Theater ist schön und Film ist Dreck.« Sein Bühnenbildner jedoch war genauso fasziniert wie das applaudierende Publikum: Als das Wasser, das auf der Leinwand aus den Kranen tropfte, wie der Niagarafall klang, drehte er sich zu Max Ophüls mit »leuchtenden, zukunftgeladenen Augen« um und flüsterte: »Wenn das einmal besser wird, das läßt sich gar nicht absehen.« Max Ophüls entschloß sich, fortan im

Film nicht mehr den Feind, sondern die Fortsetzung des Theaters zu sehen. Sein Hauptinteresse galt aber nicht den Geräuschen, sondern dem Dialog. »Von diesem Abend an wollte ich zum Film.«
Für das Einverständnis mit dem vor ihm sitzenden Bühnenbildner darüber, daß die Darstellungskunst neben der visuellen auch eine akustische Dimension hat, gab es mehrere Gründe. Einmal war der Künstler Ophüls Handwerker genug, um die Arbeit der Bühnenbildner, Kostümbildner, Beleuchter usw. richtig einschätzen zu können. Der Schauspieler, der Regisseur geworden war, weil er nicht alle Rollen selber spielen konnte, liebte nicht nur die Darsteller, mit denen er arbeitete, sondern alle Mitarbeiter des Teams, vor allem die, deren Leistungen üblicherweise nicht an der Rampe beklatscht werden; eine Haltung, die ihm die Tätigkeit beim Film wesentlich erleichtern sollte.
Der junge Max Ophüls, den der Vater schon als Jurastudenten sah, war wild entschlossen, nach dem Abitur zum Theater zu gehen. »Der Wunsch, Schauspieler werden zu wollen, hatte«, so schreibt er in seiner Autobiografie, »ein einfaches Motiv: Ich sah mit Neid die vielen jungen Mädchen aus der Höheren Töchterschule vor der Bühnentür mit verliebten Augen auf die Schauspieler warten. Und je mehr Mädchen erschienen, die für uns Schüler unerreichbar waren, umso mehr reifte auch mein Wunsch.« Neben diesem »einfachen« Motiv gab es bei Ophüls und seinen Freunden eine regelrechte Theaterbesessenheit, die sich zum Beispiel darin äußerte, daß sie ihr ganzes Taschengeld für Galerieplätze ausgaben und im Jahr achtzig bis hundert Aufführungen sahen. Kein Wunder, daß sie imstande waren, den Rhythmus der Shakespeare-Dialoge pfeifen zu können, und wußten, welche Szenen gemeint waren.
Der spielerische Umgang mit dem Klang und mit dem Rhythmus der Sprache führte auf direktem Weg zum Handwerklichen des angestrebten Berufs, den Max Ophüls dann aber nicht in Reinhardts Berliner Schauspielschule erlernte, wie der Vater plante (»wenn schon, dann soll es genauso sein wie im Geschäft: immer nur die beste Qualität«), sondern in Stuttgart bei dem Regisseur Fritz Holl, der auch die praktische Idee mit dem Namen Ophüls hatte, wegen der Initialen M. O., damit die Wäschezeichen nicht geändert werden muß-

ten. Max Oppenheimer durfte sich der angehende Schauspieler nicht mehr nennen, das war die einzige Bedingung des verständnisvollen Vaters.

Bisher war Max nur seinen Neigungen nachgegangen, wenn auch die Übung des Nachpfeifens der Shakespeare-Dialoge schon auf eine gewisse Sensibilität für akustische Phänomene schließen ließ. Wenn er aber gedacht hatte, es sei einfach, ein A oder ein O zu sprechen, dann lernte er jetzt bei Fritz Holl das wirkliche Handwerk der Artikulation. »Ich mußte lernen, stundenlang laut zu sprechen, ohne laut zu werden. Ich mußte lernen zu flüstern und trotzdem bis in die hintersten Parterresitze gehört zu werden (...) Meine Ausbildung war härter und konzentrierter als an irgendeinem Konservatorium (...) Es gibt keinen großen Pianisten ohne Fingerübungen. Und (...) ich glaube kaum, daß es einen wirklich großen Schauspieler gibt, der das Handwerkliche unseres Berufes nicht lernen mußte.«

Mehr noch als auf dem Theater spielte das Gefühl für Sprache und der handwerklich perfekte Umgang mit dem Sprechen für die, nach dem Film, jüngste Kunst des technischen Zeitalters eine Rolle: für die Radiokunst, für deren elaborierteste Produktionen sich damals der Begriff Hörspiel durchzusetzen begann. Diese Kunst wurde vor allem in Breslau gepflegt, und neben dem Theaterdirektor Paul Barnay spielte der Intendant des Schlesischen Rundfunks, der nur sechs Jahre ältere Friedrich Bischoff eine Schlüsselrolle in der Entwicklung des jungen Theaterregisseurs Max Ophüls.

Nach Engagements in Aachen, Dortmund, wo er zur Regie überwechselte, Elberfeld-Barmen und, als jüngster Regisseur seit Bestehen dieses ehrwürdigen Hauses, am Burgtheater in Wien, wurde Max Ophüls 1927 an das Neue Theater in Frankfurt verpflichtet. Hier in Frankfurt fand er auch zum ersten Mal den Weg zum Radio. Die Beschreibung seiner Mitarbeit beim damaligen Südwestdeutschen Rundfunk, im neuen Postscheckamt in der Elbestraße, sieht auf den ersten Blick nach Gelegenheitsarbeit aus, wie sie für Schauspieler und Theaterleute üblich war: »Ich fing als literarischer Kolumnist an, fand einen eigenen Stil von Zwischenvorlesungen von Gedichten, dramatischen Szenen, Romanen zeitgenössischer und klassischer Literatur, verbunden mit eigenen Improvisationen, Parodien, Betrachtungen, und dies

Potpourri vermengte ich manchmal mit Reportagen von Vorstellungen oder sogar manchmal Sportveranstaltungen. Ich habe Sechs-Tage-Rennen angesagt und dazu Gedichte von Klabund gesprochen.«

Er war, sortiert man die Bestandteile des Potpourris auseinander, als Sprecher in Hörspielproduktionen tätig, hat literarische Texte vorgelesen, aber auch eigene Beiträge geliefert, Berichte aus dem Theaterleben, kleine Szenen, die man heute als Sketch bezeichnen würde. Hin und wieder hat er offenbar auch als Reporter gearbeitet. Ein Allround-Talent, das mit solchen Erfahrungen in Breslau auf ein Team von Hörspielmachern stieß, die damals als Avantgardisten galten.

Als Ophüls nach Breslau kam, hatte Friedrich Bischoff, Literarischer Leiter und später Intendant des Schlesischen Rundfunks (zuvor war er Chefdramaturg am breslauer Theater gewesen) gerade mit seinem Hörspiel *Hallo! Hier Welle Erdball* Aufsehen erregt. Hans Bredow, der für die Koordination des Rundfunks zuständige Reichkommissar, charakterisierte die Produktion folgendermaßen: »Eine seltsame Mischung aus Rundfunk, Drama, Revue, Cabaret und Reportage. Aber nicht ein Konglomerat, sondern zusammengebunden durch das Temperament und die künstlerische Gestaltungskraft des Verfassers.«

Tatsächlich gab es mehrere Verfasser; Bischoff hatte Texte von Kurt Tucholsky, Werner Milch, Robert Neumann und anderen in seiner »Hörsymphonie« verarbeitet; insgesamt zeigt sich in Bredows zutreffender Charakteristik eine deutliche Verwandschaft zu Ophüls' Beschreibung seiner Radio-Arbeiten. Auch hinsichtlich der Produktionsmethoden müssen beide die gleichen Erfahrungen gemacht haben. Hörspiele wurden damals live gesendet; der Regisseur hatte vor allem dafür zu sorgen, daß die Darsteller nicht zu nah ans Mikrofon kamen und sich nicht allzu weit davon entfernten. Als Aufnahme- und Wiedergabemedium gab es die Schallplatte mit einer umständlichen Technik und einer Spieldauer von maximal zehn Minuten pro Platte. Bischoff, auch darin ein Pionier der Radiokunst, half der Produktionstechnik, die damals noch in den Kinderschuhen steckte, durch immer neue Herausforderungen auf die Sprünge.

Immer wenn er mit seiner Gage als Theaterregisseur nicht auskam, war für Ophüls die Radioarbeit, bei der er »seinem

Affen Zucker gab«, eine willkommene Einnahmequelle gewesen. »Aber«, schreibt er in seinen Erinnerungen, »in Breslau gab es mehr. Dort gab es Friedrich Bischoff.« Und dort war für Ophüls der Weg ins Funkhaus zum erstenmal kein Weg zur Kasse, sondern ein Weg auf der Suche nach neuen, noch nicht entdeckten Ausdrucksfeldern.

Rundfunkstudios kannte er inzwischen zur Genüge. Bei Bischoff lernte er etwas Neues kennen. Dessen Montagestücke kamen mit den Mitteln der Theaterrequisite nicht mehr aus; vor allem erforderten sie eine neue Produktionstechnik. Dazu gehörte zum Beispiel die Technik des Auf- und Abblendens, wie sie im Film längst gebräuchlich war. Kein Wunder, daß Bischoff sich bei der Beschreibung der in den breslauer Studios entwickelten Blendentechnik auf den Film beruft: »Der Beamte am Verstärker (die Techniker waren Angestellte der Deutschen Reichspost) übernimmt dabei eine ähnliche Funktion wie der Filmoperateur. Er blendet, wie wir es in Ermangelung einer ausgesprochen funkischen Terminologie nennen, über, das heißt, er läßt durch langsame Umdrehung des Kondensators am Verstärker das Hörbild, die beendete Handlungsfolge, verhallen, um durch stetiges Wiederaufdrehen dem nächsten akustischen Handlungsabschnitt allmählich sich steigernde Form und Gestalt zu verleihen.«

Wenn man von der etwas gravitätischen Ausdrucksweise mal absieht, bleibt festzuhalten, daß Bischoff, wenn er den Toningenieur mit dem Kameramann vergleicht und von Hörbildern spricht, die verhallen, dabei war, der damals im Hörspiel noch dominierenden Theaterdramaturgie radikal den Rücken zu kehren. Mit Hilfe von Schallplatten versuchte er »damals kompliziert erscheinende Überschneidungen« zu entwickeln, »jenseits fader Geräuschkulissen, wie sie üblich waren«. Damit nicht genug, auch die akustischen Wirkungen, die durch das Neben- und Ineinander verschiedener Räume zu erzielen waren, bezog Bischoff in seine Versuche ein. »Durch Parallelschaltung im Spiel über zwei Senderäume ist es möglich, Szenen akustisch ineinandertauchen zu lassen. Wiederum berühren sich hier Hörbild und Filmbild in ihrem dramaturgischen Aufbau.«

Die Berührungspunkte waren aber nicht nur dramaturgischer Art. Es wird immer deutlicher, wonach Bischoff wirklich

Baden-Baden 1956. Hörspiel-Inszenierung »Das Lied der Lieder« von Jean Giraudoux. Ophüls mit Gert Westphal (Regie), Friedrich Bischoff und Marianne Kehlau.

suchte: nach einer besseren Aufzeichnungstechnik für den Ton. Danach suchte auch der Film; das Grammophon, in Verbindung mit dem Filmprojektor, war auf die Dauer keine Lösung.

Für Bredows Interesse an Bischoffs Hörspielexperimenten gab es 1928 einen konkreten Anlaß: die Reichsrundfunkgesellschaft trug sich mit dem Gedanken, das für den Film entwickelte Triergon-Verfahren zur Tonaufzeichnung auch für den Rundfunk nutzbar zu machen. »Um die Dinge voranzutreiben, waren der unvergeßliche Regisseur des sich später entwickelnden deutschen Tonfilms Ruttmann und der künstlerische Leiter der Schlesischen Funkstunde Friedrich Bischoff gebeten worden, eines der von Bischoff schon zuvor geschaffenen, den dramaturgischen Gesetzen des Rundfunks besonders angepaßten Hörspiele *Hallo! Hier Welle Erdball* für das Tonband des Films neu zu inszenieren. Bischoff hatte dann in einem primitiven Atelier in Berlin-Tempelhof sein Hörspiel für dieses Verfahren neu gestaltet. Dazu hatte er

sich junge Schauspieler geholt, die damals noch unbekannt oder erst im Aufsteigen waren.«
Bredow erinnert sich an Kurt Horwitz und Ernst Ginsberg und auch an die damals noch völlig unbekannte Lale Andersen. »Danach hatte die Reichsrundfunkgesellschaft die Spitzen der Behörden, der Wissenschaft, Kunst und Technik zu einer Vortragsreihe in das ehemalige Herrenhaus in Berlin eingeladen, und bei dieser Gelegenheit war auch darauf hingewiesen worden, daß die Entwicklung immer mehr dahindränge, ein Aufzeichnungs- und Wiedergabeverfahren für den Rundfunk zu entwickeln. Die bei dieser Gelegenheit erfolgende Vorführung des Hörspiels *Hallo! Hier Welle Erdball* auf Tonband war ein Wagnis, denn es gab Szenen, die zugleich frech, ungebärdig und untypisch waren.« Kurzum, statt über die neue Aufzeichnungstechnik zu diskutieren, verurteilte die Funktionärsversammlung Bischoffs Experiment als »Kulturbolschewismus« – und alles blieb beim Alten, nämlich bei der unzulänglichen Schallplatte und beim altertümlichen Phonographen. Die Erfinder des Triergon-Verfahrens kamen übrigens von der Radiotechnik. Es wirkt nachträglich wie ein Witz, daß sich nicht nur der Rundfunk, sondern auch die deutsche Filmindustrie diese revolutionäre Technik entgehen ließ; die Rechte fielen an eine Schweizer Gesellschaft, die sie an den amerikanischen Filmproduzenten William Fox weiterverkaufte.
Es ist nicht bekannt, wie weit Max Ophüls, der sich in dieser Zeit für den Tonfilm zu interessieren begann, von all diesen Entwicklungen tangiert worden ist, seine intensiven Kontakte zu Friedrich Bischoff und seine Tätigkeit im Radio lassen das jedoch vermuten. Das Jahr 1928 war für ihn aber auch in einer anderen Hinsicht von Bedeutung: sein Intendant Paul Barnay, der alles tat, um ihn zu fördern, ermutigte ihn zu schreiben: »Auf seine Anregung hin habe ich ein Kinderstück geschrieben, das in ganz Mitteleuropa gespielt und in verschiedene Sprachen übersetzt worden ist; ich habe drei musikalische Revuen geschrieben, Songs mit Texten versehen; manche davon wurden populäre Platten.« Von den Songs sind tatsächlich einige erhalten geblieben, zum Beispiel »Das Lied von den Murmeln« mit der Musik von Harry Ralton, gesungen von Ernst Busch.
Die musikalischen Revuen müssen als verschollen gelten.

Bekannt sind lediglich einige Sendedaten: am 12. November 1929 fand von 20.30 bis 22.10 Uhr die Ursendung einer Hörfolge von Max Ophüls mit dem Titel *Magazin* statt, die auf einen Auftrag der Schlesischen Funkstunde zurückging. Die Spielleitung hatte der Haus-Regisseur Franz Josef Engel, die musikalische Leitung Franz Marschallek. Monate zuvor, am 16.6. 1929 war eine, ursprünglich für das Theater konzipierte, Revue von Max Ophüls im Schlesischen Rundfunk gesendet worden.
Ulrich Lauterbach, der spätere Hörspielchef des Hessischen Rundfunks, der damals in Breslau Max Ophüls kennenlernte, erinnert sich an den Anlaß für diese Revue: »Das Breslauer Schauspiel hatte zwar eine ganzjährige Spielzeit, aber wie überall, ging der Besuch in den Vorsommermonaten mit ihren hellen Abenden spürbar zurück. Da kam Barnay auf die Idee, das Publikum mit einer Revue für Schauspieler ins Theater zurückzuholen. Dreimal gab es jeweils am Ende einer Spielzeit einen Saisonausverkauf, in dem selbstironisch Theaterinterna mit aktuellen Texten zu lokalen und internationalen Ereignissen gemischt waren, eine vergnügliche Lokkerungsübung für Schauspieler, nicht ohne Pfeffer, aber im Ganzen doch eher liebenswürdig als aggressiv. Es konferierte O. E. Hasse, Ophüls schrieb Sketche und Chansons. Der Hauskomponist Harry Ralton saß am Flügel.«
Der Autor des Saison-Ausverkauf von 1929 war also Max Ophüls, der bei der Sendung am 16. Juni 1929 auch Regie führte. Die Revue in 12 Bildern sah folgende Reihenfolge vor:

1. Paris. Modenschau.
2. Wien. Psychoanalyse.
3. Berlin. Funktanzstunde.
4. London. Jack Smyth.
5. Königswusterhausen. Stunde der deutschen Hausfrau.
6. Breslau. Schönheitskonkurrenz.
7. Literaturstunde. Song.
8. Sportbericht. Zwischenfall.
9. Bildungsstunde. Sachlichkeit.
10. Funk im Heim. Tango.
11. Nachrichtendurchsage. Raten.
12. Reklamedurchsage. Fotomaton.

Eine Weltreise - in Übertragungen

Das auf Barnays Anregung zurückgehende Kinderstück *Fips und Stips auf der Weltreise,* ein Geburtstagsgeschenk für den dreijährigen Sohn Marcel, wurde als »Weihnachtsrevue in 9 Bildern« am 16. 12. 1928 im Lobe-Theater uraufgeführt. In der Weihnachtswoche 1929 fand die Radiosendung dieses Stückes statt, die als erste genuine Hörspielarbeit von Max Ophüls gelten muß. Eine weitere Sendung gab es in Stuttgart, möglicherweise auch bei anderen Stationen. Da es keine Aufzeichnungstechnik gab, wurden nicht die Produktionen übernommen, sondern lediglich die Manuskripte für Neuinszenierungen benutzt. Daß das Kinderstück von Max Ophüls übernommen worden ist, lag sicher auch daran, daß die breslauer Erstsendung einigen Wirbel verursacht hatte. Dafür war nicht die Geschichte, die Ophüls erzählte, verantwortlich, sondern seine Methode.

Die Geschichte ist vergleichsweise einfach. Ein Schupo erscheint vor dem geschlossenen Theatervorhang und gibt bekannt, daß ein sehr reicher Herr, der Direktor Appelbaum, seine Brieftasche verloren habe. Er fordert die Kinder im Theater auf, unter ihren Sitzen nachzusehen, ein typischer Ophüls-Einfall, dessen Spezialität es war, mit Theatermitteln die Theatersituation aufzuheben und aus dem Publikum Mitspieler zu machen. Prompt klettern aus dem Zuschauerraum zwei breslauer Knaben aus dem Proletarierviertel Scheitniger Vorstadt auf die Bühne; sie heißen Fips und Stips und haben die Brieftasche gefunden. Und jetzt geht es Schlag auf Schlag: Der Verlierer möchte nur das Foto eines kleinen, traurigen Mädchens zurückhaben, den übrigen Inhalt der Brieftasche hat er als Finderlohn ausgesetzt, nämlich tausend Mark, drei Zigarren und ein Los der Weihnachtslotterie zur Bescherung armer Kinder mit der Nummer 4748. Der Schupo bekommt eine der Zigarren und telefoniert mit der Lotterie. Dort wartet auf die Gewinner des großen Loses eine Reise um die Welt. Vorhang.

Vor diesen tritt wiederum der Schupo und verliest das erste Telegramm von der Weltreise: Fips und Stips sind auf dem Dampfer »Wanderlust« unterwegs nach Afrika und lassen ihre Eltern und alle Kinder von Herzen grüßen. Im dritten Bild sieht man, wie Fips und Stips auf dem Dampfer »Wan-

derlust« über alle Stränge schlagen, sie essen und trinken wie die Erwachsenen, und als sie zum Schluß auch noch die beiden Zigarren rauchen, wird ihnen schlecht. Sie beugen sich zu weit über die Reling, fallen über Bord und werden vor den Augen der alarmierten Mannschaft von einem Hai verschlungen. Vor den Vorhang tritt wiederum der Schupo und verliest das zweite Telegramm von der Weltreise: die beiden Knaben warten im Bauch des Hais auf ihre Rettung.
Das vierte Bild wird in der Regieanweisung so beschrieben: »Im Magen des gewaltigen Haifisches. Dunkler Raum. Schwarzer Vorhang, davor riesige Fischgräten... Gewaltiges Atmen und Glucksen. Fips und Stips sind nicht allein. Aus dem Dunkel kommt ein Mann, den der Haifisch vor Hamburg verschlungen hat, als er dort mit seiner kleinen Tochter badete. Er lebt nun schon drei Jahre im Magen des Hais, weil der keine Menschen verdauen kann. Und er lebt recht gut von den Konserven, die der Hai bei einem Schiffsuntergang verschluckt hat. Außerdem gibt es Tische und Bänke, auch Laternen, und während die drei es sich bequem machen, kommt ein Grammophon, was sonst, hereingesaust, jetzt haben sie auch Musik. Aber schon passiert etwas mit dem Hai: im Zuschauerraum fordert der Schupo die Kinder auf, für Fips und Stips zu beten. Dann sind Schüsse zu hören, darauf Hämmern, Sägen und Hacken. Vorhang.
Vor den Vorhang tritt der Schupo mit dem nächsten Telegramm von der Weltreise: Der Hai ist in Afrika gefangen worden. Der Vorhang geht auf: Fips und Stips unter Palmen bei den Negern, Kannibalen treten auf, und jetzt werden, zumindest im Manuskript des Dreimasken-Verlags, die Kinder im Publikum aufgerufen, auf der Bühne Fips und Stips und Peter, so heißt der neue Freund aus dem Haifisch, gegen die Menschenfresser beizustehen. Max Ophüls geht davon aus, daß es so gelingen müßte, »möglichst viele Kinder auf die Bühne zu ziehen«, die sich an den Auseinandersetzungen handgreiflich beteiligen sollen, weshalb er seine Regieanweisung mit dem Ratschlag ergänzt, die Darsteller sollen »nur die wattierten Teile zur allgemeinen Benutzung stellen«.
Ophüls schreckt vor keinem Operetteneinfall zurück; für die Fortsetzung der Reise (nach Amerika) bemüht er einen Zeppelin, die nächste Station zeigt Fips und Stips bei dem reichsten Mann der Welt, Mister Verdienecke, in dessen Haushalt

ein Waisenmädchen lebt, das nie lacht und immer traurig dreinsieht. Sofort erinnern sich Fips und Stips an das Foto aus der Brieftasche. Schon beginnt der Kreis sich zu schließen, das Mädchen erzählt, wie es den Vater verlor: in Hamburg beim Baden; seither kann es nicht mehr lachen, trotz des Reichtums, den der Stiefvater besitzt. Fips und Stips schlagen vor, das Geld einfach auf die Straße zu werfen. Schon folgt eine wahre Slapstick-Orgie mit der buchstäblichen Torte im Gesicht des Schonsteinfegers, und jetzt ist klar, daß es sich um lauter Stummfilmgags handelt, wie sie vor allem bei Charlie Chaplin vorkommen, den Ophüls sehr liebte.

Der Rest ist schnell erzählt. Natürlich muß das traurige Mädchen über das Tohuwabohu lachen, und schon steht der Mann aus dem Haifischbauch mitten im Durcheinander vor dem Haus. Es ist ihr Vater, die beiden liegen sich in den Armen. Das neunte und letzte Bild zeigt Fips und Stips, die »im Fluge durch die Welt« eilen, per Aeroplan von China über Japan, Indien, Türkei, Italien zurück nach Breslau. Dort sitzen die Eltern traurig unter dem Weihnachtsbaum und glauben nicht, was ihnen der Schupo erzählt, daß Fips und Stips bereits gelandet sind. Und nun kommt der letzte Trick: Der Schupo fordert ein weiteres Mal die Kinder im Theater zur Mitwirkung auf; Regieanweisung: »Jetzt antworten alle Kinder. Die Schauspieler (die Darsteller der Eltern) haben nun Gelegenheit, sich das ganze Märchen von den Kindern noch einmal erzählen zu lassen, indem sie sich bei ihnen erkundigen: Wo? Wie kamen sie dahin? usw. Diese immer neu zu extemporierende Szene wird durch einen Trillerpfiff des Schupos abgebrochen.« Seinem Biografen Claude Beylie zufolge, hat Max Ophüls die Bühnenfassung selbst inszeniert, nicht aber die Hörspielfassung.

Diese Hörspielfassung, von der nur das stuttgarter Sende-Manuskript existiert, muß auf die Slapstick-Möglichkeiten der Theaterbühne verzichten und von den ganz anderen Voraussetzungen einer Live-Sendung im Rundfunkstudio ausgehen. Umso verblüffender ist es, mit welcher Souveränität Max Ophüls seine Radioerfahrungen einsetzt. Da im Rundfunk für den Transport der Geschichte nur die Darstellungsmittel aus dem akustischen Bereich zur Verfügung stehen: Musik und Geräusche und vor allem die gesprochene Spra-

1954 Südwestfunk Baden-Baden (»Novelle«)

che, führt Ophüls als erstes einen Sprecher ein, und er benutzt den damals unvermeidlichen Gong, wie aus dem Sendemanuskript hervorgeht.
Dort heißt es: »Achtung, Achtung, hier ist der Süddeutsche Rundfunk. Aufgepaßt, ihr Buben und Mädels, wir beginnen jetzt mit unserem Weihnachtsmärchen *Fips und Stips auf der Weltreise,* eine Revue für brave Kinder, die immer zuhören, wenn der Rundfunk spricht, die keinen Krach machen und auch nicht am Gerät hin- und herdrehen und murksen, bis es kaputt ist...« Weiter kommt der Sprecher nicht, weil plötzlich jemand »Ruhe« schreit. Es ist niemand anderer als der Schupo, der etwas Wichtiges bekanntgeben will. Der Sprecher räumt seinen Platz am Mikrofon, der Schupo spricht viel zu laut, der Sprecher erklärt ihm, daß er nicht so schreien soll, und dann erfolgt der Hinweis auf die verlorene Brieftasche - aber diesmal soll die Fundsache nicht auf der Bühne, sondern im Rundfunk in der Schweidnitzer Chaussee abgegeben werden, und zwar »morgen um 19 Uhr 5«.
Dieser Hinweis im Sendemanuskipt des Süddeutschen Rundfunks macht überhaupt keinen Sinn, zumindest nicht

für eine Sendung im stuttgarter Raum. Es handelte sich nämlich um die Anschrift der Schlesischen Funkstunde in Breslau, und die angegebene Zeit »morgen um 19 Uhr 5« ist die Sendezeit des nächsten Tages, denn Max Ophüls hatte seine Hörspielfassung für die Ursendung in Breslau in Kapitel aufgeteilt, die in täglichen Fortsetzungen von jeweils 10 Minuten gesendet wurden. Das war damals eine Sensation, denn ein Kinderhörspiel in täglichen Fortsetzungen hatte es bis dahin nicht gegeben. In der *Ostdeutschen Illustrierten Funkwoche* wurden die Sendungen folgendermaßen angekündigt:

»Fips und Stips auf der Kinderwelle 325 [das ist die Welle der Schlesischen Funkstunde].
Eine Weltreise in Übertragungen
von Max Ophüls.«

Die erste Übertragung fand am 15. 12. statt, und Fips und Stips machen von Anfang an klar, daß sie von der Weltreise, die sie in der Lotterie gewonnen haben, am Heiligen Abend zurück sein wollen. Tatsächlich fand die letzte Übertragung am 24. 12. statt. Wenn eine Weltreise »in Übertragungen« gesendet werden soll, muß dafür gesorgt werden, daß der Kontakt zu den Reisenden erhalten bleibt. Max Ophüls hat auch daran gedacht. Der Sprecher händigt Fips und Stips einen kleinen Sender aus mitsamt einem Mikrofon, damit sie immer von unterwegs »funken« können, wo sie sind und wie es ihnen geht. Wie das funktioniert, erklärt der Sprechertext für das zweite Bild: »Achtung, Achtung, hier ist der Südfunk. Kinder, hört ihr das Gepiepe? Das ist ein Funkspruch, das sind Depeschen von Fips und Stips auf der Weltreise. Die Depeschen kriegen wir durch die Luft... Wir wollen jetzt probieren, mit ihnen Anschluß zu kriegen, aber ihr dürft nicht rückkoppeln oder am Apparat herumdrehen.«
Fips und Stips melden sich vom Dampfer »Wanderlust« und schildern, wie gerade das opulente Mahl serviert wird. Ophüls gelingt im Radio dieselbe Wirkung wie auf der Bühne, die kleinen Zuhörer zu Hause sind wirklich dabei, als Ohrenzeugen nämlich. Natürlich muß der Haifisch, der das große Fressen beendet, indem er Fips und Stips verschlingt, auch den Sender hinunterschlucken, damit die Übertragungs-Methode weiter funktioniert. Wenn also der Kapitän nach dem schrecklichen Ereignis ruft: »Da auf dem Wasser

schwimmt noch ihr Sender«, dann weiß der Haifisch, was er zu tun hat.
In der Bühnenfassung kommt der Sender nicht vor, die Szene endet mit dem Schreckensruf des Kapitäns: »Ein Hai, ein Hai hat sie geschluckt.« Danach fällt der Vorhang, der »kleinste Koch« tritt vor und spricht zum Publikum:

»Fips und Stips die Vagabunden
sind im Haifisch nun verschwunden.
Niemand weiß, ob sie noch leben,
Gott mag ihnen Rettung geben.
Und die Moral von der Geschicht:
Kinder – überfreßt euch nicht.«

In der Hörspielfassung hat Ophüls einen entscheidenden Vers hinzugefügt:

»Auch das Radio fraß der Hai,
das ist das furchtbarste dabei.«

Und schon stellt der Sprecher Vermutungen an, ob der Sender wohl heil geblieben ist und die Übertragungen fortgesetzt werden können. Zu hören ist nur »Geglucksе und Geschnaufe« aus dem Haifischbauch, aber auf die Aufforderung des Sprechers hin: »Geht doch mal ans Mikrofon«, sind Fips und Stips wieder deutlich zu verstehen. Als am Ende dieser Szene der Haifisch von den Negern gefangen wird und man schon hören kann, wie sie ihn aufschneiden, sagt Fips: »Wir stellen jetzt den Sender ab und packen ihn ein.« Ohne Sender keine Übertragung.
In der Bühnenfassung wird die Reise von Afrika nach Amerika, mir nichts, dir nichts, mit dem Zeppelin bewerkstelligt. Hugo Eckeners aufsehenerregende Weltumrundung hat erst ein Jahr später stattgefunden. In der Hörspielfassung nimmt Ophüls darauf Bezug, wenn er den Sprecher sagen läßt: »Jeden Moment muß der Zeppelin dort ankommen. Ich habe noch mit Dr. Eckener gefunkt.«
Aber nicht diese Aktualisierungen sind das Interessante der Hörspielfassung, sondern die dramaturgischen Lösungen, die Ophüls für die Handlungselemente der Bühnenversion gefunden hat. Er läßt zum Beispiel die Slapstick-Einlage, die das traurige Mädchen zum Lachen bringen soll, nicht einfach beschreiben, sondern er macht daraus einen Dialog zwi-

schen Mister Verdienecke in Amerika und dem Sprecher im Funkhaus, der die Ereignisse den Hörern vermittelt. Als Mister Verdienecke seinen Beobachtungsplatz am Fenster verlassen will, läßt Ophüls den Sprecher sagen: »Aber bitte nehmen Sie das Mikro mit.« Und während am Ende der Sprecher seinen Zuhörern erzählt, wie schnell das Flugzeug fliegt, das Fips und Stips aus Amerika zurück in die Heimat bringt, klingelt es im Studio. Der Sprecher wird ans Telefon gerufen. Als er zurückkommt, muß er bekennen: »Also hört mal, Kinder, es tut mir furchtbar leid, das hat der Funk mal wieder verpatzt. Fips und Stips sind schon gelandet.«

Im Manuskript des stuttgarter Rundfunks, das als einziges erhalten geblieben ist, ist der Satz »Das hat der Rundfunk mal wieder verpatzt« gestrichen.

Max Ophüls' »Weihnachtsrevue in acht Bildern« oder »Die Weltreise in Übertragungen«, wie die Hörspielversion bezeichnenderweise hieß, ist ein Rührstück reinsten Wassers, bei dem kein Auge trocken bleiben soll. Jeder im Publikum weiß, daß im Schlepptau von Fips und Stips gleich der Vater auftauchen wird, auf den das traurige Mädchen wartet. Aber erst wird sie mit einer Slapstick-Orgie zum Lachen gebracht, bevor das Publikum bei der glücklichen Wiederbegegnung von Vater und Tochter in Tränen ausbrechen kann.

Bei der Kritik kam die »Weltreise in Übertragungen« nicht so gut weg. Vor allem über die Inszenierung, für die nicht Ophüls selbst, sondern Peer Lhot, ein mit Kindersendungen erfahrener Spielleiter, verantwortlich war, wurde in der *Ostdeutschen Illustrierten Funkwoche* geschrieben: »Am Hl. Abend wurde die Weltreise von Fips und Stips beendet. Über der ganzen Veranstaltung schwebte ein Unstern. Peer Lhot als Leiter trieb das Spiel so hastig vorwärts, daß man den Eindruck der Flüchtigkeit bekommen mußte.«

Im Mai 1931, genau am 14.5., fand eine weitere Sendung von Max Ophüls im breslauer Rundfunk statt: »Der Mai ist gekommen«. Die Musik ist wiederum von Harry Ralton, die musikalische Leitung lag, wie schon bei der ersten Hörspielarbeit im November 1929, bei Franz Marschallek. Um diese Zeit war Max Ophüls längst in Berlin und hatte auch dort bereits wieder Kontakt mit dem Rundfunk. Am 27. Juni 1931 steht ein Lustiger Abend mit dem Titel »Verkehrsbüro« im Programm des Berliner Rundfunks. Autoren sind: Max

Ophüls und Kurt Alexander, sein späterer Drehbuchautor bei fast allen Filmprojekten, die er in Europa realisieren wird.
Nach Berlin kam Max Ophüls als Gastregisseur der »Gruppe junger Schauspieler«, die er in Breslau kennengelernt hatte und für die er unter abenteuerlichen Bedingungen Werner Ackermanns *Flucht nach Shanghai* am Lessing-Theater inszenierte. »Am Morgen nach der Premiere wachte ich auf und war berühmt.« Käthe Dorsch, Star des Lessing-Theaters, wollte ihn als Regisseur für ihren nächsten Film. Aber die Produzenten trauten sich nicht, dem Theaterregisseur Max Ophüls, obwohl er nach seinem Erfolg mit der europäischen Erstaufführung von Edna Färbers Komödie *Die königliche Familie* als »eine Art Gewähr für Kassenerfolge« galt, einen Spielfilmetat anzuvertrauen. Seinen ersten Filmjob verdankte er aber einer blonden Komparsin namens Ina, auf die er in der UFA-Kantine wartete. Für die UFA drehte Anatole Litvak gerade seinen Spielfilm *Nie wieder Liebe*. Weil der Russe Litvak mit der deutschen Sprache seine Schwierigkeiten hatte, suchte die Produktion einen Dialog-Regisseur. Genau das, was Ophüls glaubte, für den Film leisten zu können.
Seinen ersten eigenen Film drehte Max Ophüls nach einer Geschichte von Erich Kästner, den er in Breslau als Hörspielautor kennengelernt hatte. Er fand den Stoff in der Bibliothek des UFA-Studios, wo gerade ein anderer Debütant die Hände nach dem Kästner-Buch ausgestreckt hatte: Billy Wilder.
Die Geschichte mit dem Titel *»Dann schon lieber Lebertran«*, in der Kinder mit ihren Eltern die Rollen tauschen, beginnt im Himmel: Die Rolle des Petrus spielte jener Alfred Braun, der als Regisseur im berliner Funkhaus Hörspiel und Film miteinander in Beziehung brachte, allerdings weniger erfolgreich als Friedrich Bischoff in Breslau. Für Ophüls ist Alfred Braun einfach der Radiokommentator, einer der »Urväter des deutschen Rundfunks«, was er sicher auch war.
Es ist interessant, daß Ophüls, der von der Filmtechnik keine Ahnung hatte, das Angebot der UFA, Kameratechnik, Filmarchitektur, Laboratorium usw. kennenzulernen, kaum genutzt hat. Er hatte schnell begriffen, daß er nur im Zustand der Ahnungslosigkeit von den Technikern Unmögliches ver-

langen konnte, was dann eine seiner Spezialitäten - auch bei der späteren Hörspielarbeit - wurde. Eines jedoch hat er intensiv gelernt: das Schneiden. »Ich habe bei Herrn Professor Nick, einem kleinen Weißrussen, der immer sang, und das falsch, monatelang geklebt und geschnitten, Bild und Ton; und es hat mir besonders Spaß gemacht, eine Gruppe von Komparsen, die als Engel im Studio eines Abends nicht zehn Minuten länger bleiben und die Wolken nicht mehr schieben wollten, auf dem Schneidetisch tausendmal hin und herrennen zu lassen.«

Goethe hören

Goethe war Max Ophüls' Lieblingsautor, aber er hat nie einen Goethestoff adaptiert - bis auf den WERTHER-Film, den er für verunglückt hielt. Schon hier ging es ihm darum, aus der Sammlung von Briefen eine Geschichte zu entwikkeln; der für einen Film ungewöhnliche Nebentitel »Le roman de Werther« verweist auf eine für Ophüls typische

Baden-Baden 1954. Proben für »Novelle« mit Willy Birgel und Oskar Werner

Baden-Baden 1956 (»Berta Garlan«)

Hervorhebung der epischen Struktur seiner Arbeit, die sich bei einer anderen Adaption wiederholen wird: er nennt sein Hörspiel *Berta Garlan,* dem die Novelle gleichen Titels von Arthur Schnitzler zugrundeliegt, im Untertitel »Roman einer Klavierlehrerin«. Im Mittelpunkt steht zwar nur eine Episode, die folgenlose Wiederbegegnung mit dem Geliebten der Jugendzeit, aber die erzählte Zeit reicht weit über diesen Ausschnitt, die unerhörte Begebenheit, hinaus und gibt dem Hörspiel tatsächlich etwas Romanhaftes, was sich schon in der Sendelänge von mehr als zweieinhalb Stunden ausdrückt.

Die erste Hörspielarbeit nach der Rückkehr aus Hollywood geht auf Goethes Alterswerk *Novelle* zurück. Goethe hatte sich mit Bedacht für den Gattungsbegriff als Titel entschieden, weil er sein Prosastück als Musterbeispiel für diese Form betrachtete, »denn was ist eine Novelle anderes, als eine sich ereignete, unerhörte Begebenheit. Dies ist der eigentliche Begriff und so vieles, was in Deutschland unter dem Titel Novelle geht, ist gar keine Novelle, sondern bloß eine Erzählung. . .«

Max Ophüls hat diesen Plan lange mit sich herumgetragen. Hilde Ophüls berichtet in ihrem Nachwort zu seiner Autobiografie, wie er in den langen Jahren der Arbeitslosigkeit in Amerika sich sehr oft in den großen Sessel setzte, den ihm Fritz Kortner geschenkt hatte, und Goethe vorlas; für sie gehörten diese Stunden zu den schönsten Hollywood-Erinnerungen. Ophüls selbst hat sich später in einem Vorwort zu seinem Hörspiel an diese Zeit erinnert: »Ich habe mich an die *Novelle* nur herangewagt aus Dankbarkeit. Während des Krieges, während meiner Emigrationsjahre, die mich von Frankreich bis nach Amerika verschlugen, zu einer Zeit, als ich viel verloren hatte, auch meinen Beruf, geriet ich nachts in Hollywood - ich lag da in meinem Zimmer, wie sehr oft brannte das Licht und man war schlaflos -, geriet ich über die *Novelle*. Ich hatte sie bis dahin nie gelesen. Während dieser Tage brannte drüben in Europa meine Heimatstadt, ich wußte nicht mehr von meinen Freunden und Verwandten, ob sie in den Konzentrationslagern oder in den Armeen je diese Zeit überleben würden, und in einer solchen Nacht klang durch den Alpdruck dieses mörderischen Unsinns die Stimme des Kindes, das die Flöte spielt in der *Novelle* und dem Löwen den Dorn aus der Tatze zieht. Diese Stimme, die sagt, ›blankes Schwert erstarrt im Hiebe, wundertätig ist die Liebe‹. Und alle anderen Stimmen, während ich das las, klangen mit: Der Fürst, die Fürstin, die Zigeunerin - ich hörte sie alle und, das mag jetzt vermessen klingen, ist es aber nicht, ich glaubte, ich hörte Goethe selbst lesen, vorlesen. Da wurde ich ruhig, und ich geriet wieder in mein Gleichgewicht; aus Dankbarkeit zu dieser Erlösung fing ich an, obwohl ich nie wußte, ob ich jemals wieder nach Deutschland komme, ob es überhaupt noch einmal einen Sender in Europa gibt, oder gar einen Sender für mich, fing ich an Notizen zu machen über diese Stimmen, so wie ich sie gehört hatte, ganz vage, und so entstand der Entwurf zu einem Hörspiel.«

Als sich Max Ophüls im Sommer 1953 mit seinem alten Freund Friedrich Bischoff, der inzwischen Intendant des Südwestfunks in Baden-Baden geworden war, über Rundfunk- und Fernsehpläne unterhält, schlägt er, ohne lange zu überlegen, für das Radio eine Hörspielfassung der *Novelle* vor. Gert Westphal, damals Hörspielchef des Südwestfunks, hat sich später zu dem Eingeständnis durchgerungen, daß am Anfang keiner begeistert war, daß die Skepsis überwog. Man konnte sich unter Ophüls‘ Hörspielplan nur »schrecklichen, altmodischen Kram« vorstellen. Es herrschte uneingestanden die Befürchtung vor, hier solle in altmodischer Sentimentalität einem berühmten Filmregisseur eine Spielwiese eröffnet werden. Alle waren darauf gefaßt, »den Mantel christlicher Nächstenliebe darüber breiten zu müssen«. Man legte Ophüls nahe, dem in Vergessenheit geratenen Prosastück eine »moderne« Umrahmung zu geben; vielleicht hat Ophüls selbst in seinen Erzählungen von den Vorleseabenden im Exil in Hollywood die Stichworte geliefert; der Vorschlag lief nämlich darauf hinaus, eine heutige Figur hinzuzuerfinden, die Goethes Prosa im Tornister durch den Krieg und in den Frieden hineinträgt. Das widersprach gänzlich Ophüls‘ Intentionen.

Für seine Filme mußten die Texte seiner geliebten Autoren sehr oft umgewandelt werden in ein »Universum von Ahnungen, Ahnungen von Bildern, Bewegungen, Wort, Spiel, Rhythmus und Bilderwechsel«. Gleichwohl mußten die Drehbücher, denen er gewöhnlich selbst den letzten Schliff gab, perfekt sein. Howard Koch, selbst ein Perfektionist, wie zum Beispiel sein *Casablanca*-Szenario beweist, machte bei der gemeinsamen Arbeit am Drehbuch zu LETTER FROM AN UNKNOWN WOMAN seine Erfahrungen mit Ophüls, der mit peinlicher Sorgfalt das Skript für die Dreharbeiten auf den letzten Stand brachte. Aber auch das perfekteste Drehbuch war für ihn nur eine Partitur für seine Fantasie: »Das Drehbuch muß da sein, um überwunden zu werden. Deshalb soll man es auch nicht ernster nehmen als ein Korsett.«

Für Ophüls war es schlimm genug, die Autoren seiner Filmstoffe in dies Korsett zu zwingen; schlimmer noch, wenn sie dabei »ummodelliert« werden mußten, damit sie hineinpaßten: »Maupassant, zu kurz - muß man länger machen; Thomas Mann, zu lang - muß man kürzen; Musset, zu fein - muß man vergröbern; Zuckmayer, zu grob - muß man verfeinern.«

Ophüls plädierte entschieden dafür, der Film solle sich respektvoller zu den epischen und dramatischen Werken verhalten, die er für seine Zwecke benutzt. »Er könnte ihnen dann als Mittler dienen, wenn er respektvoll in sie hineinhört.« Kein Zufall, daß hier wieder der Zugang zur Literatur über das Hören stattfindet. Darin liegt Ophüls' Liebe zum Hörspiel begründet; und wenn er im Gespräch mit Rivette und Truffaut das Bekenntnis seiner »geheimen Neigung zum Radio und zum Hörspiel« mit dem Hinweis ergänzt, er wolle alles, was am Theater oder als Film nicht geht, für das Radio zu machen versuchen, dann meint er damit nicht, das Radio solle die anderweitig nicht verwertbaren Stoffe bekommen, sondern im Radio und als Hörspiel könne er seine Lieblingstexte realisieren, ohne sie in irgendein Korsett zwingen und ohne sie verändern zu müssen.

Im Gespräch mit Rivette und Truffaut beruft sich Ophüls übrigens ausdrücklich auf die Erfahrungen, die er gerade mit seinem Hörspiel *Novelle* gemacht hatte. Er kannte das Hörspiel bereits, bevor er daran ging, das Produktionsmanuskript zu entwerfen: er hatte jede einzelne Stimme gehört und deshalb lautet seine Antwort an die Dramaturgen des Südwestfunks auch: »Ich war der Auffassung, man sollte alles so lassen. Nur hinhören, wie es Goethe geschrieben hat, nur hören.«

Goethes *Novelle* beginnt aber damit, daß etwas zu sehen ist: »Ein dichter Herbstnebel verhüllte noch in der Frühe die weiten Räume des fürstlichen Schloßhofes, als man schon durch den sich lichtenden Schleier die ganze Jägerei zu Pferde und zu Fuß durcheinander bewegt sah.« Da Ophüls aber nun mit den Ohren zu sehen versuchte, hört man in seinem Hörspiel nicht nur Oskar Werner als Vorleser mit dem vorstehenden Text, sondern auch: Trompetensignale, Rufe der Stallknechte, Peitschenknallen, Hundebellen usw. Aber es genügt nicht, mit den Ohren zu sehen, man muß auch mit den Augen hören können. Wenn der Vorleser - Oskar Werner präsentiert Goethes Text in einem der Aufbruchstimmung angemessenen raschen Tempo - zu der Stelle kommt, an der es heißt: »Alle warteten auf den Fürsten, der, von seiner jungen Gemahlin Abschied nehmend, allzulange zauderte«, muß Ophüls, nachdem er erwartungsvoll allen Lärm hat verstummen lassen, einen Satz hinzufügen:

Vorleser: »Er trat auf die Freitreppe« -,
[damit klar ist, wer jetzt spricht; der Fürst nämlich]

Fürst: »Ich lasse dir unseren Honorio als Stall- und Hofjunker zurück.«
Fürstin: »Ich danke dir.«
Fürst: »Er wird für alles sorgen.«

Auch die Fürstin, die mit hinausgetreten ist, hat einen Satz bekommen, der nicht im Original steht. Dann folgen, anders zusammengestellt, diejenigen Sätze des Goethe-Textes, die zur Veranschaulichung der Situation notwendig sind, wie aus einem Guß: »Die Fürstin blieb ungern zurück. Erst vor kurzer Zeit zusammengetraut, empfanden sie und ihr Gemahl schon das Glück übereinstimmender Gemüter. Scheidend versäumte der Gemahl es nicht, einen Spazierritt vorzuschlagen, den sie im Geleit Friedrichs, des fürstlichen Oheims, unternehmen sollte; und dann gab er im Hinabsteigen einem wohlgebildeten jungen Mann die nötigen Aufträge...«
Hier unterbricht Ophüls Goethe mit einer weiteren Einschiebung, denn jetzt muß der Junker Honorio, um niemand anderen handelt es sich, auch zu hören sein, damit er zu sehen ist:

Fürst: »Junker Honorio!«
Honorio (kommt heran): »Zu dienen ...«
Und nun kann der Vorleser den Satz vollenden:
»... und verschwand sodann bald mit Gästen und Gefolge.«
Trompetensignale, Pferdegetrappel, das sich entfernt.

Diese Sequenz, eine perfekte Exposition, dauert ganze zweieinhalb Minuten; genau die Hälfte dieser Zeit wird von der Musik, dem von Karl Sczucka nachempfundenen Haydn-Motiv, beansprucht, die am Anfang eine volle Minute lang und nicht eine halbe, wie das Manuskript vorsieht, stehenbleibt und dann unter der Stimme des Vorlesers in die Geräusche des Aufbruchs der Jagdgesellschaft übergeht. Am Ende wiederum verschwindet das sich entfernende Klappern der Pferdehufe in den Abschiedssignalen der Waldhörner.
Ophüls konnte diese Wirkung nur erzielen, indem er das Gegenteil von dem tat, was man wohl von einem Filmregisseur erwartet hatte und was in der Hörspielproduktion mit ihren inzwischen zu großer Perfektion entwickelten Auf-

nahme-, Misch- und Montagetechniken längst üblich war. Ophüls organisierte die Produktion nicht als die Abfolge von Wortaufnahme, Zumischung der Geräusche und Montage der Musik, die ja meistens die Funktion des Szenenübergangs hatte. Als erstes bestand er auf Produktionszeiten, wie er sie aus der französischen Filmproduktion gewohnt war, und legte den Produktionsbeginn auf die Mittagszeit, was beim Film unter anderem auch ganz praktische Gründe hat, denn eine ausgeschlafene Frau ist in der Großaufnahme schöner, als eine übermüdete. Es wurde ohne Pause bis in den späten Abend durchgearbeitet.

Entscheidend aber war, daß er alles gleichzeitig machte, was sonst getrennt behandelt wurde: Sprachaufnahmen, Geräuschzumischung und Musikmontage, das heißt, er benutzte das Mikrofon des Hörspielstudios genauso wie die Kamera des Films. Wie die Kamera immer alles gleichzeitig aufnimmt, das Spiel der Akteure und die Dekorationen, so verlangte Ophüls von den Toningenieuren und vom gesamten Produktionsteam seiner Hörspielproduktionen, daß die Geräusche gleichzeitig mit den Dialogen aufgenommen wurden. Wie das Objektiv der Kamera an die Stelle des menschlichen Auges tritt, so sollte das Mikrofon die Funktion des menschlichen Ohres übernehmen. Auf den Widerstand der Toningenieure war Ophüls vorbereitet, das kannte er von den Kameraleuten, die er erst zu seinen Partnern machen mußte, bevor sie sich bereiterklärten, etwas Unübliches und Ungewohntes zumindest zu versuchen. F. W. Schulz, der Toningenieur des Südwestfunks, hat anschaulich beschrieben, wie Ophüls ihn mit seinen Vorstellungen zur Verzweiflung gebracht habe. Und wie er sich auf Bedingungen habe einlassen müssen, die ihm technisch als nicht machbar erschienen seien. Aber er hat auch zugegeben, daß die Arbeit mit Ophüls das schönste gewesen sei, was er in seiner 40jährigen Tätigkeit als Toningenieur erlebt habe.

Das Ergebnis dieser Adaptions- und Produktionsmethode wurde von den Kritikern als »Doppelpunktdramatik« abqualifiziert; damit war gemeint, daß überall dort, wo im Prosatext ein Doppelpunkt stehe, jemand zu reden beginne. Heinz Schwitzke, der diese Methode besonders anprangerte, war der Meinung, daß ein so bedeutender Rundfunkintendant und Lyriker wie Friedrich Bischoff sich von der »Dop-

pelpunktdramatik« habe verwirren lassen, als er Max Ophüls die Gelegenheit gab, Goethes Prosa umzubiegen, »ohne daß eine literarische Polizei eingriff«, und Schwitzke zitiert als besonderen Scherz des Regisseurs folgende Einzelheit: »An der Stelle, wo die einsam zurückgelassene Fürstin dem davonreitenden Jagdzug mit dem Teleskop nachblickt, wird die Vortrefflichkeit des Okulars dadurch angedeutet, daß man plötzlich das zuvor schon entrückte, kilometerferne Pferdegetrappel wieder so nahe wie unmittelbar vor der Haustür hört.«
Was hat Ophüls gemacht? Er hat seinen Autor lediglich beim Wort genommen. Bei Goethe liest sich die Stelle so: »Die schöne Dame richtete jedoch das Fernglas etwas tiefer nach einer öden, steinigen Fläche, über welche der Jagdzug weggehen mußte. Sie erharrte den Augenblick mit Geduld und betrog sich nicht, denn bei der Klarheit und Vergrößerungsfähigkeit des Instruments erkannten ihre glänzenden Augen deutlich den Fürsten und den Oberstallmeister; ja, sie enthielt sich nicht, abermals mit dem Schnupftuche zu winken,

Baden-Baden 1956. Produktion »Berta Garlan«. Ophüls mit Friedrich Wilhelm Schulz und dem Komponisten Peter Zwetkoff (links)

als sie ein augenblickliches Stillhalten und Rückblicken mehr vermutete als gewahr ward.«

Goethes meisterhafte Beschreibung dieses Vorgangs gipfelt in der Andeutung einer Sinnestäuschung. Da man im Hörspiel aber mit den Augen hören muß, unterstützt Ophüls das Winken mit dem Schnupftuch durch den kleinen Ausruf der Fürstin: »Auf heute abend! Kommt gut wieder.« Dies Detail unterschlägt Schwitzke, obwohl das plötzlich wieder nähergerückte »Pferdegetrappel«, wie auch das zusätzlich erklingende Trompetensignal unter dem Ausruf der Fürstin fast verschwindet. Es ist überhaupt erstaunlich, daß die viel raffinierteren Tricks, mit denen Ophüls arbeitete, kaum bemerkt worden sind.

Verblüffend ist zum Beispiel die Verdoppelung des Erzählerparts an einigen Stellen, die auf diese Weise ihre besondere Spannung bekommen; so bei der Erinnerung des Fürst Oheims an einen zurückliegenden Brand, von dem er oft erzählt hat. Als nun wirklich im Dorf unten ein Brand ausbricht, der Oheim die Fürstin mit Honorio zurücklassen muß, beginnt diese sich zu fürchten. »Und nun bewegten sich in ihrer Einbildungskraft alle die Schreckbilder, welche des trefflichen Oheims wiederholte Erzählung von dem erlebten Jahrmarktsbrande leider nur allzutief eingesenkt hatte.« An dieser Stelle, die Ophüls wörtlich übernimmt, mischen sich unter die Stimme des Vorlesers von weither erst die Feuerglocken, dann aber auch die Stimme des Fürst Oheims, der die Erzählung fortsetzt, weil es ja um seine Erinnerungen geht. Im Manuskript sind an dieser Stelle »naturalistische Geräusche« vorgesehen. Ophüls hat sich hier über seine eigenen Regieanweisungen hinweggesetzt, Naturalismus lag ihm nicht. Er verzichtet auf die Geräusche und ersetzt sie durch musikalische Klänge, die sich als ungleich wirkungsvoller erweisen.

Ähnlich raffiniert ist der Wechsel der Tempi, den Ophüls überall dort vornimmt, wo es darum geht, mit allen Mitteln eine Steigerung der Spannung zu bewirken. Das Nahen des ausgebrochenen Tigers, durch Paukenschläge dargestellt, ist ein solcher Moment. Ophüls schreibt in seinem Manuskript: »Die Paukenschläge werden von unheimlichen Geräuschen abgelöst. Dumpfes Grollen. Schwer fällt etwas in unregelmäßigen Abständen aufs Laub. Zweige knacken. Das Geräusch nähert sich, schleicht sich voran.« Er verzichtet auf alles, was er sich vorgenommen hat, außer auf die Paukenschläge, läßt aber hinter dem Satz des Vorlesers: »Heranspringend wie sie ihn vor kurzem auf der Bretterbude am Markt gemalt gesehen hatte, kam das Tier entgegen«, den Tiger brüllen; Honorio schießt, verfehlt das Tier, und jetzt wechselt der Vorleser vom Perfekt ins Präsens; Ophüls' Regieanweisung lautet an dieser Stelle unmißverständlich: »Wie ein moderner Reporter.«

Diesen Kunstgriff wiederholt Ophüls, als der Knabe mit seiner Flöte sich dem Löwen nähert. Die Regieanweisung für den Vorleser an dieser Stelle lautet: »Mit angehaltenem Atem.«

Hier erweist sich die Musik zusätzlich als wirkungsvolles Mittel der Darstellungskunst. Welche Bedeutung dem Flötenspiel zukommen würde, war Ophüls schon bei der Planung der Produktion klar. Bei einer Vorbesprechung mit Friedrich Bischoff und den Mitarbeitern der Hörspielabteilung in einem Restaurant im baden-badener Rebland, bei der es vor allen Dingen um das richtige Hören ging, hatte Ophüls deutlich gemacht, daß die Musik aus Melodien bestehen sollte, die aus der Jahrhundertwende hereinwehen, und daß er sich als größte Steigerung gar kein Orchester vorstelle, sondern nur eine Flöte. Diese Flöte erklang dann wirklich, und die Anekdote, die Ophüls später aus dieser Episode gemacht hat, ist von denen, die dabei waren, bezeugt: »Ich hatte das Wort ausgesprochen, da hörte man plötzlich eine Flöte spielen. Wir wurden alle ein bißchen blaß, wußten gar nicht, woher das kommt, und drehten uns nach dem Schanktisch zu. Von dort kam die Flöte, kam das Flötenspiel, und da stand ein Mann, ungefähr zwischen fünfzig und sechzig, hatte eine kleine Mütze mit einer kleinen Blume am Mützenrand auf dem Kopf. Er hatte schon ein bißchen getrunken, und er spielte auf einer ganz einfachen Schalmei ganz ruhig und still ein Volkslied. Er kam zu uns herüber, kam an unseren Tisch, er spielte dieses ganz innige kleine Volkslied zu Ende, und vielleicht hat er gar nicht gewußt, wo er war, denn er schien mir sehr weinselig und er guckte uns an und er sagte: ›Sehen Sie, ich hab mir gedacht ... ich muß irgendwohin, wo man ganz still Flöte spielen kann, und ich glaub, Sie möchten gern sowas hören.‹ Und dann spielte er noch ein paar Töne und ging durch die offene Tür in die Sonne und verschwand im Garten.«

Mit dem sicheren Gefühl für Wirkungen setzte Ophüls durchaus auch das Orchester ein, aber so, wie er es vom Kino gewohnt war, also auf eine melodramatische Weise, die im Hörspiel mehr oder weniger verpönt war. In der *Novelle* gibt es jene Stelle, wo Goethe die bukolische Mittagsstille in der alten Burgruine nur andeutet. Die Fürstin, der Oheim und Honorio haben sich, »wie es längst herkömmlich war«, scherzhaft darüber gestritten, welche und wieviele Dörfer und Weiler man von diesem erhöhten Aussichtspunkt sehen könne; die Fürstin beendet nach einer Pause, so als müsse sie besonders genau hinsehen, um auch das Detail noch zu erkennen, die Aufzählung mit dem Hinweis: »Und hier der Rabenkopf«, den man in Goethes Text übrigens vergebens sucht. Bevor nun der Vorleser fortfährt: »Über die große Weite lag eine heitere Stille, wie es am Mittag zu sein pflegt, wo die Alten sagten, Pan schlafe und alle Natur halte den Atem an, um ihn nicht aufzuwecken« – setzt das Orchester ein, und die Regieanweisung lautet: »Musik sehr breit und sonnig«, obwohl doch der Text tiefe Stille signalisiert. Ophüls aber weiß, daß man die Stille nicht mit Stille darstellen kann und daß er die harmonische Stimmung der Musik braucht, um die Entdeckung des Jahrmarktbrandes, die unmittelbar darauf folgt, zur richtigen Wirkung zu bringen.

Goethes Eckermann verdanken wir die deutlichsten Hinweise auf die programmatischen und allegorischen Absichten, die mit der *Novelle* verbunden waren und Interpretationen ins Kraut schießen ließen, die im Jahrmarktsbrand die französische Revolution und in den Schaustellern die Volkskraft sahen, die sich mit der Fürstenweisheit in der alten Stammesburg der deutschen Nation wieder vereint. Es gibt so manche Stelle, die solchen Deutungen Vorschub leistet. So begründet die Fürstin ihren Wunsch, über den Jahrmarkt reiten zu wollen, ausführlich mit ihrem Interesse am Handel und Wandel und am Wohlergehen der Bürger des Landes.

»Lassen Sie uns aber durch die Stadt reiten, (...) über den großen Marktplatz, wo eine zahllose Menge von Buden die Gestalt einer kleinen Stadt, eines Feldlagers angenommen hat. Es ist, als wären die Bedürfnisse und Beschäftigungen sämtlicher Familien des Landes umher nach außen gekehrt,

in diesem Mittelpunkt versammelt, an das Tageslicht gebracht worden, denn hier sieht der aufmerksame Beobachter alles, was der Mensch leistet und bedarf; man bildet sich einen Augenblick ein, es sei kein Geld nötig, jedes Geschäft könne hier durch Tausch abgetan werden, und so ist es mitunter auch. Seitdem der Fürst gestern mir Anlaß zu diesen Übersichten gegeben, ist es mir gar angenehm zu denken, wie hier, wo Gebirg und flaches Land aneinandergrenzen, beide so deutlich aussprechen, was sie brauchen und was sie wünschen. Wie nun der Hochländer das Volk seiner Wälder in hundert Formen umzubilden weiß, das Eisen zu einem jeden Gebrauch zu vermannigfaltigen, so kommen jene drüben mit den vielfältigsten Waren ihm entgegen, an denen man den Stoff kaum unterscheiden und Zweck oft nicht erkennen mag.« Der Oheim wendet ein, daß er nicht gern durch den Markt und die Messe reite, weil man bei jedem Schritt gehindert und aufgehalten werde und weil er die Erinnerung an jenen Jahrmarktsbrand nicht loswird, den er einmal erlebt hat. Die Fürstin besteht auf ihrem Wunsch und mahnt zum Aufbruch. Wie der Oheim vorausgesehen hat, kommen sie auf dem Markt nur im Schritt voran, und nun wird beschrieben, wie sich im Konkreten die Erwartungen bestätigen, die die Fürstin im Allgemeinen dargestellt hat.
Ophüls läßt den Text nahezu unangetastet, aber er organisiert ihn zu einer Folge von kurzen Einstellungen um. Dem Entschluß, über den Marktplatz zu reiten, folgt der Aufbruch; hier gelingt es Ophüls mit wenigen Details, die am Rande des Erlaubten befindliche Verehrung Honorios für die Fürstin herauszuarbeiten, im Grunde nur durch die Art und Weise, wie Oskar Werner einen einzigen Satz spricht: »Wer wäre nicht gern an ihrer Seite geritten, wer wäre ihr nicht gerne gefolgt?«
Die Darstellung des Marktplatzes ist ein akustisches Gemälde, das damals in der Hörspielkunst seinesgleichen suchte: man hört Schafe blöken, Kühe muhen, Hunde bellen, viele Stimmen, die kaufen und verkaufen wollen, dazu Jahrmarktsmusik und, in einen Dialog aufgelöst, die Begründungen für das Interesse der Fürstin an diesem Erlebnis, die jetzt höchst anschaulich wirken:

Fürstin: Wie eine kleine Stadt! Wie ein Feldlager ... es ist gerade, als wären Bedürfnisse und Beschäftigungen sämtlicher Familien des Landes nach außen gekehrt, in diesem Mittelpunkt versammelt, an das Tageslicht gebracht worden.

Oheim: Hier sieht man alles ... alles, was der Mensch leistet und bedarf.

Vorleser: Das Volk schaute mit Freuden auf die junge Dame, und auf so viel lächelnden Gesichtern zeigte sich das entschiedene Behagen, zu sehen, daß die erste Frau im Lande auch die schönste und anmutigste sei.

(Zurufe aus der Menge.)

Fürstin: Man bildet sich einen Augenblick ein, es sei kein Geld nötig, jedes Geschäft könne hier durch Tausch abgetan werden.

Oheim: So ist es auch im Grunde. Es ist gar angenehm zu denken, wie hier, wo Gebirg und flaches Land aneinandergrenzen, beide so deutlich aussprechen, was sie brauchen und was sie wünschen.

Fürstin: Wie der Hochländer das Volk seiner Wälder in hundert Formen umzubilden weiß, so kommen jene drüben mit den vielfältigsten Waren ihm entgegen, man kann den Stoff kaum unterscheiden und den Zweck oft nicht erkennen, und gerade zu dieser Jahreszeit kommt es hauptsächlich darauf an, daß man mehr empfange als gebe.

Oheim: Sehr klug. Aber das ist ja am Ende die Aufgabe des ganzen Staatshaushaltes, so wie der kleinsten häuslichen Wirtschaft.

Solche Szenen in einem Arbeitsgang zu produzieren, die vielfach gestaffelten Stimmen, die vielfältigen Geräusche, die von einzelnen Bändern zugespielt werden mußten, die gleichfalls zuzuspielende Musik – das erforderte eine Sorgfalt der Vorbereitung, die in den 50er Jahren unüblich war und die auch heute keineswegs selbstverständlich ist.

Ophüls, der in Chevreuse bei Paris lebte, schickte Zusammenstellungen der in seinem Manuskript angedeuteten Geräuschaufnahmen, die dann von einem Mitarbeiter der Dramaturgie nach Paris transportiert wurden, wo Ophüls im

Funkhaus von Radio France eine erste Auswahl traf, eine Prozedur, die nur aufgrund der guten Beziehungen zwischen Baden-Baden und der französischen Hauptstadt möglich war. Im pariser Funkhaus hörte Ophüls sich dann nach Beendigung der Produktion seine Arbeitskopie an, machte Korrekturvorschläge, die allerdings nur teilweise realisiert werden konnten, weil eine Änderung der einmal vorgenommenen Mischung ohne Nachaufnahme nicht möglich war.
Zur »Nachbehandlung des Rohstoffs« kam Ophüls wiederholt nach Baden-Baden. Gert Westphal hat die Entstehung der »Schnapperlisten« beschrieben: »Er hörte immer wieder ab und schnipste an einigen Stellen. Seine Sekretärin notierte dann die Textstelle. Und nach 14 Tagen, nach drei Wochen kam er wieder und hörte erneut ab. Anhand dieser Schnapperlisten, dort wo er wußte, was er gemeint hatte, wurde geändert, und dort, wo er es nicht mehr wußte, war es belanglos und lief durch.«
Manches ließ sich aber auch nicht reparieren. So hatte Ophüls in einem Brief an Bischoff für die Dramaturgie und den Toningenieur eine Reihe revisionsbedürftiger Stellen aufgeführt, eine davon betrifft den Ausruf eines Wachpostens, der ihm »zu sehr im Vordergrund« war.
Das ist er heute noch auf dem Masterband des Südwestfunks.

Der Roman einer Klavierlehrerin

Im Juni 1955, also noch vor der Premiere seines neuen und letzten Films LOLA MONTEZ, machte Ophüls seinem Freund Friedrich Bischoff, der auf Fernsehideen wartete, einen neuen Hörspielvorschlag: Goethes *Wilhelm Meister,* an zwei oder drei Sendeabenden. Daraus wurde nichts. Stattdessen begann er kurz darauf mit der Adaption der Erzählung *Berta Garlan* von Arthur Schnitzler. Im Gespräch mit Rivette und Truffaut, unmittelbar im Anschluß an die Bekenntnisse zum Radio und zum Hörspiel, sagt Ophüls: »Ich habe vor zwei Jahren in Baden-Baden eine Funkbearbeitung gemacht« – gemeint ist die *Novelle* – und fährt dann fort: »Für den Augenblick bearbeite ich einen kleinen Roman eines meiner

Baden-Baden 1956. Produktion »Berta Garlan«. Ophüls mit Kurt Meisel

bevorzugten Autoren, wiederum Schnitzler. Ich habe noch keinen Produzenten, um einen Film daraus zu machen.«

Ein Film wurde nicht daraus, sondern ein Hörspiel, dessen Produktion im April 1956 in Baden-Baden stattfand, wiederum nach gründlicher Vorbereitung, wiederum mit Käthe Gold in der Haupt- und Titelrolle. Und wieder mußte Ophüls eine kritische Auseinandersetzung mit seiner Konzeption über sich ergehen lassen, an der sich diesmal auch Friedrich Bischoff beteiligte.

Hatte er sich bei der Adaption der *Novelle* darauf beschränkt, alle akustischen Ereignisse, die in der Prosa eine Rolle spielen, als Mittel der Darstellung im Hörspiel auch hörbar zu machen, setzt er bei *Berta Garlan* akustische Bilder ein, die er aus der Prosa erst ableiten oder hinzuerfinden muß. Er orientiert sich dabei aber stets an Text-Details, und seien sie auch noch so minimal. Wenn es bei Schnitzler zum Beispiel heißt, daß Garlan mit einer gewissen Andacht zuhörte, wenn Berta nach dem Nachtmahl Klavier spielte, dann macht Ophüls als Reaktion auf das Wort »zuhören« daraus eine winzige Szene, die sich allerdings in Bertas Erinnerung abspielt, also

Jahre zurückliegt. In seiner Prosa kann Schnitzler nach Belieben von der Erzählzeit in die erzählte Zeit hinüberwechseln und zurück. Im Hörspiel könnte das der Erzähler auch, aber damit gibt sich Ophüls nicht zufrieden. Während Berta in ihrer Erinnerung die Jahre ihrer Ausbildung am Konservatorium, die kurze Zeit ihrer Ehe und die Jahre nach dem Tod ihres Mannes zurückverfolgt, gelingt es ihm mit einem genialen Trick, die Zeit buchstäblich stillstehen zu lassen, um mit einem zweiten Kunstgriff, der Verdoppelung des Erzählers nämlich, die Bilder der Erinnerung anschaulich hervortreten zu lassen.

Er fügt an der Stelle, wo Berta, auf der Bank in der Nachmittagssonne sitzend, die Augen schließt, dem Schnitzler-Text einen einzigen Satz hinzu: »Von der Stadt her läutete es zur Nachmittagsandacht« - und schon hört man aus der Ferne die Glocken läuten, während der Sprecher sagt: »Ihre Augen schlossen sich«. In die Pause, die jetzt den raschen Fluß - nie zuvor hatte man Gert Westphal so behende erlebt - der

Produktion »Berta Garlan« mit Käthe Gold und Gert Westphal (links)

Erzählung unterbricht, mischt sich »Orchestermusik in die Glocken, langgezogene, in sich verschwimmende Akkorde«, wie die Regieanweisung lautet. Gert Westphal fährt, in anderer Tonart jetzt, nämlich »subjektiv«, wie die Regieanweisung vorschreibt, fort: »Sie dachte zurück, dachte schläfrig an die Tage nach ihrer Hochzeit.«

Wieder fügt Ophüls dem Schnitzler-Text einen Satz hinzu, wie eine Bild-Unterschrift unter die jetzt dominierend einsetzende Musik: »Die Bilder der Erinnerung wehten wie auf Schleier gemalt durch ihr Gehirn.« Und während Gert Westphal fortfährt: »Sie hatten eine kleine Reise gemacht, wie sie sich eben ein Mann in geringen Verhältnissen gestatten konnte«, hört man schon die Stimme von Käthe Gold, die jetzt ihren Teil des Erzählerparts übernimmt: »Wir ... wir waren mit dem Schiff von Wien aus stromaufwärts gefahren und hatten in einem kleinen Ort in der Wachau ein paar Tage zugebracht.«

Die Schiffsirene, die an dieser Stelle im Manuskript zusätzlich zur Einfärbung der Erinnerungsbilder vorgesehen war, hat Ophüls weggelassen. Dafür schaltet sich wieder Gert Westphal ein: »Sie erinnerte sich verschwommen ...« Aber die Sprecherin der »Bilder der Erinnerung« bleibt jetzt Berta, sie begleitet die Beschreibung des Erzählers, unterbricht ihn, ergänzt ihn auf fast dialogische Weise.

Und überall, wo sich etwas Hörbares ereignet, macht Ophüls daraus szenische Einschübe. Wenn zum Beispiel davon die Rede ist, daß Berta sich die Vorwände ihres Vaters anhören muß - wieder das Stichwort »hören«! -, dann wird der Fluß der Erzählung abrupt unterbrochen durch die Stimme des Vaters: »Diese aussichtslose Geschichte mit dem Violinspieler - und was hast du gegen den Arzt, und was hast du eigentlich gegen einen Kaufmann aus der Provinz?«

Der Violinspieler wird noch eine Rolle spielen in der Geschichte, aber erst einmal hört man Viktor Matthias Garlan, einen Freund der Familie, der Berta den Hof macht und dem sie, als erst die Mutter und dann auch der Vater stirbt, ihr Jawort gibt. Das alles stellt Ophüls in winzigen Dialogen dar, die sich immer wieder in die zweistimmige Erzählung mischen, deren Tempo aber nicht verzögern, sondern eher beschleunigen. Litaneihaft hört man Garlan fragen: »Liebst du mich?« und Berta antwortet: »Ja.«

Garlan: »Wirst du immer bei mir bleiben?«
Berta: »Ja.«

Berta läßt sich seine Zärtlichkeit gefallen, anfangs mit einem gewissen Staunen vor Enttäuschung, weil sie keine Liebe für ihn empfindet, dann, als sie sich Mutter fühlt, mit gutem Willen. Man fährt gelegentlich nach Wien und beschließt, das sei eigentlich überflüssig, und wieder ist die Litanei zu hören:

Garlan: »Liebst du mich?«
Berta: »Ja.«
Garlan: »Wirklich?«
Berta: »Ja.«
Garlan: »Liebst du mich?«

Jetzt fehlt plötzlich Bertas stereotype Antwort; aber Garlan redet weiter wie eine Platte: »Liebst du mich? Wirklich? Liebst du mich? Wirklich? Liebst du.« Wie eine Platte, die plötzlich stehenbleibt, so lautet auch die Regieanweisung, und schon hört man wieder den Sprecher:
»Ihr Mann starb plötzlich an einem Frühlingsmorgen, drei Jahre, nachdem er sie geheiratet. Ihre Bestürzung war groß.«
Bei Schnitzler geht es jetzt weiter: »– sie fühlte, daß sie diese Möglichkeit nie im Auge gehabt hatte. Sie blieb in beschränkten Verhältnissen zurück. Aber bald wurde von der Schwägerin eine liebenswürdige Art gefunden, die Witwe zu unterstützen, ohne daß es wie Almosen ausgesehen hatte. Man bat sie, die Kinder im Klavierspiel weiter auszubilden, und verschaffte ihr auch in einigen anderen Häusern der Stadt Lektionen.«
Ophüls schließt unmittelbar an die »große Bestürzung« den Klavierunterricht an und legt darüber Bertas Stimme:
»Mittelfinger – Zeige – linke Hand ...«
Und dann die Stimme der Schwägerin:
»Als deine Schwägerin habe ich mir das so gedacht ...«
Und Gert Westphal fährt fort mit dem Schnitzlertext:
»Man bat sie, die Kinder im Klavierspiel weiter auszubilden ...«
Drei Jahre sind vergangen, und in diesem Frühling schläft Berta nicht mehr so ruhig wie früher. Manchmal überkommt

sie bei hellichtem Tag eine plötzliche Ermattung. Hier, bei diesem letzten, wichtigen Motiv der Exposition, erklingt eine andere Art von Musik, die »das Kreisen des Blutes« darstellt, das Bertas ganzen Körper erfüllt und sie an ihre frühe Mädchenzeit erinnert, »wie heute an diesem Frühlingstag«, fügt der Sprecher hinzu. Wir sind wieder in der Gegenwart, schon sind wieder die Glocken zu hören, die sich in die Musik mischen und das Orchester verdrängen; darüber der Sprecher: »Sie schauerte zusammen.«

An dieser Stelle hat Ophüls sein eigenes Produktionsmanuskript um folgenden Text ergänzt: »Die Glocken der Nachmittagsandacht läuteten immer noch. Sie blickte sich um. Sie saß immer noch auf der Bank.« Die Zeit, die Ophüls zum Stillstand gebracht hatte, beginnt wieder zu laufen. Berta ruft nach ihrem Jungen, der in einiger Entfernung spielt; sie nimmt die Leute wahr, die, wie jeden Abend, die Allee bevölkern; der Neffe Richard kommt mit der Abendzeitung vorbei, in der Berta eine Nachricht über jenen Erwin Lindbach entdeckt, den sie vor zwölf Jahren geliebt hat, und der jetzt ein weltberühmter Violinvirtuose geworden ist. Sie besucht ihn in Wien, verbringt eine Nacht mit ihm, aber sie muß ihre Hoffnung auf ein neues Lebensglück rasch wieder begraben. Die Erlebnisse eines Frühlings sind zugleich eine Lebensgeschichte, eine Geschichte zudem, wie sie in Ophüls' Film-Œuvre immer wiederkehrt.

Wieder geht es, wie zuletzt in LOLA MONTEZ, um eine Frau, die durch ihre Lebensumstände gezwungen wird, auf die Liebe zu verzichten. Und wieder ist es eine Geschichte aus jener Welt, die es Ophüls schon in LIEBELEI, seinem ersten Schnitzler-Film, angetan hatte, und aus jener Vorkriegsatmosphäre, die seinen letzten Schnitzler-Film LA RONDE geprägt hat. (Weshalb Ophüls seine Hörspielfassung gleich zu Anfang ins Jahr 1911 datiert, obwohl die Erzählung bereits 1901 erstmals veröffentlicht wurde, war nicht zu ergründen.)

Es gab während der Vorbereitungszeit, wie schon bei der *Novelle,* einige Auseinandersetzungen; als Ophüls seine Hörspielbearbeitung vorlegte, war klar, daß der Umfang von 180 Seiten, aus denen dann 150 Sendeminuten wurden, jeden Rahmen sprengen würde. Die Lösung dieses Problems lief darauf hinaus, die Sendung auf zwei Abende zu verteilen.

Als dann für die Ursendung doch ein ausreichender Termin freigemacht wurde, empfanden die Hörer die mit Musik gefüllte Erholungspause als überflüssig.
Daß der Erzählerpart aufgeteilt war auf zwei Stimmen, scheint nach anfänglichem Stirnrunzeln allen eingeleuchtet zu haben, nicht aber das »Wuchern der akustischen Details«. Friedrich Bischoff, der in dieser Hinsicht gewiß Zeichen gesetzt hatte, zeigte sich dennoch verblüfft darüber, daß Ophüls die »psychologisch so subtile Linie des Vorgangs so intensiv und differenziert von einer Geräuschkulisse begleiten lassen« wollte, »und noch dazu von sehr viel Musik«. Er fragte seinen lieben Freund, ob er hier nicht vielleicht des Guten ein wenig zu viel tue beziehungsweise verlange. Und er fügt den aufschlußreichen Satz an: »Wir haben uns darüber ja schon einmal gelegentlich der *Novelle* von Goethe unterhalten.« Auch hinsichtlich der hier ausführlich beschriebenen Exposition äußerte Bischoff Bedenken; dieser Punkt wurde aber nicht weiterverfolgt, weil die Exposition mit weniger als fünf Minuten eher unterproportioniert war.
Dann gab es Überlegungen hinsichtlich der Rolle der Sexualität in der Geschichte. Die zwei Frauenschicksale, eigentlich sind es drei, werfen ein Licht auf die Zustände der Zeit: Berta sieht am Schicksal ihrer Cousine Agathe, wohin ihre eigene Ehe mit dem ungeliebten Mann hätte führen können; Agathe hat drei Kinder, erwartet ein viertes, ihr Leben ist in Gewohnheiten und Pflichten erstarrt; dennoch hat Berta wegen der Nacht mit dem Geliebten ihrer Jugend ein schlechtes Gewissen; entscheidender aber ist ihr Erlebnis mit der Freundin Anna Rupius, die an einer Abtreibung stirbt, weil die Verlogenheit der bürgerlichen Moral ihre Opfer fordert. Am Totenbett der Freundin überkommt Berta eine Ruhe ohnegleichen. Sie wäre am liebsten stundenlang bei der Leiche geblieben, in deren Nähe ihre eigenen Enttäuschungen und Leiden alle Wichtigkeit verloren.
Ophüls hatte von Anfang an klar gemacht, welche Risiken er in dieser Geschichte sah, und daß er nicht bereit war, ihnen auszuweichen. In einem Brief an Gert Westphal schreibt er: »Der Inhalt ist sehr bürgerlich und deswegen in dieser Absolutheit besonders schön; läuft aber in meiner Empfindung Gefahr, spießig zu werden, wenn man den Kontrapunkt einschränken müßte: die Schilderung aller Sexualität.« Er hat

dann in der Tat nichts eingeschränkt, sondern den Schlußakzent Schnitzlers noch verdeutlicht, wobei ihm seine Aufteilung des Erzählerparts zur entscheidenden Wirkung verhilft, wenn Käthe Gold den in die erste Person Singular transponierten Schnitzlertext spricht:

»Während ich die blasse Stirn der Toten betrachtete, mußte ich an den Unbekannten denken, für den sie hatte sterben müssen, und der straflos und wohl auch reuelos draußen in der großen Stadt herumgehen und weiterleben durfte, wie ein anderer auch ... Nein, wie tausend und tausend andere. Und ich ahnte das ungeheure Unrecht in der Welt, daß die Sehnsucht nach Lust ebenso in die Frau gelegt ward als in den Mann; und daß es bei den Frauen Sünde wird und Sühne fordert, wenn die Sehnsucht nach Wonne nicht zugleich die Sehnsucht nach dem Kinde ist. Ich stand auf und warf einen letzten Blick des Abschieds auf die Freundin, und ich ging aus dem Sterbegemach. Herr Rupius saß im Nebenzimmer, gradeso wie ich ihn verlassen hatte. Ein Verlangen überkam mich, ihm Worte des Trostes zu sagen. Es war mir einen Augenblick, als hätte mein eigenes Schicksal nur den einen Sinn gehabt, mich das Elend dieses Mannes ganz verstehen zu machen. Ich hätte gewünscht, ihm das sagen zu können, aber, wie immer, waren mir die Worte dafür nicht gegeben, und so setzte ich mich ihm schweigend gegenüber.«

Nur ein Regisseur wie Max Ophüls konnte es sich leisten, diese Sequenz mit Peter Zwetkoffs Haydn-Motiven, gespielt vom großen Orchester, zu unterlegen.

Zwetkoff selbst hat berichtet, daß Ophüls von ihm als erstes verlangt habe, er solle sich seinen Film LETTER FROM AN UNKNOWN WOMAN ansehen. Dann gab es, anläßlich eines Besuches in Paris, Gespräche von großer Offenheit und Direktheit, aber nie prätentiös, sondern immer nebenbei, beim Spazierengehen, was Ophüls sehr liebte, oder beim Essen in seinem Lieblingsrestaurant. Ophüls wünschte sich eine Musik mit Haydn-Motiven in allen nur erdenklichen Rhythmen und Instrumentierungen, zum Beispiel Haydn als English Waltz, oder Haydn auf Harfen. Er wollte stets die größtmögliche Wirkung, und dazu nutzte er alle zur Verfügung stehenden Mittel.

Im Regie-Raum mußte es während der Arbeit absolut still

sein; Ophüls verlangte äußerste Disziplin, und er war sehr streng, auch zu den Schauspielern, die er dennoch sehr liebte. Aber er wollte das Äußerste aus ihnen herausholen und verlangte ihre ständige Präsenz, auch wenn sie gerade nicht »dran« waren. Die Konzentration auf das Hören, für Hörspielmacher eine Selbstverständlichkeit, ist nie ernster genommen worden, und Ophüls Arbeitsweise war für alle Beteiligten sehr anstrengend. Oft arbeitete er bis weit über Mitternacht, was alle ohne Murren ertrugen. Nachdem er den Toningenieur für seine Methode gewonnen hatte, benutzte er das Mikrofon wie eine Kamera: mit den Ohren sehend und mit den Augen hörend, wollte er stets das komplette akustische Bild mit allen Details.

Gedanken über Film - Ein Hörspiel

Als sei Max Ophüls bedacht gewesen, einen Kreis zu schließen, war seine letzte Radio-Arbeit nicht eine Inszenierung, sondern ein Hörspiel-Manuskript; und seine letzte Inszenierung fand nicht in einem Filmstudio statt, sondern auf dem Theater; er war vom Theater und vom Radio zum Film

Hörspielproduktion »Das Lied der Lieder«, Baden-Baden 1956. Max Ophüls und Marianne Kehlau unter der Regie von Gert Westphal

gekommen, und vom Film kehrte er zum Radio und zum Theater zurück.
Während der Vorbereitung des *Berta-Garlan*-Hörspiels hatte Ophüls am 21. Januar 1956 vor der Hamburger Gesellschaft für Filmkunde einen Vortrag gehalten, aus dem er dann in einem Artikel für die *Deutsche Zeitung* zitierte, der am 31. März 1956 erschien. Daraufhin lud ihn die Frankfurter Gesellschaft für Handel, Industrie und Wissenschaft ein, über ein ähnliches Thema zu sprechen. Schon in Hamburg war ihm der Titel »Erfahrungen eines Filmschöpfers« zu hochtrabend erschienen, er machte »Erfahrungen« daraus. Die frankfurter Gesellschaft schlug als Titel vor: »Filmschaffen als Aufgabe und Verpflichtung«. Ophüls akzeptierte auch diesen Titel nicht; Aufgaben, sagte er zum Beifall seines Publikums, seien ihm schon in seiner frühesten Jugend unsympathisch gewesen. Er wolle einfach nur Gedanken anknabbern, und so bekamen der Vortrag und das Hörspiel, das daraus entstand, den Titel *Gedanken über Film.*
Wahrscheinlich kam die Idee vom frankfurter Hörspielchef Ulrich Lauterbach, dem alten Freund aus breslauer Tagen. Auf jeden Fall veranlaßte er, daß der Vortrag mitgeschnitten und wohl auch transkribiert wurde, denn Ophüls hatte kein ausgearbeitetes Manuskript, sondern nur eine Sammlung von Zetteln, in denen man ihn auf dem Band gelegentlich blättern hört. Das Hörspiel, in der Zeit vom 22. bis 24. September im Hessischen Rundfunk produziert, erlebte seine Ursendung am 28. November 1956, hieß aber im Untertitel »Eine Improvisation – von Max Ophüls«. Also doch kein Hörspiel? Lediglich der Versuch, einen Vortrag für die Sendung im Radio, Abteilung Feature, etwas aufzupolieren?
Die Produktion beginnt mit der *Reigen*-Musik von Oscar Straus, so steht es auch im Produktions-Manuskript. Über die Musik geblendet ist folgende Ansage zu hören: »Der Hessische Rundfunk bringt heute abend ein Experiment, eine Paraphrase, so wollen wir das nennen, über eine Rede. Wir wissen nicht, ob der Titel Sinn hat, oder gar die ganze Sendung. Es kam so: neulich wurde in Frankfurt ein Vortrag gehalten von dem Filmregisseur Max Ophüls. Er ...«
Weiter kommt der Sprecher nicht, Ophüls unterbricht ihn: »Ich hielt ihn nicht, um über mich selbst zu sprechen, mehr über ...«

Der Sprecher läßt sich nicht an die Wand drücken: »Schon gut. Schon gut. Unterbrechen Sie nicht, es hat ja noch gar nicht angefangen.«
Aber Ophüls ist hartnäckig und läßt sich nicht abwimmeln: »Gerade deshalb, bitte. Noch vor Beginn wollte ich festlegen, daß jeder andere Regisseur statt meiner hätte auftreten können und daß nicht ich sprach oder spreche, sondern mein Beruf. Ich habe eine Abneigung gegen persönliche . . .«
Jetzt setzt sich der Sprecher aber durch: »Schon gut. Schon gut. Und wir haben um diesen Vortrag ein Hörspiel von Gedanken, Nebengedanken, Hintergedanken, Abschweifungen, Zwischenspielen, Meinungen und Gegenmeinungen zurechtfabuliert in sorglosem Sendedurcheinander, gleichzeitig und im Nachhinein.«
Und jetzt beginnt die Sendung, deren Ankündigung intensiv an die breslauer Revuen erinnert, wie eine Reportage - auch das war ja ein probates Darstellungsmittel der breslauer Hörspielexperimente, die nun nahezu dreißig Jahre zurücklagen, an die Ophüls und Lauterbach, der Regie führt, aber offenbar anknüpfen wollen. Der Sprecher fährt fort: »Vor dem Auditorium der Frankfurter Gesellschaft für Handel, Industrie und Wissenschaft fing es an . . . wir waren mit unseren Aufnahmegeräten im Saal . . .«
Applaus wird eingeblendet, wir sind in der Originalakustik und hören die Stimme des Redners Max Ophüls, der den Damen und Herren, die ihn so freundlich begrüßen, sagt, es sei doch nicht so einfach, wie er sich das vorgestellt habe; aber weiter kommt er nicht, denn jetzt ertönt eine Stimme im Vordergrund, ganz nah am Mikrofon, die Stimme Friedrich Schoenfelders (der auch als Rollenbezeichnung im Manuskript steht, so klar war die Besetzung), der in dieser Sendung offenbar für die Gegenmeinungen und Zwischenrufe zuständig ist. Er erinnert ein wenig an Anton Wohlbrück in LA RONDE, wenn er sagt:
»Natürlich ist es nicht so einfach. Er hat Lampenfieber. Jeder Regisseur hätte es an seiner Stelle auch, wenn er einem Publikum dicht gegenüber steht, das er sonst nur weit weg in dunklen Sälen als etwas Anonymes ahnt; und jetzt sitzen sie ihm dicht auf der Pelle.«
Ophüls redet weiter, nach einer Weile geht es schon besser, Schoenfelder teilt mit, das Lampenfieber lasse nach.

Die nächste Unterbrechung wird durch Haydn-Musik angekündigt, die von irgendwoher erklingt, als Ophüls sich anschickt, die Überlegungen eines »Herrn aus Frankfurt« zum Thema »Vorträge« zu zitieren. Und schon legt sich über seine Stimme mit etwas Hall die wunderschöne Stimme von Marianne Kehlau, die ihm buchstäblich das Zitat von der Zunge nimmt und fortsetzt. Schon nach ihrem ersten Satz hört man nun Max Ophüls im Vordergrund und ganz nah am Mikro wie zuvor Friedrich Schoenfelder:
»Ich höre das immer von einer Frau gesprochen, (das ist vielleicht ein Hörfehler - und mit Haydn-Musik [er lauscht einen Augenblick]; ja, das paßt dazu.«

Marianne Kehlau fährt fort, natürlich ist es ein Goethe-Zitat, und fortan wird in dieser Sendung immer Haydn erklingen, wenn Marianne Kehlau Goethe zitiert, was noch einige Male vorkommt. Langsam wird die Machart der Sendung erkennbar, man darf sich freilich nicht am Produktionsmanuskript orientieren, das, obzwar überall veröffentlicht und sogar in mehrere Sprachen übersetzt, keineswegs mit dem Wortlaut der Sendung übereinstimmt.
Im Manuskript steht zum Beispiel nicht, wie Max Ophüls immer wieder sein Auditorium zum Lachen bringt, wie gleich zu Beginn mit folgendem Scherz: er habe sich in seiner Unsicherheit nach seinem Publikum erkundigt, ihm sei gesagt worden, vor allem handele es sich um Herren, die viel gearbeitet haben und meistens so müde seien, daß sie gar keinen Vortrag hören wollen; und er fährt fort: »Ich möchte keinen halten, Sie wollen keinen hören, ich denke, jetzt wäre eigentlich die Zeit, daß wir auseinandergehen ...«
Im folgenden benutzt Ophüls einen genuinen Hörspiel-Einfall, um seine Revue aus Anekdoten und Zitaten - nach und nach mischen sich auch ganze Szenen hinein - zu strukturieren und in dem »Sendedurcheinander« gewisse Anhaltspunkte zu geben. Er macht daraus eine Straßenbahnfahrt, mit verschiedenen Stationen, Haltestellen; es gibt einen Schaffner, eine Klingel ertönt, räsonnierende Fahrgäste sind zu hören, der Kontrolleur, und natürlich der Lärm von der Straße. Dabei kommt ihm zuhilfe, daß er eine seiner Anekdoten, die in Frankfurt spielt, für sein Thema ein wenig umfrisiert hat.

In seiner Autobiografie *Spiel im Dasein* summt er im elektrischen Auto seines Großvaters am Opernhaus vorbei; der Großvater liest ihm die Inschrift »Dem Wahren Schönen Guten« vor, und Max fragt ihn, den Kaufmann, ob da nicht was verkehrt sei, ob es nicht vielmehr heißen müsse: Den guten schönen Waren? Jetzt, im Frankfurter Vortragssaal, ist es die »Elektrische«, die Straßenbahn, mit der er als Fünfjähriger am Opernhaus vorbeifährt. Und er wird abends beim Nachtmahl von seinem Großvater gefragt, was er denn gesehen und ob er etwas gelesen habe, denn der Großvater ist stolz darauf, daß der kleine Max schon lesen kann. Max sagt, er habe gelesen: Den schönen guten Waren. Und jetzt, in seinem Vortrag über Film, fügt Ophüls hinzu, daß dieser Versprecher seinen Beruf bedeute, der beide Thesen zueinander bringe; Film müsse ein Kampf sein, zwischen den »schönen guten Waren« und dem »Wahren Schönen Guten«. Gelinge der Austausch, dann komme etwas zustande; gelinge er nicht, dann werde es gefährlich.
An dieser Stelle weist das Band einen Schnitt auf, kaum wahrnehmbar, weil er nicht wahrgenommen werden soll, und Ophüls fährt mit einem im Studio nachträglich aufgenommenen Text in derselben Pose fort: »Ich möchte nun an den Problemen mit Ihnen entlanggehen, und ich möchte, daß wir schnell entlanggehen, daß die Straßenbahn weiterfährt, die da an der Oper entlang fuhr, und daß Sie mit mir einsteigen. Wollen Sie?«
Die Straßenbahn klingelt, man hört den Schaffner »Opernhaus« rufen, und dann hört man die Fahrgäste, die beim Einsteigen durcheinander reden.

Mann: Ein sonderbarer Vortrag, nicht? Ich finde ihn so ausschweifend, so unsachlich, so imaginär ...
Frau: Ein bißchen ungewohnt, aber vielleicht ganz interessant; interessanter als ein richtiger Vortrag, meinen Sie nicht?
Mann: Also was mich anlangt, so verlange ich von einem Vortrag eigentlich ...

Der Schaffner ruft »Einsteigen«, die Straßenbahn fährt los, und schon sind wir wieder im Vortragssaal, wo Max Ophüls mit seiner Rede fortfährt, Anekdoten aneinander reiht: die

von der jungen Filmschauspielerin, die sich umbringen will, wenn sie nicht in einem Jahr berühmt ist, die dann aber einen reichen Hotelbesitzer heiratet, der sich für Filmfinanzierung interessiert - das zum Thema Berufung; die Anekdote von Rosa Valetti, die ihn in den zwanziger Jahren auf eine junge Schauspielerin aufmerksam macht, die er nichtssagend findet, es handelte sich um Marlene Dietrich - das zum Thema Talente-Entdecken; die Anekdote von Isadora Duncan, die eines Tages barfuß tanzt, weil sie sonst ihren Auftritt verpaßt hätte - zum Thema Ursprünglichkeit; das Thema Handwerk wird mit einer Reminiszenz an Polgars Essay-Sammlung *Vom Segen der kleinen Leute* abgehandelt; die Geschichte von der Suche nach einem Pelz für Lola Montez entwickelt sich zu einer richtigen Szene, in der Ophüls als Regisseur auftritt und Marianne Kehlau als Verkäuferin; am Beispiel einer Toscanini-Probe wird die Frage nach dem künstlerischen Urteilsvermögen gestreift; ein Baudelaire-Zitat illustriert Ophüls' These, daß die Kamera das Menschenauge ersetzt; und immer wieder der Hinweis auf die Gefahren, die mit der Industrialisierung der (Film-) Kunst verbunden sind.
Die Methode, Zitate mit Musik zu unterlegen, wird beibehalten, Haydn für Goethe, Baudelaire bekommt eine Debussy-Musik, und zum Stichwort Karajan-Konzert erklingt die *Meistersinger*-Ouvertüre.
In der Szene mit dem Geldgeber, die schon in der *Deutschen Zeitung* zu lesen war, tritt wieder Ophüls als Regisseur auf, der dem Vertreter des »time-is-money«-Prinzips ein Goethe-Zitat entgegenhält: »Welcher Liebhaber fühlt die Zeit in der Nähe des geliebten Gegenstandes verfließen, welcher echte Künstler weiß von Zeit, wenn er arbeitet.«
Dann mahnt Schoenfelder: »Kehren wir in den Vortragssaal zurück.« Dort kommt Ophüls langsam zum Ende, er bedankt sich bei seinem Publikum dafür, daß es bis hierher mit ihm gefahren ist, Applaus erklingt, im Manuskript steht: Ende, man wartet auf die Absage. Die Sendung ist aber keineswegs zuende, weil jetzt auf dem Band das Telefon klingelt. Der folgende, vom Band transkribierte Text war bisher nur zu hören, nicht zu lesen:

Applaus, darüber Telefonklingel.

Schoenfelder:	(hebt ab) Ja?
Telefonistin:	Sie werden aus Paris verlangt.
M. O.:	Hallo! Hallo! Hier spricht Max Ophüls.
Schoenfelder:	Was denn? Immer noch?
M. O.:	Ja, äh, ich bitte um Verzeihung ...
Schoenfelder:	Ja.
M. O.:	Ich hab die Sendung nun abgehört, und ...
Schoenfelder:	Ja, und?
M. O.:	Ja ... Hallo, hören Sie?
Schoenfelder:	Ja, ich höre ...
M. O.:	Wenn ich ehrlich sein soll, ich habe immer dieselbe Sorge. Um den Vortrag so anspruchslos zu halten, wie er gemeint war, oder, noch besser, ihn zu vergessen, um ... um ... aufzuheben, was sich ernstgenommen hat, oder definitiv klang oder gar bedeutend, ich dachte, da müßte man ...
Schoenfelder:	Ja, was wollen Sie denn eigentlich sagen?
M. O.:	Was? Moment noch! Da müßte man das eben Gesagte durch das schon lang vorher Gesagte und besser Gesagte auf die Seite schieben können mit einem Nachklang, oder so ... etwa ...

Musik: Haydn, darüber:

Marianne Kehlau:	Das Verhältnis der Künste zum Leben ist nach Verhältnis der Stufen, worauf sie stehen, nach Beschaffenheit der Seiten und tausend und tausend anderen Beschaffenheiten sehr verschieden, weswegen wohl auch niemand im Ganzen daraus klug werden kann.
Schoenfelder:	Ja, ja, ich weiß, Weimar, 1. Juni 1829. Johann Wolfgang von Goethe.
M. O.:	Und was halten Sie davon?
Schoenfelder:	Na, ja, wenn es nicht zu lang ist, bitte.
M. O:	Danke.
Telefonistin:	Hallo! Sprechen Sie noch?
Schoenfelder:	Nein, Schluß.

Er legt auf.
Haydn-Musik hochziehen und abblenden.

Dieser Schluß ist einmal ein raffinierter Hinweis auf Ophüls' Übung, die Bänder seiner Hörspielproduktionen, die Rohschnittfassungen gewissermaßen, wiederholten Prüfungen zu unterziehen - wobei in diesem Fall ungeklärt bleiben muß, ob er das Band tatsächlich mit nach Chevreuse genommen hat. Dann macht er noch etwas klar: mit seinem Vortrag und erst recht mit dem Hörspiel, das er gemeinsam mit Ulrich Lauterbach daraus gemacht hat, wollte er in erster Linie sein Publikum unterhalten, »Gedanken anknabbern«, die mit dem Beruf des Regisseurs zusammenhängen, keinesfalls aber als »lehrendes«, sondern vielmehr als »lebendes, handelndes und wirkendes Wesen«; wie er mit dem vorangestellten Goethe-Zitat deutlich macht. In der selbstironischen Schlußszene, die ihn wieder einmal als einfallsreichen Radio-Autor zeigt, unterstreicht er diese Absicht, wiederum mit einem Goethe-Zitat, von Marianne Kehlau zu Haydn-Musik gesprochen, das so genau paßt, als hätte Ophüls es erfunden, inclusive des Datums.

Antifaschist und Kosmopolit oder ein unpolitischer Herr?

Von Helmut G. Asper

»Deshalb sind Ophüls' Filme anachronistisch, inaktuell. Sie sind eindeutig unpolitisch ...«, dekretierte eine führende deutsche Filmpublizistin, die sich auch scharf gegen jene seiner Anhänger wandte, »die ihm Sittenkritik nachsagen und damit seiner Kunst ein wenig Berechtigung beimischen möchten.«[1] Dabei sind es nur sehr wenige, die auf die politischen und sozialen Implikationen des ophülsschen Œuvres hingewiesen haben.[2]

So sehr stehen die Bewegungen der Kamera, die Ausstattung, die Stimmungen im Vordergrund der Betrachtungen, daß die Behauptung, es gebe da noch etwas unter dieser Oberfläche und selbstverständlich sei Ophüls nicht nur die Summe seiner Kamerafahrten, lediglich Phrase geblieben ist. Selbst Kritiker, die auf Ophüls' »scharfe Kritik an der verlogenen Moral der bürgerlichen Welt«[3] hinweisen, belassen es bei vereinzelten Bemerkungen, während »die meisten Würdigungen von Ophüls ... dahin tendieren, sich auf seine mehr romantische Seite zu konzentrieren«, wie Richard Roud mit Recht feststellt.[4]

Demgegenüber soll hier der Versuch unternommen werden, Ophüls als einen Künstler zu beschreiben, der es als Aufgabe der dramatischen Kunst – und die drei Medien, in denen er gearbeitet hat: Theater, Rundfunk und Film, schienen ihm nur drei verschiedene Wege dieser Kunst – ansah, das »Abbild der Zeit im Spiel«[5] darzustellen, als einen Künstler, der nicht nur politisch interessiert und engagiert war, sondern auch mit seiner künstlerischen Produktion aktiv in die politischen Kämpfe seiner Zeit eingegriffen hat; der gezwungen war, sich mit der Politik auseinanderzusetzen, die in sein Leben so rücksichtslos eingegriffen und tiefe Wunden geschlagen hat.

Schauplatz Saarbrücken

Ophüls' Vater, der Textilkaufmann Leopold Oppenheimer, emanzipierter jüdischer Deutscher, literatur- und theaterbegeistert, war ein fortschrittlicher Geist, mit großem Interesse an Politik, die er nicht nur in der Tageszeitung, sondern auch in den kritischen Zeitschriften *(Schaubühne* bzw. *Weltbühne, Tagebuch)* verfolgte. Im Familien-, Freundes- und Bekanntenkreis debattierte er häufig politisch, und seinen Sohn beeinflußte er mit Sympathie für die Sozialdemokratie, für den französischen Nachbarn und mit seiner Ablehnung des Krieges. In der Bierzeitung zur Mittleren Reife porträtierte sich der junge Max Oppenheimer nicht ohne Ironie mit dem Vers: »Oppenheimer schmeißt mit Glück / Deutschlands ganze Politik«, und sein Freund Richard Hertzog zeichnete eine Karikatur von ihm in Rednerpose mit der Unterschrift »Oppermann der Sozialiste«. Allerdings ging der Sohn in jugendlicher Radikalität weiter als der Vater und kritisierte die Sozialdemokratie von links, wie in seinem »Landestrauer« betitelten Aufsatz deutlich wird, der allem Anschein nach für das saarbrücker Organ der USPD konzipiert war, an dem er für kurze Zeit mitarbeitete: »Bittere Wehmut erfaßt uns, wenn wir unseren Blick nach den Reihen der Mehrheitssozialisten richten. Ja, ihr seid würdige Nachfolger unserer großen Führer Marx, Lassalle und Bebel! Ihr habt die Kriegskredite gewissenlos gebilligt; nach dem Bekanntwerden des schamlosen Neutralitätsbruchs an Belgien, nach der von der Kaiserklique offenen Erklärung imperialistischer Eroberungspolitik in Brest-Litowsk, habt ihr, ohne Eurem Innern Rechenschaft abzulegen, stets die Hand geboten zum Mörderwerk an blühenden Menschenleben ... Ihr wurdet in dem Novembersturm zum Volksbeauftragten, und ließt es geschehen, daß die verkappte Reaktion die Bringer der Freiheit, die ›unabhängigen Sozialdemokratien‹, Eure Brüder, kalt stellte. Und dann habt ihr Euch mit dem Kapitalismus verbunden zum Kampfe gegen das von Hunger und Elend aufgepeitschte, arme und rechtlose Volk.«[6]

Aus derselben Zeit stammt ein ausführlicher Dialog über das sozialkritische Drama *Armut* von Anton Wildgans, das der junge Max Oppenheimer in diesem Dialog gegen den Vater und gegen Freunde verteidigt mit dem Argument: »Ich behaupte, daß wenn das Theater in diesem Fahrwasser weitersteuert, es sicherlich für das Volk eine viel größere Bedeutung haben wird, wie wenn es dem Besucher reine Kunst bietet. Gewiß, ich gebe zu, die Naturalisten geben uns keine Kunst, aber sie verfolgen doch mit ihren Stücken das Ziel, die Menschheit zu bessern.«[7] Er fordert in dieser Schrift das Theater auf, bei der »Veränderung der Welt zum Guten mitzuhelfen« durch »Sozialismus und Kommunismus«, den er seine Freunde als sein »Steckenpferd« bezeichnen läßt. Wie ernst ihm die Forderung und von wem er beeinflußt war, verrät der Name, den er sich selbst in diesem Dialog gibt: Friedrich, eine ganz offenkundige Anspielung auf Ernst Tollers Drama *Die Wandlung*, das er damals nicht nur kennenlernte, sondern auch - noch vor seiner Schauspielerzeit - rezitierte: »Ich erlebte die *Wandlung* fast gleichzeitig, als ich das Werk von Toller kennen lernte. Damals, das war 1919, hatten wir in Saarbrücken einen revolutionären Studentenklub gegründet. Wir wollten die Intellektuellen den Arbeitern näher bringen. In diesem Sturm und Braus lasen wir Werfel und Toller, sie wurden unsere Abgötter. - Ich wollte Schauspieler werden und wurde es auch. Um mir einen Namen zu machen, aufzufallen, bekannt zu werden, las ich an einem der Abende unserer Vereinigung Tollers *Wandlung*. Nein, ich las sie nicht, ich rezitierte sie auswendig. Der Saal war verdunkelt, ich selbst vom Hals bis zum Fuß schwarz angezogen. So stand ich zwischen zwei Kandelabern, auf denen Kerzen brannten, und sprach. Es waren lauter junge Menschen im Saal. An der Eingangstür prangte die Aufschrift: ›Personen über zwanzig Jahren ist der Eintritt verboten‹. Wir hatten also, ahnungslos wie wir waren, den fernen Helden des Abends, den Autor der von mir gelesenen *Wandlung*, ausgeschlossen, denn Toller war damals doch um einiges älter als 20 Jahre.«[8]

Theaterschauspieler (1921-24)

Der junge Schauspielschüler kam an Theater - erst Stuttgart, dann Aachen, Dortmund -, die mitten im Kampf um neue Werte und neue Formen standen; mit leicht ironischem Unterton schaut der 43jährige Verfasser der Erinnerungen auf diese Zeit zurück. »Der Expressionismus, rückschauend gesehen wie eine fieberhafte Pubertätskrankheit, wollte, wie alle Moden, seine Zeit ausdrücken. Die Zeit gebärdete sich revolutionär. Alle bürgerliche Überlieferung galt es niederzureißen. Der Weg sollte freigemacht werden für eine neue Zukunft ...«[9] Und von den Zeitumständen berichtet er: »Durch den Dunst der Erinnerung sehe ich französische Kavalleristen mit gezogenem Degen in die Bevölkerung reiten, höre ich Clairons schneidend und gefährlich, klingen die Hupen der Polizeiautomobile und die grellen, aufgeregten Glocken der Feuerwehr.«[10]

Trotz einer stets wiederkehrenden ironischen Brechung seines damaligen Engagements notiert er in den Erinnerungen: »Ganz langsam drang durch das Durcheinander meiner Entwicklung doch ein politischer Gedanke. Er hatte mit meiner Heimat zu tun. Die Aussöhnungsbestrebungen zwischen Deutschland und Frankreich ließen mich nicht locker. Im Elsaß war eine deutsch-französische Literatur entstanden: zweisprachige Gedichte, Ivan Goll, René Schickele, Rainer Maria Rilke. Es gab ein Buch, das hieß: *Menschheitsdämmerung*. In meiner Freizeit begann ich mit diesen Gedichten in Versammlungen aufzutreten. Die Literatur, die das Andenken an die ersten Friedenskämpfer wachhielt, interessierte mich mehr und mehr. Ich las Briefe von Karl Liebknecht und Rosa Luxemburg vor. Ich trat in Versammlungen der Deutschen Friedensgesellschaft auf und auf deutsch-französischen Arbeitskongressen. Ich reiste im Lande herum, ich machte Vortragstourneen durch Gefängnisse und Zuchthäuser. Ich trug bei solchen Versammlungen ein Hemd aus schwarzer Seide ...«[11]

Zwei Berichte über solche Rezitationsabende belegen durchaus die Ernsthaftigkeit seines Engagements. Da las er 1923 im Verein der jüdischen Jugend Stefan Zweigs *Jeremias*[12], dessen pazifistische Tendenz vom Rezensenten ebenso hervorgehoben wurde wie Ophüls' engagierter Einsatz für diese Dichtung, und einen Abend »Junge Dichtung« eröffnete Ophüls 1924 mit einer Lesung von Schillers *Die Schaubühne als moralische Anstalt betrachtet*.[13] Da dies keine Veranstaltungen des Theaters waren, darf man wohl annehmen, daß Ophüls sich die Texte selbst aussuchte und solche wählte, die seine eigenen Gedanken und Vorstellungen aussprachen.

Denn als Schauspieler und auch als junger Regisseur konnte er sich weder seine Rollen noch seine Inszenierungen aussuchen, sondern mußte annehmen, was die Intendanz ihm zudiktierte. Auch hatte Ophüls zuviel Einsicht in die Notwendigkeit eines Theaterbetriebes - respektive der Filmindustrie - und in die Bedürfnisse des Publikums, um ausschließlich experimentelles und politisches Theater machen zu wollen, und er nahm auch die Unterhaltungsaufgabe ernst, wie seine zahlreichen, vom Publikum begeistert aufgenommenen Operetteninszenierungen im damaligen Barmen-Elberfeld ebenso zeigen wie später seine Filmlustspiele; aber seine besondere Liebe galt wohl doch eher dem Experiment. Nicht nur seine auffallend häufige Mitwirkung in literarischen Matineeveranstaltungen legt diese Vermutung nahe. Auch seine Einschätzung: »Wer alt ist, muß eben als Antiquität gewertet werden, mit Respekt aber Langeweile, wer jung ist und ewig jung bleibt, der ist mein Kamerad, den nehme ich an der Hand und stürme mit ihm los«[14], zeigt deutlich, daß er sich zu den jungen - und dies war für ihn damals gleichbedeutend mit fortschrittlichen - Kräften des Theaters zählte.

Regisseur und Oberspielleiter (1925-30)

»›Avantgarde!‹ - gibt es eine? Ich bin der festen Überzeugung: ja.
Wo steht sie? Bei den Jungen. Bei den jungen Schauspielern und Regisseuren, Dramaturgen, Autoren, auch bei den wenigen Theaterleitern, die nicht nach Jahren, sondern im Einsatz und in der Verschwendung ihrer Kräfte jung geblieben sind.
Sie hat es schwer, die Avantgarde, denn der Kassenrapport und die Theaterkommission und das offene und das versteckte Muckertum stehen ihr im Weg, vom Parkett her schaut ihr ein Publikum zu, das kaum interessiert ist an Sturm und Drang und immerwährender Bewegung, und blickt die ›Avantgarde‹ zur Galerie, um da Unterstützung und Beifall zu finden - leer. Die neue Generation füllt den Sportplatz, das Tonfilmkino.
Und trotzdem ist diese Gemeinschaft der Wagemutigen da.

Oft abgedrängt in sonntäglich-literarische Studioaufführungen, noch seltener kommt sie im Abendspielplan zu Wort. Vielfach findet sie zwischen Gesellschaftsstück und Klassiker, wochen- und monatelang überhaupt nicht Gelegenheit zum Ausdruck.
Aber sie lebt. Und sie wartet, und konzentriert sich. Und sie weiß voneinander: ein Geheimnis. – Die Schauspieler wissen genau: dort und da sitzt einer, der ist noch kein Darstellungsbeamter geworden, der jagt nicht der Karriere, dem Prominenzwahn nach, der übt seinen Beruf leidenschaftlich aus, um der Sache Willen.
Ich glaube an die Zusammenfassung dieser Kräfte in der jungen Theatergeneration. Möglich, daß eine weltanschauliche Gemeinsamkeit Voraussetzung zur Sammlung ist. Es muß uns klar sein, warum wir bei der Bühne sind und warum es nötig ist, daß wir ihr treu bleiben, auch in schweren Zeiten. In kommenden Kulturentscheidungskämpfen werden wir ein Wort mitzureden haben.
Inzwischen wollen wir trainieren. Nicht uns verlieren an literarischen und artistischen Experimenten, nicht uns ausruhen auf Traditionen oder geruhsamer Ästhetik, hart an der Gegenwart dranbleiben, von ihr die Gesetze unserer Darstellungsart aufnehmen, einfach bleiben und echt und allem was wahr ist und uns vorwärtsführen will, weiterhelfen, gleich ob es uns Erfolg bringt oder Mißerfolg.
Und zu dieser Arbeit sollen wir uns die Hand geben. Autor, Schauspieler, Regisseur, Direktor und – bitte, auch der Kritiker.«[15]

Hier spricht nun allerdings der Oberspielleiter der Vereinigten Lobe- und Thaliatheater in Breslau, hinter dem schon wüste Theaterskandale, Beschimpfungen und antisemitische Kampagnen liegen und dessen betonte Hinwendung zur Aktualität, dessen Erkenntnis, daß es »Kulturentscheidungskämpfe« geben wird, aus bitterster eigener Erfahrung stammen.

Die Affäre Ophüls (1926)

Am wiener Burgtheater, wohin Ophüls von Wuppertal aus berufen worden ist, wird ihm nach nur einer Spielzeit, in der ihm von Beginn an Schwierigkeiten gemacht worden sind, gekündigt, weil er Jude ist. Ophüls hat dagegen protestiert und auch die Möglichkeit erwogen, gerichtlich dagegen vorzugehen, und er hat schließlich die Öffentlichkeit informiert: »Ich wurde von Direktor Herterich mit einem dreijährigen Vertrag als Regisseur an das Burgtheater verpflichtet. Der Vertrag enthielt die Klausel, daß er nach einjähriger Laufzeit gelöst werden könne. Meine Kündigung ist aber nicht im Februar zur Zeit der Massenkündigungen im Burgtheater erfolgt, sondern ganz unvermittelt erhielt ich vierzehn Tage nach dem Kündigungstermin einen in äußerst liebenswürdigem Tone gehaltenen Brief des Herrn Hofrat Herterich, in dem er mir mitteilte, daß er zu seinem größten Bedauern von seinem Kündigungsrecht Gebrauch machen müsse, da ich für eine gute Spielleitung noch nicht die nötigen praktischen Erfahrungen besitze. Vielleicht würde sich in einem späteren Zeitpunkt über die Eingehung eines neuen Vertragsverhältnisses verhandeln lassen. In dem Brief wurde meine künstlerische Qualität als Regisseur von Direktor Herterich vollauf anerkannt.

Ich habe mich sofort nach Erhalt des Briefes zu Direktor Herterich begeben, um in dieser Angelegenheit mit ihm zu sprechen. Er erklärte mir, daß der Brief nur dokumentarischen Wert habe. ›Es war ein großer Fehler von Ihnen‹, sagte Direktor Herterich, ›daß Sie in *Maria Orlawa* aufgetreten sind. Maßgebende Persönlichkeiten haben nämlich gesehen, daß Sie Jude sind. Sie wissen ja, wir leben in einem christlichsozialen Staat und ich muß mich danach richten.‹

Ich antwortete ihm: ›Das kann doch unmöglich der Standpunkt eines Burgtheaterdirektors sein, der muß doch künstlerische Gesichtspunkte im Auge haben!‹ Darauf erwiderte er mir: ›Es ist nun einmal so und daran kann man nichts ändern.‹ Ich entgegnete ihm: ›Was sagen Sie zu Brahm?‹ Darauf erwiderte Direktor Herterich: ›Schauen Sie, bei Brahm merkt man nicht, daß er Jude ist, weil er nicht auftritt.‹

Später erhielt ich von Direktor Herterich wieder einen Brief, in dem er meine Kündigung lediglich mit künstlerischen Erwägungen begründete. Ich habe über die ganze Angelegenheit deshalb so lange geschwiegen, um nicht den Anschein zu erwecken, daß ich auf dem Wege einer Zeitungskampagne ein neues Engagement erreichen wolle. Erst

bis ich mit dem Neuen Theater in Frankfurt am Main abgeschlossen hatte, wo ich als Oberregisseur engagiert bin, habe ich meine Zustimmung gegeben, daß die Haltung des Burgtheaterdirektors publizistisch gebrandmarkt werde. Ich habe überhaupt kein Interesse und keine Bindungen mehr, die mich mit dem Burgtheater verknüpfen können. Ich würde auch niemals meine Einwilligung zu einer Erneuerung des Vertrages mit dem Burgtheater geben, weil ich durch das Verhalten der Direktion schwer beleidigt wurde. Ich lege durchaus keinen Wert mehr darauf, am Burgtheater tätig zu sein, weil mir ja doch nur wegen meines Judentums die dankbarsten Aufgaben entzogen würden.«[16]
Trotz der Dementis des Burgtheaterdirektors läßt eine genauere Untersuchung dieses Skandals nur den Schluß zu, daß Ophüls' Schilderung zutrifft[17], und es ist eine Ironie des Schicksals, daß Ophüls so vielen Filmkritikern geradezu als Inkarnation des wiener Regisseurs erschienen ist. Aus Wien wurde er, der Jude, vertrieben, und er hat das nach 1933 als seine erste Vertreibung bezeichnet. Die persönliche Erfahrung des antisemitischen Hasses verletzte Ophüls tief, empörte ihn und beeinflußte seine Haltung und seine künstlerische Produktion in den folgenden Jahren entscheidend.

Frankfurt / Breslau (1926-1930)

Denn man kann es wohl nicht Zufall nennen, daß Ophüls, in dieser Situation, als Gastinszenierung am Neuen Theater in Frankfurt a. M. ausgerechnet An-Skis *Dybuk* inszenierte, man muß vielmehr annehmen, daß er dieses Werk selbst auswählte und sich mit dieser Wahl eindeutig zu seinem Judentum bekannte und damit auseinandersetzte - er war gänzlich freireligiös erzogen, ein vollständig assimilierter jüdischer Deutscher. Die Reaktionen der Kritik lassen erkennen, daß er sich um Verständnis und Verständigung zwischen Juden und Deutschen bemühte, indem er den Versöhnungsgedanken, bis dahin mehr auf das deutsch-französische Verhältnis bezogen, übertrug. Ophüls blieb aber keineswegs stehen bei dem deutsch-jüdischen Problem, sondern setzte sich für gesellschaftliche Minderheiten ein.
Daß Ophüls eine Entfaltung seiner Tätigkeit in diese Rich-

tung möglich war, hängt mit seiner neuen Funktion als Oberspielleiter in Frankfurt und Breslau zusammen, in der er Einfluß auf den Spielplan nicht nur nehmen konnte, sondern in der das definitiv zu seinen Aufgaben zählte. Hinzu kam die durchaus programmatische Haltung des Theaterdirektors Hellmer, der in seinem Neuen Theater, dessen Gründung und Bau sich wesentlich dem Engagement künstlerisch interessierter frankfurter jüdischer Bürger verdankte, eine »Jüdische Dramaturgie« pflegte, Werke jüdischer Autoren aufführte und »Jüdisches literarisch so [vorstellte], daß es auch dem nichtjüdischen Publikum einen Einblick in diesen Kulturkreis zu vermitteln vermochte.«[18] So vermerkte bereits die Kritik über Ophüls' *Dybuk*-Inszenierung, daß die Regie bemüht gewesen sei, dem Publikum das »Chassidim und chassidisches Leben nur vom Hörensagen kennt«[19], die ostjüdische Glaubenswelt zu vermitteln. Bei seiner Inszenierung von Zangwills *König der Schnorrer* hieß es in der Kritik: »Zangwill versöhnt die feindlichen Brüder durch Liebe.«[20] Mit dieser Formel traf der Rezensent genau Ophüls' Intentionen, der in seinen Erinnerungen charakteristischerweise sehr ausführlich über seinen Einsatz für Gefängnisinsassen berichtet:

»Für eine Inszenierung von *Eros im Zuchthaus* brauchte ich Material und fuhr in ein schlesisches Männergefängnis in Jauer. Ich wollte eigentlich nur die bauliche Anlage, die Einrichtung, kennenlernen; ich dachte, ein paar Stunden zu bleiben, und blieb ein paar Tage. Ich stieß auf eine mir bis dahin unbekannte Welt. Während der Besichtigung der Zellen kam ich ins Gespräch mit ihren Insassen ...

Der Mann, der mich durch die Räume und diese Leben führte, wurde einer meiner besten Freunde. Es war der Strafanstalts-Oberlehrer Kleist. Die damalige, sehr fortschrittliche preußische Justizverwaltung hatte psychologisch ausgebildete junge Menschen eingesetzt, die sich in Gefängnissen um die seelische Gesundung der Häftlinge kümmerten. Herr Kleist hatte gerade, als ich seine Bekanntschaft machte, einen Streit gegen den altmodischen Gefängnisdirektor gewonnen: Vier jugendliche Sträflinge hatten in der Gefängniswäscherei gearbeitet und plötzlich eines Tages die Wand zur Gefängnismetzgerei durchbrochen und dort Wurst und Fleisch gestohlen. Ihr Strafmaß sollte daraufhin auf zwei

Jahre verlängert werden. Herr Kleist hatte herausgefunden, daß in einem Rohr, das von der Wursterei in die Wäscherei führte, ein Loch war und die Gefangenen wochenlang während ihrer Arbeit den Wurstgeruch einatmen mußten. Er hatte nach monatelangen Interventionen beim Justizminister erreicht, daß das Loch im Rohr zugelötet wurde und die Gefangenen unbestraft blieben. Ich schrieb ein Gedicht über die Löcher in den Schicksalsröhren und bat den lieben Gott, er möge sie zustopfen, damit man weniger Kirchen und Gefängnisse brauchte. Er hat es aber noch nicht getan.
Ich saß mit Kleist drei Tage und drei Nächte zusammen, und in seiner langsamen preußischen, schwerfälligen Art zu erzählen kamen Menschenleben zu mir, wie ich sie nie erahnt hätte. Von diesen Tagen an widmete ich viel meiner Zeit der Aufgabe, Freude in Gefängnisse zu bringen. Ich reiste mit Herrn Kleist herum, ich glaube, ich habe in vielen Gefängnissen Vortragsabende gegeben. Ich habe Raubmördern und Geldschrankknackern die großen Humoristen der Literatur vorgelesen, und sie haben gelacht wie Kinder. Ich habe mehrere Orchester gegründet, und meine Breslauer Schauspieler haben mir dabei sehr geholfen.«[21]
Lichtnekers auf dem dokumentarischen Bericht von Erich Plättner beruhendes Stück *Eros im Zuchthaus* stand damals im Kontext der Debatten um eine Strafrechtsreform. Breslaus bedeutendster Theaterkritiker, Paul Rilla, hob das Engagement der Aufführung hervor, obwohl er das Stück wegen mangelnder künstlerischer Qualität negativ beurteilte:
»Wenn nur ein paar Zuschauer gespürt haben, was das heißt: Zuchthaus, so war der Abend nicht verloren ... Von überzeugendem und entschiedenem Ernst die dramaturgisch-szenische Arbeit des Herrn Ophüls ... Eine klare, lebendige Darstellung dessen, was vorgeht, und so dargeboten, daß es Sache der persönlichen Hingabe scheint.«[22]
Dieser Eindruck des Kritikers verstärkt sich noch, wenn man weitere Ophüls-Inszenierungen in Breslau betrachtet; z. B. Lampels *Revolte im Erziehungshaus:* »Die Aufführung nahm in kräftig zusammengepackter Bewegung die Erregungen des Stückes auf und leitete sie Schlag auf Schlag weiter. Der Regisseur Ophüls war nicht ängstlicher als der Autor. Er ist der Mann für energische, auch laute Akzente, die sich doch nicht vordrängen, sondern fast immer der Sache dienen.«[23]

Das sahen weltanschauliche Gegner anders, da argwöhnte die *Schlesische Zeitung* »das Lobetheater in linksradikalen Diensten«, wogegen der Theaterdirektor Paul Barnay damals noch protestieren konnte; 1933 wurde er von der SA aus dem Bett geholt und fast zutode geprügelt. Ophüls inszenierte in Breslau auch *Die Affäre Dreyfus* und zwar als »politisch-aktuelles Theater«. Seine Regie »diente mit guter, straffer, unauffällig gegliederter Bewegung der Sache, erfaßte eindringlich und farbig den historischen Tatbestand, ließ vor allem an den Höhepunkten dem Wort die advokatorisch werbende Führung«[25]. Es versteht sich von selbst, daß auch hier die *Schlesische Zeitung* anderer Auffassung war; der Kritiker Hans Adler brachte es fertig, eine Kritik zu schreiben, ohne auch nur einmal das zentrale Thema des Antisemitismus zu erwähnen.[26] Noch schroffer die gegensätzliche Beurteilung von Friedrich Wolfs *Matrosen von Cattaro:* »Parteitheater« urteilte Hans Adler in der *Schlesischen Zeitung*[27]; »dramatisiertes Dokument« schrieb Paul Rilla in den *Breslauer Neuesten Nachrichten,* von Ophüls mit »prachtvoll mitreißende(r) Gewalt in Steigerung und Ausbruch ... hervorragend« inszeniert: »nicht laut, sondern stark, nicht grell, sondern diszipliniert«[28].
Kein Wunder, daß Ophüls sich seiner breslauer Jahre als der »politischsten Zeit« erinnerte, die er »je als Regisseur hatte«[29] (man beachte den Superlativ), und er auch in dieser Zeit sein wohl politischstes Lied schrieb, das von Ernst Busch auf Schallplatte aufgenommen wurde, das »Lied von den Murmeln«:

Sie kennen doch Murmeln.
Man nennt sie auch Klicker,
dies ist ein dünner,
und das ist ein dicker,
und der ist aus Eisen
und dieser aus Glas,
man stößt sie hin und her
zum Spaß.
Man wirft sie gegen die Wand,
die runden Köpfe roll'n in den Sand,
das kostet nicht viel,
ist nur ein Kinderspiel,
ein Kinderspiel, gespielt in jedem Land.

Das ist auch der Menschen Los auf Erden,
wir seh'n nicht, wohin wir gestoßen werden.
Man wirft uns rücksichtlos ins Spiel,
wir kullern daneben
und nur selten ins Ziel.
Und wenn wir auch in den Pott rein roll'n,
wir fallen so, wie es die Herren woll'n;
denn wir sind nur Murmeln,
wir sind wie die Klicker,
ob du ein Dünner bist
oder ein Dicker,
ob du aus Eisen bist
oder aus Glas.
Man stößt uns hin und her
zum Spaß.
Man wirft uns gegen die Wand,
und unsre Köpfe roll'n in den Sand.
Das kostet nicht viel,
ist nur ein Kinderspiel,
ein Kinderspiel, beliebt in jedem Land.

Und so kann's eines Tages noch passieren,
da wird man uns wieder mal kommandieren,
zu irgendeinem schönen Zweck
roll'n wir wieder mitten rein in den Dreck.
Und sie schreien Hurra und versprechen viel,
wir packen ein und zieh'n in den Krieg.

Wir sind ja nur Murmeln,
wir sind ja nur Klicker,
ob du ein Dünner bist
oder ein Dicker,
ob du aus Eisen bist
oder aus Glas.
Man stößt uns hin und her
zum Spaß.
Man wirft uns gegen die Wand,
und unsre Köpfe roll'n in den Sand.
Das ist nur ein Spiel,
ist nur ein Kinderspiel,
das kostet nicht viel –
nur die Toten in jedem Land.[30]

Texte für Rundfunk und Theater

Man kann dieses Lied nur richtig einordnen, wenn man einen kurzen Blick auf Ophüls' Arbeit für das noch junge Medium Rundfunk wirft. In den Erinnerungen heißt es dazu: »Ich fing als literarischer Kolumnist an, fand einen eigenen Stil von Zwischen-Vorlesungen von Gedichten, dramatischen Szenen, Romanen, zeitgenössischer und klassischer Literatur, verbunden mit eigenen Improvisationen, Parodien, Betrachtungen, und dieses Potpourri vermengte ich manchmal mit Reportagen von Vorstellungen oder sogar manchmal Sportveranstaltungen. Ich habe Sechs-Tage-Rennen angesagt und dazu Gedichte von Klabund gesprochen.«[31]

Dabei wählte er seine Texte vornehmlich aus der zeitgenössisch-kritischen Literatur; Tucholsky, Klabund, Polgar, Kisch, Ringelnatz sind die Namen, die in seinen Lesungen immer wieder auftauchen, auch die Themen seiner Programme, z. B. »Großstadt«, »Sie sporten«, »Gesichter der Großstadt«, sind ebenso zeitbezogen wie seine eigenen späteren Hörfolgen und Magazine, und wenn auch seine Texte und Chansons nicht an die polemische Schärfe und den kaustischen Witz der Vorbilder heranreichen, so gehören sie doch zur Kabarettliteratur der späten 20er Jahre. Die für das breslauer Theater geschriebene Revue *Saisonausverkauf 1929* gibt »aktuelle Anspielungen in landläufiger Kabarett-Manier«, notierte Rilla in seiner Kritik und erwähnte besonders »ein famoses Feuerwehrmanns-Couplet, textlich und musikalisch gleich prägnant, von reizender schläfriger Aggressivität. Eine refrainmäßig witzig abgewandelte Jack-Smith-Parodie. Ein schmissig-entschlossener politischer Dreigesang: ›Parteien‹«.[32]

Diesen äußerst produktiven Autor von Liedern und Szenen zur Zeit, den Verfasser von Hörszenarien, Magazinen und Revuen, von Gebrauchsliteratur für den Tag, für aktuelle Sendungen oder Aufführungen, dessen Texte meist unter Zeitdruck entstanden und nur sehr fragmentarisch überliefert sind, gilt es noch zu entdecken.[33] »Murmeln« ragt aus den bisher bekannten Texten sowohl wegen seiner formalen Qualitäten, als auch wegen des ungewöhnlichen Ernstes hervor. Ophüls verurteilt in diesem Lied Krieg und Gewalt nicht nur eindeutig, sondern zeigt als Ursache die herrschenden Macht- und Klassenverhältnisse auf: »Wir fallen so, wie es die Herren woll'n«. Er wendet sich - hier lassen sich Parallelen zu weiteren Inszenierungen ziehen, in denen er sich für die Rechte des Individuums einsetzte - gegen die Behandlung der Menschen als bloße Objekte von Politik und sieht sehr genau, daß solange sich die Verhältnisse nicht grundlegend ändern, es wieder zu einem Krieg kommen wird. Diese Warnung, zusammen mit der Anspielung auf Görings Ausspruch »Eines Tages werden wir die Macht übernehmen, und dann rollen Köpfe in den Sand«, hat Ophüls später selber als Vorhersage des zweiten Weltkrieges interpretiert. Die Aufnahme des Textes in die Erinnerungen zeigt, wie außerordentlich wichtig ihm gerade dieses Lied war.

Antifaschistisches Engagement

Ophüls war Antifaschist nicht erst seit 1933. Er hatte schon in der Weimarer Zeit eindeutig gegen die Faschisten Stellung bezogen, und er tat dies auch in der Emigration, wenngleich ihm zunächst wenig Möglichkeit dazu geboten war, denn natürlich mußte er vor allem eine neue Existenz im Ausland aufbauen, und er mußte inszenieren, was man ihm anbot. Aber es gab Pläne, die sein Interesse an gegenwartsbezogenen Stoffen deutlich machen. Er selbst beklagte ausdrücklich den Mangel an Gelegenheit, sich mit einem Film an den Auseinandersetzungen mit dem Faschismus zu beteiligen: »Sie haben etwas zustandegebracht«, schrieb er an Gustav von Wangenheim zu dessen Film *Kämpfer*, »wofür Ihnen die große Einheitsfront der Filmschaffenden, die vom Nationalsozialismus über Deutschlands Grenzen gehauen wurden, dankbar sein muß und eines Tages dankbar sein wird. Sie haben als Erster deren Ehre gerettet. Die aus Deutschland emigrierte Literatur hat schon lange Stellung genommen. Dem Film fällt es schwerer. Es gibt für ihn, mit Ausnahme der Sowjetunion, noch keinen ›Verleger‹. Der internationale Produzent geht jedem politischen Bekenntnis ängstlich aus dem Weg. Wir wollen nicht ungerecht sein, vielleicht zwingen ihn Zensur, Gefahr diplomatischer Verwicklungen, die eingegrenzten Bestimmungen für Arbeitserlaubnis, dazu.

Von allen diesen Dingen sind Sie unabhängig. So haben Sie den Auftrag angenommen, einen Dimitroff-Film herzustellen. Ein großer und ein schwerer Auftrag! Und Sie haben ihn mit soviel Verantwortungsbewußtsein, Charakterfestigkeit und Noblesse ausgeführt, daß sich Ihre Gegner, die Sie mit der Strafe der Ausbürgerung ehrten, an dieser Art zu kämpfen ein Beispiel nehmen könnten ...

Und mit dem unsichtbaren Dimitroff und seiner Stimme, die mühsam und unbeholfen mit den Worten einer fremden Sprache ringt, ist die Idee da, die in jenen Tagen niedergeknüppelt werden sollte. Und mit ihm und seiner Stimme und der Idee ist der Glaube da, der in dem Prozeß den Angeklagten zum Sieger machte, und der nicht vergehen wird, dieser Glaube an das andere - das neue Deutschland. In dem ›Kämpfer‹-Film zeigt sich dieser deutsche Glaube in einer geradezu freudigen und optimistischen Form ...

In all diesen Szenen spiegelt sich diese geheime Solidarität wieder, die sich optimistisch die Hand reicht - eine Zusammengehörigkeit, die nie abreißt, die blitzartig an unzähligen Stellen des täglichen Lebens, in unzähligen Kleinigkeiten aufflackert, unerwartet schnell auflebt - und wenn sie verfolgt wird, ebenso schnell wieder untertaucht. Und sie ist in diesem Film nicht da wie eine Geheimorganisation, sie ist da wie ein großes, breites Element in den Volksmassen ...

Aber der Film ist nicht nur ein Zwei-Fronten-Film. Er ist auch ein Denkmal für das ehemalige unpolitische, parteilich nicht festgelegte, von der Hitlerbewegung überraschte und überrannte anständige Deutschland.

Da ist der Doktor Hillstedt. Er sollte einmal eine Todesursache feststellen und bescheinigen - einen von den vielen ›Selbstmorden‹. Er wehrte sich. Dann saß er in der kleinen gemütlichen Kneipe am Stammtisch beim Bier und wartete auf seine guten Freunde, die Honoratioren, die Herren vom Gericht, von der Wissenschaft. Sie kamen nicht. Statt dessen kamen der junge Sturmbannführer und seine neuen Volksgenossen in neuer Uniform. Sie setzten sich ›alle mal ran‹, die Bengels, an den Stammtisch und eroberten ihn und hoben lärmend und schneidig die Gläser. Und dem Doktor war traurig zumute, wie er eingekreist wurde, von der Bewegung. Dann - später - half er einem, der verfolgt wurde, er kam zu ihm in die Sprechstunde, nur schnell, um einen Notverband.

Da gabs plötzlich im Treppenhaus Schritte und Krach, und der Doktor öffnete die Tür, um nachzusehen. Da traf ihn eine Kugel in die Brust. - Das anständige Deutschland. -«[34]

An diesem Bild von den zwei Deutschlands hielt Ophüls fest und versuchte, durch die Erinnerung an das frühere Deutschland seiner Zerstörung durch den Faschismus entgegenzuwirken und gleichzeitig für jenes ehemalige Deutschland in der neuen Heimat Verständnis und Sympathie zu wecken. Sein Film WERTHER war für ihn »ein Teil jenes deutschen Kulturgutes, das doch auf keinen Fall verschlampt werden darf, und vielleicht können sogar Filmleute mit dazu helfen, daß diese Dinge nicht ganz in Vergessenheit geraten«[35]. Dieser Film, der von ihm dem Produzenten Seymour Nebenzahl vorgeschlagen worden war, lag ihm sehr am Herzen, und er hat sich für ihn besonders engagiert und seine Absichten ausführlich erläutert:

»Seit langem wollte ich einen Film machen, inspiriert von Goethes berühmten Roman. Das Buch war mir teuer in meiner Jugend. Heute bin ich Franzose und ich bin stolz darauf - Frankreich, nach meinem Herzen gewählte Heimat, hat mich nicht nur gern aufgenommen, sondern mich auch wie einen seiner Bürger akzeptiert. Aber meine Heimat der Geburt war jenes Rheinland, sanft und schön ...

Andere haben Goethe Bilder gewidmet, Stiche, Melodien, Opern. Als Filmkünstler kann ich ihm nur einen Film widmen, und ich habe Jahre auf diese schwierige Gelegenheit gewartet. Schwierig in mehr als einer Hinsicht. Weil Werther zunächst einen Interpreten fordert, der ihn nicht verrät. Dieses erste Problem war gelöst, seit ich Pierre Richard-Willm begegnet bin, denn das war die Rolle, von der er immer geträumt hatte, und er war gut, mit seiner Blondheit, seiner Melancholie ..., der sanfte junge Mann im blauen Gewand, den die volkstümliche Vorstellung immer mit Vergißmeinnicht im Knopfloch sieht und einer Pistolenwunde an der Schläfe.

Danach war die Aufgabe unendlich delikat, die Brieferzählung des Dichters, die insgesamt nur ein langer einsamer Traum ist, in eine Folge von Szenen und Bildern zu übertragen. Die dichterische Umwelt wurde von der Landschaft komponiert, der Dekoration, dem Licht ... Die Musik ...

hat ihre bewegende Stimme mit der des Dichters vereint, und einige zerstreute Verse aus einem alten Lied, einige Noten aus einem Glockenspiel, eine Melodie, die auf einem Klavier gespielt wird, haben die Atmosphäre des alten, musikfreundlichen und verträumten Deutschland geschaffen.
... trotz seiner Personen Werther-Charlotte-Albert ist es nicht das ewige Dreieck einer Frau zwischen zwei Männern, die klassische Situation, die seit jeher das Drama und das Vaudeville inspiriert hat, die Tragödie und die Farce. Goethe hat Personen von totaler Reinheit einander gegenübergestellt, unfähig nicht nur der Lüge, sondern auch des Zugeständnisses ... Weit mehr als eine Liebesgeschichte handelt es sich im *Werther* um den Zusammenstoß zweier Gewissen, die gleichermaßen recht und ohne Fehl sind ... Der zentrale Punkt des Dramas ist der Konflikt zwischen Albert, der die Pflicht personifiziert, und Werther, der das Bild der Leidenschaft selbst ist. Zwischen diesen beiden ist die Rolle von Charlotte nur passiv.
Werther ist mehr als eine Liebesgeschichte, das ist eine Affäre der Ehre, ein Ausdruck der ganzen Moral von früher, ein Ausstellen von Gefühlen, die fast religiös sind, leider von unserer Zeit ein wenig vergessen, aber vielleicht besonders aus diesem Grund wichtig für unsere Generation.«[36]
Der aktuelle Bezug ist doppelter Natur: den Faschisten reichte es schon, daß zwei jüdische Emigranten es wagten, Goethe zu verfilmen und damit, das war den Faschisten sofort klar, sich selbst als die eigentlichen und wahren Erben der deutschen Klassik begriffen und dies auch dokumentierten.
Sie schäumten vor Wut und hetzten in der Presse gegen Ophüls und Nebenzahl. Ophüls, um die politisch-aktuelle Dimension seines Films zu verdeutlichen, erfindet eine großartige Szene: Werther und Albert sind leidenschaftliche Anhänger Rousseaus, den sie aber nur heimlich lesen können, weil dieses Buch verboten ist. Sie lesen sich gegenseitig daraus vor und unterbrechen, als der Kanzleischreiber eintritt, weil sie Entdeckung und Denunziation fürchten müssen: so bekennt sich Ophüls zu den Menschenrechts-Idealen der französischen Aufklärung, zeigt ihren Einfluß auf die deutsche Klassik und wendet sich gleichzeitig gegen Bücherverbote und Bücherverbrennung.

Noch ein zweites Mal hatte Ophüls Gelegenheit, mit einem Film sich zur aktuellen politischen Situation zu äußern, DE MAYERLING À SARAJEVO – der ursprünglich »Franz Ferdinand von Österreich« heißen sollte – war eindeutig auf die Gegenwart bezogen, wie aus der Synopsis des Films hervorgeht: Franz Ferdinand wurde zur Symbolfigur des fortschrittlichen Politikers, der »Rettung durch neue Ordnung und neuen Aufbau« will und gegen »Rückschritt, Krieg und Zerfall« kämpft.
Seine »Feinde sind vor allem repräsentiert im falschen Konservativismus ..., seine politischen Gegner sind überall dort, wo der extreme Nationalismus herrscht ..., nicht nur der slawische Chauvinismus ..., sondern ebensosehr der großdeutsche – (Richtung Schoennerer, Vorschule Hitlers) ... Hier liegt für uns der primitive und überall verständliche Grundgedanke dieses politischen Kampfes: Verhütung des Weltkrieges (nicht aus Pazifismus etwa, sondern um das Reich zu erhalten) – und, zur Erhaltung dieses Reichs und damit Europas: der Gedanke der Föderation. Die USA waren für ihn ein großer Eindruck – und zu seinen Grund-Ideen, zu seinen Leitgedanken im Film, gehört der Plan der ›Vereinigten Staaten von Großösterreich‹, eine Art mitteleuropäischer Union unter der Oberhoheit Habsburgs – die auch heute und für die Zukunft noch die Waage des europäischen Gleichgewichts sein könnte. Diese Politik ist heute fast ›moderner‹ als vor 1914.«[37]
Hier ist dann auch formuliert, was die Liebesbeziehungen in ophülsschen Filmen in ein neues Licht stellt: »Ein wesentlicher Aspekt für die Gestaltung dieses Films: Verknüpfung dieser politischen und menschlichen Kampflinie mit der Beziehung Franz Ferdinands zu Sophie Chotek. Ihr Mitgehen – und Mithandeln auf seinem Weg, bis in den Tod.«[38]
Diese Beziehung ist im Film in der Tat eindringlich gestaltet. Die Liebe zwischen Franz Ferdinand und Sophie korrespondiert mit des Erzherzogs Liebe zu seinen Völkern, die Verbindung zwischen ihm und ihr, als einer Vertreterin eines unterdrückten Volkes muß von dem Machtpolitiker Montenegro schon deshalb bekämpft und nur als morganatische Ehe geduldet werden, weil sein Kampf gegen diese Verbindung gleichzeitig gegen die politischen Pläne des Erzherzogs gerichtet ist. In diesem immer noch unterschätzten Film

spricht sich Ophüls nicht nur deutlich gegen Gewalt und Krieg als Mittel politischer Auseinandersetzung aus. Wenn er Franz Ferdinand seine letzte Rede im Rathaus von Sarajewo an der Seite Sophies unter einem Kruzifix mit dem gekreuzigten Christus sprechen läßt, in der er trotz Erregung und Empörung über das erste - fehlgeschlagene - Attentat seine versöhnliche Botschaft verliest, dann wird dieser Zusammen-

De Mayerling à Sarajevo

hang von Liebe, die auch eine religiöse Komponente hat, und politisch-gesellschaftlichem Handeln unmittelbar ins Bild gesetzt.

DE MAYERLING À SARAJEVO wurde ein Opfer des zweiten Weltkrieges, wie seine Protagonisten ein Opfer des ersten Krieges waren. Ophüls hatte zunächst geplant, den Film als Fragment zu belassen; ein Sprecher sollte mit einem Kommentar die fehlenden Szenen ersetzen.[39] Doch dann ergab sich im Januar 1940 Gelegenheit, fehlende Szenen nachzudrehen und den Film fertigzustellen. Die zunächst erwogene Lösung hätte seinen politischen Charakter sicher stärker betont.

Die Mobilmachung erfaßte auch Ophüls selbst. Er war französischer Bürger geworden und arbeitete nach seiner soldatischen Grundausbildung beim französischen Widerstandsrundfunk mit, wo er einige Sendungen und wiederum Lieder schrieb. Eines davon ging buchstäblich um die Welt: »Schlaf, Hitler, schlaf!«, das allabendlich über den Straßburger Sender nach Deutschland ausgestrahlt wurde: »Unter leiser Musikbegleitung beginnt der Ansager: ›Wir wissen, daß Sie an Schlaflosigkeit leiden, Herr Hitler. Das ist doch wirklich zu dumm. Aber Sie müssen wissen, daß eine der besten und ausprobiertesten Methoden des Einschlafens das Zählen ist. Wollen Sie mit uns ein solches System versuchen?‹

Nachdem man das Ticktack eines Metronoms hört, fährt der Ansager fort:

›Eins – zwei – drei Länder verräterisch überfallen und gemordet ... vier – fünf – sechs – sieben ... fahren Sie nur fort, Herr Hitler ..., zählen Sie Ihre Opfer in Österreich, 100, 200 ..., in Spanien, Deutschland, 100 000, 200 000 ... Können Sie noch nicht schlafen? Dann fahren wir fort ... Ihre Opfer in der Tschechoslowakei, 800 000 ... 900 000, und in Polen, 1 000 000, 2 000 000, 3 000 000 ... Opfer, Herr Hitler, alles Opfer. ... Sie haben es wirklich verdient, danach zu schlafen ... Sie müssen ein ganz ruhiges Gewissen haben. ... Schlafen Sie wohl ... träumen Sie angenehm ... gute Nacht, Adolf ...«[40]

Auffällig ist die direkte Ansprache Hitlers nicht nur in diesem Lied, sondern auch in einem gemeinsam mit Max Colpet verfaßten dokumentarischen Hörbericht »Les sept crimes d'Adolf Hitler«[41], in dem im Stil einer Chronik die Verbrechen Hitlers, beginnend mit dem Röhm-Putsch, der Besetzung des Rheinlands, Einmarsch in Österreich usw. dargestellt werden. Es sind Hitler und die Nationalsozialisten, die Ophüls' Heimat überrannt und versklavt hatten, und die mußte nun befreit werden. Diesen Befreiungskampf und -krieg hielt er für notwendig, und sein Einsatz für den antifaschistischen Rundfunk erst in Frankreich, dann später 1942 in USA für das Office of War Information beweist, daß er selber auch für dieses Ziel zu kämpfen bereit war.

Das Saga-Projekt

Daß Ophüls' Grundhaltung aber friedlich war und blieb und er diesen Krieg wirklich als Notwehr, als Kampf gegen Versklavung, als Kampf gegen unmenschliche Barbarei ansah, belegt vor allem SAGA, eine nie gedrehte Originalgeschichte. Die Story spielt in einem kleinen norwegischen Fischerdorf, das beim deutschen Überfall auf Norwegen besetzt wird. Geschildert werden die Leiden der Dorfbewohner, die Verwüstung und Zerstörung, die von den Nazis angerichtet werden, und wie sie die Gutgläubigkeit zu propagandistischen Zwecken ausnutzen. Der Held der Geschichte, ein norwegischer Junge von zwölf Jahren, wird gemeinsam mit vielen anderen für die Nazipropaganda mißbraucht:

»Our boy stands on the big square in front of the Royal Theatre. The many German soldiers who are standing there do not look dangerous at all, and their occupation is far from dangerous: They make music, beautiful music: ... For hours he listens, unable to rear himself away from it. Through a loudspeaker a voice makes an announcement in German which nobody understands. The friendly voice says afterwards, that all those, who did not understand, should raise their right arm. Everybody raises the right arm. ... His face is red with shame when he finds out how they tricked him. One day there are illustrated papers from the town in the village store. ...

He sees the picture and the heading: ›Citizens of Oslo honor German soldiers with the Hitlersalute‹ ... He has been betrayed, he und all the people in the picture, and the whole country.«[42]

Ophüls schildert auch, wie der verzweifelte Widerstand der Fischer von einer übermächtigen Kriegsmaschine brutal niedergeschlagen wird:

»The enemy is coming, will be here any minute. There are arms and ammunition in the school. The old lighthouse-keeper will lead all men to the fight; he calls them together, goes from house to house. They are at the schoolhouse now to get the arms. But the schoolteacher is an official. He says, there has to be a written mobilization order which has not arrived yet. All the men should be divided into classes according to their age. Only those in possession of a stamped certificate

are entitled to receive weapons; certainly not the old man who is far beyond military age.
But at this moment those arguments are as feeble as the person presenting them, and both are swept away by the human tide. The men open cases, take the arms and go out into the street to the outskirts of the village. The old man marches in front and at his side our boy, carrying the old man's rifle.
Motorized machine-gun sections, the first monsters of modern warfare, make short work of the pitiful group of fishermen. It is more a butchery than battle. Again there are dead und many wounded; and first of all, there are prisoners.
The victors announce in a foreign tongue to the fishermen their foreign law, a law disgraceful to free men: Anyone not legally wearing à uniform and found with weapons will be considered a guerilla and treated accordingly to international law. He will be court-martialed and imprisoned. Our little boy witnesses the arrest of the old lighthouse-keeper, who is beated und handcuffed.«
Der Junge setzt alle Hoffnung auf den König, der den Kampf um die Befreiung von England aus führen will:
»The village is alight with fire; the dead are lying on the streets ... The boy stands beside his faithful dog, which was killed by a bomb it had been howling as only an animal can howl when it scents danger ... They carry the dead out of many a door. Everything built by hardworking generations burns down to the last stone in a few minutes. Through this destruction, weeping and misery, walks the king; trying to comfort his stricken people. Never do we see his face; we see only the sad glances of the unhappy people following him after he has given them his hand. Now he has reached our little boy and the old lighthouse-keeper. Before leaving the king has told them something which they will never forget: He is going far away across the sea to England where the treacherous enemy cannot reach him. Over there he will gather the forces of the whole civilized world and return to free his people. Every crime will be punished; and he promises the little boy, whose dog was killed, that he will not forget him.«
Im Gegensatz zu den betrügerischen und verräterischen Nazis halten beide einander die Treue, und schließlich

gelingt dem Jungen zusammen mit anderen Kameraden mit Hilfe britischer Soldaten, die der König geschickt hat, die Flucht nach England. Von dort aus wollen sie am Kampf gegen die Besetzung des Heimatlandes und für die Rückkehr des Königs teilnehmen. Das Gemeinschaftsleben in dem kleinen norwegischen Fischerdorf schildert Ophüls als ein Ideal:

»Sometimes this story seems to be a fairy tale. It begins in that peaceful harmony which regulates the lives of simple folks living close to nature and respecting its greatness, in righteousness and faith; fishermen are the children among peoples.«

Der bei aller realistischen Schilderung der Ereignisse betonte Märchencharakter verdeutlicht die zweite Ebene dieser Geschichte. In dem überfallenen Norwegen spiegelt sich für Ophüls das anständige frühere Deutschland, nun unterdrückt von den Nazis; in den Fischern, die nur notgedrungen zur Waffe greifen, um sich zu wehren, aber überrollt werden, die zu schwachen und wehrlosen antifaschistischen Kräfte und mit dem in das Exil fliehenden König verbindet Ophüls die humanen Werte, von denen er sich gerade in dieser Zeit Trost und Heilung erhoffte.

The Man Who Killed Hitler

SAGA blieb nicht die einzige antifaschistische Filmarbeit von Ophüls. Er schrieb auch das Drehbuch THE MAN WHO KILLED HITLER nach dem gleichnamigen, 1939 anonym erschienenen Roman. Der dramaturgische Aufbau - entgegen der planen Erzählweise des Romans rollen die Ereignisse in einer Rückblende ab - und die Charakterisierung der Personen zeigen deutlich Ophüls‘ künstlerische Handschrift, der an einer zentralen Stelle des Films sich auch selbst zitiert. Der wiener Nervenarzt Dr. Helmut Moeller erhält die Nachricht, daß seine Frau, die Schauspielerin Lilly Hofer, von den Nazis erschossen worden sei. Er selbst tötet in Notwehr seinen Patienten, den geisteskranken SA-Mann Hans Fritsche, der sich für den Führer hält. Moeller tauscht seine Identität gegen die Fritsches und beschließt, Hitler zu töten, und macht, um in dessen Nähe zu kommen, eine Nazi-Karriere.

Bei der Besetzung von Paris kommt er in eine Untergrund-Rundfunkstation und findet dort die Schallplatte mit dem Schlaflied für Hitler, gesprochen von seiner totgeglaubten Frau, die er bei den Resistance-Kämpfern wiederfindet und die zu seiner Komplizin wird. Es gelingt ihm, zu Hitlers Leibwache versetzt zu werden, doch schlägt sein Attentat fehl, weil er mit dem eisernen Hakenkreuz ein Führerdouble tötet. Moeller und seine Frau werden festgenommen, gefoltert und hingerichtet. Doch das Drehbuch endet mit der Vision vom Ende der Nazi-Herrschaft.

»The sky over Berlin spits fire. Bombs are falling. The hallways of the Reichskanzlei are quickly emptied. More bombs are falling now. The room of the adjutant is deserted. B-o-m-b-s ... Also the Ministry of Culture is deserted. The Staats-Sekretaer forgot to turn off the radio: ›... You are now listening to the ›Voice of the Truth‹ – it brings latest news from enslaved Europe. – Attempt to kill the Fuehrer fails ... two Austrian patriots fall under the Nazi axe for their heroic undertaking ... we honor the memory of Lilly Hofer and Helmut Moeller. They died so that others may live in freedom.‹

B-o-m-b-s ... An explosive missile hits a bridge. ›The ring of death closes around Hitler. Be ready!‹

B-o-m-b-s ... A railroad crossing is blown up. ›You are no longer alone ...‹

B-o-m-b-s ... A munition factory is blasted. › ... Every bomb blasts a new breach into the walls of your enslavement.‹

B-o-m-b-s ... Adolf Hitler's room is empty. The microphones are still before the desk around which, at other times, world-shaking decisions were made.

Bombs are falling quite close now. The Fuehrer's room is shaken as if by a violent earthquake ...«[43]

Die Szene ist auch deshalb bemerkenswert, weil sie ausschließlich die Bombardierung kriegswichtiger Ziele und des Nazi-Hauptquartiers zeigt, während Ophüls die Flächenbombardierung deutscher Städte und den Kampf gegen die Zivilbevölkerung ebenso wie Fritz Kortner verurteilte; wieder ein Beleg für seine Vorstellung der zwei Deutschlands.

Heimweh, keine Heimkehr

Je länger der Krieg dauert, je furchtbarer die Verwüstungen sind, umso stärker klammert sich der Emigrant, selber mit knapper Not der Verfolgung entronnen, an die Botschaft der Humanität, an die deutschen Klassiker: »Sehr oft flüchteten wir mit unserem Heimweh zu Goethe, und für mich gehören die Stunden, in denen Max uns aus Goethe vorlas, zu den schönsten Hollywood-Erinnerungen«[44], schreibt seine Frau Hilde Wall, und Ophüls selbst berichtet über die Entstehung des Hörspiels *Novelle:*

»Eine Vorrede zu Goethes *Novelle* zu halten, fällt mir nicht leicht, denn ich gehöre zu denen, die glauben, vor Goethe sollte man nicht sprechen, vor Goethe soll man schweigen. Ich habe mich an die *Novelle* nur herangewagt aus Dankbarkeit. Während des Krieges, während meiner Emigrationsjahre, die mich von Frankreich bis nach Amerika verschlugen, zu einer Zeit, als ich viel verloren hatte, auch nach meiner Armeezeit, meinen Beruf, geriet ich nachts in Hollywood, ich lag da in meinem Zimmer, wie sehr oft brannte das Licht und man war schlaflos, geriet ich über die *Novelle.* Ich hatte sie bis dahin nie gelesen. Und während dieser Tage brannte drüben in Europa meine Heimatstadt, wußte ich nicht mehr von meinen Freunden oder Verwandten, ob sie in den Konzentrationslagern oder in den Armeen je diese Zeit überleben würden, und in einer solchen Nacht klang durch den Alpdruck dieses mörderischen Unsinns die Stimme des Kindes, das die Flöte spielt in der *Novelle* und dem Löwen den Dorn aus der Tatze zieht. Diese Stimme, die sagt:
›Blankes Schwert erstarrt im Hiebe /
Wundertätig ist die Liebe‹
und alle anderen Stimmen, während ich das las, klangen mit, der Fürst klang, die Fürstin, die Zigeunerin; ich hörte sie alle, und das mag jetzt vermessen klingen, ist es aber nicht, ich glaubte, ich hörte Goethe selbst lesen, vorlesen, und da wurde ich ruhig, und ich geriet wieder in mein Gleichgewicht. Aus Dankbarkeit zu dieser Erlösung fing ich an, obwohl ich nie wußte, ob ich jemals wieder nach Deutschland komme, ob es überhaupt noch einmal einen Sender in Europa gibt oder gar einen Sender für mich, fing ich an, Notizen zu machen über diese Stimmen, so wie ich sie gehört

hatte, ganz vage, und so entstand der Entwurf zu einem Hörspiel um die *Novelle*.«[45]

Es ist kennzeichnend für Ophüls, daß er seine Erfahrung auch wieder in künstlerische Produktion umsetzte. Doch die *Novelle* sollte leider der einzige Klassiker-Plan bleiben, den er realisieren konnte, den man ihn realisieren ließ. Denn solche friedliche Utopie, die als Appell verstanden werden mußte, sich abzuwenden von einer Politik zerstörerischer Gewalt, paßten im Deutschland der »Adenauerschen Réarmementträume«[46] natürlich wieder nicht ins Konzept, sowenig wie sich Georg Glasers *Geheimnis und Gewalt* verfilmen ließ, das Ophüls vor allem als Plädoyer gegen Krieg und Gewalt auffaßte.

Auch andere Gegenwartsstoffe, die immer wieder um das Thema Versöhnung durch Liebe kreisten - wie zum Beispiel der Plan, Zuckmayers Novelle *Engele von Löwen* zu verfilmen -, konnte Ophüls nicht verwirklichen, ebensowenig wie seinen Lieblingsplan einer *Egmont*-Verfilmung, den er schon aus dem Exil mitbrachte und dessen politischer Kern in dem Hinweis deutlich wird, daß dieser Film »für das wiederaufbauende Deutschland außerhalb der Grenzen viel Anerkennung schaffen könne«[47]. Daraus wird auch ersichtlich, daß Ophüls in *Egmont* deutsche jüngste Vergangenheit und Gegenwart widerspiegeln wollte, wie überhaupt die Vielzahl der Projekte belegt, daß er keineswegs eine besondere Vorliebe für die Zeit um 1900 gehabt hat, wie ihm so oft nachgesagt wurde; dies war ein Klischee, von dem er sich nicht befreien konnte.

Auf politische Widerstände stieß auch das Projekt *Buddenbrooks*. Thomas Mann, der Ophüls selbst die Regie dafür antrug, wollte diesen Film als eine deutsch-deutsche Koproduktion mit der Defa realisieren. Ophüls sah Komplikationen für seine angestrebte künftige Arbeit in den USA voraus; er wollte nicht in die McCarthy-Hexenjagd verwickelt werden, nachdem er ohnehin schon Schwierigkeiten wegen seines Wiedereinreisevisums gehabt hatte. Nicht gefaßt aber war er wohl auf das harte Nein aus Bonn, das ihm deutlich machte, wie eng die Grenzen freier künstlerischer Arbeit auch in der BRD waren. Er empfand sehr deutlich die stikkige Enge und das Unwillkommensein in dem Land, das einmal seine Heimat gewesen war. Mit großen Hoffnungen, am

Neuaufbau dieses Landes mitzuwirken, war er zurückgekehrt, Hoffnungen, die er in einem Gedicht festgehalten hatte, das er noch in Hollywood 1948 geschrieben hatte:

Der Heimkehrer

Der Blutwind verweht, der mich verjagte
Die Zeit verweht, an der ich verzagte
Dort wo ich glaubte, ich sei zu Haus
Ist der Totengespenstertanz aus.

Über den Gräbern in denen sie schlafen
wo die Schuldigen und die Opfer sich trafen
blühen zögernde Blumen wie leise wieder
blasse Blumen, hoffende Blüten
die Wiederaufstehenden zärtlich zu hüten.

Ich will zu den vernarbten Erden,
Will sehn, wie die Blumen wachsen und werden
Will helfen großziehn, gießen, pflegen
an Friedensbrücken und stillen Wegen
will sprechen zum Wachstum damit es werde
in meiner Sprache, auf meiner Erde.[48]

Dieses Gedicht zeigt, wie sehr der verjagte Ophüls Deutschland als sein Land, als seine Heimat empfand und wie er sich vorstellte, als heimkehrender Emigrant mitzuhelfen, eine neue Zukunft aufzubauen, in der zwar nichts vergessen werden kann, aber die Sorge den neu erblühenden Blumen gilt: ein großzügiges und großmütiges Versöhnungsangebot an die Deutschen. Statt dessen mußte er feststellen, daß »das Wiedererscheinen eines einst emigrierten jüdischen jungen Mannes in der jetzigen Person des französischen und kosmopolitischen Filmregisseurs der augenblicklichen öffentlichen Meinung nicht gerade entgegen kommt«[49], und er fühlte sich als »ewiger Emigrant«[50].

Seine Pläne und Vorschläge stießen auf Ablehnung, er wurde mit Schwierigkeiten von seiten der Behörden konfrontiert. All das enttäuschte ihn nicht nur, sondern ließ ihn auch vorsichtig werden in öffentlichen Äußerungen; so muß man die Passage in seinen *Gedanken über Film* interpretieren: »Ein Problem im Vorbeifahren: Muß der Film eine weltanschauli-

che oder politische Einstellung haben? Meine Antwort – sehr persönlich –: Muß der Mensch eine haben?«[51]
Es ist offensichtlich, daß sich Ophüls angesichts der herrschenden Verhältnisse und der deutschen Verdrängungsmentalität von offener politischer Diskussion nicht viel erhoffte, er wollte »politische Peinlichkeiten ... sehr vermeiden«[52] und sah darüber hinweg, wie man die bitteren Jahre und Erfahrungen des Exils – und die Gründe dafür – eskamotierte und ihn als geschmackvollen Regisseur für Delikatessen, als Meister frivoler, süßer Melancholie goutierte.[53] Dieses Klischee kam eben deshalb zustande, weil man die politischen Implikationen in Ophüls' Filmen ebensowenig sehen wollte wie die seines Lebens. Mit diesem entschlossenen Nicht-zur-Kenntnis-Nehmen eines Exils, das nicht zwölf, sondern vierundzwanzig Jahre bis zu Ophüls' Tod währte, nahm man auch in den Filmen nur noch Teile wahr.

Ophüls und Schnitzler

So wurde LIEBELEI erst durch die unsäglich-adorierende Interpretation Friedrich Lufts zum Kitsch herabgelobt.[54] Dabei hatte Ophüls mit seinen Drehbuchautoren Curt Alexander und Hans Wilhelm die für die Gegenwart wesentlichen Aspekte des schnitzlerschen Dramas herauspräpariert und dieses ganz und gar nicht romantisiert, sondern verschärft. Die beiden jungen Leute sind im Film aktive Offiziere, gehören einer Kaste an, die sich als Staat im Staate versteht und die nach eigenen Begriffen und Gesetzen handelt. Das ist eindeutig nicht mehr auf das Militär der k. u. k. Monarchie gemünzt, sondern auf das der Weimarer Zeit, und diese Tendenzierung gipfelt schließlich in der Protest-Szene, in der sich Willy Eichberger so vehement gegen das Duell wendet. Er protestiert dabei nicht nur gegen das Duell – als einer überholten, ritualisierten Form der gewaltsamen Auseinandersetzung –, sondern er protestiert gegen Gewalt als Mittel der Auseinandersetzung, wenn er ausruft: »Und jeder Schuß, der nicht in höchster Notwehr abgegeben wird, ist Mord!« Damit beziehen die Autoren und der Regisseur eindeutig Stellung zu den gewaltsamen Auseinandersetzungen, die damals an der Tagesordnung waren. Daß für den protestierenden Oberleutnant in diesem Militär, ja in diesem Staat kein Platz mehr war, daß er nicht nur quittieren, sondern exilieren muß, wie angedeutet wird, ist eine Vorahnung des Schicksals der Autoren, die fast schon bestürzend ist.

Die weitgehende Unkenntnis des Filmautors Ophüls und eine subjektive, gänzlich enthistorisierende Wahrnehmung haben zu völligen Fehleinschätzungen seiner Filme geführt. Das wird besonders deutlich an der Verkennung der Ophüls-Schnitzler-Beziehung, die stets unter dem Aspekt einer Hinwendung zur Vergangenheit und einer Romantisierung gesehen wird. Demgegenüber muß betont werden, daß Ophüls

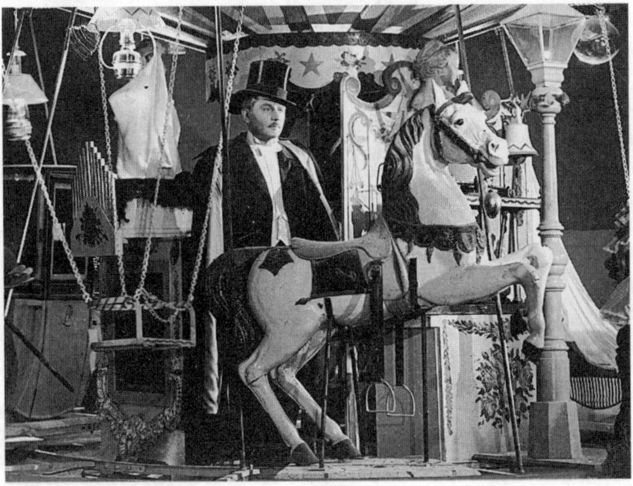

La ronde

Schnitzler als einen Gegenwartsautor begriffen hat. Er empfand, daß Schnitzler »in seiner Vorstellungsfähigkeit, in seinen Sensibilitäten so ungemein weit seiner Zeit voraus war. Er ist doch heute in seiner Transparenz viel jünger als unsere Zeitgenossen in der Literatur.«[55]

Auch in LA RONDE spiegelt Ophüls Probleme der Gegenwart im Kostüm der Vergangenheit; der meneur de jeu ist Zeitgenosse, und die zahlreichen desillusionierenden Brechungen führen immer wieder in die Gegenwart zurück. Der Satz »Ich liebe die Vergangenheit ...« ist zwar oft zitiert worden, aber man hat sich zuwenig Gedanken gemacht, wer diesen Satz in welcher Zeit spricht. Es ist auffallend, daß Ophüls für diese Rolle einen exilierten österreichischen Schauspieler wählte (und übrigens zwei andere, ebenfalls österreichische Schauspieler noch in die engere Wahl für diese Rolle gezogen hatte), so daß der meneur de jeu eindeutig zum allerdings gegenwärtigen Stückautor wird - und auf welche Vergangenheit blicken denn sowohl der fiktive als der reale Autor von 1950 zurück? Bitterste Ironie liegt darin, wenn der meneur de jeu behauptet, die Vergangenheit sei so viel sicherer als die Zukunft; wenn man nur einen Augenblick lang überlegt, welche Vergangenheit hier gemeint ist, die schließlich die Zukunft der fiktiven Personen in LA RONDE sein wird. Dann wird auch sofort deutlich, daß Ophüls die völlige moralische Morschheit der bürgerlichen Gesellschaft aus dieser Perspektive sieht und die äußere Zerstörung als Folge der von Schnitzler geschilderten inneren Zerstörung begreift. Das Fehlen jeglicher Liebe, jeder moralischen Werte und ethischen Bindungen sind die Ursachen der Katastrophe. In der heiter-tändelnden Bewußtlosigkeit der Figuren wird die geradezu abenteuerlich bewußtlose Nachkriegsgesellschaft porträtiert, die sich natürlich nicht erkannte, weil Ophüls sie zur Kenntlichkeit entstellt hat.

Skandal um Lola

Der Erfolg von LA RONDE beruhte auf dem grotesken Mißverstehen des Films und seines Schöpfers, der sich häufig über dieses Klischee ärgerte und schließlich in LOLA MONTEZ ganz vehement dagegen protestierte. In diesem letzten Film wird dann auch überdeutlich, daß Ophüls die historische Geschichte der spanischen Tänzerin überhaupt nicht interessierte - das ist nur Kostüm -, sondern das Modell, das er hier sah: die Frau, die zum Objekt von Begierde und Ausbeutung wird, die verschachert wird von ihrer Mutter und später vom Stallmeister; Lola, die Künstlerin sein will, sich selbst verwirklichen und ausdrücken möchte, und doch nur Objekt eines massenhaften Voyeurismus ist, und die gezwungen ist - um ihr Leben zu fristen -, sich sowohl an den Einzelnen, wie an die Masse zu verkaufen. In dieser Gesellschaft

haben Liebe und Glück keinen Raum; dem geilen Voyeurismus der Masse entspricht das ebenso unmoralische gesunde Volksempfinden, das, einmal entfacht, für Lolas Austreibung aus Bayern sorgt.
Wenn da Steine geworfen und Strohpuppen verbrannt werden und Lola in aller Schnelligkeit und Heimlichkeit fliehen muß, dann werden Reminiszenzen an die jüngste deutsche Vergangenheit wach. Im ersten Drehbuchentwurf hatte Ophüls eine Szene vorgesehen, in der die Ablehnung der Lola Montez quer durch alle sozialen Schichten gezeigt wird.

Lola Montez

Da ist dann auch von »nationaler Ehre« und vom »gesunden Empfinden«[56] die Rede, das durch die Affäre befleckt werde, und die Bitterkeit Lolas bei dieser Austreibung entspricht der Bitterkeit des Emigranten, der erkennen muß, daß er immer Emigrant bleibt. Diesmal aber erkannte das Publikum Ophüls' Absichten, die Ohrfeige saß, und man fühlte sich getroffen und lehnte den Film ab. Das Publikum, diese »sensationshungrige Menge«[57], erwartete »eine Sahnetorte und erhält statt dessen einen Schlag in den Magen«, notierte Ophüls und fügte in Klammern hinzu »ins Herz?«[58]

Politische Miniaturen

Michael Beckert, der im Nachwort der Neuausgabe von *Spiel im Dasein* auf den politischen Aspekt der ophülsschen Filme hinweist, setzt gleich hinzu, daß Ophüls »Politik nie direkt«[59] thematisiert habe. Das trifft nur zum Teil zu. Denn es gibt von den valentinschen Raisonnements über Behörden, Bürokratie und Verordnungen in der VERKAUFTEN BRAUT bis hin zu den Assoziationen an den braunen Mob in LOLA MONTEZ zahlreiche Anspielungen und Hinweise in den Filmen. Außerdem muß man berücksichtigen, daß Ophüls in Deutschland nach dem Zweiten Weltkrieg keine Gelegenheit erhielt, Gegenwartsstoffe zu behandeln, so daß ihm nur die Möglichkeit indirekter Thematisierung blieb.

Denn er hat früher etwa in KOMEDIE OM GELD oder auch in THE RECKLESS MOMENT – um zwei Gegenwartsfilme zu zitieren – sehr genaue und scharfe Porträts der zeitgenössischen Gesellschaft gegeben: in dem holländischen Film wird, satirisch zugespitzt, die kleinbürgerlich-spießige Mentalität dieser Gesellschaft bloßgestellt, und in dem amerikanischen Film die familiäre Idylle des typischen Mittelstandhaushaltes als völlig brüchig und leer entlarvt. LA SIGNORA DI TUTTI und DIVINE befassen sich mit verschiedenen Formen des modernen Showgeschäfts und weisen auf die Ausbeutung der Stars und den Voyeurismus hin, und SANS LENDEMAIN und CAUGHT enthalten ganz unverkleidete kritische Schilderungen der französischen beziehungsweise amerikanischen Gesellschaft. Dabei sind die beschriebenen Milieus – in SANS LENDEMAIN die Bar mit ihren Besuchern, die kleinbürgerliche Wohnung, das Gangster-Milieu; in CAUGHT die arme Einwandererfamilie – nicht nur genau erfaßt, sondern mit durchaus sozialkritischem Akzent geschildert.

Wenn man die genau protokollierte Gegenwart in Ophüls' Filmen erst einmal wirklich wahrnimmt – anstatt immer wieder die Litanei vom Vergangenheits- und Schattenkino zu wiederholen –; wenn man die in vielen Facetten gespiegelte Gegenwart in seinen Kostümfilmen aufgespürt hat; wenn man den Komödienregisseur Ophüls endlich entdeckt, gar nicht zu reden von dem Theatermann und dem Rundfunkautor; wenn man sein politisches und soziales Engagement endlich zur Kenntnis nimmt und sich sowohl mit seinem Exil wie mit den Problemen des Remigranten auseinandersetzt –: dann erst wird man allmählich die Vielschichtigkeit dieses Künstlers und seiner Werke erkennen, dessen komplexe und widersprüchliche Individualität auch hier nicht in ein neues Klischee gepreßt werden soll. Nur: unpolitisch war Max Ophüls nicht, denn »unpolitisch sind nur die Spießbürger«, hat Marcel Ophüls einmal in einem Interview gesagt: »und wenn mein Vater eines nicht war in seinem Leben: er war kein Spießbürger«[60].

1 Frieda Grafe: Max Ophüls. Laut gesprochen und fern gesehen. (1978) In: Beschriebener Film 1974–1985. Die Republik, Nr. 72–75, Frankfurt 1985, S. 50f.
2 Peter Ripken: Entdeckung eines Verkannten. In: Retrospektive Berlin 1966, S. 42–48. – Michael Beckert/Siegmund Grewenig: Der Traum – ein Leben. In: Max Ophüls: Spiel im Dasein. ²Dillingen: Queißer o. J., S. 337–354. – Jon Halliday, Max Ophüls. In: Richard Roud (Hrsg.): Cinema. A Critical Dictionary. New York: Viking Press 1980. Band 2. S. 729–734
3 Ripken, a. a. O, S. 46
4 Roud, a. a. O., S. 734 f. Anm. zum Aufsatz von Halliday.
5 Max Ophüls: Vom Souffleurkasten über das Mikro auf die Leinwand. In: Schlesische Funkstunde, 1932/H. 15, S. 4
6 Manuskript von Max Ophüls
7 Manuskript von Max Ophüls
8 Max Ophüls: Begegnungen mit Ernst Toller. In: Pariser Tageszeitung, Nr. 1008 v. 28./29. 5. 1939
9 Spiel im Dasein, a. a. O., S. 70
10 Spiel im Dasein, a. a. O., S. 71
11 Spiel im Dasein, a. a. O., S. 74 ff.
12 Dortmunder Zeitung v. 30. 11. 1923
13 Tremonia v. 17. 5. 1924
14 Brief vom 5. 11. 1925
15 Die Szene, 1930, S. 316f.
16 Wiener Morgenzeitung v. 23. 4. 1926
17 Vgl. hierzu meine ausführliche Darstellung: Die Affäre Ophüls. Antisemitismus am Wiener Burgtheater 1926. In: Theater Zeit Schrift, H. 22/1987, S. 135–142
18 Thomas Siedhoff: Das Neue Theater in Frankfurt am Main 1911–1935. Frankfurt a. M.: Waldemar Kramer 1985, S. 85
19 Der Israelit v. 22. 4. 1926
20 Siedhoff, a. a. O., S. 82
21 Spiel im Dasein, a. a. O., S. 113–115

22 Breslauer Neueste Nachrichten v. 12. 1. 1929
23 BNN v. 12. 1. 1929
24 Schlesische Zeitung v. 13. 1. 1929
25 BNN v. 15. 4. 1930
26 Schlesische Zeitung v. 15. 4. 1930
27 dies. v. 10. 11. 1930
28 BNN v. 10. 11. 1930
29 Spiel im Dasein, a. a. O., S. 111
30 ebenda, S. 109 ff.
31 ebenda, S. 106
32 BNN v. 3. 6. 1929
33 Ausführlich ist diese Produktion dokumentiert bei Martina Müller, Max Ophüls. Die Produktion eines Autors. Magisterarbeit Universität Köln 1985 Ms. - S. a. den Aufsatz von Hermann Naber in diesem Buch, S. 27-72
34 Max Ophüls: »Kämpfer«. In: Das Wort, H. 1/1936, S. 96-98
35 Brief an Klaus Mann v. 29. 4. 1938
36 Max Ophüls: »Werther« n'est pas seulement une histoire d'amour. In: Figaro v. 7. 12. 1938
37 Exposé Franz Ferdinand von Österreich. Ms.
38 ebenda
39 Roger Regent: En attendant son affectation. Max Ophuls va achever »De Mayerling à Sarajevo«. In: Pour Vous v. 27. 9. 1939
40 Aufbau v. 7. 6. 1940. Außerdem erschienen Meldungen über dieses Lied in Time v. 3. 6. 1940 und Variety v. 22. 5. 1940
41 Max Colpet: Sag mir, wo die Jahre sind. München 1976, S. 100
42 Saga. An Original Story by Max Ophuls. Manuskript
43 The Man Who Killed Hitler. A Film Treatment by Max Ophüls. Manuskript
44 Hilde Wall in ihrem Nachwort zu Spiel im Dasein, a. a. O., S. 229
45 Vorrede zur Novelle. Hessischer Rundfunk 1955
46 Brief v. 3. 11. 1953
47 Brief v. 16. 9. 1948
48 Manuskript
49 Brief v. 5. 5. 1956
50 Brief v. 30. 10. 1955
51 Gedanken über den Film 1956. In: Spiel im Dasein, a. a. O., S. 299
52 Brief v. 5. 5. 1956
53 vgl. Friedrich Lufts Vorwort zu Spiel im Dasein, a. a. O., S. 6 ff., hier besonders S. 24
54 ebenda, S. 17 f.
55 Brief ca. 1944
56 Manuskript Lola Montez
57 ebenda
58 Notizbuch von Ophüls. Manuskript
59 Beckert, a. a. O., S. 342
60 Interview mit Georg Bense 1982 in dem Fernsehfeature »Max Ophüls - Zauberer des Kinos«.

Übersetzung der englischen Texte

Das Saga-Projekt (S. 93 ff.)
Der Junge steht auf dem großen Platz vor dem Königlichen Theater. Die vielen deutschen Soldaten, die dort aufmarschiert sind, sehen überhaupt nicht gefährlich aus, die ganze Besetzung sieht nicht gefährlich aus: sie machen Musik, wunderbare Musik ... Stundenlang hört er zu, unfähig, sich davon loszureißen. Über Lautsprecher kündigt eine Stimme in deutscher Sprache etwas an, was niemand versteht. Später sagt die freundliche Stimme, daß alle diejenigen, die nicht verstanden haben, den rechten Arm heben sollten. Alle heben den rechten Arm ... Sein Gesicht ist rot vor Scham, als er entdeckt, wie sie ihn hereingelegt haben. Eines Tages gibt es im Dorfladen Zeitungen aus der Stadt ... Er sieht das Bild und die Überschrift: »Osloer Bürger ehren deutsche Soldaten mit dem Hitlergruß« ... Er ist betrogen worden, er und alle anderen auf dem Bild, das ganze Land.
Der Feind rückt näher, er wird jeden Augenblick da sein. Waffen und Munition sind in der Schule. Der alte Leuchtturmwärter will alle Männer in den Kampf führen, er ruft sie zusammen, geht von Haus zu Haus. Sie sind jetzt in der Schule, um die Waffen zu holen. Aber der Lehrer ist ein Bürokrat. Er sagt, es müsse ein schriftlicher Befehl zur Mobilmachung vorliegen, der noch nicht eingetroffen sei. Alle Männer sollen entsprechend ihrem Alter in Gruppen aufgeteilt werden. Nur diejenigen, die im Besitz einer gestempelten Bescheinigung sind, dürfen Waffen erhalten; gewiß nicht der alte Mann, der weit über das Militäralter hinaus ist.
Aber in diesem Augenblick sind die Argumente genauso schwach wie der Mann, der sie vertritt, und beide werden von der menschlichen Brandung hinweggefegt. Die Männer öffnen Kisten, nehmen die Waffen und gehen hinaus auf die Straße zum Dorfrand. Der alte Mann marschiert an der Spitze und an seiner Seite der Junge, der das Gewehr des alten Mannes trägt.
Motorisierte Maschinengewehr-Einheiten, die ersten Monster moderner Kriegsführung, machen kurzen Prozeß mit der bedauernswerten Gruppe der Fischer. Es ist eher ein Abschlachten als eine Schlacht. Wieder gibt es Tote und viele Verwundete; und vor allem: es gibt Gefangene. Die Sieger geben in fremder Sprache den Fischern ihr fremdes Gesetz bekannt, ein erniedrigendes Gesetz für freie Menschen: jeder, der nicht rechtmäßig eine Uniform trägt und mit einer Waffe angetroffen wird, wird als Partisan betrachtet und nach internationalem Recht behandelt. Er wird standrechtlich abgeurteilt und eingesperrt werden.
Unser kleiner Junge wird Zeuge der Verhaftung des alten Leuchtturmwärters, der geschlagen und in Handschellen abgeführt wird.
Das Dorf ist von Feuer erhellt, die Toten liegen in den Straßen ... Der Junge steht neben seinem treuen Hund, der von einer Bombe getötet worden ist und der aufheulte, wie nur ein Tier aufheulen kann, wenn es die Gefahr spürt ...
Aus vielen Häusern werden Tote hinausgetragen. Alles, was von schwer arbeitenden Generationen erbaut worden ist, brennt in wenigen Minuten bis auf den letzten Stein nieder. Durch diese Zerstörung, durch Trauer und Elend geht der König; er versucht, sein geschlagenes Volk zu trösten. Wir sehen niemals sein Gesicht; wir sehen nur die traurigen Blicke der unglücklichen Menschen, die ihm folgen, wenn er ihnen die Hand gegeben hat. Nun hat er unseren kleinen Jungen und den alten Leuchtturmwärter erreicht. Vor dem Weggehen hat der König ihnen etwas gesagt, was sie nie vergessen werden: er fährt weit über

das Meer nach England, wo ihn der betrügerische Feind nicht erreichen kann. Dort drüben will er die Truppen der ganzen zivilisierten Welt versammeln und zurückkehren, um sein Volk zu befreien. Jedes Verbrechen soll bestraft werden; und er verspricht dem kleinen Jungen, dessen Hund getötet wurde, daß er ihn nicht vergessen wird.
Manchmal sieht diese Geschichte wie ein Märchen aus. Sie beginnt in jener friedlichen Harmonie, die das Leben einfacher Menschen bestimmt, die in Verbundenheit mit der Natur leben und ihre Größe respektieren, in Rechtschaffenheit und Gläubigkeit; Fischer sind die Kinder unter den Menschen.

The Man Who Killed Hitler (S. 95 f.)
Der Himmel über Berlin spuckt Feuer. Bomben fallen. Die Gänge der Reichskanzlei sind rasch leer. Jetzt fallen mehr Bomben. Das Zimmer des Adjutanten ist verwüstet. Bomben ... Auch das Kultusministerium ist verwüstet. Der Staatssekretär hat vergessen, das Radio auszuschalten: »Sie hören nun die ›Stimme der Wahrheit‹ ... das Programm bringt letzte Meldungen aus dem versklavten Europa. Ein Versuch, den Führer zu töten, ist fehlgeschlagen ... Zwei österreichische Patrioten sind für ihre heroische Tat unter dem Henkerbeil der Nazis gestorben ... Wir ehren das Andenken von Lilly Hofer und Helmut Moeller. Sie starben, damit andere in Freiheit leben können.« - Bomben ... Eine Rakete zerstört eine Brücke. »Der Todesring schließt sich um Hitler. Seid bereit!« Bomben ... Eine Eisenbahnkreuzung wird gesprengt. »Ihr seid nicht länger allein ...« Bomben ... Eine Munitionsfabrik fliegt in die Luft ... »Jede Bombe sprengt eine neue Bresche in die Mauern eurer Versklavung.« Bomben ... Adolf Hitlers Zimmer ist leer. Die Mikrofone stehen noch immer auf dem Schreibtisch, an dem zu anderen Zeiten Entscheidungen gefällt worden sind, die die Welt erschütterten. Bomben fallen jetzt sehr nah. Das Zimmer des Führers bebt, als würde es von einem gewaltigen Erdbeben geschüttelt ...

Kommentierte Filmografie

Von Peter W. Jansen

Nicht alle Filme, die Max Ophüls gemacht oder an denen er mitgewirkt hat, sind erhalten geblieben oder bisher wieder aufzufinden gewesen. Manche seiner Filme, wie LOLA MONTEZ, sind im Augenblick nur in der Verstümmelung vorhanden, die ihnen zugefügt worden ist. Wir sind noch weit davon entfernt, das Gesamtwerk in authentischen Fassungen erfahren zu können. Aber selbst die Torsi von beschädigten Kopien in entsetzlichstem Zustand sind noch triumphale Zeugnisse eines Werks, dem weder Mißachtung noch Vernachlässigung, weder banale Geschäftsgier noch Dummheit und Verständnislosigkeit seine Würde nehmen konnten. Zu schreiben ist nur, was gesehen werden konnte; zu beschreiben wäre, was gesehen werden könnte. Zu wünschen und zu fordern ist die physische Errettung eines filmischen Œuvres von immer noch unabsehbaren Dimensionen. Da in einem Land ohne filmhistorisches Bewußtsein und filmkulturelles Gewissen niemand sich für zuständig hält, können nur alle zuständig sein, die Ophüls sehen, mit Ophüls umgehen und darüber schreiben. Diese Kommentierte Filmografie kann nur ein Beitrag sein und ein neuer Anfang nach manch früheren Anfängen, ein Anfang, so ist zu hoffen, von immer neuen Anfängen.

Die verliebte Firma. 1932

Sie stehen im Schnee und besingen Venedig. Dann wird die Aufnahme unterbrochen. Die Sänger wärmen sich auf, und der Regisseur sagt, daß ihm der Film gefällt. Bei der 8. Klappe fährt eine Skiläuferin ins Bild. Dann ist die Sonne weg. – Texter und Komponist basteln an einem neuen Lied, der Regisseur berät sich aufgeregt mit seinem Team, und Peggy Barling, Filmstar, streitet sich mit dem Kammersänger Leo Lamberti: der Film brauche viele Großaufnahmen von ihr, weil er nicht spielen könne. Dann reist Peggy wütend ab, und die Skiläuferin wird für den Film entdeckt, Gretl Krummbichler, Postbeamtin, in die sich Heinrich Pulver, der stotternde Regie-Assistent, schon verliebt hat. - Peggy sucht Werner Loring jr. auf, den stellvertretenden Direktor der Ideal-Tonfilm AG, der ihr die Rolle in dem neuen Film auszureden versucht. Das Team bemüht sich unterdessen um die Gretl von der Post. Jeder versucht ihr der Reihe nach klar zu machen, daß es nur auf ihn ankomme, sie groß herauszubringen. - Die Filmleute haben Wiesenhof verlassen, und auch Gretl ist in die Stadt gereist, wo sich im Wellenbad die diversen Bewerber um ihre Gunst wechselseitig untertauchen. Loring sagt ihr, sie solle das Filmen den Peggys überlassen und selber eine liebe kleine Hausfrau werden, und man kann sehen, daß er meint, was er sagt. - In ihrer luxuriösen Wohnung versöhnen sich Peggy und Leo, die miteinander verheiratet sind und sich scheiden lassen wollten; Leo nimmt jedenfalls sein Kopfkissen und geht in Peggys Zimmer. - Gretl Krummbichler träumt vom Erfolg, doch im Atelier, wo Regisseur Harry Bing schon hektische Betriebsamkeit entfaltet, entscheidet Loring, daß nicht Gretl, sondern Peggy spielen wird. Vor der venezianischen Kulisse agieren Leo und

Die verliebte Firma

Die verliebte Firma

Peggy, während Gretl abreist. Loring sucht sie vergeblich in ihrem Hotel und fährt mit dem Auto dem Zug hinterher. Dann steht er bei Gretl im Abteil und hat Fahrkarten für sie beide, nach Venedig.

Singspiel, musikalische Komödie, Musical: Ophüls genügt es nicht, einen Beitrag zu dem seit den Anfängen des Tonfilms enorm favorisierten neuen Genre zu leisten, etwa in der Nachfolge von Lubitschs *The Love Parade* (1929) und *Monte Carlo* (1930) oder Wilhelm Thieles *Die Privatsekretärin* (1931) oder auch auf der Welle des Erfolgs, die Erik Charells *Der Kongreß tanzt* (1931) schlägt.[1] Spiel im Spiel, Kino im Kino, »le spectacle dans le spectacle, le cinéma au second degré«[2]; schon im zweiten Film und nach knapp drei Minuten die Brechung der Realitätsebene, die romantische Ironie; die Dinge zum Tanzen zu bringen, die Ordnung aufzulösen: das ist der typische Ophüls. Schon im zweiten Film treibt es ihn, das Spielzeug auseinanderzunehmen, das man ihm soeben erst in die Hand gegeben hat, und nachzusehen und nachzubilden, wie es funktioniert: »ich wurde darin alle meine Eindrücke über meinen neuen Beruf los«[3].
Schon im zweiten Film wird das Spielen gespielt, wie im

ersten Film – den wir nur der Beschreibung nach kennen[4] – ein Spiel inszeniert wird mit dem Ziel, es wieder aufzubrechen. DANN SCHON LIEBER LEBERTRAN, nach einem Drehbuch von Erich Kästner, ist das Kinderspiel, erwachsen zu sein. DIE VERLIEBTE FIRMA ist schon erwachsen genug, mit der Neugier des Kindes, der Naivität von Gretl Krummbichler zu spielen. Sie, die Skiläuferin, die zufällig und tölpelhaft in den Blickwinkel der Kamera eindringt, das Fräulein von der Post, das mit Komponist und Texter um die Wette singt, als die beiden ein neues Lied als Telegramm an die Produktion aufgeben, sie ist die Frau aus dem Nichts oder der unbekannte Zuschauer in einer Ingroup-Scene, die sich ihrem Blick öffnet. Die Erzählung muß nicht de facto ihre Perspektive einnehmen, um auf die Perspektive dieser Repräsentantin der Neugier ausgerichtet zu bleiben.

Das Lied geht »Ich wär so gern mal richtig verliebt, ich weiß vom Tonfilm, daß es das gibt«, womit das Produkt Tonfilm, das hier hergestellt werden soll, schon als Lebensrezept und Versprechen angepriesen und als ein Ordnungssystem vorgegeben wird, an dem sich Leben orientieren kann. Wie Peggy und Leo ihr Eheleben (wenn vermutlich auch nur vorübergehend) im Blick auf den Film, den sie zusammen drehen werden, ordnen, so wird auch die naive Figur zunehmend dem Fortgang der Erzählung zugeordnet, indem sie aus einer Position außerhalb eingegliedert wird in den aktiven Kontext des Films – und beinahe von ihm korrumpiert wird. Einmal in den Blickwinkel der Kamera geraten, gibt es kein Entkommen mehr vor ihrem Gesetz. Es sei denn, Gretl folgt dem Rat von Loring, eine liebe kleine Hausfrau zu werden. Als er sagt: »Für einen Mann, den man liebt ...«, unterbricht sie ihn und setzt fort: »... kann man auch Schnitzel braten«. Der Ausgang der VERLIEBTEN FIRMA öffnet jedenfalls die Schnitzel-Perspektive – und das Beschwerdebuch des Feministen Max Ophüls. Die Rollenzuweisung der Frauen, und der Wider- und Aufstand dagegen, wird ihn bis LOLA MONTEZ intrigieren.

Noch bleibt vieles vorläufig und ist allenfalls ein Versprechen, das man erst aus der Kenntnis der späteren Filme als Versprechen erkennt. Wenn Regisseur, Filmpartner, Komponist, Texter, Kameramann usw. Gretl weismachen wollen, daß es ausgerechnet auf ihn allein ankomme, sie zum Erfolg zu führen, führt sie jeder von ihnen den anderen fort, gehen sie von Zimmer zu Zimmer: und schon mobilisiert das die Kamera zu längeren Schwenks und Fahrten, schon reigt sich der Reigen. Oder Harry Bing, der Regisseur, richtet im Atelier die erste Szene ein, und die Kamera blickt ihm über die Schulter schräg auf den Set, in dessen Tiefe, einsam auf einem Podest, die Darstellerin hockt, die in dem Film, der jetzt anfangen soll, nichts darzustellen hat. Es ist der Blick schon, andeutungsweise, mit dem in LETTER FROM AN UNKNOWN WOMAN die Kamera eine Blickposition wieder-

Die verliebte Firma

holt, die, Jahre vorher, Lisa auf eine Szene hatte, in der sie nun selbst vorkommt. Wie Lisa auf sich selber zu blicken scheint, so scheint auch schon Gretl – die Neugier, die in Aktion treten möchte – sich selber zu sehen.[5] Am Ende erhält DIE VERLIEBTE FIRMA – Zufall oder Nachlässigkeit, jedenfalls eine charakteristische Ophüls-Anekdote – in der Tat eine Verdoppelung. »In einer Szene lief eine Komparsin, die eine Sekretärin spielte, zum Fenster und winkte ihren unten im Hof vorbeigehenden Kolleginnen zu. Als der Film fertig geschnitten war, sah man sie oben winken, und unten im Hof winkte sie sich selber zu.«[6]

Die verkaufte Braut. 1932

Alle Wege führen ins Dorf. Aus den idyllischen Hügeln kommen sie von überall her: der Zirkus Brummer mit Direktor und Frau Direktorin, Tochter Esmeralda, Indianer, Kraftmensch und Bär und Äffchen; der leichte Einspänner des Bauern Micha mit Frau und Sohn Wenzel; die Kutsche des Postillons Hans mit dem Finanzienrat und weiteren distinguierten Fahrgästen; anderes fahrendes Volk; Bauern zu Fuß. Die Kutsche rammt einen Meilenstein, ein Rad bricht, und Hans reitet, das Rad über der Schulter, zum Wagner ins Dorf, das sich zur Kirchweih rüstet. - Marie, des Bürgermeisters Tochter, steht vor dem Glücksrad. Das Schwein, das sie gewinnt, bricht aus, und Hans fängt es ein und führt Marie nach Haus. Es ist Liebe auf den ersten Blick und fünf vor zwölf. Denn Kezal, der Heiratsvermittler, hat schon den Vertrag aufgesetzt für Marie und Wenzel, den reichsten Erben im ganzen Sprengel. Marie aber sagt nein und flieht mit Hans durch die Zelte der Schausteller, während Wenzel beim Zirkus Esmeralda trifft. Kezal aber sieht und weiß alles. - Der Dorfschulze kann beim Zirkus Brummer die Steuern vom letzten Jahr nicht eintreiben, und da Kezal den Bürgermeister davon überzeugen kann, wie schädlich die Anwesenheit der Tänzerin Esmeralda für die immer noch gemeinsamen Heiratspläne ist, lehnt der die Stundung ab; beim Zirkus wird wieder abgebaut. In der Nacht kauft Hans einen Ring und bringt ihn seiner Marie mittels einer Leiter, die nicht ganz bis zu ihrem Fenster reicht. - Morgens nach dem Kirchgang. Hans ist mit dem eiligen Finanzienrat nach Prag aufgebrochen. Kezal reitet ihm hinterher. Er bietet ihm Dukaten an für den Verzicht auf Marie. Hans lehnt ab, trifft aber den traurigen Wenzel, der ausgerissen ist, um für den Zirkus Brummer die fehlenden 300 Dukaten zu beschaffen. Hans macht den Handel mit Kezal und Wenzel glücklich. Die Nachricht von der verkauften Braut verbreitet sich im ganzen Dorf. - In Pilsen quittiert Hans seinen Dienst und reitet zurück ins Dorf, wo sich inzwischen alle Welt im Zirkus Brummer versammelt hat. Hans entführt die widerstrebende Marie aus der Prominentenloge, während Wenzel zuerst in einer Nummer mit Esmeralda als Tanzbär verkleidet auftritt und dann das Dorf vor dem echten Bären rettet, der sich mit Kezals Hilfe losgemacht hat. Hans hat sich mit Marie in einen Baum geflüchtet und wird jetzt von allen, auch Kezal, aufgefordert, Marie nur ja festzuhalten. - Allgemeiner Tanz auf dem Marktplatz. Kezal ordnet die Beteiligten vor dem Okular des Fotografen zum Erinnerungsfoto. Die Fotografie hängt, schon leicht verblichen, gerahmt an der Wand.

Zwei Schlüsse in der Tat, wie Frieda Grafe[7] schreibt: »einen für die Geschichte und einen für den Film«. Die Geschichte ist zuende, wenn Wenzel den skeptischen Zirkusschwiegereltern vorgeführt hat, daß er sogar mehr als nur einen Handstand kann und ein wahrer Künstler ist, und wenn Hans vor aller Augen und ermuntert von Bürgermeister und Kezal die Braut nicht mehr losläßt. Der Film geht zuende mit dem Film, mit der Fotografie, dem ironischen Zitat des Films (und wie oft hat man das später noch gesehen, bis zum Schluß von Kubricks *Shining*). Genauso hatte auch schon DIE VERLIEBTE FIRMA zwei Enden, und es ist (fast nur) eine Frage der Interpretation (oder des Standpunkts oder der Vorlieben), mit welchem Schluß die Geschichte und mit welchem der Film zuende geht. Gretl Krummbichler, die verschmähte Filmdebütantin, sitzt schmal und allein und von aller Hoffnung verlassen in einer Ecke des Zugabteils, und die Kamera tut, was sie bisher noch nicht getan hat: sie blickt in diesem Augenblick höchster Emotionalität nicht mehr lange auf Gretl, sie blickt vielmehr und schwenkt sehr lange über das hauptstädtische Gelände (am Bahnhof Zoo in Berlin?) und den schon beachtlichen Autoverkehr, in dem sich Lorings Auto verlieren muß, und sie blickt viel, sehr viel länger, als man das von irgend einem Film erwartet. Und dann steht Loring mit den Fahrkarten nach Venedig im Abteil. Der Film ist mit dem langen Trauerblick zuende, die Geschichte aber noch nicht, mit der in diesem Moment ein neuer Film beginnen könnte.
Mit Smetanas Oper von 1866 hat Ophüls' Film nur noch die Grundlinien der Handlung gemein, mit entscheidenden Abweichungen - und die Idee des Folkloristischen. Bei Smetana & Sabina (Libretto) ist auch Hans (kein Postmeister) ein Sohn des Bauern Micha, ein von der Stiefmutter vertriebener freilich, ein armer Knecht, der außer Landes gehen mußte

und die Marie an Kezal verkauft »unter der Bedingung, daß niemand sie heiraten dürfe als ein Sohn Michas«[8]. Bei Ophüls & Alexander (Drehbuch) wird selbst Kezal ins Einvernehmen gerettet und ist Wenzel kein stotternder Dümmling, sondern ein sanfter, empfindsamer Rebell gegen die familiären (vor allem: mütterlichen) Geldprojekte, zum Künstler geboren wie Ophüls, der sich ebenfalls der Familienplanung widersetzte. Mackebens Musikbearbeitung läßt nur die Highlights, die Ohrwürmer von Smetana übrig. Was sie hinzufügt, ist eine Annäherung an den filmischen Standard der Zeit, wie des Bänkelsängers »Das ist treue Lie-e-be« an Pabsts *3-Groschen-Oper* (1931)[9]. Was sie variiert und aktualisiert auf einen modischen »Volks«ton hin, klingt wie das elegisch kompilierte Nachtlied, das als Rundgesang zwischen Marie, Wenzel, Esmeralda und Hans alle örtliche Trennung der Liebenden aufzuheben scheint, bis sich die Hände von Hans und Marie tatsächlich berühren, in der vagen Annäherung an dissonante Molltöne, aber süß erschauernd vor dem Abgrund verharrend, schon ganz nach dem künstlichen Wehmutston, den später Filmkomponisten wie Wolfgang Zeller *(Jud Süß; Immensee)* oder Hans-Otto Borgmann *(Die goldene Stadt)* unter mehr oder weniger ausdrücklichem Bezug auf Smetana in die simplistischen Lieder der Kristina Söderbaum in den Harlan-Filmen hineinschreiben werden.

Die Musik verbindet disparate Aspekte und Orte der Handlung, ruft, eigene Motive zitierend, frühere Handlungsphasen in Erinnerung, Emotionen reaktivierend. Sie deckt aber auch Löcher zu, verwischt die harschen Spuren einer sehr unsorgfältig gewahrten continuity - Ophüls ist da noch weit entfernt von der prunkenden Könnerschaft der späteren Filme wie LETTER FROM AN UNKNOWN WOMAN oder LA RONDE. DIE VERKAUFTE BRAUT ist auf hohes Tempo instrumentiert - und auf Effekte, und so kann in diesem »cinéma allegro vivace« (Beylie)[10] die Musik auch den Bildablauf stören oder zerschneiden, wenn etwa die Szene allzu mechanistisch auf den Schlag der Pauke horchend inszeniert und geschnitten ist: wenn das Rad der Kutsche gegen den Meilenstein kracht; wenn Hans den Lukas haut; wenn Hans, auf der Leiter unter Maries Fenster stehend, mit der Leiter umgeworfen wird. Glücklicher werden andere Angebote der Musik vom Bild wahrgenommen, etwa bei der Umsetzung des trabenden Rhythmus des Dukatenlieds auf das Duett Hans/Kezal zu Pferde. Oder bei Kezals Heiratsvertrags-Nummer im Gasthaus zur goldenen Gans: während Wernicke den Tisch umrundet, an dem Wenzels Eltern und der Bürgermeister sitzen, kommt er immer engagierter, hitziger, ordinärer und mit sich schon auflösender Kleidung links ins Bild und rennt rechts hinaus, und die Kamera scheint zu kreisen, aber sie schwenkt immer nur eine relativ bescheidene Strecke mit, die allerdings stets, und ohne viel Rücksicht auf stimmige Anschlüsse, ein anderes Segment aus dem Kreis herausschneidet; doch alles ist, wie Kezal/Wernicke im Parlando zur Musik vernehmen läßt, »alles ist so gut wie richtig«. Was auch bedeutet, daß alles keineswegs richtig ist, sondern nur so gut wie.

Extrem kurzen, fast hektischen Schnitten, zumal bei den Tanzszenen und bei der nächtlichen Rauferei der Dorfjugend mit Hans, stehen Schwenks und (seltene) Kamerafahrten gegenüber, deren Sinn gelegentlich rätselhaft bleibt, will sagen: die nicht sinnfällig werden, weil sie nur sich selbst zeigen, ohne etwas zu erzählen zu haben. Am Morgen verlassen die Kirchgänger die Kirche, und während sich die Kamera, nach einem Schwenk vom Kirchturm abwärts auf die Menge hinunter, in einer Kranfahrt leicht (und unsicher) auf sie zu bewegt, entsteht Erwartung, die erst eingelöst wird nach einem Schnitt; auf halbnahe Position nähern sich Bürgermeister und Tochter, vor denen die Kamera, die Position haltend, zurückfährt, während der Vater auf Marie einredet und auf sie einzuwirken sucht. Noch, so meint auch Salt[11], hat sich Ophüls nicht dazu entschieden, »to make camera movement a major feature of his style«.

Für ein »major feature« anderer Art aber ist die Entscheidung schon unübersehbar: für den Zirkus (den Mittel- und Kreuzungspunkt von LOLA MONTEZ), die Schaustellerei (LA RONDE), die Werbung (LACHENDE ERBEN), die »Öffentlichkeit« (LA SIGNORA DI TUTTI), kurz für die Medien und Formen der Präsentation. Schon immer auf der Bühne heimisch, der des Theaters oder der Hör-Bühne des Radios, wo hier wie da das Medium sich in all seinen inhaltlichen Äußerun-

27

gen selbst mittransportiert als das kategorial Andere, bieten sich dem Adepten des Kinos die sich selbst immer mitdarstellenden Präsentationsmedien als Vermittler und Quidproquo des cinematografischen Mediums geradezu an. War DIE VERLIEBTE FIRMA schon ein Ort der Transfusion der Kinos in das Kino, so präsentiert sich der große Marktplatz der VERKAUFTEN BRAUT als Ort einer intermedialen Vergewisserung.

»Ich reiste durch Deutschland und engagierte mir richtige Jahrmarktsleute, die mit ihren Familien nach Geiselgasteig zogen: Feuerschlucker, Akrobaten, Clowns, Zigeuner mit ihren Tanzbären, Wahrsager.«[12] So versammeln sich an diesem Ort die Vorläufer des Kinos, in ihren Jahrmarktbuden und -zelten der Bänkelsänger, der Erklärer eines Schlachtenpanoramas mit Zinnsoldaten (und auf der Leinwand seines Zeltes findet das (Kino-)Schattenspiel der Liebenden statt), der Fotograf, die Zirkusartisten. Und der Zirkus (die Brummers haben noch kein Zelt) »erscheint wie ein offener Raum für alle Vergnügungen, ein Ort, an dem die Repräsentation unlösbar mit der Realität verbunden ist«[13]. Sie alle stellen nicht nur vor, was sie vor- oder darzustellen haben, sie alle bieten auch sich selber dar, als marktschreierische Werber für ihre Sache, und die Werbung ist schon – losgelöst von dem Produkt, für das sie wirbt – eine Kunst für sich, wie bei der Anreißerin Therese Giehse, die zum »Fotogrrrafiiiierrren« einlädt, als habe sie ein Mirakel, was denn auch sonst, zu verkaufen. »Das ist kein Zaubermittel, das ist keine Magie / das ist Fortschritt, das ist Wissenschaft«: und der Fortschritt und die Wissenschaft, das Fotografieren selbst, findet im gleichen Ambiente statt wie einst und noch immer die Wahrsagerei.

Und Karl Valentin und Liesl Karlstadt, das Zirkusdirektorenpaar Brummer, das für den Zirkus werbend durch den Ort zieht und bei der Vorstellung die Nummern in komischer Konkurrenz untereinander ansagt. Ophüls hat für die Auftritte von Valentin und Karlstadt »hinter den Wänden der Dekoration (...) in vier verschiedenen Richtungen vier Kameras«[14] aufgestellt, wohlweislich, da von dem frei extemporierenden Valentin gewiß keine anschlußfähigen Retakes oder Gegenschüsse zu erwarten waren, sondern immer nur: Unikate. So hat er Valentin auch kein Drehbuch mit fertigem

Dialog vorgelegt, sondern ihm nur die Situation erklärt, woraus sich einige der schönsten Szenen der VERKAUFTEN BRAUT ergeben haben. Diese Dialoge sind nicht weniger valentinesk als die Sketche, die man sonst von Valentin kennt. Umso bemerkenswerter ist die Regieleistung, die Auftritte von Valentin und Karlstadt nicht als Extras erscheinen zu lassen, sondern sie eingebunden zu haben in den dramaturgisch-logischen Ablauf der Ereignisse.

Was nichts ändert an der geradezu grotesken Disparität des Films auf der Ebene von Präsentation und Repräsentation. Ein größerer Unterschied läßt sich kaum denken als der zwischen Valentin und Karlstadt auf der einen Seite und den Opernstars Willy Domgraf-Faßbaender (Hans) und Jarmila Novotna (Marie) auf der anderen, denen im Musikalischen die Hauptmasse der übriggebliebenen Smetana-Arien zugeordnet ist. Während Domgraf-Faßbaender & Novotna den in Jahrhunderten verfeinerten und dem Bürgertum überkommenen Kulturschliff der Oper (re)präsentieren, stellen sich Valentin & Karlstadt mit dem Scherbenhaufen ihrer kaputten, anti- und alogischen Dialoge vor; während Domgraf-Faßbaender & Novotna ungebrochen in der ihrem ästhetisch-gestischen Bewußtsein inhärenten Pose agieren, bre-

Die verkaufte Braut

chen Valentin & Karlstadt aus jeder Position der ihnen drohenden ästhetisch-mimetischen Festlegung = Über- = Entfremdung aus. Es ist diese wahrhaft unreine Mischung von kultivierter Kunst und der valentinesken ars povera genannt Volkskunst, die der VERKAUFTEN BRAUT bei aller Unausgeglichenheit im Cinematografischen eine bis heute nicht verdorrte Frische mitgibt.
Weil der Film immer mindestens so viel an Sicherheit und Gewißheit auflöst, wie er, soll er als ästhetisches Produkt gleichwohl »funktionieren«, herstellen muß. Weil er immer wieder etwas anderes im Blick hat als das, was man schon für die Hauptsache halten wollte. In der unreinen Mischung findet sich denn auch die ganz und gar unreine musikalische Ausstattung begründet und befestigt, in der übergangslos die (freilich dem Volkston abgelauschten) Operntöne Smetanas mit der (volks-)liedhaften Kunstproduktion Mackebens verschmelzen, wenn sich etwa in die Nachtarie von Domgraf-Faßbaender und Novotna, bevor sich das Duett aus dem Solo der Novotna entwickelt, gleichsam interlinear naiver Sprechgesang von Paul Kemp (Wenzel) und Annemarie Sörensen (Esmeralda) schiebt; oder wenn sich in die Aktschlußmusik, die in der Nacht vom Fest heimgehenden

Die verkaufte Braut

Die verkaufte Braut

Paare begleitend, das Motiv »Das ist treue Lie-e-be« einschleicht. Valentin & Karlstadt singen keinen Ton, dafür Domgraf-Faßbaender & Novotna umso mehr. Zwischen ihnen bewegt sich, musikalisch gesehen und gehört, der Heiratsvermittler (!) Kezal. Otto Wernicke kann zwar nicht singen, aber im Parlando ist der energiegeladene, explosive und in jeder Szene geradezu brutal präsente Schauspieler genau das, was die Mitte eines Films braucht, der permanent auseinanderbricht: er ist der Marktschreier und Präsentator schlechthin. (Und man darf schon an Ustinov denken.)

Lachende Erben. 1932/33

Peter Frank soll Weingut und Sektkellerei seines verstorbenen Onkels Bockelmann in Aßmannshausen erben. Die Bedingung des Erblassers, daß Peter einen Monat lang keinen Alkohol trinken dürfe, wird von Peters väterlichem Freund, dem Notar Weinhöppel, kontrolliert und von der Verwandtschaft, die sich um das Erbe geprellt fühlt, zum Anlaß genommen, den Neffen in Versuchung zu führen. Einer anderen ist er schon erlegen: er hat sich in Gina

Stumm verliebt, bevor noch Weinhöppel eine Heirat mit der einzigen Tochter der Sektkellerei Stumm in Biebrich arrangieren will, damit aus einer jahrzehntelangen Konkurrenz eine glückliche Fusion folge. Gina kennt Peter Frank vorerst nur als den tüchtigen Werbechef der Firma Bockelmann, den sie für die Firma Stumm abwerben will; außerdem hat natürlich auch sie sich verliebt: in Peter. Der unter Abstinenz und ständig gegenwärtiger Verlockung leidende präsumptive Erbe hat sich in ein Sanatorium zum Milchtrinken zurückgezogen, wohin alle anderen Personen ihm bald folgen. Als Gina dort erfährt, daß Peter Frank mit dem »jungen Bockelmann«, dem Erben, identisch ist, kann Peter ihr nur durch einen kühnen Schluck aus der Flasche beweisen, daß er sie aus Liebe und nicht um der Fusion willen glücklich machen will. Schon scheint das Erbe verloren. Aber der alte Bockelmann hat einen zweiten letzten Willen hinterlassen.

Die ganze Geschichte funktioniert nur, wenn man angesichts vieler Ungereimtheiten beide Augen zudrückt, und doch gibt es Szenen, bei denen man durchaus ein Auge riskieren kann. Die Ohren aber möchte man sich am liebsten verstopfen. Es werden nicht nur alle deutschen Mundarten möglichst falsch gesprochen (und zumal das hier anstehende Mosel-Fränkisch-Rheinische), ganz falsch ist auch die Musikmontage. Clemens Schmalstich (Musik) und Hans-Otto Borgmann (musikalische Leitung) haben dem Film ein kaum einmal verschnaufendes Potpourri vor allem von sogenannten (kräftig nationalistisch eingefärbten) Rheinliedern aus der Gründerzeitromantik des spätpubertierenden Bürgertums unterlegt, das selten einmal zu dem paßt, was man gleichzeitig zu sehen bekommt; die Begleitmusik zu Stummfilmszenen wäre damit nicht davongekommen. Gleich zu Anfang gibt es eine Szene, in der das Unpassende der Musik in unfreiwilliger Selbstironie zur Sprache kommt. Die Arbeiter der Sektkellerei begehen die Totenfeier für den alten Bockelmann, einem seiner vielen letzten Willen folgend, mit fröhlichem Rheinliedergesang im Weinkeller, und Justus Bockelmann, Bruder des Verstorbenen, Mineralwasserfabrikant (zu solcher Komik versteigt sich das Drehbuch) und verhinderter Erbe, beschwert sich über mangelnde Pietät - auf Sächsisch.
Die Sorte von »mood music« des Films hat Barry Salt[15] dazu

Lachende Erben

verführt, LACHENDE ERBEN als ersten langen Spielfilm von Ophüls auszumachen (laut Salt gedreht 1931!) und zu vermuten, daß die »background music« dem Film, der erst 1933 in den Verleih kam[16], nachträglich beigemischt wurde: »it seems (!) that the producers took advantage of the improvement that had taken place in sound re-recording to lay in the music track to salvage a work of doubtful commercial potential«.[17] Wie sehr auch die tatsächlich zu ermittelnden Daten über die Drehzeit[18] und Ophüls selbst – er ordnet LACHENDE ERBEN in *Spiel im Dasein* zwischen der VERKAUFTEN BRAUT und LIEBELEI ein – der aus der Analyse gewonnenen Datierung Salts widersprechen mögen, so zutreffend ist dessen Beobachtung, daß an den wenigen Stellen, wo Musik und Bild korrespondieren, eine erstaunliche Simplizität vorherrscht, die hinter die Montagetechnik der VERKAUFTEN BRAUT zurückzufallen scheint. Bei einer Rheinfahrt auf dem Vergnügungsdampfer sind beiläufige Aktionen an Bord und vor allem Blicke aufs Wasser oder in die Landschaft stereotyp, um nicht zu sagen stumpfsinnig, auf den stets gleichbleibenden Rhythmus der Musik im Viervierteltakt geschnitten: man kann jedesmal bis acht zählen, und der Umschnitt folgt gewiß.

Lachende Erben

Verblüffend ist immerhin, wie sehr diese Schnittdramaturgie von (gewiß bescheidenen) Werbespots einem Subtext des Films entspricht, der Ophüls faszinieren mußte. Peter Frank ist nicht nur der erfolgreiche Propagandist der Firma Bockelmann und kann das mit flotten Sprüchen und raffiniert-tükkischen Einfällen demonstrieren. Er ist auch der Werbeträger schlechthin der ganzen Veranstaltung dieses Films, der insgesamt - auch durch die geradezu vernichtende Ironisierung der Mineralwasser herstellenden und trinkenden sächsischen Verwandtschaft - eine bis ans Makabre grenzende massive Alkoholpropaganda ist. Gestus und Medium der Präsentation fallen in dieser Figur zusammen, die von Heinz Rühmann - es ist für ihn schon der immerhin mindestens 13. Film - allerdings kaum in ihrer Komplexität wahrgenommen worden ist. Wahrscheinlich auch kaum von Ophüls selbst, der LACHENDE ERBEN nicht nur »mit reiner Routine«, sondern auch mit der linken Hand gemacht zu haben scheint, während Kopf und Herz schon bei LIEBELEI waren.

Mindestens in einer Szene freilich - die das besagte Risiko des einen Auges lohnt - scheint sich der Theatermann Ophüls das Vergnügen einer Inszenierung auf zwei Simultanbühnen geleistet zu haben, die dank der für ihn immer noch neuen Filmtechnik nicht gleichzeitig realisiert werden mußten, sondern hintereinander. Notar Weinhöppel macht den Geheimrat Stumm in dessen Büro zu seinem Komplizen für den Coup, Gina und Frank, die lachenden Erben, miteinander zu fusionieren, während sich im Büro nebenan, vom Chefzimmer nur durch die Milchglasscheibe einer Durchreiche getrennt, die beiden künftigen Geschäfts-Ehe-Partner beim ersten oder zweiten vorsichtigen und skeptischen Süßholzraspeln miteinander verkrachen. Der Gag der Szene ist, daß Weinhöppel & Stumm so wenig von der Parallelszene Peter & Gina wissen wie umgekehrt; nur der Zuschauer ist der Komplize des Regisseurs. Die Schwäche der Szene ist die Schwäche der VERKAUFTEN BRAUT: die Parallelmontage mag stimmen (und auf sie kommt es an), aber die Anschlüsse stimmen nicht. Danach gibt es ein großes Repertoire sich öffnender und sich schließender Türen, wie überhaupt die Türen in den LACHENDEN ERBEN mit den Türen in Lubitschs *Angel* (1937) zu wetteifern scheinen. (Ich habe sie weder hier noch dort gezählt. Eine solche Aufgabe sollte man auch lieber so zuverlässigen Zählern wie Barry Salt anvertrauen.)

Lachende Erben

Liebelei. 1932/33

»Es lebe die Liebe« – mit dem Quartett Konstanze/Belmonte & Blondchen/Pedrillo geht der zweite Aufzug der *Entführung aus dem Serail* zuende.[19] Im Saal wendet sich das Publikum der Kaiserloge zu, und auf der Galerie entgleitet Christine und Mizzi das Opernglas, das ins Parkett auf die Offiziere Fritz Lobheimer und Theo Kaiser fällt. Als der dritte Aufzug beginnt (»Wenn der Freuden Tränen fließen. . .«), verläßt Fritz die Oper, heimlich gefolgt vom Baron von Eggersdorf, der Fritz aus seiner Loge herab beobachtet hat. – Fritz rafft im Boudoir der Baronin seine Uniform zusammen. Er könne diese Heimlichkeiten nicht mehr länger ertragen, sagt er noch, und hinterläßt ihr seinen Hausschlüssel. Dann muß er sich vor dem mißtrauisch anrückenden Baron durchs Foyer des Palais und eine Seitentür nach draußen drücken. – Beim Portier des Opernhauses, wo er das ihm zugefallene Opernglas deponiert, lernt Theo die beiden Mädchen kennen; er nimmt sie mit in ein Kaffeehaus, in das, physisch und psychisch derangiert, auch Fritz kommt. Während Theo die Mizzi am Hauswirt vorbei in seine und Fritzens gemeinsame Wohnung schmuggelt, gehen Fritz und Christine, sie sprechen wenig, durch die nächtlichen, verschneiten Straßen; vor ihrer Haustür verabschieden sie sich verwirrt. – Christine und ihr allzeit verständnisvoller Vater in der Vorstadtwohnung / Fritz und Theo bei Reitübungen der Eskadron / Christine bei Mizzi in der Handschuhtraffik / Fritz erhält einen Brief der Baronin; im Offizierscasino Andeutungen über das Verhältnis. – Die jungen Paare treffen sich in einem Café und tanzen; Theo und Mizzi gehen unbemerkt fort. Bei einer Abendgesellschaft des Barons tanzen Fritz und die Baronin unter den Argusaugen des Ehemanns. Fritz und Christine unternehmen eine Fahrt mit dem Pferdeschlitten durch den tief verschneiten Wiener Wald; sie schwören sich ewige Liebe. – Vom Baron dringlich zum Familienbesuch eingeladen, bricht Fritz mit der Baronin, während der Baron einen kurzen, aber informativen Besuch seines Bruders erhält, der ihm endgültig jeden Zweifel an der Untreue seiner Frau raubt; als Fritz sich ebenfalls verabschiedet hat, stürmt Eggersdorf durchs Haus und wird im Boudoir seiner Frau fündig. – Mizzi und Theo schmücken die kleine Wohnung der Offiziere für ein Fest; Fritz kommt, wie von einer Last befreit, ganz aufgeräumt hinzu. In die ausgelassene Stimmung platzt der Baron, der von Fritz das Ehrenwort verlangt (und vermutlich bekommt), daß an dem Gerücht über Fritz und die Baronin nichts Wahres sei, und dann den Schlüssel in das passende Schlüsselloch stößt und dreht und dreht und dreht. Fritz sagt, er stehe ihm zur Verfügung. – Christine kommt mit der Nachricht, daß sie zum Vorsingen in die Oper eingeladen sei, während auf einem nächtlichen Bahnsteig Major Leopold von Eggersdorf seine Schwägerin verabschiedet; der Baron schickt sie fort; während in der kleinen Wohnung Fritz Christine erklärt, er glaube, er müsse verreisen, für zwei Tage, vielleicht ... – Ehrengerichtsverfahren / Theo protestiert beim Oberst gegen den Wahnsinn des Duells / Fritz, der Christine sucht, wird vom Vater in die Wohnung geführt / Christine beim Vorsingen: »Schwesterlein, Brüderlein«. – Anfahrt der Kutschen zum Duell, die Distanz wird abgeschritten. Theo, schon in Zivil, und Mizzi warten vergeblich auf den zweiten Schuß. Im Orchestergraben der Oper Proben zur 5. Sinfonie von Beethoven, Christines Vater wird von Mizzi und Theo herausgebeten. Christine kommt fröhlich in die Wohnung der Offiziere; sie räumt die Girlanden vom Fest weg, während ihr Vater, Theo und Mizzi kommen und ihr die Nachricht bringen, daß Fritz im Duell getötet worden ist. Christine springt aus dem Fenster. Die leere Wohnung und, kurz, der leere, tief verschneite Wiener Wald.

Christine springt aus dem Fenster –: der Film zeigt den Sprung so wenig, wie er den Tod im Duell zeigt. Man sieht auf das Fenster des Treppenhauses von außen in zwei Einstellungen (zunächst): in der ersten nähert sich Christine (erkennbar) dem Fenster von innen, in der zweiten, leicht seitlich abgesetzt, öffnet eine Gestalt das Fenster und ist, als das Fenster offen ist, als Christine zu erkennen. Es folgen einige Einstellungen innen, total und halbtotal, von Treppenhaus und Wohnung und auf Personen, die aufgeregt durchs Bild laufen und (off) nach Christine (»Christl«) rufen. Dann ist das Fenster wieder von außen zu sehen, schräg von unten: das »leere« Fenster, und der eine Flügel, als sei er (noch) belebt, schlägt leicht nach innen zu und öffnet sich wieder nach außen; es ist eine Einstellung von nur wenigen Sekunden, und »libre au spectateur de rendre le vent responsable ou de préférer de voir battre un cœur au moment où l'âme s'échappe«[20]. Dabei ist es weder der Wind noch das zum letztenmal schlagende Herz in dem Moment, wo ihm die Seele entflieht, sondern die schiere Physik, genau beobachtet: die Bewegung des plötzlich aufgerissenen Fensters ist noch nicht abgeschlossen; die Bewegung zittert nach.

Die »Beseelung« der Szene durch das filmische Arrangement selbst setzt erst zwei Einstellungen später ein. Nach einem Blick nach unten auf die Straße (oder auf den Hof), wo sich immer mehr Gestalten über eine am Boden liegende Gestalt beugen, schwenkt die Kamera kurz durch die leere Wohnung. Das Liebesmotiv setzt ein, das am Schluß des nächtlichen Heimwegs durch die verschneiten Straßen zu hören war und bei der Schlittenfahrt durch den winterlichen Märchenwald, der selbst noch einmal in zwei Einstellungen gezeigt wird, und schon in der Wohnung hört man die Toten reden: »Ich schwöre, daß ich dich liebe« (Fritz) und »... daß ich dich ewig liebe« (Christine). Die letzten vier Einstellungen haben, streng genommen, schon keinen logischen oder realistischen Ort mehr, von dem sie ausgehen. Der Blick von oben auf die liegende Gestalt, die sofort von anderen Gestalten verdeckt wird, kann nicht aus dem Fenster kommen, das wir kennen; sein Blickort ist genauso imaginär wie der Blickwinkel des (tief abgetauchten) Schwenks durch die leere Wohnung (aus dieser Perspektive war sie noch nie zu sehen), wie die Blicke auf die verschneiten Tannen das Gelände der Schlittenfahrt und die Blicke vom Schlitten herab nur zitieren.

LIEBELEI enthält ungewöhnlich viele »leere« Bilder, oder richtiger: leere Szenen, in denen die Bewegung, die vorher in ihnen war, noch nachwirkt; oder mit denen der Blick abgewendet wird von der Szene, die im Off weiter- und zuende geht; oder die vorbereitet sind, Bewegung zu empfangen. Das sind Blicke in (wenige) Straßen, aus Seitengassen oder unter Torbogen heraus, beim nächtlichen Heimweg; oder auf Treppenaufgänge, oder - schräg von oben nach unten - auf Toreinfahrten mit Eisengittertoren, und vor allem in Räume und Zimmer und auf Türen, immer wieder Türen.[21] Diese »Leer«stellen üben eine merkwürdige Sogwirkung aus, indem sie die Bewegung imaginär fortsetzen und Imagination und Emotion aktivieren. Sekundiert wird dieser »Beseelung« durch die Musik, die solche Leerstellen auffüllt oder untereinander verbindet oder durch plötzliches Schweigen erst kenntlich macht, und deren Arrangement und Reife an emotionaler Bewußtheit LIEBELEI um viele Jahre und nicht nur wenige Monate von LACHENDE ERBEN entfernt erscheinen

Liebelei

läßt; auch die Anstrengungen der VERKAUFTEN BRAUT, musikalischen Rhythmus und Bildführung/Bildschnitt auf einen gemeinsamen Punkt zu bringen und daraus ein Ausrufezeichen zu machen, finden sich in eine Musikalität aufgelöst, die schon auf LETTER FROM AN UNKNOWN WOMAN, LA RONDE und MADAME DE ... verweist.

Mozart und Beethoven sind die musikalischen Ecksäulen, zwischen denen sich der Bogen des Films spannt, abgestützt durch Haydn und Brahms, Wagner und Gounod, Carl Maria von Weber und Lanner und Johann Strauß: von der *Entführung aus dem Serail,* dem Hohelied der Liebe und der aktiven weiblichen Vitalität gegen männliche Bedenkenträger, zur sogenannten Schicksalssinfonie. »'Que vive l'amour ...' et Christine meurt. Voici la marque de cette ironie qui permet à la mise en scène d'osciller sans cesse entre gravité et légèreté pour mieux dévoiler l'insoutenable réalité de l'être«[22] : es ist auch eine strukturelle Ironie, die im Oszillieren zwischen »gravité« und »légèreté« nicht nur die unerträgliche Schwierigkeit des Seins markiert, sondern das Leichte schwer und das Schwere leicht zu machen versteht. Der »leichte« Mozart bleibt gefesselt an den Ort, wo er tatsächlich zu hören ist (die Oper schweigt, sobald Fritz das Opernhaus verlassen hat; sie erklingt wieder, wenn der Portier und über ihn der Inspizient am Telefon die Frage der Baronin nach dem voraussichtlichen zeitlichen Ende der Aufführung beantworten: 10 Uhr 37), während der »schwere« Beethoven leicht und befreit von der Quelle seiner Darbietung eine ganze, die vorletzte, einstellungs- und szenenreiche Sequenz durchströmt und die letzte noch erreicht und plötzlich aufgestaut wird.

Die 5. Sinfonie setzt (off) ein, wenn Theo, horrifiziert, auf den seinem (und unserem) Blick verborgenen Schauplatz des Duells zuläuft, spielt (on) weiter bei dem anschließenden Umschnitt auf die Orchesterprobe, erstreckt sich dann über mehrere Einstellungen und Orte der Suche nach Christine und erreicht den Gipfelpunkt der Ironie im Blick auf die durch ihren offensichtlichen Erfolg beim Vorsingen fröhlich animierte Christine, die in der Stadtwohnung der Offiziere mit dem Abnehmen der Girlanden, der Insignien des Festes, beginnt: das »Leichte« ist unterschnitten mit dem »Schweren«, und das »Schwere« ist das »Leichte«. Sobald der alte Weiring, Theo und Mizzi das Zimmer betreten, bricht die Musik ab, wo sie auf Fortsetzung drängt, endet sie auf einem Doppelpunkt, hinter dem sie nachzubeben scheint in die geräuschlose Stille, in welche die Worte wie schwere Tropfen fallen, die zögernden Worte Theos aus dem Off und die wie unter Zwang, somnambul und monoton und federleicht

33

zugleich gesprochenen Sätze Christines, der selber auszusprechen bleibt, daß Fritz tot ist.
Und noch einmal Musik, der Wiener Walzer, der, in der Mitte etwa des Films, zweimal getanzt wird, und zweimal ist auch die Quelle visualisiert an diesem Knotenpunkt der LIEBELEI, wo im Walzer sich die Wege kreuzen und auseinander gehen. Fritz tanzt, zum erstenmal, mit Christine zu den Klängen eines Musikautomaten, und sie scheinen in dem Maße, in dem sich ihre Körper erst kennenlernen müssen, gegen die schwerfällige Mechanik anzutanzen, auch gegen eine plumpe Kamera, die ihnen nicht zu folgen vermag, sie immer wieder aus dem Blick verliert und wieder einfängt über Spiegel oder wenn das Paar hinter einer Wand oder einem Paravent hervorkommt, und sie das Liebespaar endlich in die Diskretion des Off entläßt, aus dem der Tanz nur noch zu hören (und zu imaginieren) ist. Wo der Musikautomat verstummt, nimmt ein Orchester den Walzer wieder auf und tanzt Fritz mit der Baronin bei der Soirée des Barons von Eggersdorf: es sind, für alle Welt sichtbar, zwei Körper, die miteinander in Geschmeidigkeit vertraut sind und doch auseinanderstreben, der gesellschaftlichen Vorschrift und Vorsicht folgend, starr von den Schultern an aufwärts mit Blicken, die fremd aneinander vorbeigehen. Der doppelte Walzer zeichnet eine »géométrie des sentiments«[23] nach, die sich allenthalben in der geometrischen Musterung von LIEBELEI findet, etwa im Gegensatz zwischen den fluiden, »runden« Bewegungen in fast allen Szenen mit Christine und den geraden, oft zur Diagonalen ausgezeichneten Linien, die den Szenen mit dem Baron eignen. In den Kontext dieser Geometrie der Gefühle gehört auch die »Umkehrung der Hierarchie der Blicke, wo nämlich diejenigen die Hierarchie anführen, deren Gefühle dominieren«[24].
»Leere« Bilder, Musik, Geometrie der Gefühle bauen dem Film einen imaginären Raum – in die Fantasie und die Emotion des Zuschauers. Es ist ein Raum von ganz eigener Realität, die sich aus den Wirklichkeiten außerhalb des Films nur die Bau-Elemente borgt und besorgt, Erinnerungen und Assoziationen, Splitter und Versatzstücke. Nicht anders ist das Wien der LIEBELEI ein »no man‘s land du rêve«, in das Ophüls Schnitzlers Stück entführt; er löst das Werk »résolument de son contexte social«, situiert es »dans une sorte

d'intemporalité poétique ... à éterniser enfin ce qui n'était au départ qu'un sombre drame d'amour 1900«[25] - als »Erfinder eines Wien, dessen Trugbild den Abgrund des wirklichen Wien, das Schnitzler entwirft, noch bitterer macht«[26]. LETTER FROM AN UNKNOWN WOMAN zumal, aber auch LA RONDE werden dieses »Wien« aus dem Niemandsland des Traums noch artifizieller, schärfer, synthetischer - und giftiger machen.

»Über LIEBELEI lag ein Glücksstern«, schreibt Ophüls und berichtet zumal, wie das Glück der Besetzung zustande gekommen ist.[27] Wolfgang Liebeneiner (Fritz) wurde nach dem Eindruck engagiert, den seine Stimme (!) am Telefon machte, und Magda Schneider (Christine) und Luise Ullrich (Mizzi) wurden gegen ihre bisherigen Rollenfächer besetzt, mit dem Ergebnis, daß die Szenen Fritz/Christine von einer sinnlichen Unschuld überstrahlt sind, die Sinnlichkeit eher versprechen als schon einlösen. Die Doppelung von naiver Mädchenhaftigkeit und vorbewußter weiblicher Erfahrung durchpulst vor allem das letzte Gespräch, in dem Fritz alles sagt und gleichzeitig alles verschweigt und die Kamera fast unmerklich langsam auf das Paar zufährt, über zwei Minuten lang; oder wenn sie nicht viel kürzer auf Christine verharrt, die beim Vorsingen von »Schwesterlein, Brüderlein« zuerst

Liebelei

Liebelei

mit angewinkelten Armen sich wie eine Schülerin in den Takt zu pumpen scheint, ehe sie (die Kamera hat zur Großaufnahme verengt) bei einer Textstelle beziehungsvoll stockt. Als Glücksfall besonderer Art ist auch die Besetzung des Barons von Eggersdorf mit Gustav Gründgens zu werten. Ophüls setzt vor allem auf die scheinbare Ungelenkigkeit und Steifheit des stets mit durchgedrücktem Rücken agierenden, wie ständig nach hinten horchenden Darstellers, beläßt der Mimik die Starre und inszeniert vor allem die Hände, die Rechte auf die Hüfte gestützt oder über dem Zylinder, der in der Linken gehalten wird, affektiert verharrend oder beide miteinander wie im Gespräch. Wenn Gründgens den Schlüssel, den er im Boudoir der Olga Tschechowa gefunden hat, in das dazugehörige Schlüsselloch eher hineinstößt als hineinführt und ihn dann im Crescendo mehrere Male heftig und abrupt im Schlüsselloch herumdreht, implodiert die Szene zu einer Obszönität, wie man sie ähnlich gewalttätig und brutal kaum noch ein weiteres Mal wird sehen können.

La signora di tutti. 1934

Eine Schallplatte dreht sich, das Titellied. Agent und Filmproduzent verhandeln hart über die Gage für Gaby Doriot. Ein Plakat wird gedruckt: groß ihr Gesicht, groß der Name. Da Gaby im Filmstudio vergeblich gesucht wird, will ihr Agent sie aus dem Hotel holen: sie liegt nach einem Selbstmordversuch im Badezimmer. Im Operationssaal senkt sich die Narkosemaske auf ihr Gesicht. – Rückblende. Gaby muß die Schule verlassen: ein Lehrer und Familienvater, in sie verliebt, hat sich das Leben genommen. Ihr Vater, pensionierter Oberst, hält sie und ihre Schwester streng. Die Mädchen folgen einer Einladung in den Palazzo der Familie Nanni, wo Gaby mit Roberto tanzt, der sich in sie verliebt. Seine querschnittsgelähmte Mutter Alma, offensichtlich ebenfalls Gabys Schönheit verfallen, will das Mädchen nach der Abreise Robertos nicht mehr aus dem Haus lassen. Ihr Mann Leonardo, erfolgreicher Geschäftsmann mit weltweiten Verbindungen, begehrt Gaby. Während sie sich seiner noch im nächtlichen Park zu erwehren sucht, stürzt sich die plötzlich mißtrauisch gewordene Alma mit ihrem Rollstuhl auf der großen Treppe ins Foyer zutode. Leonardo geht mit Gaby auf eine Weltreise, die wie eine Flucht ist, und findet sich geschäftlich ruiniert, als er endlich zurückkehrt. Er muß wegen Veruntreuung ins Gefängnis, während Gaby ihn verläßt, um ihm die Ruhe für seine Arbeit zurückzugeben. Sie selbst (sie erzählt es ihrem Agenten) arbeitet sich zum Filmstar hoch. Bei der glanzvollen Premiere ihres Films »La signora di tutti« gelangt der unrasierte und schäbig gekleidete, geistig offenbar verwirrte Exhäftling Leonardo nicht über das Foyer des Kinos hinaus und wird auf der Straße von einem Auto überfahren. Sein Tod löst eine Pressekampagne gegen Gaby aus, die sich rechtzeitig an Roberto erinnert. Die Produktion läßt ihn anreisen, um Gaby zu rehabilitieren. Roberto ist zu allem für Gaby bereit, doch dann reist er unversehens ab: er ist (Rückblende in der Rückblende) inzwischen mit Gabys Schwester Anna verheiratet. Die Rückblende endet auf einem abgebrochenen Abschiedsbrief von Gaby. – Auf dem Operationstisch stirbt Gaby. Die Druckmaschine wird angehalten. Ein letztes Exemplar der Plakate mit Gabys Gesicht senkt sich nicht mehr ganz auf den Stapel der anderen, sondern bleibt, leicht gebogen, über den Transportrollen hängen.

Ophüls folgt[28] der Einladung des italienischen Zeitungsverlegers Emilio Rizzoli, und der Film folgt einem Fortsetzungsroman aus Rizzolis Illustrierten. Wo ihn der melodramatische Kontext nicht reizt - was bezweifelt werden darf -, muß ihn das Milieu der Filmproduktion und die Sphäre der Werbung und Repräsentation, der mediale Charakter des Sujets faszinieren. Wo die familiären und selbst die melodramatischen Szenen vorwiegend in langen, ausschwingenden Einstellungen gedreht sind, ist das Klima stets überhitzt, sobald es - sei es im Büro des Produzenten, sei es in den Kulissen des Studios, in der Kantine, in den Fluren oder an den der Kommunikation dienenden Plätzen - um den Film im Film (wie in der VERLIEBTEN FIRMA), die Popularität und die Öffentlichkeit oder Veröffentlichung des Stars geht. Bei den Beratungen mit hektisch überlappenden Dialogen jagt die Kamera in schnellen Schwenks durch die Szene, ehrgeizig darauf bedacht, auch den unwesentlichsten Berater oder Diskussionspartner ins Bild zu fassen. Transport-Mitteln von Kommunikation - Telefonapparate, Mikrofone, Lautsprecher, Schaltbretter, Klingeln - sind kurzgeschnittene Großaufnahmen gewidmet, in denen die Dingwelt, ganz ungewöhnlich für Ophüls, zu einer Bedeutung akzentuiert wird, die über das Leben triumphiert: »Si l'existence entière n'est que ›représentation‹, toute vie personelle est impossible: telle est en somme la morale, bien ophulsienne, de cette SIGNORA DI TUTTI.«[29]
Ganz anders instrumentiert sind die »privaten« Szenen, nicht für die Öffentlichkeit, nicht zur Veröffentlichung bestimmt. Anderthalb Minuten lang blickt die Kamera auf Isa Miranda, während aus dem Off der Direktor der Schule ihr Vorhaltungen macht. Noch einen Atemzug länger folgt sie ihr, die das Geschirr abräumt und durch den Flur in die Küche trägt, bis zur Tür, die sich auf den Flur öffnet, blickt ihr in die Tiefe des Raumes nach, wie sie fortgeht und zurückkehrt, und dreht sich - die erste Bewegung gleichsam revozierend - mit dem Mädchen zurück zum Eßtisch: und während der ganzen Einstellung hört man aus dem Off den Vater über Gaby räsonnieren.

Bei weitem nicht alle Kamera-Operationen sind ähnlich sinnfällig und dem Text zugeordnet, den sie erzählen. Manches löst sich aus dem Kontext und verselbständigt sich zu einer Art von Laborversuch zur Erforschung von Kamerabewegung und Bildmontage. Eine ausgedehnte Parallelfahrt mit Parallelmontage begleitet, jeweils aus der Sicht der Protagonisten, das langsam am Ufer entlangfahrende Cabriolet Leonardos sowie, vice versa, die auf dem See ein Floßboot rudernde Gaby. Da der Blick auf die Bewegung gegenüber stets an die Eigenbewegung der Blickenden gebunden bleibt (nur ganz am Schluß zeigt eine gleichsam »befreite« Totale beide Bewegungen ineins, das heißt nebeneinander und parallel), entsteht der verwirrende Eindruck von gegenläufigen Bewegungen, noch durch die oppositionell angeordnete Körperrichtung der Protagonisten verstärkt, woraus eine vollständige Deplazierung und Desorientierung aus der Sicht des Zuschauers folgt, der erst durch eine Anstrengung seines lokalisierenden Begriffs die Szene selbst »logisch« machen kann.
Ein anderer, weniger ingeniöser Laborversuch des Visuellen ist schon früher zu beobachten. Beim Walzer, den Gaby und Roberto tanzen - und die Szene läßt, obwohl elaborierter und flüssiger von einer wie schwerelos wirkenden Kamera

La signora di tutti

eingefangen, an die Walzer in LIEBELEI denken –, dreht sich die Kamera mit dem Paar durch den ganzen Raum, dreht sich noch mit Gaby, die sich von Roberto gelöst hat zu einer entfesselten Pirouette um sich selbst, bis sie, von Schwindel erfaßt, auf ein Sofa sinkt. Sie sagt noch: »In meinem Kopf dreht sich alles«, und schon schnellt die Kamera in einem 360-Grad-Panoramaschwenk durch den Raum (und kommt nur leicht zitternd und leicht ungenau an den Ausgangspunkt zurück; sie muß mit einem kurzen Ruck korrigiert werden). Man kann diesen Peitschenschwenk als »redundant«[30] bezeichnen, man kann ihn aber auch als die Visualisierung eines Experiments begreifen: die Kamera selbst scheint sich wie eine Feder aufgezogen zu haben, die unter extremer Spannung steht und plötzlich losgelassen wird.
»Wir haben die ersten Kranen, die ersten Kamerawagen, die ersten Kopiermaschinen in diesem Film gebaut«, berichtet Ophüls[31] in einer der seltenen Passagen, die sich nicht des bevorzugten Mediums der Anekdote bedienen. Die Opulenz der technischen Apparatur in einem Film, der (unter anderem) auf das apparaturhafte Funktionieren von Repräsentation und Veröffentlichung reflektiert, läßt ihn Erfahrungen ausprobieren. Wie ein Kind, das ein neues Spielzeug bekommen hat, spielt er alle möglichen (und unmöglichen) Variationen durch. Die »ersten Kopiermaschinen« zum Beispiel produzieren bis zum Überdruß Überblendungen nach der Art der späteren Doppelbelichtungen: in der Oper, die Leonardo und Gaby besuchen, oder auf ihrer langen, aber zu einer kurzen Montagesequenz gerafften Reise.
Obwohl die Darsteller beklagenswert schlecht sind – Memo Benassi, »der populärste Tragiker des italienischen Theaters«[32], spielt den Leonardo wie von der Schmiere, und die Debütantin Isa Miranda mimt, gewiß nicht ohne Ophüls' Unterstützung und mit Blick auf Hollywood, das sie gleich anschließend engagieren wird, Marlene Dietrich –, erscheint in LA SIGNORA DI TUTTI »de plus en plus nettement une conception du rapport entre les sexes qui fait la femme la victime consentante du plaisir de l'homme«[33]. In welche Beziehung sie auch immer zu welchen Männern (und Frauen: Alma) auch immer tritt, Gaby scheint deren Schicksal zu besiegeln. Was sie davor bewahrt, eine »femme fatale« zu sein und damit aus dem ophülsschen Kosmos zu regredieren,

ist ihre unrettbare Verknüpfung in dasselbe Schicksal; als »victime consentante«, als das einverständige Opfer der männlichen Begierde.
Zurückgekehrt nach der langen Reise in den kalt, fremd und verstaubt wirkenden Palazzo Nanni, wird Gaby von der wagnerianisch-mahlerisch aufschäumenden und leicht dissonant schrillen Musik überfallen, die sie (und wir) schon einmal gehört haben: in der Nacht, als Alma starb. Weder Leonardo noch der Diener hören die Musik (die wir mit Gaby hören: nicht nur die Perspektive, auch die »Auditive« ist feminin), und von fern klingt die Schlußsequenz aus LIEBELEI an mit der Musik und dem Dialog der Liebenden aus der Sphäre des Imaginären. Und wieder will Gaby über die große Treppe ins obere Stockwerk, wo sie einst, nach dem Unfall Almas, das Radio zertrümmerte, um die Musik zu beenden. Doch oben auf der Treppe steht der Diener, und unten lauert eher, als daß er steht: Leonardo. In diesem Bild, leuchtendes Derivat aus allem beiläufigen technischen Blend- und Laborwerk des Films, kondensiert sich, bis an die Grenze zur schieren Abstraktion, »la représentation d'un combat pour la survie des âmes: l'espace d'un instant, les corps se font simples traces des pulsions, violentes épures de sentiments trop intenses pour les êtres en présence«[34].

La signora di tutti

Divine. 1935

Ludivine Jarisse, Jungbäuerin, über ihrem Bett hängt »ton ange-gardien est avec toi«, wird von ihrer hochblonden Freundin nach Paris gelockt, in die Welt der Cabarets und Music-Halls. Die frische Frau vom Land bringt erst einmal Ordnung in die verwahrloste Wohnung der Pariserin und freundet sich schon mit Antonin an, dem jungen Mann, der ihr täglich neue Frische bringt, frische Milch vom Land. – Im Theater wird Ludivine ins tosende Milieu der Music-Hall eingeführt. Sie wird Zeugin der Turbulenz, des Durcheinanders, der Hektik und auch der Brutalität des Gewerbes und seiner Proben. Selbst auf die Probe gestellt in der »indischen« Schaunummer »Bajadere mit Schlange«, wobei ihr der Part der Bajadere zugefallen ist, bricht sie nach der Vorstellung ohnmächtig zusammen. Der alle dominierende Macho der Truppe trägt »Divine«, wie Ludivine jetzt heißt, in seine Garderobe; sie kann ihm nur knapp entkommen. In einer anderen Schaunummer werden den Frauen ihre Kleider und dürftigen Schleier vom Leib gepeitscht, bis sie nackt und in Ketten gefesselt da stehen; Divine wehrt sich und peitscht zurück; die Frauen versammeln sich im Bistro.

Divine

Divine wird vor ihrer Wohnung vom Milchmann erwartet: er hat einen Korb voller Blumen für sie. - Der Fakir Lutuf-Allah und seine offenbar lesbische Freundin Dora, die es schon lange auf die Frische vom Land abgesehen hat, nehmen Divine mit in ihre Wohnung. Schon wird die Opiumpfeife gereicht, Divine setzt sich wieder zur Wehr, als die Polizei an die Tür klopft. Divine wird mit einem Päckchen Opium über die Hintertreppe in die nächtlichen Straßen von Paris geschoben. - Bühnenschau, Divine als Zentrum eines Brunnens aus Frauenleibern, über dem Lutuf-Allah thront. - Divine, inzwischen von der Polizei observiert, entkommt mit ihrem Milchmann aufs Land; sie hockt bei den Hühnern, er bringt ihr ein Küken. Bei einer Razzia der Polizei im Theater findet sich Opium in Divines Garderobe, wo der Stoff deponiert worden ist, um allen Verdacht auf sie zu lenken. Dann aber erweist sich ihre Unschuld, und sie kann in einer ländlichen Mairie Antonin, den Milchmann, heiraten.

Für Barry Salt markiert DIVINE »the beginning of Ophuls' retreat to conventional film-making in the later part of the nineteen-thirties«, erkennbar nicht zuletzt durch eine einschneidende Verringerung der Anzahl von Kamerabewegungen und eine Reduktion der mittleren Einstellungsdauer von 13 Sekunden in der SIGNORA DI TUTTI auf 10 Sekunden in DIVINE.[35] Daß Ophüls in der Gruppe dieser Filme (von LA SIGNORA DI TUTTI über LA TENDRE ENNEMIE und SANS LENDEMAIN bis zu DE MAYERLING À SARAJEVO) eine besondere Vorliebe für die halbnahe Einstellungsgröße (medium shot) erkennen läßt, führt Salt galant auf den Wunsch zurück, eine bestimmte Schauspielerin besonders herauszustellen, »because that was where the money was in the film, to the extend of the leading lady being married to the producer«[36].
Ernster, wirklich ernst zu nehmen ist dagegen William Karl Guérin[37], der die rapide Abflachung des ästhetischen Gipfels, den Ophüls mit LIEBELEI erstiegen hatte, in der Entwurzelung eines künstlerischen Bewußtseins erkennt, das sich plötzlich und über Nacht aus seinem Nährboden gerissen sieht. Dazu zählt weniger die Sprache (der Saarländer Ophüls war schnell im Französischen heimisch), als die Vielfalt der Sprachen, das Stimmengewirr von den vielen, oft extrem disparaten Auffassungen folgenden Bühnen Deutsch-

lands, das Stimmengewirr der Radiostationen und der Dialekte (sowenig er sie auch in den recht lieblos heruntergedrehten LACHENDEN ERBEN wirklich zu inszenieren verstanden hatte), die Erfahrungen von den Kleinkunstbühnen und des Volkstheaters. Ophüls, bisher mit tausend Fäden in das Ensemble der sich selbst darstellenden Medien vernetzt, kann auf die neue Situation nur wie jener Fremde antworten, der die andere Sprache zwar schnell erfaßt und versteht, aber damit noch lange nicht begreift. Schon LA SIGNORA DI TUTTI zeigt einen vorläufigen Ausweg an: die Benutzung der (cinematografischen) Sprache als Technik der Verständigung; die Erforschung dieser Technik bis zu dem Punkt, der erst in LETTER FROM AN UNKNOWN WOMAN erreicht wird, an dem aus der perfektionierten Technik das Imaginäre wächst, an dem alle Synthetik zur Synthese wird.

Mit DIVINE, diesem typischen Ophüls-Sujet der Darstellung des Darstellungsgewerbes, des Blicks hinter die Kulissen der Fabrikation des schönen Scheins, lassen sich jenseits der Kruditäten des Drehbuchs (Colette nach Motiven ihrer Novellen-Sammlung *L'envers du music-hall*) immerhin zwei ophülssche Leitlinien erkennen. Da ist einmal die weitere Aktivierung der subjektiven Perspektive, und da ist zum anderen eine Intensivierung des femininen Aspekts. Und beide fallen zusammen, und ein fernes Echo erinnert an DIE VERLIEBTE FIRMA und Gretl Krummbichler, in der genuin Naiven, die wie Gretl vom Lande kommt.

»Je n'ai pas voulu montrer le music-hall tel que vous et moi pouvons le voir. DIVINE, c'est le music-hall tel qu'un être participant à sa fièvre doit en recevoir l'image«[38]: die Welt des Spektakels, des Flitters und der künstlichen Paradiese kommt erst in den Film mit Ludivine Jarisse, und wenn es auch nicht (sowenig wie bei Gretl) ihre sozusagen leibliche Perspektive ist, aus der sich der Blick auf die Szene richtet, so wird »l'envers du music-hall«, die andere Seite der Music-Hall, doch so erfahren, wie nur ein bisher un-erfahrenes Bewußtsein sie erfahren kann. Als bedürfe es zur Beglaubigung eines besonderen Zeichens, ist es Divine, die in einer Szene die Trennung der Szenen niederreißt, der Szenen diesseits und jenseits der Kulissen, der dem Publikum zugewandten Schauseite (das auf der Bühne Inszenierte) und das Nicht-Inszenierte, Nicht-Öffentliche des »wahren« Lebens

Divine

hinter dem Paravent des Glamours. Fünfzehn Jahre vor LA RONDE, schreibt Beylie[39], sind das Objektive und das Subjektive schon stark untermischt, und der Zuschauer wird in die Bewegung hineingenommen, ohne daß er deshalb um seine Vorrechte betrogen wird: »l'ébauche d'une théorie ophulsienne du cinéma . . .«[40]

Wie zwanzig Jahre später LOLA MONTEZ ist DIVINE darauf angelegt, »à dépeindre la fabrication d'une image du désir«[41]. Die Herstellung dieses Bilds der Begierde ist dargestellt in den Produktionen der Music-Hall selbst. Weibliche Körper dienen zur Dekoration, ja sind das Dekor schlechthin für die Präsentation des dominanten männlichen Prinzips (der Fakir Lutuf-Allah). In ihrer Rebellion gegen dieses Prinzip stellt Ludivine, wenigstens ansatzweise und vorübergehend, eine Art von neuem Gleichgewicht her – und zieht sich doch in die vermeintliche Idylle des Landlebens zurück. Sowenig DIVINE von der souveränen (romantischen) Ironie von LIEBELEI noch kennt, in der Schlußsequenz immerhin scheint sie auf ihre Rechte zu pochen. Es kann kein Zufall sein, daß der Kuß zum Happyend, den sich Ludivine und der Milchmann geben, durch das dichte Gitterwerk im Büro der Mairie gezeigt wird.

François Truffaut hat DIVINE als den »vielleicht besten Film, den Ophüls vor dem Krieg in Frankreich gedreht hat«[42], bezeichnet, als ein »petit chef-d'œuvre de verve, de santé et de vie: un vrai petit Renoir«[43] – immer freilich im retrospektiven Blick von LOLA MONTEZ her, den Film vor Augen, der, nimmt man DIVINE in diesen Blick mit hinein, auch in LA SIGNORA DI TUTTI ein frühes, vorzeitiges Versprechen erkennen läßt. Aber nur unter der Bedingung, gewiß, daß dieses Versprechen tatsächlich eingelöst worden ist.

La tendre ennemie. 1935/36

Zwei Geister, zwei Tote, später wird ein dritter hinzukommen, dringen ein in die Villa Dupont, als dort in großem Stil ein Familienfest gefeiert wird: die Tochter des Hauses verlobt sich. Die Toten – der Vater der Braut und sein Rivale im Leben, ein Löwenbändiger einst von Beruf und Liebhaber von Madame Annette Dupont; später hinzu kommt der Geist eines Seemanns: er war die erste Liebe der noch unverheirateten Annette und schoß sich in den Kopf, als Annette die Verabredung zur gemeinsamen Flucht nicht einhielt – erzählen sich gegenseitig ihre Geschichte. Sie ist immer die jeweilige Liebes-, Ehe- und Eifersuchtsgeschichte mit Annette. Während die Geister, im Kronleuchter thronend, dem Festessen beiwohnen oder sich des Naschwerks vom Büffet bedienen oder den Weinkeller plündern oder auch einmal die Bank im Garten für den Verlobten und den Onkel der Braut räumen müssen, entsteht aus ihren Erinnerungen, ohne Zorn und Eifer vorgetragen, das Porträt einer Frau, die auch durch opulenten Luxus nicht an der Seite des ungeliebten Ehemanns gehalten werden kann. Als der seinen Kummer in den Cabarets und Bars und mit den Mädchen »Chez Maxim's« zu betäuben unternimmt, stirbt er vor Überanstrengung am Herzschlag. Aber auch dem Dompteur bringt Annette kein Glück; sie dressiert ihn so, daß er statt nach Davos, wo er seine angegriffene Gesundheit kurieren soll, mit ihr zusammen an die Côte d'Azur reist und nach der Heimkehr dem Löwen im Zirkus nicht mehr gewachsen ist. Angesichts ihrer Lebenserfahrung beschließen die Toten, eine Verlobung zu hintertreiben, die wieder einmal, da sie ausschließlich auf Geld begründet zu sein scheint und wie ein Geschäft abgewickelt wird, zu einer Ehe ohne rechte Liebe führen muß. Sie arrangieren die Flucht der Braut und ihre Vereinigung mit dem heimlichen Geliebten, einem Piloten, der mit seinem Flugzeug von Anfang an mit von der Partie ist. Und sei es, daß sich die feierliche Abendgesellschaft von dröhnendem Motorenlärm gestört fühlt.

Ein Divertissement von leichter Hand, ein Boulevardfilm nicht immer ganz frei von Misogynie. Ophüls und sein Koautor Curt Alexander haben ihr die Ecken und Schärfen abgeschliffen, indem sie den Charakter der Annette als Produkt einer männlich dominierten Welt erscheinen lassen und indem sie auch die Männer, die alleweil Tölpel sind, nicht schonen. So wäre wieder einmal, wie schon in DIVINE, fast so etwas wie Gleichgewicht hergestellt, wenn Annette, die »Feindin«, nicht von Simone Berriau mit einer operndivenhaften Starrheit versehen würde, die nur soviel Emotion zuläßt, wie luxuriöses Dekor und Vergnügungssucht insinuieren. Doch freilich, diese Darstellerin gehört (was die Menge der Nahaufnahmen offensichtlich macht) zu jenen, von denen Barry Salt sagen würde, man sehe ihnen an, »where

La tendre ennemie

La tendre ennemie

the money was in the film«[44]. Jedenfalls: »Manche Damen mochten den Film nicht. Meine Frau mag ihn heute noch nicht.«[45]

Dabei war Ophüls mit dem Stoff durchaus vertraut. Er hatte die Boulevardkomödie von André-Paul Antoine, eines der erfolgreichsten Stücke vom Ende der zwanziger Jahre, sieben Jahre vorher in Breslau auf die Bühne gebracht, offenbar kurz nach der pariser Uraufführung vom 5. April 1929.[46] Für das Kino mußte ihn die in dem Stück angelegte Möglichkeit der Mischung von Zeitebenen und Räumen faszinieren. Zeitlicher Kontinuität und der Einheit des Ortes (der Abend der Verlobungsfeier; Villa und Park Dupont) steht in den durchaus diskontinuierlichen Erinnerungs-Rückblenden ein nahezu lässiges, auf jeden Fall souveränes Spiel mit Zeiteinheiten und Ortswechseln gegenüber, das von einer Großzügigkeit und Freiheit gekennzeichnet ist, wie man sie bis zur TENDRE ENNEMIE von Ophüls nicht kannte; es läßt sich allenfalls an die noch vorsichtig und unbeholfen solche Freiheit ausprobierende Rückblende in der Rückblende von LA SIGNORA DI TUTTI denken.

Der Geschmack der frischen Luft, die das heute gewiß verstaubte Theaterstück in seiner filmischen Version immer

noch durchweht, wird schon mit den ersten Einstellungen zum Bild: das Gartentor zur Villa Dupont öffnet und schließt sich nicht nur wie, sondern in der Tat von Geisterhand - und für den Lidschlag eines Gedankens kommt Erinnerung auf an das »leere« Fenster von LIEBELEI, in dessen Flügelschlag die Bewegung nachzittert, die letzte Bewegung Christines vor ihrem Tod. Doch anders als in der von romantisch-sentimentalischer Ironie abgefederten wiener Tragödie haben sich in der pariser Komödie die gesellschaftlichen Strukturen verhärtet und versteift, und es bedarf schon der ganzen Abgeklärtheit und Heiterkeit, der entschiedenen Noblesse und Ranküne der Toten, die Verhältnisse zum Tanzen zu bringen. Am Ende bedienen sie sich der falschen Luftzüge und eines vermeintlichen Windes, um rechtzeitig Türen sich öffnen und schließen zu lassen - und mit auf- und zuschlagenden Fensterflügeln die Aufmerksamkeit abzulenken von wieder mal einer Braut, die sich nicht verkaufen lassen will und flieht; nicht in den Tod wie Christine, sondern in ein anderes, das »wahre« Leben der Liebe.
Ophüls hat diese »méditation subtile sur la chasse au bonheur«[47] mit dem ebenfalls aus Deutschland emigrierten Kameramann Eugen Schüfftan gedreht, dem er auch in seinen weiteren Filmen dieser Periode bis zum Kriegsausbruch die Treue halten wird wie später Christian Matras von LA RONDE bis LOLA MONTEZ. Schüfftan, der große geniale und technisch innovative Kameramann, bei dem fast alle französischen Kameraleute der dreißiger Jahre bis hin zu Henri Alekan in die Schule gegangen sind, die erst die schwebende, schwerelos wirkende Bildsprache des poetischen Realismus von Clair bis Carné hervorbringen konnte, Schüfftan bringt in LA TENDRE ENNEMIE seinen kreativen Erfindungsgeist ein. Was in LA SIGNORA DI TUTTI bis zum Überdruß Kopiereffekte sonder Zahl waren, sind in LA TENDRE ENNEMIE Ergebnisse der Kamera-Arbeit mit Hilfe eines weiterentwickelten Schüfftan-Effekts, Verspiegelungen, die den Geistern nicht nur den Aufenthalt im Kronleuchter erlauben, sondern ihnen den Astralleib zuschreiben, durch den die (scheinbar, aber im falschen Leben) Lebenden hindurchschreiten können, ohne bleibenden Schaden zu hinterlassen. Das Moment des Schwebenden, Irrealen oder besser: Über-Realen, das diesen Bildern innewohnt, trägt noch bis in stilistisch wie aus einer

anderen Epoche ererbte Tableaus in der Rückblende des Matrosen: die Bilder vom Segelschiff und vom Hafen, die Blicke in die Gassen des bretonischen oder normannischen Städtchens oder in die diagonale Flucht des Kais sind akzentuiert von einer an eher expressionistische Muster gemahnenden Abgrenzung von Licht und Schatten, die mit dem milden und irisierenden Licht der Hauptpartien des Films so gar nicht übereinstimmen will.

Als LA TENDRE ENNEMIE im Rahmen einer großangelegten Ophüls-Retrospektive, der ersten überhaupt, Anfang 1958 in der Cinémathèque Française gezeigt wurde, wo sie alle, von Godard bis Truffaut, in die ophülssche Schule gingen, fühlte sich Claude Beylie, der spätere Ophüls-Monograf, dazu animiert, in diesem Film eine »petite *Règle du jeu*«[48] zu erkennen. Sie alle, von Godard bis Truffaut, über welchen Film der Retrospektive sie auch im einzelnen schreiben mögen, kommen immer wieder auf Jean Renoir zu sprechen. So, als hätten sie es untereinander verabredet. So, als riefen sie den Toten auf, den Lebenden zu neuem Leben zu animieren, unsichtbar für alle die Türen und Fenster zu öffnen und den Wind wehen zu lassen.

Komedie om geld. 1936

Herr Brand, seit einem Vierteljahrhundert zuverlässiger Bote einer Bank, verliert seine Arbeit, weil er Geld verloren hat. Ausländische Valuta im Gegenwert von 500 000 Gulden, die er von seiner Bank zu einer anderen zu tragen hatte, sind am Ziel aus Brands Geldtasche verschwunden, durch den Taschenboden, der, wie sich zeigt, aufgeschlitzt worden ist. Da ihm selbst nichts nachzuweisen ist, bleibt Bankbote Brand von der Verfolgung durch das Gesetz verschont, aber nicht von öffentlicher Verfemung. Auch seine Tochter Willy wird aus ihrer Arbeit als Sportlehrerin entlassen und bei dem Versuch, sich als Privaterzieherin zu verdingen, aus durchsichtigen Gründen abgelehnt. Der Leumund der Brands ist zusätzlich belastet durch Ferdinand, Brands Schwager, der sein Leben als Trickbetrüger fristet, Spezialität Hundehandel; was die Brands aber nicht davon abhält, Ferdinand zu lieben. Tief gedemütigt, unternimmt Brand einen Selbst-

Komedie om geld

mordversuch und wird im letzten Augenblick durch ein märchenhaftes Angebot gerettet: eine Wohnungsbaugesellschaft, durch betrügerische Spekulationen eines soeben verstorbenen Direktors insolvent geworden, verpflichtet den ehemaligen Bankboten als neuen Direktor; denn ausgerechnet er gilt als kreditwürdig, weil alle Welt davon ausgeht, daß Brand die verschwundene halbe Million für sich selbst auf die Seite gebracht hat. Außerdem verkörpert er den »kleinen Mann«, von dessen Traum vom eigenen Häuschen die Firma lebt. Brand, der inzwischen in einer palastartigen Villa mit Diener und auf großem Fuß lebt, kann seiner Tochter Willy immerhin eine Fortbildungs- und Vergnügungsreise in die Schweiz finanzieren, wo Willy sich in einen Deutschen (!) verliebt, muß aber bald seinen Direktionssessel wieder räumen: seine Rechtschaffenheit gegen Pfusch am Bau kommt der Firma zu teuer zu stehen. Durch einen merkwürdigen Zufall finden Brand und Ferdinand das verschwundene Geld wieder, das die Bank aber nicht annehmen will, weil inzwischen die Versicherung für den Verlust aufgekommen ist. Brand wird wegen Unterschlagung zu zwei Jahren Gefängnis verurteilt. Da meldet sich der Verursacher des ganzen Malheurs, ein sehr hungriger Junge, der (Rückblende) in Brands Büro in der Bank die noch leere Geldtransporttasche auf der Suche nach Eßbarem aufgeschlitzt hatte. Dem Happyend steht nichts mehr im Wege.

Ophüls scheinen die Probleme und vor allem die Langwierigkeit der Dreharbeiten in Holland sehr genervt zu haben; der Film, schreibt er, »nahm durch die unzureichenden technischen Mittel so viel Zeit in Anspruch, daß ich inzwischen in Paris drei Großfilme hätte fertigstellen können«[49]. Auch im übrigen scheint dieser Film ganz aus dem Kontext des ophülsschen Œuvres herauszufallen. Auf den ersten Blick ist KOMEDIE OM GELD der *Dreigroschenoper* näher als LIEBELEI, LA RONDE oder LOLA MONTEZ. In der Bildführung (wieder Eugen Schüfftan) erinnert nichts an die Beweglichkeit der SIGNORA DI TUTTI, ganz zu schweigen vom fluiden Stil in LETTER FROM AN UNKNOWN WOMAN oder in THE RECKLESS MOMENT; Salt[50] registriert für KOMEDIE OM GELD eine für ophülssche Verhältnisse erstaunliche Unterzahl an Schwenks und Fahrten (so ähnlich allenfalls noch in LACHENDE ERBEN) sowie eine unausgewogene Dominanz von Totalen (long shots), die in ihrer Unausgeglichenheit im Verhältnis zu anderen Einstellungsgrößen nur noch in YOSHIWARA übertroffen wird.

Komedie om geld

Was nichts miteinander zu tun zu haben scheint, der brechtsche und der sozusagen schüfftansche Aspekt, ergibt bei näherer Betrachtung doch einen einleuchtenden Sinn. So krud und fast zufällig und wenig überzeugend mancher Seitenweg der Handlung ist (die Liebesgeschichte Willys, die erst im letzten Drittel des Films beginnt, wird weder richtig durchgeführt noch in die Hauptgeschichte integriert), so umständlich und wenig ökonomisch Einzelheiten erzählt werden (der lange Weg Brands von Bank zu Bank, unterwegs aufgehalten von seinem um zehn Gulden bittenden Schwager, während Brand noch – für sich und für uns – eine halbe Million mit sich trägt; die Auseinandersetzungen des Rechtschaffenen mit den betrügerischen Üsancen der Baugesellschaft, die entweder zu lang oder teilweise auch redundant sind), so steht alles doch unter dem gemeinsamen Gesetz von Repräsentation, Rede und Werbung.
Eingeleitet wird KOMEDIE OM GELD von einem Präsentator des Films selbst, halb Anreißer (oder Kommentator eines Stummfilms), halb Bänkelsänger, eine Figur, die an Therese Giehse, den Bänkelsänger und Wernicke in der VERKAUFTEN BRAUT erinnert und schon Wohlbrück (LA RONDE) ebenso ahnen läßt wie Ustinov (LOLA MONTEZ). In der Mitte des Films tritt er noch einmal auf, und dann beschließt er ihn, sozusagen mit der Moral von der Geschicht. Der Gedanke an Wohlbrück und Ustinov macht deutlich, was der »Sprecher« in KOMEDIE OM GELD (noch) nicht ist: ein Erzähler, der die Aktionen auch voranschieben kann (Wohlbrück) oder ein peitschenknallender und marktschreierischer Menschen-(Frauen-)Dompteur wie Ustinov. In KOMEDIE OM GELD untermischen sich die Redeweisen noch nicht, stehen die Textsorten noch weitgehend unverbunden nebeneinander: der Erzähler ist der Erzähler und damit ein anderer als die handelnde Person, und der ganze Film könnte im Prinzip auch ohne ihn stattfinden. Er steht so, paradox gesprochen, Brecht näher als Ophüls.
Dieser Gestus der Gesamtkonstruktion findet seine Entsprechung in Architektur und Bildgestaltung mehr als in der Schauspielerführung, die nach wie vor aufs Identifikatorische setzt. Erkennbar wird das vor allem an Herman Bouber, dem Darsteller des Bankboten Brand: dort, wo er die Chance hätte, eine andere Rolle zu zitieren, die Rolle des

Chefs, schlüpft er in sie hinein wie in sein neues Kostüm, das ihm mit Cut und Vatermörder, Lackschuhen und Melone wie angegossen (das Wort ist so verräterisch wie der Eindruck, den das Wort hervorruft) sitzt. Der Textur des brechtschen Lehrstücks ist KOMEDIE OM GELD dort am nächsten, wo die Architektur in der Tat zitiert und aus den Zitaten eine Mischung herstellt, die, wäre das Wort nicht anachronistisch, postmodern anmutet: Bauhaus und Art déco, Futurismus

Komedie om geld

und Anklänge an den imperialistisch bramarbasierenden Barbarismus des italienischen Faschismus in allen Sets, die den Sitz der betrügerischen Wohnungsbaugesellschaft lokalisieren, wozu dann auch Brands Direktoren-Villa gehört. Es sind gleichzeitig die Dekorationen, in denen die Kamera Weitwinkelobjektive einsetzt oder Brennweiten um die 25 mm herum.[51] Zumal in diesen Partien des Films werden auch extreme, sozusagen »unnatürliche« Perspektiven (ungewöhnlich hoch oder niedrig postierte Kamera) und überpointierte Close-ups sinnfällig, weil ihnen der Gestus des Zeigens einbeschrieben ist: die Räume werden zu Hallen, in denen der einzelne Mensch verloren zu gehen droht, und das aus Untersicht und pathetisch nah aufgenommene Gesicht des

intriganten General-Direktors Moorman, fast eine Mabuse-Figur, wird zur Inkarnation des kapitalistisch-imperialistischen Prinzips der eiskalten Machtmanipulation, des Faschismus.
Sowenig die ausgeprägte, von Distanz und epischer Kühle gekennzeichnete Stilistik der Herrschaftssphäre zu den idyllisierenden Partien im Kleinbürgermilieu, an den Grachten und Kanälen, im altväterischen Büro des Bankboten Brand oder beim Angeln passen mag, so disparat und unausgeglichen die ganze KOMEDIE OM GELD auch ist: der Lehrstückcharakter schlägt bis ins scheinbar Nebensächliche und Beiläufige durch.

Komedie om geld

Immer ist vom Geld die Rede, dessen virtuelle und energetische, Menschen und Leben verändernde Qualität vorgeführt wird, gelegentlich werbend, als führe Peter Frank (LACHENDE ERBEN) das Wort, gelegentlich hart an der Grenze zur gemütlichen, pfeifeschmauchenden Zivilisationskritik. Wenn KOMEDIE OM GELD halsüberkopf zuende geht und sich ins allerbürgerlichste Happyend stürzt, weil Geld eben doch nicht glücklich macht, sieht der Film so aus, als habe da jemand ganz und gar die Lust verloren. Am Geld.

Yoshiwara. 1937

Kohana, eine junge Frau vornehmer Herkunft, wird, ihre Familie ist verarmt, Geisha in Yoshiwara, dem Vergnügungsviertel, der »verbotenen Stadt« in der Stadt Tokyo. Isamo, Kuli und Rikshafahrer, ist sofort von ihr entflammt, aber viel zu arm, um sich die Geisha Kohana leisten zu können. - Als mit der Besatzung eines russischen Kriegsschiffs der blonde Leutnant Serge Polenoff nach Yoshiwara kommt, verschärfen sich die Leiden Isamos. Denn Serge verliebt sich in die Geisha, und sie verliebt sich in ihn. Beide unternehmen einen romantischen Ausflug aufs Land und weitere Ausflüge in ihre Träume und Fantasien. In einer russischen Kapelle voller Kerzen spielt Serge mit Kohana Eheschließung nach orthodoxem Ritus. - Der Leutnant, von seinem Schiffskapitän mit einem Geheimauftrag betraut - er soll in Yoshiwara einen chinesischen Agenten treffen -, wird von japanischen Agenten und Polizisten observiert und verfolgt. Bei einer bewaffneten Auseinandersetzung wird er schwer verwundet; er kann sich zu Kohana retten, aber beide werden von Isamo verraten. Kohana wird zum Tode verurteilt. Während sie zur Exekution geführt wird, springt der auf sein Schiff entkommene Serge, seiner Blessuren nicht achtend, über Bord, schwimmt im bewegten Meer, läßt sich in einem Boot an Land rudern und stirbt auf den Altarstufen der russischen Kapelle im Angesicht einer Ikone.

Der Film, der von Ophüls selbst nur mit ironischen Anekdoten umstellt wird[52], löst bei seinem Erscheinen geradezu frenetische Kritiken aus.[53] Danach fällt er ins Vergessen und Verschweigen. Als ihn die Renoir- und Ophüls-Verehrer der *Cahiers du Cinéma* bei der Retrospektive der Cinémathèque Française Anfang 1958 zur Kenntnis bekamen, scheinen sie übereingekommen zu sein, in YOSHIWARA den »schönsten Jokus (canular) der Filmgeschichte«[54] gesehen zu haben. Sie müssen sich auf die Schenkel geklopft haben vor Vergnügen, Schauspieler »im Handgemenge mit Schiebetüren (zu sehen), die sich weigern, sich zu schließen«, oder »Dialoge (zu hören), in denen die anmutige Stimme von Pierre-Richard Willm die Burleske verzehnfacht, wenn er zum Beispiel dem scheuen gelben Mädchen zuflüstert: ›Tous les hommes

Yoshiwara

blancs ne sont pas des sauvages‹«. Aber wenn sie lachten, so berichtet der Augen- und Ohrenzeuge weiter, sei es »un rire respectueux« gewesen - mit einem Wort offenbar ein Erlebnis, das man wenige Jahre darauf als »camp« zu bezeichnen lernte. Claude Beylie, späterer Ophüls-Monograf, der damals mit von der Lachpartie war, scheint ein Vierteljahrhundert danach alles Vergnügen an dem »canular« verloren zu haben: »Man muß zur Kenntnis nehmen, daß die Vorführung von YOSHIWARA heute nur noch Hohngelächter hervorruft.«[55]

YOSHIWARA gehört zu den am meisten verstümmelten Filmen von Ophüls[56]; die intellektuelle Verstümmelung, die ihm zugefügt wird, macht alles nur noch schlimmer und die Sache zu einem hoffnungslosen Fall. Verachtung ist die schlechteste Empfehlung für die Rettung oder Rekonstruktion eines integralen Werks, das man auch mit ganz anderen Augen sehen kann.

Wie Buñuel in *Abismos de pasión* oder Sternberg in *Anatahan* (beide von 1953) oder, aus einer späteren Generation, Oshima in *Ai no corrida* (Im Reich der Sinne. 1976) und Beineix in *La lune dans le caniveau* (Der Mond in der Gosse. 1982)[57] berührt Ophüls mit YOSHIWARA die äußerste Grenze

des melodramatischen Pathos, verletzt er den Konsens und die dünne Membran, die das Erhabene vom Lächerlichen weniger trennt als das eine mit dem anderen verbindet, so daß beide einem gegenseitigen osmotischen Druck ausgesetzt sind. Das sardonische Gelächter, das in den Fugen noch der tragischsten Verwicklung, noch jeden Unglücks nistet, hier wuchert es aus dem Dekor, das sich mit den schlecht schließenden Schiebetüren (welch eine dröhnende Ironie des cinematografischen Weltgeistes angesichts der Inflation von sich öffnenden und schließenden Türen im ophülsschen Meublement!) einen Jux macht aus der ganz und gar unironischen, völlig eindimensionalen Selbstgewißheit des melodramatischen Personals.
Pierre-Richard Willm ist niemals der Leutnant Serge Polenoff, sondern er ist der perfekt mittelmäßige Darsteller, der zeigt, wie seiner Vorstellung gemäß ein großer Schauspieler einen ebenso blonden wie verliebten russischen Offizier gibt. Um der geliebten Geisha eine Idee von seiner Heimat zu vermitteln, spielt er diese Heimat, wie er die russisch-orthodoxe Ehezeremonie spielt: er bedient sich dessen, was das Dekor zur Verfügung hält, nimmt Tisch und Stuhl und arrangiert sie zum Pferdeschlitten. Und Ophüls, der diesen mediokren Schauspieler in sein Herz geschlossen hat, weil das Drehbuch für diesen Leutnant und seine geliebte Kohana ein schreckliches Schicksal bereithält, Ophüls gewährt ihm und seiner Geliebten einen Traum von Schnee, durch den die beiden mit dem imaginierten Schlitten fahren. Die Imaginationskraft erfaßt selbst Kohana: auch sie sieht sich in weite, (von ihrem Elend) unberührte Schneelandschaften versetzt.
Es gibt – und Verallgemeinerung mag erlaubt sein, da Ophüls und YOSHIWARA nicht der einzige »Fall« sind – offenbar in der Herstellung von Texten welcher Art auch immer Momente, wo der Text selbst die Führung des Gedankens, des Bildes, seiner eigenen Gestaltung übernimmt. Wo alle Erfahrung, Kunstfertigkeit und Sensibilität sich in einen Dienst nehmen lassen, den man vernünftigerweise verweigert hätte. Wo das Gebilde immer zugleich auch seine bitterste Ironie: die Selbstverneinung in sich schließt. Wo es für Serge und Kohana keinen Schimmer von Freiheit, nicht die geringste Chance gibt gegen die Machinationen des melodramati-

schen Dekors; wo sie nicht Rede, sondern Redensarten sind, nicht Kohana sondern Geisha, nicht Serge Polenoff sondern Leutnant; wo die Präsentation zur Repräsentation wird. Es sind die Momente der größten Unfreiheit, die zugleich die größte Freiheit gewähren, weil im Moment der Unfreiheit

alle vermeintlich der freien Entscheidung zugeordneten Kategorien nicht mehr gelten; wo nichts echt und nichts falsch, nichts wahr und nichts gelogen sein kann. Es ist der Moment, wo alles riskiert werden kann, der Moment des Melodrams und von YOSHIWARA.

Werther. 1938

»Werther, ein junger geistvoller, empfänglicher Mensch, weilt in einer kleinen Stadt, um eine Erbschaft für seine Mutter zu ordnen. Er (...) gibt sich (...) mit ganzer Seele der unaussprechlichen Schönheit der Natur hin, die er in einsamen Wanderungen (...) erlebt. (...) Auf einem ländlichen Ball lernt er Lotte, die Tochter des Amtmannes, kennen und ist sogleich von ihrem Wesen gefangengenommen. In der folgenden Zeit benutzt er jede Gelegenheit, sie aufzusuchen und ihr kleine Liebesdienste zu erweisen. Er sieht sie im Kreise ihrer sechs jüngeren Geschwister, denen sie liebevoll die tote Mutter ersetzt. (...) Obwohl Lotte mit Albert so gut wie verlobt ist, empfindet sie doch Zuneigung zu Werther. (...) Bald kehrt Albert von seiner Reise zurück, und Werther findet in ihm einen gelassenen und strebsamen Menschen, der ihm in Freundschaft zugetan wird. Werther leidet sehr unter seiner Liebe und wird sich immer mehr bewußt, daß er Lotte nie für sich gewinnen kann. Daher gibt er dem Drängen seines Freundes Wilhelm nach und verläßt die Geliebte, um eine Stelle bei dem Minister anzutreten. Er hat mit einem Gesandten zusammenzuarbeiten, dessen bürokratisches Wesen ihn sehr bedrückt. (...) Er bittet um seine Entlassung vom Hofe und nimmt die Einladung eines Grafen an. (...) Der Graf schätzt seinen Gast sehr, aber Reichtum an Gefühlen bedeutet ihm nichts. Werther ist deshalb auch hier nicht glücklich und verläßt bald das gastliche Haus, um wieder in die Nähe seiner Lotte zurückzukehren. Diese hat sich inzwischen mit Albert verheiratet. Werthers Liebe wächst zu verzehrender Leidenschaft und gleicht einer unheilbaren Krankheit. Er argwöhnt, daß Albert Lotte gar nicht von ganzem Herzen liebt, und so verschlechtert sich das Verhältnis zwischen den beiden Männern immer mehr. (...) So eilt er zu Lotte, um Abschied zu nehmen. Durch die Lektüre Ossians sind beide sehr erregt, und Werther schließt die Geliebte in die Arme. Am anderen Tage schickt er seinen Bedienten, um sich Alberts Pistolen zu einer Reise auszubitten. Lotte händigt ihm die Waffen mit zitternder Hand aus. Bange Ahnungen quälen sie. (...) Werther ist glücklich, daß ihm die Geliebte bei dem letzten Schritte geholfen hat. Am Abend zieht er sich mit einer Flasche Wein in sein Zimmer zurück.

Sein Bedienter findet ihn am Morgen sterbend. Arbeiter tragen den Sarg zu Grabe, ›kein Geistlicher hat ihn begleitet‹.«[58]

»Sehr oft flüchteten wir in unserem Heimweh zu Goethe«, berichtet Hilde Ophüls-Wall[59] aus der Zeit in Amerika. Auch WERTHER trägt, wenn nicht die Züge der Flucht, so doch die des Heimwehs - und des Willens, Goethe nicht dem Barbarismus in Nazi-Deutschland zu überlassen, woher, bei den Dreharbeiten im Elsaß, »schon Kanonen in ihn hineindonnerten. (...) Drüben, überm Rhein, im Schwarzwald, in der Siegfriedlinie, spielten die Deutschen Krieg. Von der Maginot-Linie hörte man die Franzosen spielen.«[60]
Dreimal hat sich der Artist der rhetorischen Künste Ophüls als Darsteller im umfassenden Sinne Goethe genähert, dreimal hat er ihn öffentlich präsentiert, als junger Schauspieler in der Spielzeit 1923/24 in Dortmund in der Rolle des Weislingen im *Götz,* als Filmemacher mit WERTHER, als Radiomacher mit der Hörspielversion der *Novelle* (1954 beim Südwestfunk in Baden Baden[61]). »O, daß ich aufwachte! und alles wäre ein Traum!«[62] beginnt ein Monolog Weislingens, und »Wie froh bin ich, daß ich weg bin!«[63] hebt, noch voller Hoffnung, der erste Brief Werthers an. Für den jungen Theaterschauspieler Ophüls, der sich noch aus dem Alptraum des bürgerlichen Lebens befreit, und für den Regisseur von LIEBELEI, der in den Tagen der Premiere seines ersten bedeutenden Films aus Deutschland flieht, für Ophüls müssen es jedesmal Sätze gewesen sein, wie für ihn persönlich geschrieben. »Sein Leben lang lag Goethe auf seinem Nachttisch«, notiert Beylie[64], »aber er hielt sich nicht für würdig genug, ihn in die moderne Kleidung des Kinos zu stecken.«
Das Kino, das Ophüls gleichwohl aus *Leiden des jungen Werthers* gemacht hat, spricht einen anderen Text. Respekt gegenüber der Vorlage ist gewiß ebenso zu erkennen wie die Option für die Freiheit der Fantasie, und das Postulat der Werktreue findet eine neue Auslegung, wo die Darstellungsformen des Kinos ins Spiel kommen und damit die eigene, die ophülssche Rhetorik.
WERTHER unterscheidet sich von *Werther* zunächst durch die für die filmische Form vorgegebene Notwendigkeit der Raffung der Erzählmasse, des epischen und poetischen Materi-

als. Es fehlt das romantische Vorspiel mit den ausgedehnten einsamen Wanderungen; es fehlt die Reise an den Hof und das Engagement beim Minister mit der Werther bedrückenden Zusammenarbeit mit dem bürokratischen Gesandten; es fehlt die Episode mit dem Grafen; es fehlt die Grablegung

Werthers. Doch nicht die Verkürzungen sind wesentlich, sondern daß das Material aus den weggekürzten Partien gleichwohl in den Film eingegangen ist. So ist Werthers (bei Goethe nie näher charakterisierte) Tätigkeit im Ministerium in die eines (bald pflichtvergessenen und üppigem Alkoholkon-

sum zuneigenden) Mitarbeiters oder nachgeordneten Kollegen von Albert verändert, der wiederum eine Amtsperson mit richterlichen Vollmachten ist und in dem sich manche Züge des Gesandten wiederfinden. So kann sich, jenseits von Goethe, aus der Freundschaft politisch gleichgesinnter Rebellen (beide besitzen Rousseaus *Contrat social,* ein Buch, das auf dem Gebiet des Großherzogtums verboten ist), ein tiefgreifender politischer Dissens entwickeln, in dem die Rivalität der Männer um Charlotte überwölbt wird von der Spannung zwischen absolut konträren Philosophien.
Der Hingabe ans Leben (und den Tod), von der Werther durchdrungen ist, steht in Albert das Prinzip staatlichen Ordnungsdenkens entgegen. Er ist es, der Werther wegen seines unstandesgemäßen Verhaltens eine Standpauke hält, und während sich der Getadelte auf seinem Stuhl krümmt und kein Wort zu erwidern weiß, kleidet sich Albert mit pedantischster Sorgfalt in seinen Talar, in die Insignien der Ordnung wahrenden oder schaffenden Macht. Ähnlich in Bildaufbau und Körpersprache akzentuiert ist eine Auseinandersetzung der beiden um die Bewertung eines Mordes aus Leidenschaft, dessen emotionale Motive Werther vor Albert verteidigt, während der Amtsträger befindet: »Il y a des limites à la passion, c'est la raison qui les définit.«[65] Und wieder hat, im Film, eine Konzentration zweier Gestalten auf einen Charakter stattgefunden. Bei Goethe findet das von dem tief bestürzten und aufgewühlten Werther engagiert geführte Gespräch mit dem Amtmann, Alberts Schwiegervater, statt, in Gegenwart von Albert, der sich erst am Ende einmischt und dem Alten zustimmt; bei Ophüls hat Albert auch die Partie des Amtmanns übernommen; und während Goethes Amtmann Werther mit dem mehrdeutigen Satz (Werther wird ihn auch auf sich selbst beziehen) entläßt: »Nein, er ist nicht zu retten!«[66], beendet Ophüls' Albert die Debatte mit der kalten Anmerkung, Werther könne seiner Entlassung kaum noch zuvorkommen.
Wo Werther seinen Gefühlen folgt, sich ihrer Natur anvertraut und durch alle Himmel der Entzückung und alle Höllen der Verzweiflung geht, ist Albert die aufs ordnungspolitische Funktionieren reduzierte Persönlichkeit, der schrecklich zivilisierte Mensch, der sich seiner tieferen, emotionalen und unkontrollierbaren Dimensionen beraubt und so schon selbst

entleibt hat, bevor Werther weniger dem eigenen Leben, als dem scheinbar unaufhebbaren Widerspruch zwischen Natur und gesellschaftlich versteinerter Ordnung ein Ende setzt. Daß es für Ophüls nicht das Ende schlechthin sein kann, deutet das letzte Bild des Films an: ein Pferd galoppiert durch die Nacht, das Pferd vermutlich, mit dem Werther ins nächtliche Gelände geritten und von dem er abgestiegen war. Der Schuß fällt aus dem Off. Aber die Kraft des Lebens ist nicht gebrochen.

Ophüls entzieht den Tod der Kamera nicht anders als in LIEBELEI, wo weder gezeigt wird, wie Fritz im Duell stirbt, noch, wie Christine aus dem Fenster stürzt, nur die Bewegung zittert nach in der Bewegung der Fensterflügel. Werthers Tod ist kein Schreibtischtod wie bei Goethe, sondern ein Tod im Freien(!), und er ist weit entfernt von Goethes schockierendem anatomischen Naturalismus im Kontext naturseliger Empfindsamkeit: »Über dem rechten Auge hatte er sich durch den Kopf geschossen, das Gehirn war herausgetrieben.«[67]

Die bedeutsamste Veränderung gegenüber der Vorlage aber scheint mir zu sein, daß nicht mehr (Char)Lotte es ist, die dem Bedienten die Pistolen aushändigt, nach denen Werther geschickt hat. Während Goethes Werther in dem Bewußtsein stirbt: »Sie sind durch deine Hände gegangen, du hast den Staub davon geputzt, ich küsse sie tausendmal, du hast sie berührt (...) du, Lotte, reichst mir das Werkzeug, du, von deren Händen ich den Tod zu empfangen wünschte«[68], wird er bei Ophüls von Albert in den Tod geschickt. Und sind es nicht Alberts Pistolen, die er sich holen läßt, sondern die eigenen, die er Albert geliehen hatte.[69]

Dramatische Konstruktion und Szene machen deutlich, wie wenig Beylie zuzustimmen ist, wenn er nicht mehr in Werther, sondern in Charlotte den Dreh- und Angelpunkt des Dramas sieht[70]; in ihnen wird vielmehr der emiment politische Kontext von WERTHER manifest, indem Ophüls den goetheschen Text in seine eigene Rhetorik überführt. Charlotte steigt, während Werthers Diener einen riesigen Schatten in das hohe Treppenhaus der Hochstätters wirft, auf Alberts Geheiß die Treppe hinauf zur Kommode auf dem oberen Stockwerk, wo sie tatsächlich die Pistolen sieht, aber zu Albert sagt, sie habe sie nicht gefunden. Darauf steigt Albert selbst nach oben, kommt mit den Waffen zurück und steckt sie (Großaufnahme) dem Diener unter den Mantel. Folgt eine frenetische Montage mit vielen Überblendungen und Wischblenden, durch die Albert als eine Art von Dracula geistert und in der Charlotte, in einer Schicksalsergebenheitshaltung, die an Gretchen gemahnt, geradezu hektisch betet.

Es mag viel Goethe in WERTHER sein, mehr noch als nur aus *Leiden des jungen Werthers* (die weltstürzende Unbedingtheit des ophülsschen Werther läßt an die titanischen Züge von Faust denken; an *Faust* erinnert eine Beichtszene Charlottes; der Gerichtspräsident, bei den Hochstätters zu Besuch, singt – auf französisch – »Sah ein Knab ein Röslein stehn«; Werther erscheint in der ersten, glücklicheren Phase als ein Verwandter des allzeit dem praktischen Leben zugeneigten Eduard der *Wahlverwandtschaften,* wenn er sich um den Einbau eines Glockenspiels[71] kümmert) –: in der Pistolen-Szene befreit sich Ophüls von Goethe, indem er ihn dem Grunde nach bestätigt. Es ist die rhetorisch eindrucksvollste Einstellung des Films, und fast schon brutal, wenn schließlich Albert in die Treppe einsteigt, um das Mordwerkzeug zu holen, mit dem er Werther zum Tode verurteilt. Die Kamera fährt nach vorn und schiebt damit Charlotte über den Bildrand hinaus, auf sie kommt es schon nicht mehr an, denn jetzt gehört die Szene ganz dem Gesetz, dem Albert folgt, dem Gesetz der akkuratesten Geometrie der geraden Linien[72], vorwärts und schräg nach oben, dann schräg nach unten und zurück, dem Gesetz eines unerbittlichen ordnungspolitischen Terrorismus, der in Albert den Proselyten des Faschismus hat, dessen Kanonen schon drüben, über dem Rhein, donnern.

Sans lendemain. 1939

Am Montmartre, in der Bar »La Sirène«. Hier arbeitet Evelyne Morin als Tänzerin und Animiermädchen. Ihr neunjähriger Sohn Pierre hat wieder mal ein Internat wegen schlechter Führung verlassen müssen: er will einfach nur bei seiner Mutter sein. – Nachts auf den Straßen. Georges, Arzt und Leiter eines Krankenhauses in Montreal, zur Zeit mit seinem

Freund und Kollegen Armand zu einem Kongreß in Paris, erkennt Evelyne wieder, seine »Babs« vor zehn Jahren. Er nimmt sie mit in die Bar seines Hotels, wo sie sich (Rückblende) an eine Begegnung beim Skilaufen in Kanada erinnern, wobei Georges ihr einen Heiratsantrag machte. Später läßt sich Evelyne, darauf bedacht, Georges über ihr wahres Leben zu täuschen, vor einem Haus in der Avenue d'Iéna absetzen. Da Georges sich bei ihr zum Abendessen eingeladen hat, will Evelyne eine der sündhaft teuren Wohnungen in dem Haus an der Avenue d'Iéna mieten. Henri, Sänger und Präsentator in der Bar, dem sie sich anvertraut, kann ihr bei aller Freundschaft mit Geld nicht helfen. So geht sie zu Paul Mazuraud, einem Gangster, mit dem einst auch ihr Mann, der vor Jahren Selbstmord verübt hat, zusammengearbeitet hatte. Da Paul die Chancen für eine einträgliche Erpressung wittert, finanziert er, was er für Evelynes Coup hält. – Abendeinladung für Georges und Armand. Während der einen Kurzschluß (!) zu reparieren sucht, spricht Georges wieder über die Begegnung im Skiurlaub, wo (Rückblende) Evelyne plötzlich bei einem gemeinsamen Kinobesuch verschwand – für immer, bis jetzt. Am nächsten Tag fahren beide mit Georges Auto in die Berge, auf der Suche nach einem neuen Internat für Pierre. Bei der Rückfahrt täuscht Georges eine Panne vor; sie verbringen eine gemeinsame Nacht. – In Paris hat unterdessen Armand, durch eine Ungeschicklichkeit von Pierre, Evelynes wahre Existenz entdeckt. Als sie davon erfährt, geht sie zu Armand ins Hotel und erzählt (Rückblende), warum sie einst Georges im Kino sitzen ließ: ihr Mann hatte damit gedroht, sich mit Georges zu »beschäftigen«. Gedeckt von Armand, kann Evelyne Georges zur Rückreise nach Kanada bewegen; sie gibt ihm ihren Sohn Pierre als Sicherheit mit, daß sie selbst nachkommen werde. – Schon von Paul Mazuraud bedroht, der sich von ihr um 35 000 Francs betrogen fühlt und sie auf den Strich schicken will, sitzt Evelyne zum letztenmal mit dem treuen Freund Henri in einem nächtlich-trüben Bistro, während draußen der Nebel wallt. Dann, während Henri verzweifelt mit Georges auf dem Schiff in Le Havre zu telefonieren versucht, verschwindet sie. An den Seine-Kais im Nebel hört man Henri vergeblich nach Evelyne rufen.

Sans lendemain

Obwohl auch SANS LENDEMAIN, ähnlich wie schon LA SIGNORA DI TUTTI oder YOSHIWARA, DIVINE und LA TENDRE ENNEMIE, sich deutlich als Auftragsarbeit zu erkennen gibt, als Star-Film außerdem, so überproportional dominieren die halbnahen Einstellungen und Nahaufnahmen auf Edwige Feuillère, so sind selbst in diesem eher dünnblütigen, leicht anämischen Melodram permanente ophülssche Themen, Obsessionen, Visionen und Träume am Werk. Wenn auch nur noch ein schwacher Abglanz von der, zumal im Vergleich mit SANS LENDEMAIN, geradezu titanischen melodramatischen Kraft von YOSHIWARA, läßt sich eines von diesem Film gewiß nicht sagen, nämlich daß »there is no way of telling that it was made by Max (sic!), apart from his name on the front«[73].

Wie LIEBELEI ist SANS LENDEMAIN die Geschichte eines Doppellebens (und vom falschen Leben, das im richtigen nicht möglich ist), nur daß Evelyne Morin – und mit ihr Max Ophüls – »erwachsener« ist als Fritz Lobheimer, weshalb sie, nebenbei, auch nicht so recht zum Melodram disponiert sein kann; wie LA SIGNORA DI TUTTI und DIVINE ist SANS LENDEMAIN »dramatiquement isolé dans le monde clos du spectacle«[74]; wie LA SIGNORA DI TUTTI, YOSHIWARA, DIVINE (und später LOLA MONTEZ) zeigt sich in SANS LENDEMAIN »one of the essential ingredients of Ophuls' world at its clearest: exploitation«[75]; wie spätestens seit LIEBELEI, und von da an ohne Unterlaß, sind »all his characters (...) prisoners of social circumstances and of class«[76]; wie in der VERKAUFTEN BRAUT, LACHENDE ERBEN, LA SIGNORA DU TUTTI und namentlich in KOMEDIE OM GELD geht es um Geld und Besitz; und die Bänkelsänger und Anreißer von der VERKAUFTEN BRAUT bis KOMEDIE OM GELD finden sich verwandelt wieder in dem Entertainer des Etablissements »La Sirène«, in Henri, mit dem sich Paul Azaïs, wie schon Wernicke in der VERKAUFTEN BRAUT, als Vorläufer von Wohlbrück und Ustinov erweist, auch wenn die so klug und erwachsen geworden sein werden in dem klüger und erwachsener gewordenen Kino des Max Ophüls, sich in LA RONDE und LOLA MONTEZ nicht so tief in die Handlung verwickeln und für das von ihnen präsentierte Personal engagieren zu lassen, daß sie am Ende nach ihm im Nebel suchen müssen.

Muß man noch vom Schnee reden, dem Schnee von gestern

Sans lendemain

(LIEBELEI, ja schon DIE VERLIEBTE FIRMA) und dem Schnee von morgen (LETTER FROM AN UNKNOWN WOMAN usw.)? Die Schneelandschaften in SANS LENDEMAIN – und es schneit in den Schnee, wenn Evelyne und Georges ihre gemeinsame Nacht verbringen – korrespondieren mit anderen Evokationen von Weiß: Georges schickt Evelyne weiße Rosen; Pierres Vogelkäfig und seine Vögel sind weiß; auf der Bühne chez »La Sirène« tritt Evelyne in einem langen weißen Hermelincape auf, und darunter ist die Haut, wenn sie das Cape aufschlägt, womöglich noch weißer, und was sie darstellt in der Show-Nummer »Les quatre saisons« kann nur der Winter sein, die »schönste der Jahreszeiten«, wie Henri verkündet. Die Konnotation der Unschuld seit LIEBELEI und über die Kirschblüten und die imaginierten weiten russischen Schneefelder in YOSHIWARA (oder in der Milch von DIVINE) findet sich wieder und gleichzeitig gebrochen in dem stets mit besonderer Sorgfalt gezeichneten Gesicht der Feuillère. Während die Partien unterhalb des schweren Mundes leicht ins Diffuse vergehen, liegt Licht vor allem auf dem (auch hinterstrahlten) Haar und auf der Augenpartie, und es ist ein Weiß, in dem die dunklen Augen tiefschwarz erscheinen.
Das Licht scheint zu leben in SANS LENDEMAIN. Es ist (Kamera: Eugen Schüfftan, und zu seinen Assistenten gehört

schon Henri Alekan) so plastisch modelliert und voller Eigen-Sinn, daß es, darauf bedacht, die Personen – und wieder zumal Edwige Feuillère – in welchen Räumen auch immer in ihrer ganzen Plastizität erscheinen zu lassen, darüber die Räume selbst fast vergessen kann. Wenn es sich, nicht statisch, sondern mobil wie die Kamera eingesetzt, mit den Personen bewegt, kann (muß) dem Licht passieren, daß der Hintergrund abwechselnd hell und dunkel erscheint.
Mit SANS LENDEMAIN beginnt Ophüls mit dem Licht zu malen und zu modellieren, für SANS LENDEMAIN hat er sich ein Dekor bauen lassen, das an Genauigkeit (die rue Custine in Montmarte[77]) alle seine bisherigen Dekorationen übertrifft. Noch scheint beides nicht ganz zusammenzukommen, noch sind sich der Plastiker und der Architekt nicht ganz einig, aber eine Vorahnung auf LE PLAISIR und MADAME DE... durchatmet schon den Film, der bei aller Nähe zum »poetischen Realismus« von Carnés *Quai des brumes,* die ihm zumal die zeitgenössische Kritik ob seines oft mit Tüll und Nebel und im Zwielicht entre chien et loup verschleierten Blicks nachgesagt hat[78], ganz und gar ein Film der ophülsschen Rhetorik der Präsentation und des Zeigens bleibt. Die Kamera fährt von außen auf das Fenster der Herberge zu, in der sich Evelyne und Georges zur Nacht eingerichtet haben. Das nur halb geschlossene Fenster öffnet sich vor der Kamera, doch nicht nach innen, der Bewegung der Kamera folgend, sondern nach außen (wie einst bei Christine in LIEBELEI), und nach einer Überblendung auf Evelyne und Georges, die auf dem Bett liegen, und einer weiteren Überblendung zum Abschluß von Dialog und Szene, zieht sich die Kamera diskret aus dem Raum zurück: durch das Fenster, das sich nun hinter ihr schließt. Als öffne und als schließe sich ein Vorhang.

De Mayerling à Sarajevo. 1939/40

Im Thronsaal der Hofburg Vorbereitungen für den diplomatischen Empfang zum Geburtstag des Kaisers Franz Joseph. Pressekonferenz mit widersprüchlichen Aussagen über Krankheit und Aufenthalt des Thronfolgers Franz Ferdinand. Der kommt selbst überraschend zur Audienz beim

Kaiser. Nach heftigen Auseinandersetzungen um die politischen Ideen des Thronfolgers zeigt sich der Kaiser Arm in Arm mit ihm dem jubelnden Volk. - Vom Kaiser auf Inspektionsreise geschickt (Montage von Zeitungsausschnitten, Paraden, Empfängen, Manövern), lernt Franz Ferdinand in Brünn die tschechische Komteß Sophie Chotek kennen; langes nächtliches Gespräch im Park unter den Augen einer Statue des Kaisers. - Intrigen am Hof gegen die Liebesaffäre. Während einer Opernaufführung, zu der Franz Ferdinand nicht erscheint, befiehlt der Kaiser, daß der Thronfolger Wien nicht mehr ohne seine Erlaubnis verlassen dürfe. Maria Theresa, Schwester des Kaisers und Mutter Franz Ferdinands, empfängt Sophie beim Lever und bringt sie als Hofdame bei der Erzherzogin Isabella unter. Dort, auf einem Landschloß vor Wien, kommt es zu häufigen Begegnungen der Liebenden, bis die Affäre auffliegt: in der Taschenuhr, die Franz Ferdinand verloren hatte, findet sich ein Porträt von Sophie. - Während einer Jagd mit dem Kaiser besteht Franz Ferdinand darauf, Sophie zu heiraten. Sophie lehnt den Vorschlag einer morganatischen Ehe gegenüber dem intriganten Zeremonienmeister Fürst Montenegro ab. Maria Theresa sucht den Kaiser im Gartenhaus auf und bittet um das Glück der Kinder. Franz Ferdinand, mit einem Sonderzug unterwegs, läßt Sophies Zug anhalten und die Komteß zu sich bringen. Schon gemeinsam unterwegs, um außer Landes zu gehen, werden sie Zeugen von blutigen Repressalien der k. u. k.-Obrigkeit gegen nationalistische Demonstranten. Sophie überzeugt Franz Ferdinand, daß er um seiner politischen Ideen (Vereinigte Staaten von Österreich) willen auf die Thronfolge nicht verzichten darf. - Die morganatische Ehe ist geschlossen. Als Sophie, jetzt Herzogin von Hohenberg, beim Hofball, den Regeln entsprechend, zurückgesetzt wird, verläßt Franz Ferdinand zusammen mit ihr den Saal unter dem Beifall des Publikums. - Über neue politische Aktivitäten Franz Ferdinands informiert, ernennt ihn der Kaiser zum Generalinspekteur der Truppen. Die Jahre (Montage) flattern davon mit den fallenden Kalenderblättern, vor denen das Pendel einer Uhr schwingt. 1914, Familienszene mit Sophie und den Kindern; Franz Ferdinand kommt zu Besuch, er muß nach Sarajevo. Im Salonwagen des Zuges diktiert er eine Friedensbotschaft an die Bosniaken. Sophie erreicht bei Montenegro die Erlaubnis, Franz Ferdinand nach Sarajevo zu begleiten. Auf der Autofahrt (vom Bahnhof) zum Stadthaus wird eine Bombe geworfen. Franz Ferdinand kann sich bei der Begrüßungsansprache des Bürgermeisters nur knapp, und mit Hilfe von Sophie, beherrschen; er hält seine vorbereitete Rede. Abfahrt durch die jubelnde Menge. Princip schießt, halbnah; dann nur noch Totale: das Durcheinander in der Menge, die Abfahrt der Autokolonne.

Doch damit ist der Film, in der deutsch synchronisierten Fassung[79], noch nicht zuende. Es folgt eine Montage von Bombardements und Kampfszenen des 1. Weltkriegs (überblendet ist die Jahreszahl 1914), dann des 2. Weltkriegs (über das Bild schiebt sich als schwarze Maske ein Hakenkreuz), dann von marschierenden alliierten Soldaten (vom Rand her wehen ins Bild die Fahnen der westlichen Alliierten, die Tonmontage endet auf den letzten Takten der Marseillaise). Zur Montage ist ein Kommentar zu hören: »Aus dem Haß der Völker wurde so nach dem Willen einiger weniger Männer der Vorwand geschaffen, der 1914 zum Ausbruch des 1. Weltkrieges führte, der eine Welt zerstörte. Nach der deutschen Niederlage und nach wenigen Jahren, die auch keine Friedensjahre waren, nahm dieser Krieg unter dem blutigen Zeichen des Hakenkreuzes im Jahre 1939 bis 45 seinen Fortgang. Noch einmal kamen über die Welt die Schrecken des Todes und der totalen Zerstörung. Aber die Söhne derer von 1914 werden die Waffen nicht eher niederlegen, bis der Frieden endgültig ist.« In den Angaben des ZDF dazu heißt es: »Max Ophüls setzt an das Ende seines Films (...) Dokumentarbilder aus den Anfängen des Zweiten Weltkrieges und ruft im Kommentar die freien Völker der Welt auf, die Waffen nicht eher niederzulegen, bis der Friede gesichert ist.«[80] Die Angaben des ZDF legen weiter das Verständnis nahe, daß der dokumentarisch-kommentierende Anhang noch vor der pariser Premiere (im Mai 1940[81]) entstanden sei, was im Widerspruch steht mindestens zum zweiten Teil dieses Anhangs.[82]

DE MAYERLING À SARAJEVO trägt deutlich die Spuren der Hast, unter der mindestens der zweite Teil des Films gedreht wurde. Für die winzige Rolle des Attentäters Princip zum

Beispiel mußten zwei Darsteller (getrennt nach Innen- und Außenaufnahmen) eingesetzt werden, weil einer von beiden vorzeitig seinen Einberufungsbefehl erhielt.[83] Aber weder die Eile noch die Vermutung »il n'est pas douteux que le film fut au moins massacré au montage«[84] können das Scheitern des Films befriedigend erklären. Im Film – jedenfalls wie er heute vorliegt – durchkreuzen und widersprechen sich fast beständig zwei Linien und Absichten: die Haupt- und Staatsaktion (die nur zweimal in Montagesequenzen verdrängt werden kann) auf der einen Seite, das Kammerspiel der Intimität der Liebesgeschichte auf der anderen; oder: die explizit politischen Partien hier und die wahre Politik, die Geometrie der Gefühle dort. Von dem unzureichenden Versuch, beide Sphären zusammenführen, werden beide beschädigt.
Der Kaiser erscheint bei aller Sturheit der Staatsräson, die er vertritt, von einer immerzu pantoffeltragenden Bonhomie und kaum einmal in der gebotenen Distanz und Perspektive, und aus dem Intriganten Montenegro macht die Inszenierung den obligatorischen Bösewicht eines Provinztheaters, beispielsweise in der Szene mit Sophie Chotek: während sie, die Lichtgestalt der ganzen Veranstaltung, von Licht geradezu überflutet wird, fallen auf das Gesicht des Zeremonienmeisters die tiefen Schatten der primitivsten Dämonisierung. Auf der anderen Seite gelingt es kaum einmal, die Sphäre Sophie/Franz Ferdinand über das rein Plakative hinauszuführen – zu dessen (Ophüls gemäßen) Sinnfälligkeit dem Film der Rahmen der Demonstration und Repräsentation fehlt. Der Gestus des Zeigens verflüchtigt sich in das Gezeigte selbst, und die Geometrie der Gefühle kann ein Spannungsfeld nicht aufbauen, wenn zwischen den Polen bestenfalls kausale Beziehungen herrschen; eine Spannung zwischen Sophie und Franz Ferdinand ist von vornherein ausgeschlossen, und beide reagieren nur wie pawlowsche Hunde auf die Signale der Außenwelt.
Es gibt indessen (neben zwei, drei anderen Sequenzen: eine LOLA MONTEZ vorweggenommene »Nadel-und-Faden«-Szene, wenn die von einem Diener gefundene verräterische Taschenuhr des Thronfolgers von Hand zu Hand gereicht wird, bis Isabella den Klappdeckel aufspringen läßt; die Eröffnungs-Szene, die wie eine Ouvertüre vor der Ouvertüre ist, mit einer sehr organisch fließend arrangierten Abstim-

mung zwischen den Bewegungen der Personen und der Kamera) eine grandiose Ausnahme, die der näheren Betrachtung wert ist, weil sie demonstriert, was selbst aus diesem Film hätte werden können. Es ist bezeichnenderweise eine Szene, in der die Kamera sich spürbar den Gestus des Zeigens aneignet.

Franz Ferdinand hat bei seinem Besuch in Brünn die junge Komteß Chotek in der Nacht zu sich in den Park der Burg gebeten. Er entschuldigt sich für sein schlechtes, penetrant gelangweiltes Betragen beim Empfang, auf dem Sophie einen ebenso umständlichen wie länglichen Vortrag über die Gemeinsamkeiten der mährisch-österreichischen Geschichte gehalten hat; sie entschuldigt sich für ihre brüske Reaktion. So kommen sie bald in ein Gespräch, in dem offen das Nationalitätenproblem und die problematischen Üsancen der habsburgischen Politik angesprochen werden, in dem es aber auch immer, sozusagen interlinear, um ihre Beziehung geht, die gerade erst vorsichtig beginnt. Die Szene dauert etwas über fünf Minuten und ist in 23 Einstellungen gegliedert, wovon drei Einstellungen (die 9. bis 11.) zusammen etwa 20 Sekunden lang den in der Nacht auf seine Tochter wartenden alten Grafen Chotek in seiner Wohnung zeigen.

De Mayerling à Sarajevo

De Mayerling à Sarajevo

Die beiden zentralen Einstellungen der Szene (die 5. und die 7.) dauern knapp anderthalb beziehungsweise knapp eine Minute lang; die 5. beginnt mit einem Fahrschwenk (Franz Ferdinand geht auf Sophie zu), steht lange in einer Halbnahen auf beide und folgt ihnen dann mit einem leichten Fahrschwenk, während sich Sophie und Franz Ferdinand auf eine Bank setzen wollen (was die 6. Einstellung in einer Totalen zeigt); in der 7. Einstellung fährt die Kamera unendlich langsam auf das Paar zu (wie einst in LIEBELEI auf Fritz und Christine beim Abschiedsgespräch). Sehr viel lebhafter, fast im crescendo (und ohne daß der Inhalt des Gesprächs dazu Veranlassung gäbe), ist der zweite Teil der Szene montiert: nach einer Überblendung von der Lampe in Choteks Wohnung auf den Mond über dem Park folgen noch zwölf Einstellungen von zusammen weniger als zwei Minuten Dauer.

Jederzeit in dieser musikalisch rhythmisierten und gleichsam mit Synkopen arbeitenden Szene ist das Sehen selbst zu spüren, wird es gezeigt. Denn es ist nicht nur die Kamera, die das Paar beobachtet; es ist auch der Kaiser, das heißt seine Statue, die über dem Park und dem Paar thront. Sie kommt immer wieder ins Bild, sei es daß die Kamera über ihre

Schulter blickt, sei es daß das Paar zur Statue, die auch Gegenstand des Gesprächs wird, aufschaut, sei es daß (in der letzten Einstellung) die Kamera dem den Park verlassenden Paar nachschaut und mit einer Kranfahrt auf die Büste des Kaisers schwenkt: auch sie (auch er) blickt den beiden hinterher.
Es ist, es hätte sein können, die Schlüsselszene des Films. Denn in ihr ist die bebende Spannung zu spüren zwischen der Leidenschaft des Lebens und seiner Gefühle und den Widersprüchen aus den gesellschaftlichen und politischen Ordnungen. In ihr werden Sophie und Franz Ferdinand zu den ophülsschen Gestalten, die Emanationen des Raumes sind, aus dem sie hervorgehen und in den sie wieder eintreten. Bis der Vorhang fällt. Oder bis ein Kaiser, und sei es nur sein Abbild, das Nachsehen hat.

The Exile. 1947

Aufregung in dem zum Versteck umgebauten Lagerhaus: die Getreuen des aus England vertriebenen Stuart-Königs Charles II. erfahren, daß Cromwells »Rundköpfe« inzwischen in Holland angekommen und dem König auf der Spur sind. Der schlendert auf dem Markt herum, kauft Lebensmittel zusammen und bändelt mit der schönen Blumenverkäuferin Katie an. Die Rundköpfe, die bedrohlich auftauchen, kann er austricksen. Vor seinen Getreuen erklärt er, daß er nach England nicht mit Krieg zurückkehren werde, sondern nur, wenn das ganze Volk ihn rufe. – Genötigt, sich ein neues Versteck zu suchen, erinnert sich Charles an Katie, springt auf ihr Boot, wirft den mißgünstigen und faulen Cousin Jan, der Katie wegen einer hohen Schuldenlast in der Hand hat, über Bord. Während Katie und Charles Segel setzen und er von seiner Heimat Schottland erzählt, wird in einer weitläufigen Burg in England Colonel Ingram von Cromwell beauftragt, nach Holland zu reisen und Charles zu töten. – Katies Bauernhof und Schenke, ihre Tulpenfelder. Charles geht überall zur Hand und gibt vor, einem heruntergekommenen Schauspieler zu glauben, der sich, auf Zechprellerei bedacht, als der steckbrieflich gesuchte König Charles ausgibt. Eine luxuriöse Equipage fährt vor: die Marquise de Courteuil, sie macht aus einer früheren Liaison mit Charles kein Geheimnis, bringt ihm eine Botschaft des französischen Königs und eine juwelenbesetzte Spieluhr, die Charles sogleich verkaufen läßt, um Katies Schulden auszugleichen. Katie erfährt davon erst bei der Abreise der Marquise und ist glücklich, daß Charles, den sie voller Eifersucht davongeschickt hatte, sich in seiner (und ihrer) Liebe nicht hat verwirren lassen. – Ingram ist eingetroffen und mit ihm ein Trupp Berittener. Akrobatisches Versteckspiel durch Haus und Hof, Flucht zu Pferde, Showdown in einer Mühle: Charles stößt Ingram in die Tiefe. Inzwischen sind seine Getreuen da mit Mannschaften aus England: das Parlament bittet den König zurückzukehren. – Das Lagerhaus ist festlich geschmückt. Charles, der zögert, läßt sich von Katie überzeugen: er wird in England gebraucht wie sie auf ihrer Farm. Triumphaler Abgang des Königs. Katie weint in seinem verlassenen Zimmer. Dann zieht sie die Kapuze über.

Nach mehr als sieben Jahren[85] endlich wieder ein Film: die Kamera, das Licht, das Dekor, die Bewegungen der Schauspieler, die Wege, die sie gehen, die Sprünge, die Douglas Fairbanks junior macht – ach, es sind nicht die Sprünge »comme chez papa«[86], sie sind viel zu leicht, verspielt, vertanzt, Nachahmungen, sind Hüpfer eher als Sprünge, gleichviel –: alles in diesem Film scheint zu jubeln: endlich wieder ein Film. »(. . .) tatsächlich haben wir bei den Dreharbeiten zu diesem Film ungemein viel Spaß gehabt, vielleicht sogar ein wenig zu viel, weil es mir sehr oft passierte, daß ich Szenen filmte, ohne zu wissen, wer nun auf wen schießt, warum geschossen, warum getötet wird . . . Kurz, ich konnte schwer folgen. Ich glaube, daß man das in dem Film spürt, aber ich habe viel Vergnügen daraus gezogen, Fairbanks arbeiten zu lassen . . .«[87]
Und alle kommen auf ihre Kosten, der nach Archetypen stochernde und psychoanalytisch mit Jan als »repressive father towards Katy« und Ingram, der gleich nach der Liebesszene auf dem Plan ist, als »forbidding father« argumentierende Michael Walker[88] genauso wie Karl William Guérin, der in den schnurgeraden Wegen, die der König geht, wieder das lebensverneinende männliche Prinzip unterwegs und in der verlassenen Katie die Arabeske des weiblichen Prinzips des

Lebens sehen kann[89], als wären es keine »Arabesken«, die Fairbanks junior in den Film gehüpft hat, als wäre es keine schnurgerade Parallelfahrt, die das Boot des zur Liebe ausersehenen Paars begleitet.
Claude Beylie[90] fühlt sich, was das Dekor angeht, an Gemälde von Philips Wouwerman und (Salomon van) Ruysdael erinnert, wie könnte es auch anders sein in Holland Mitte des 17. Jahrhunderts, und Barry Salt[91] kann allen Jubel und alle Begeisterung ordentlich dämpfen, wenn er ernüchternd festhält: »When Ophuls finally returned to filmmaking in America (...), the stylistic context had radically changed. Long takes had become an accepted part of the scene again, and extensive camera movement had been used by Minelli and Preminger and others from 1945 onwards.« Das Ereignis dieses Films ist damit nicht erfaßt.
Jederzeit ist auch heute noch spürbar, mit welcher Neugier, welcher Lust sich Ophüls des neuen technischen Standards bedient, wie er die avancierte Technik amerikanischer Studios für seinen »europäischen« Blick auf die Zusammenhänge, die Komplexität der Erscheinungen nutzt, wie sie ihn belebt und zu jeder Kühnheit animiert. Es ist in der Tat wie

The Exile

The Exile

ein Aufbruch, so, als ob er noch einmal von vorn beginne, als der Autor der VERKAUFTEN BRAUT, »qui a retrouvé enfin toute sa légèreté et sa turbulence«[92]. Und doch ist gleichzeitig die Erfahrung der anderen Filme präsent, die der SIGNORA DI TUTTI oder KOMEDIE OM GELD oder SANS LENDEMAIN und selbst, in den geglückteren Momenten, DE MAYERLING À SARAJEVO einbeschriebene Aktivität des Sehens. Wie DE MAYERLING À SARAJEVO demonstriert, welch innige Beziehungen zwischen Raum und Zeit walten, wenn etwa ein verspäteter Journalist zur Pressekonferenz kommt oder Franz Ferdinand bei seinem ersten Auftritt durchs Schloß zum Kaiser geht, so zeigt THE EXILE solche Wege sonder Zahl, in langen, mobilen Einstellungen in der wenig übersichtlichen Innenarchitektur des Lagerhauses, das ja schließlich Schlupfwinkel ist und deshalb in seiner Verwinkelung vorgeführt wird, oder wenn durch die Halle von Cromwells Burg die Boten stampfen, hin und her, und schließlich Ingram die Szene betritt.

Alle diese Wege sind für den »Inhalt« der Erzählung so überflüssig, wie sie für den Film unverzichtbar sind. Weil sie nicht nur sind, was sie sind, sondern auch zeigen, was sie sind. Wenn Ingram bei Cromwell am Tisch sitzt, sitzen sie in

The Exile

der Halbtotalen durchaus auf gleicher Höhe, aber dann nimmt die Kamera die gleiche Personengruppe aus einer um etwa 120 Grad nach rechts verlagerten Position auf, und Cromwell, jetzt rechts im Bild und im Anschnitt, sitzt mindestens einen Kopf höher als Ingram: es ist der Augenblick, in dem er Ingram befiehlt, Charles zu finden und zu töten.

Von solchen Momenten des Zeigens und der Aktivierung des Sehens ist der Film voll, von der geradezu genüßlichen Vorführung der Ankunft der Marquise, ihres halben Einzugs in, dann halben Auszugs aus Katies Herberge, sozusagen auf halber Treppe und schließlich doch, sobald sie Charles wiedererkannt hat, die ganze nehmend, bis zu der quasi unschuldig-neugierigen Fahrt der Kamera auf das Stallfenster zu, hinter dem sich Charles und Katie (endlich!) umarmen, und dann schlägt der Holzflügel des Fensters zu, geht wieder auf, schlägt wieder zu undsoweiter: und es gibt (anders als in LIEBELEI und ähnlich wie in SANS LENDEMAIN) keinen anderen Beweg-Grund für diese Bewegung, als das Sehen zu gewähren und zu verwehren und zu gewähren undsoweiter. Als das Sehen zu zeigen und sichtbar zu machen. Gerade in der Verweigerung.

Das Drehbuch, natürlich orientiert am Genre des Mantel- und-Degen-Films, das fast so alt ist wie das Kino überhaupt, stammt von Fairbanks junior selbst, der endlich einmal wie sein stummer Vater sein möchte, weder ein »repressive father« noch ein »forbidding father«. Als der Produzent scheint er dem Regisseur Ophüls in der Tat freie Hand gelassen zu haben und darf dafür durch die vielen, im Film dominierenden Totalen hüpfen nach Herzenslust und wohin auch immer. Ophüls, so scheint es, hat unterdessen ein festeres Ziel im Auge. Er führt das Genre vor, ohne es auch nur im geringsten zu denunzieren; aber er führt es als Genre vor. Niemals ist zu übersehen, daß sich alles im Studio abspielt, und daß das Dekor, Wouwerman hin und Ruysdael her, für die Kamera, das Vorzeigen und das Sehen hergerichtet ist. Daß der märchenhaft schöne Himmel Prospektmalerei und alle Köstlichkeiten der freien Natur, die der König im Wartestand genießt, künstliche Blumen sind. Wie die Tulpen, die gelben waren noch nie so weiß, die Katie pflanzt und pflückt und pflanzt und pflückt und pflanzt.

The Exile

Letter From an Unknown Woman. 1947/48

Wien um 1900. Eine Kutsche in regnerischer Nacht. Stefan Brand wird von zwei Freunden verabschiedet, die ihn um fünf Uhr zum Duell abholen wollen. In seiner Wohnung übergibt ihm sein stummer Diener Johann einen Brief. Noch über eine Waschschüssel gebeugt, beginnt Stefan zu lesen. Dann geht er mit dem Brief an seinen Tisch. - Rückblende (»Wenn du diesen Brief liest, bin ich schon tot«: die Stimme von Lisa): als junges Mädchen betrachtet sie neugierig den Einzug des Pianisten Stefan Brand in »ihr« Haus, lauscht fasziniert (auf der Schaukel) seinem Spiel; sie steht in der Tür zum Vestibül, als er das Haus verläßt und sie freundlich grüßt. In den Bibliotheken studiert sie Noten; sie besucht die Tanzschule, dringt heimlich in die Wohnung von Stefan ein, bewundert alle Gegenstände wie Devotionalien. Als sie von ihrer verwitweten Mutter erfährt, daß die den Militärschneider Kastner heiraten will, was Umzug nach Linz bedeutet, gerät sie in große Erregung. Bei der Abfahrt läuft sie vom Bahnhof weg in das Haus - und sieht, wie Stefan eine Frau mit in seine Wohnung nimmt. - Der lesende Stefan (»Danach blieb mir nichts mehr ...«) - Rückblende: Sonntag in Linz. Kirchgang mit den Eltern, dem Oberst und mit Leopold, dem jungen Leutnant, dem Lisa, als er um ihre Hand anhält, sagt, sie sei schon verlobt: mit einem Musiker in Wien. - Stefan Brand liest, Johann bringt Kaffee und Cognac. - Rückblende: Jahre später. Lisa arbeitet in einem Modesalon in Wien als Vorführdame. Nachts steht sie, im Schnee, vor Stefans Haus. Straßenmusikanten. Stefan kommt und spricht sie an, ohne sie wiederzuerkennen. Sie gehen durch die Nacht, in einem Café sagt er eine Verabredung ab, sie essen in einem Séparée. Fahrt durch den Schnee, er kauft ihr eine weiße Rose. Im Prater, in einem Zugabteil, lassen sie Panoramen an sich vorbeiziehen. In einem nächtlichen Prater-Café tanzen sie (die letzten Gäste) Walzer, eine müde Damenkapelle spielt. Stefan spielt auf dem verstimmten Klavier. Heimfahrt. In seiner Wohnung umarmt Stefan Lisa. Schwarzblende. Stefan besucht sie im Modesalon der Madame Spitzer: er muß auf eine Konzertreise nach Mailand. Abschiedsszene am Bahnsteig. - Kreißsaal eines Spitals; Lisa weigert sich, den Namen des Vaters zu nennen; ihr

Sohn wird Stefan heißen. - Brand betrachtet Fotos seines Sohns mit der Lupe. - Rückblende: Jahre später. Lisa, mit dem Diplomaten Johann Stauffer verheiratet, versorgt den jetzt etwa siebenjährigen Stefan zur Nacht: er darf in ihrem Bett schlafen. Im Foyer der Oper sieht sie den deutlich gealterten Stefan Brand. Während Papageno singt und Brand sie aus der Nachbarloge neugierig betrachtet, schützt Lisa Kopfschmerzen vor und verläßt die *Zauberflöte*. Vor dem Opernhaus wird sie von Stefan angesprochen, der sie schon irgendwo gesehen haben will. In ihrer Kutsche wartet, unerwartet, ihr Mann; sie sagt: sie könne nicht dagegen an; er mahnt Anstand und Ehre an. Lisa bringt Sohn Stefan zum Zug, zuerst in ein gesperrtes Abteil, in dem ein Typhus-Kranker gereist ist. Sie sagt, sie werde in zwei Wochen nachkommen. In der Nacht sucht sie Stefan in Wien, kauft vor seinem Haus einen Strauß weißer Rosen und geht hinein; Stauffer sieht es aus der Kutsche. Stefan Brand erkennt sie nicht wieder, er will auch nicht seriös sein und präpariert schon den Champagner. Lisa verläßt Wohnung und Haus. - Ein Zimmer im Krankenhaus, in dem sie schreibt: ihr Sohn sei gestern gestorben. Der Text des Briefes bricht ab; von Schreibmaschine und fremder Hand folgt ein Zusatz: die Kranke habe vor ihrem Tod den Namen des Adressaten immer wieder genannt. - Stefan legt den Brief zur Seite. Er sieht Lisa und sich: die letzte Kußszene, die Begegnung im Schnee, den Walzer im Prater-Café, Kutschfahrt, der Prater, der Tanz, Stefan am Klavier. Draußen sind Kutschen vorgefahren. Stefan geht hinaus. Und sieht Lisa, das Mädchen, in der gläsernen Vestibültür stehen. Stefan steigt in die hintere Kutsche ein. Die Kutschen fahren in die Nacht.

Die Synopsis folgt einer englischsprachigen Kopie von 84 Minuten Länge; die Originallänge des Films wird indessen mit 87 Minuten angegeben, ebenso die Dauer der deutschsprachigen Verleihfassung von 1950[93]. Eine zuletzt im Ersten Deutschen Fernsehen (ARD) gezeigte Kopie hat eine Sendelänge von 71 Minuten, was, umgerechnet von 25 auf 24 Bilder/Sekunde eine Länge von etwa 74 Minuten ergibt.[94] In dieser Fassung fehlt unter anderem die Sequenz, in der Lisa Musik lernt. Oder eine Szene in Stauffers Haus nach dem Opernbesuch: da steht er vor einem Arrangement von

(Duell-)Waffen und erklärt, er werde alles tun, um Lisa vor ihrem Wahnsinn zu schützen (daß Stauffer der Gegner von Brand sein wird, kann man in der Fernsehfassung nur noch erraten[95]). Oder Lisas heimlicher Adorationsbesuch in Stefans Wohnung (wobei sie am Ende von Johann überrascht wird), der mit zwei anderen Szenen korrespondiert: die Faszination des Mädchens beim Einzug Brands angesichts seiner Möbel, Lampen, des Flügels usw. sowie, beim letzten Besuch, ihr Gang durch Brands Zimmer, wo sie alle Gegenstände bis hin zum jetzt abgeschlossenen Flügel wie alte Bekannte zu begrüßen scheint.

Was die Fernsehfassung dem Film an Verstümmelung angetan hat, wird geradezu schmerzhaft sichtbar in der nächtlichen Sequenz, die mit der ersten Begegnung im Schnee vor Brands Haus beginnt. »Sie gehen durch die Nacht, in einem Café sagt er eine Verabredung ab, sie essen in einem Séparée« (s. o.): die Kamera erfaßt das vorbeigehende Paar, das draußen die Ecke des Hauses umrunden muß, mit einem Schwenk von innen über Mobiliar und Gäste hinweg durch die Fenster (wie ein Echo auf diese Einstellung wird später in LE PLAISIR die Fahrt von außen an den Fenstern der Maison Tellier vorbei sein), dann tritt Brand ein, während Lisa unter der Tür wartet; danach werden sie, immer noch von innen gesehen, draußen eine Kutsche besteigen. In der Fernsehruine fehlt der mittlere Teil: Brand betritt nicht das Café, und Lisa wartet nicht an der Tür. Der Eindruck ist verheerend: es gibt keinen Anlaß mehr, die Kamera aus dem Innern des Cafés nach draußen blicken zu lassen: sie erwartet Brand nicht mehr.

Dabei ist das ein bevorzugter Gestus der Kamera: sie wartet, wie Lisa wartet. Sie wartet in Brands Wohnung auf Lisa; wartet im verseuchten Zugabteil, bevor Lisa und Stefan junior einsteigen; wartet im Kreißsaal, aus dessen Hintergrund (und aus der Unschärfe) sich eine Schwester nähert; sie wartet mit Lisa hinter der Glastür auf Brand, der die Treppe herunterkommen wird. Sie wartet mit Lisa, wie sie auf Lisa wartet. Zuerst mit dem Mädchen, das nicht nach Linz fahren wollte und vor Brands Wohnungstür hockt und dann die Treppe ein paar Stufen höher steigt, eine Treppe, die ins Nirgendwo führt und nur zum Warten und Schauen bestellt zu sein scheint. Von dort aus sieht Lisa, die Kamera

Letter From an Unknown Woman

blickt tief nach unten, Brand mit einer eleganten Frau das Haus betreten, die Treppe hochkommen, in die Wohnung gehen. Und dort, genau dort, wartet die Kamera und blickt tief nach unten, wenn Lisa zusammen mit Brand das Haus betritt, die Treppe hochkommt und mit ihm in seine Wohnung geht.

Es ist, mehr noch als jede Dialogszene oder jede andere Aktion der Protagonisten, der Augenblick der größten Verdichtung des Films. Lisa scheint sich selbst zuzusehen, in dem Moment, in dem die Erzählhaltung des Films (seiner größten Partien: die Rückblenden) aus der Perspektive Lisas mit der Perspektive der Kamera, die in der Perspektive Lisas blickt, zur Deckung kommt. Oder zu kommen scheint: denn so »realistisch« (und ironisch natürlich) die Szene und ihre Verdoppelung anmuten, so wenig hat das alles mit landläufigem Realismus zu tun. Jedes eine ist gegenüber jedem anderen leicht verschoben. Es ist eine Wirklichkeit, die der Film sich selber schafft und die er gleichzeitig immerzu verwirrt.

Niemals wird es gelingen, die Innenarchitektur des Hauses exakt nachzuzeichnen, etwa die Lage der Wohnung von Mutter und Tochter Berndl zur Lage von Stefan Brands Wohnung genau zu definieren. Schon der Eingang zum

Haus, das Vestibül, ist ein Mirakel; oder die Treppe, die ins Nichts führt; oder die Treppe an der Hof-Außenseite des Hauses, über die Lisa und ihre Freundin dem Diener Johann beim Transport des schweren Teppichs helfen. Und das Herz des Hauses ist die große Freitreppe, die sich in sanften Bögen nach oben schwingt, eine Treppe, viel zu kostspielig für ein bürgerliches Haus, ein fremder Gegenstand fast, das Juwel, der Solitär, liebstes Objekt einer schwerelos mitschwingenden und makellos in allen Variationen und da capos musizierenden Kamera. Franz Planer, der schon LIEBELEI fotografierte (und THE EXILE), kann in LETTER FROM AN UNKNOWN WOMAN dank der perfekten amerikanischen Studiotechnik machen, was ihm in LIEBELEI verwehrt bleiben mußte: hier wie dort wird zum Beispiel die Aufführung einer Oper vorzeitig verlassen. Aber bei der *Entführung aus dem Serail* kann nicht geschehen, was bei der *Zauberflöte* gewährt ist: zu zeigen, wie jemand die Oper verläßt; und als habe er etwas nachzuholen, zeigt Planer die große barocke Treppe im Foyer des Opernhauses nicht nur: er scheint sie vielmehr zu liebkosen.

Ich weiß nicht, ob das schon die »optique très féminine« ist, die Louis Marcorelles[96] LETTER FROM AN UNKNOWN WOMAN attestiert. Es ist jedenfalls eine Optik oder Sehweise, in der sich alles Feste zu verflüssigen scheint. So deutlich sich die Kamera bemerkbar macht, etwa in den langen Parallelfahrten mit einbezogenen oder sich anschließenden Schwenks oder/und Veränderung des Neigungswinkels in der Linz-Sequenz, so sicher und souverän wir uns an die Hand genommen fühlen mögen –: es ist genau dieses Verfahren, das uns den Boden unter den Füßen wegzieht. Dazu kommt, dazu gehört »das Grundmuster der Verdoppelung, das immer wiederkehrt und bewirkt, daß Ophüls' Filme wie ein Spiegelkabinett anzusehen, wie ein Echotal anzuhören sind«[97], denn auch die Verdoppelung spiegelt Sicherheit und Festigkeit vor: was kann uns schon passieren, das kennen wir doch schon.

Das aber ist die Falle, die in den ophülsschen Filmen aufgestellt ist, selbst in der kaum weiträumiger zu denkenden Offenheit eines Opernhausfoyers. Denn auch diese Treppe

wird zweimal aktiviert, zuerst, wenn Lisa am Arm Stauffers inmitten einer Menge festlichen Publikums die große Treppe hinaufschreitet (und erst von oben, von der Balustrade sieht sie, und hört sie über ihn sprechen, Stefan Brand): da begleitet die Kamera Lisa noch, da ist sie ganz mit ihr verschwistert. Dann aber, während Papageno singt: »Ein Mädchen oder Weibchen wünscht Papageno sich« (kurioserweise auf Italienisch!) und Lisa flüchtet, steht die Kamera in großer Distanz und folgt der Kurve der Treppe und der Kurve, die Lisa nimmt, nur aus dem Abstand, den sie von Lisa genommen hat: schneidender kann Ironie kaum sein. (Ein anderes Beispiel für das Verhalten der Kamera gegenüber Lisa: sie begleitet die junge Frau bei ihrem letzten Besuch in Stefans Wohnung, wo sie entschlossen ist, ihr Leben für ihn hinzugeben; doch wenn Lisa, enttäuscht von Stefans geschäftiger Kälte, mit der er comme il faut eine Liebesnacht vorbereitet und nichts als eine Liebesnacht, fortgeht und zum letztenmal über die so oft beschrittene Treppe, folgt ihr die Kamera nicht mehr: für sie ist Lisa schon gestorben.)

»Each scene must have a life of its own apart from its dramatic function in the story«, schreibt Howard Koch[98] in Erinnerung an die Zusammenarbeit mit Ophüls beim Drehbuch. Bei den Verdoppelungen ist es dieses »Eigenleben« jeder Szene, das den Effekt der pessimistischen Ironie macht, durch die Evokation der ersten Erscheinung unter dem Aspekt der leichten Verschiebung der zweiten Szene, die sich über die erste zu legen scheint. Zweimal verabschiedet sich Lisa auf dem Bahnhof von einem Stefan, zuerst von Stefan Brand, dann, rund zehn Jahre später, von ihrem Sohn. Beidemal ist vom Wiedersehen in »zwei Wochen« die Rede. Schon der erste Abschied ist überlagert von schmerzlicher Vorahnung (die in der Narration des Briefes, man hört die Stimme Lisas, bestätigt wird), so daß die »Wiederholung« mit Stefan, dem Sohn, sogleich auch die Emotion wiederholt: Lisa »weiß« in diesem Augenblick, daß sie ihren Sohn nicht wiedersehen wird. Obwohl sie nicht wahrgenommen hat, was dem Film (dem Zuschauer) nicht entgangen ist: das erste Abteil, in das sie mit Stefan stieg, war von einem Typhuskranken infiziert, der wahrlich hinter ihrem Rücken, während sie geschmerzt dem ausfahrenden Zug nachschaut, auf einer Bahre davongetragen wird.

Die Ironie dieser Szene ist nicht nur eine Ironie der Emotion, sie enthält auch die entschiedenste Ironisierung der Erzählhaltung. Immer vorausgesetzt, daß die Rückblenden erst in dem Maße zum Bild werden, in dem sie aus der Narration von Lisas Brief hervorgehen, löst (und befreit) sich die Narration des Filmbildes[99] von der nur literarischen. Damit kommt, so scheint mir, LETTER FROM AN UNKNOWN WOMAN an einem für das Werk von Ophüls konstitutiven Punkt an: die Freiheit, ja die Anarchie der Fantasie und der Visionen vor und von allem literarischen, gesellschaftlichen, psychologischen Kontext der Vorverständigung. Oder um mit Lisa zu sprechen, wenn ihr im verschneiten Prater Stefan sagt, daß er den Winter allen anderen Jahreszeiten vorziehe, aber nicht wisse: warum –: sie denke, daß er sich im Winter vorstellen könne, wie alles im Frühling aussehe, während es im Frühling nichts gebe, was man sich vorstellen könne. Nimmt man hinzu, daß Henri in SANS LENDEMAIN Evelyne, die schönste seiner Schönheitstänzerinnen, in dem Couplet von den vier Jahreszeiten, als die Allegorie des Winters präsentiert, der »schönsten der Jahreszeiten«, oder fügt man den Schnee hinzu von der VERLIEBTEN FIRMA über LIEBELEI bis YOSHIWARA, kann es ein treffenderes Argument für den Film in Schwarzweiß kaum geben. Von dem Mädchen Lisa, schon fasziniert von Stefan Brand, schon von Vorahnungen ihres amour fou erfaßt, sagt ihre Freundin, daß sie rot geworden sei: man braucht es nicht zu sehen, man kann es sich vorstellen. Oder um mit Ophüls zu sprechen: »Wort und Technik und logische Sichtbarkeit (sollten) im Film hinter das Bild zurücktreten, hinter die Vision, die im Kino zum Träger der künstlerischen Wahrhaftigkeit werden kann und die in sich zahllose Wunder verbirgt.«[100]

Eines dieser zahllosen Wunder ist die Selbstverständlichkeit, mit der wir Brüche in der Erzählperspektive (die Typhus-Episode ist nur ein Beispiel, wenn auch das unerhörteste unter vielen) zu akzeptieren bereit sind. Oder daß Stefan Brand – bei aller Ichbezogenheit und Flatterhaftigkeit des jungenhaften Roué ein Mirakel – Lisa niemals erkennt oder wiedererkennt; und daß sie ihn trotzdem liebt, immer mehr als weniger in ihre Hingabe versunken; und daß sie sich ihm niemals zu erkennen gibt. Er erkennt sie nicht, und sie will nicht erkannt werden (obwohl es im biblischen Sinne des Wortes

Letter From an Unknown Woman

geschieht)? Michael Walker[101] sucht die Antwort bei Freud (was läge in Wien näher?), indem er in Lisa die allwissende Mutter zu erkennen behauptet (die nicht zufällig den kleinen Stefan, ihr Abbild des großen Stefan, in ihrem Bett schlafen läßt, während sie zur Oper und damit - unterbewußt - zu Stefan Brand unterwegs ist), und in dem vergeßlichen Liebhaber die leibhaftige Verdrängung. Auch Guérin[102] verallgemeinert, indem er im Ewig-Weiblichen »selon Ophuls« ein Prinzip festmacht, das »allen Wesen und allen Dingen erlaubt, ihre natürlichen Qualitäten zu enthüllen«, worauf »der Mann«, dem es nicht gelinge, »die Qualitäten der weiblichen Seele den Forderungen einer dominierenden Vernunft zu unterwerfen«, es vorziehe, sich davon zurückzuziehen: »La femme reste donc pour lui une éternelle 'inconnue' qui finit par mourir de l'amour qu'elle garde en elle.«

Doch was ist die Antwort des Films auf das Enigma? Daß die Liebe um so größer und strahlender erscheinen kann, je weniger sie sich davon beirren läßt, nicht »erkannt« zu werden? Wäre Lisa dann nicht ein Monster? Oder eine Heilige? Die Fetischisierung, die sie schon gleich zu Beginn mit den Objekten betreibt, die von den Möbelpackern in Stefans Wohnung gebracht werden, deutet in diese Richtung. Aber

alle solche Ansätze zur Lösung des Rätsels sind bestenfalls statisch und haben mit der Bewegung des Films wenig zu schaffen. Die dokumentiert sich in der »unmöglichen« Zumutung, daß Stefan Brand den Brief der Unbekannten liest, aber nur wir sie sehen sollen (Stefan »sieht« sie erst ganz am Schluß, und die Bilder, Erinnerungsfetzen, die er sieht, sind an den Rändern mit Schlieren versehen, die Strukturformen des Gehirns, des Gedächtnisses, assoziieren lassen). Sie gibt sich zu erkennen in geradezu kontraproduktiven Einstellungsgrößen und -längen: in Momenten der extremen Emotion Lisas verhält sich die Kamera vollkommen kalt, das heißt: sie hält Abstand, nicht nur von der Treppe, wenn Lisa die Oper verläßt, sondern, darauf hat Salt[103] schon hingewiesen, zum Beispiel auch in Linz. Film, ob schwarzweiß oder farbig, ist nicht Schnee (oder Literatur), Film bindet Fantasie, schreibt Fantasie fest und vor - bei Ophüls setzt er Fantasie gleichzeitig frei, indem er Abstand nimmt. Und das Rätsel, das Geheimnis uns überläßt.
Eine Kutsche kommt an, eine Kutsche fährt ab: der Kreis schließt sich. Immer wieder, ob in den Verdoppelungen, Wiederholungen oder einzelne Sequenzen abschließenden Bewegungen zeigt sich das gleiche Muster, das Muster des Wal-

Letter From an Unknown Woman

zers, des Reigens, von LA RONDE. Ähnlich repetierend verhält sich die Musikmontage, die einzelne Motive nicht einfach verloren gibt (der Walzer zuerst als source music der Damenkapelle und von Stefan am Klavier, dann vom Orchester übernommen; das Operetten-Lied der Straßenmusikanten: »Nur für Natur schwärmte die Melanie«): »der Kreis ist die zentrale Metapher«[104], die ewige Wiederkehr des Gleichen ist angezeigt, Zirkelschlüsse werden nahegelegt: das Geheimnis ist das Geheimnis ist das Geheimnis. Und: niemand kann sich wirklich verändern, jeder bleibt da, wo er ist, etwa in der Prater-Bahn, die sich keinen Zentimeter von der Stelle bewegt, während am Abteilfenster die Postkarten-Ansichten von Venedig (wieder Venedig wie in der VERLIEBTEN FIRMA) vorbeiziehen wie in YOSHIWARA die russischen Schneefelder, und wenn die Tour an ihrem Ende angekommen ist, bestellt Stefan das ganze noch einmal von vorn. Alles nur Wiederholung, nichts verändert sich wirklich, die Kamera mag den Protagonisten die Räume öffnen, sie begleiten, sie mit sich reißen, treppauf, treppab auf diesen Bühnen der Kommunikation: ihr Immobilismus widersteht allen Angeboten. So sind sie nichts als Konfigurationen der Kunst und ihres verschwiegenen Vampirismus. Sooft der Film noch einmal anfangen, sooft der Brief einer Unbekannten in seine Hände kommen könnte: Stefan Brand wird immer nur unter seiner Leselampe am Tisch sitzen können. Die einzigen, die sich bewegen (könnten), sind wir.

Caught. 1948/49

Maud träumt mit ihrer Freundin Maxine den amerikanischen Mädchentraum: einen Millionär zu heiraten. Sie beginnt als Modell, nennt sich inzwischen Leonora und wird prompt zu einer Party eingeladen. Dort lernt sie Smith Ohlrig kennen, einen der reichsten Männer Amerikas, dem sie zu verstehen gibt, daß sie keine leichte Beute sei. – Ohlrig bei seinem Analytiker, der ihm seine Neigung zu Herzattacken mit Liebesmangel erklärt und der Unfähigkeit, selbst zu lieben. Ohlrig wettet gegen den Psychiater und gewinnt die Wette schon: er heiratet Leonora. – Leonora lebt meist allein in dem riesigen Anwesen auf Long Island; ihr einziger

Gesprächspartner ist Ohlrigs Schlepper und Sklave, der zynische Franzi; in einem Augenblick höchster Erregung ohrfeigt sie ihn. – Ohlrig kommt mit seinen Kumpanen. Als er sich von Leonora nicht ernstgenommen fühlt, schickt er die Freunde weg und macht seiner Frau eine beißend-zynische Szene. – Sie verläßt Ohlrig und findet Arbeit als Sprechstundenhilfe bei dem Arzt Larry Quinada, der sich in sie verliebt. Leonora aber kehrt zu Ohlrig zurück, als sie erfährt, daß sie (von Ohlrig) schwanger ist. – Neue Auseinandersetzungen auf Long Island, die sich zum Wahnsinn steigern, als Quinada auftaucht und die Frau für sich beansprucht. Ohlrig will bei der Scheidung das Kind; er sperrt Leonora ein; Franzi muß sie gegen ihren Willen holen und zieht es vor, den Job aufzugeben. – Leonora hört Lärm im Haus. Sie findet Smith Ohlrig, der eine Herzattacke hat, hilflos auf dem Boden. Sie verweigert ihm jede Hilfe, Ohlrig stirbt. – Viele Menschen in der Villa. Quinada trifft eine verwirrte Leonora an, die sagt, sie habe Ohlrig getötet, weil der ihr das Kind habe wegnehmen wollen. Quinada bringt die Schwangere, eine Fehlgeburt scheint zu drohen, in die Klinik. Dort kann ihn sein Kollege über den Zustand Leonoras beruhigen. Er darf für zwei Minuten zu ihr ins Zimmer.

Die Inhaltsangabe folgt einer (englischsprachigen) Vorführkopie von 84 Minuten Länge; die Dauer der Originalfassung wird mit 88 Minuten angegeben. Obwohl die Wahrscheinlichkeit nicht dafür spricht, könnte der Längenunterschied von Kopien der Grund dafür sein, daß William Karl Guérin einen Film referiert, der sich in zwei wesentlichen Punkten von dem unterscheidet, den ich gesehen zu haben glaube und beschrieben habe. Laut Guérin verliert Leonora durch die Schuld von Ohlrig ihr Kind und läßt ihren Mann deshalb sterben; und weiter hat Guérin eine Schlußeinstellung gesehen, die ihn, zu Recht, an den Anfang von LA SIGNORA DI TUTTI erinnert: Leonora liegt auf dem Bett in der Klinik und ist aus der Vogelperspektive gefilmt.[105]
Für beide Angaben gibt es in der (recht dürftigen) Literatur über CAUGHT keinen zweiten Zeugen. Dagegen melden sich, und das spricht nicht unbedingt für die Überzeugungskraft des Finales, zwei Stimmen, die sich, unabhängig voneinander, einen anderen Schluß des Films ausmalen möchten.

Gary Carey[106] ist aufgefallen, daß das Skript eine Vaterschaft von Quinada andeute, und obwohl diese Vorstellung sofort beseitigt werde, sei es möglicherweise die originale Konzeption der Geschichte gewesen; und wenn dem so sei, »then this greater complication might well have given a badly needed fillip to the second part of the film«. Diesen »badly needed fillip« denkt Barry Salt[107] sich aus, angeregt von Ophüls' Anmerkung, ihn habe der Schluß des Skripts nicht befriedigt: »(. . .) given his favourite films one can easily imagine another ending in which Leonora dies in childbirth, and Larry Quinada is condemned to death for killing Smith-Ohlrig, leaving him with memories of his happiness with Leonora in his last hours.« So sehr kann Ophüls mißverstanden werden.

Für Pauline Kael[108] ist CAUGHT »probably the most American of Max Ophuls' Amerian Movies«, für Godard[109] ist CAUGHT »Max' bester amerikanischer Film«. Für Kael ist es außerdem jenseits allen Zweifels, daß Ophüls mit dem Film eine Privatrache an Howard Hughes vollzog, den er für das Scheitern früherer Filmpläne in den USA verantwortlich machen mußte: der Drehbuchautor »Laurents built the script on stories that Ophuls told him about Hughes, and on

Caught

Caught

the accounts given by one of Hughes' girls«. Wie auch immer: es unterliegt keinem Zweifel, daß CAUGHT eine massive Kritik an der aktions- und erfolgsorientierten Ideologie des amerikanischen Liberalismus einbeschreibt und diese Kritik an Smith Ohlrig/Howard Hughes festmacht. Was noch ganz harmlos (und voller Tücke, wie sich bald zeigt) als ein weiterer der vielen amerikanischen Kinoträume »How to marry a millionaire« beginnt, entwickelt sich, sobald der Traum erfüllt zu sein scheint, zu dem terroristischen Psychodrama eines perversen, zynischen, lasterhaften Egomanen, den seine Krankheit dazu bewegt, seine Frau in den Wahnsinn zu treiben oder umzubringen. Musterbeispiele[110] aus der gleichen Epoche sind dafür etwa *Gaslight* (Das Haus der Lady Alquist. 1944) von George Cukor oder *Sleep, My Love* (Schlingen der Angst. 1948) von Douglas Sirk.
Obwohl nichts davon nach Ophüls aussieht, sind wir doch – durch das Genre der Schwarzen Serie hindurch – bei einem Ophüls-Thema schlechthin: bei der immer schärfer, genauer und auch bitterer geführten Ausdifferenzierung der Geschlechterrollen. Ist schon die Schwarze Serie und zumal das Sub-Genre der Gattenmörderfilme als Ausdruck des Kinos dafür zu lesen, daß Gefühl und Bewußtsein für die

Geschlechterproblematik wachsen und beide sich mangels analytischer Kraft und emotionaler Befähigung in die Stereotypen eines Genres flüchten, so wäre Ophüls der Mann, der solche Mechanik durchschaut und sie aufbricht, nicht so sehr um sie politisch zu desavouieren, sondern um, wieder einmal, die Verhältnisse zum Tanzen zu bringen (und uns). Das gelingt ihm, wie mir scheint, in CAUGHT nur unvollkommen.

Mit Leonora Eames tritt ein neuer Frauen-Typus ins ophülssche Œuvre, eine Frau, wie es sie bisher bei ihm nicht gab. Weit entfernt von Lisa (LETTER FROM AN UNKNOWN WOMAN) und von Christine (LIEBELEI), ist sie, die rebellische Frau, am ehesten noch mit Ludivine (DIVINE) verwandt. Wie die Französin kommt sie aus den kleinen Verhältnissen mit den großen Träumen, die sich nur in der Welt verwirklichen lassen, aus der diese Träume kommen, in der Welt des Mannes. Die ist, ob chez »La Sirène« oder auf Long Island oder bei Nanni (LA SIGNORA DI TUTTI), dadurch definiert, daß in ihr die Frau zur Ausstattung der männlichen Fantasie gehört, der Ausfütterung von Defiziten der männlichen Psyche dient, der Realisierung von Allmachtsfantasien. Wenn Ohlrig gegen Leonora tobt, um sie seinem Maß und seinen Bedürfnissen gefügig zu machen, traktiert er sie nicht anders als seinen Flipperapparat, vor dem er liegen wird und Leonora ihn sterben läßt. Und wenn er bei einer Auseinandersetzung mit ihr die Billardkugeln gegen die Banden rauschen und sie auf den vorberechneten (direkten, geraden) Bahnen über den Tisch rollen läßt, ist deutlich genug, wie er sich die Lebensbahn Leonoras vorstellt: von seiner Hand gesteuert.

Mit Robert Ryan punktgenau besetzt, ist dieser Smith Ohlrig wie Fels und Marmor und Stahl und Beton in einem, ein Monolith, der nur von innen (die Herzattacken) aufzubrechen ist, sich nur selbst zerstören kann. Er strahlt Kälte ab (man sieht ihn nie in der Umarmung; er scheint Leonora nicht einmal berühren zu können), und seine permanente, mißtrauisch lauernde, allzeit bereite Gefährlichkeit verändert, wann immer er auftritt, die Luftzirkulation, die Ordnung der Strömungsverhältnisse in den Räumen. Alle Blicke konzentrieren sich auf ihn, und sei es, daß der Blickkontakt zu ihm über eine andere Person auf der Szene läuft, wie die Billardkugel von der Bande abgefedert; er ist die Mitte, auch

wenn er am Bildrand postiert ist, und selbst das Dekor scheint nur auf ihn zu blicken.
So wird auch das Dekor (gebaut von Frank Sylos = Frank Paul) selbst, das im gesellschaftlichen Begriff der Repräsentation dient, zur Repräsentanz Ohlrigs, und das, je weniger gesellschaftliche Repräsentation, lies: Geselligkeit, Empfang, Party, Gala überhaupt stattfindet. Das Haus mit seinen breiten Gängen und Fluren, dem »repräsentativen« Foyer, seinen weitläufigen Hallen, einer ausladenden (nahezu wilhelminisch gestylten) Treppe, und alles voller Marmor und

Caught

Intarsien, Glas und Spiegel, kostbarster Holztäfelung –: dieses Haus von fast »gothischem« Zuschnitt wie im Horrorfilm ist die materialisierte Präsenz Ohlrigs, seiner Macht. Kein Wunder, daß Leonora auf die Allgegenwart des meist tatsächlich Abwesenden mit Klaustrophobie reagiert, weil es die Weite ist, die sie einengt und bedrückt. Ihre klaustrophobischen Ängste sind das Echo auf Ohlrigs Paranoia, und beide Deformationen haben ihren Ort in diesem Haus auf Long Island. Mit der Inszenierung des Dekors – von fern tauchen Erinnerungen auf an Orson Welles, an *Citizen Kane* (was dem Hearst ist, ist Ohlrig Hughes) so gut wie an *The*

Magnificent Ambersons – gewinnt Ophüls seinem Œuvre eine Dimension hinzu, die er in den späteren Filmen dynamisieren wird.

The Reckless Moment. 1949

Lucia Harper: sie lebt mit der siebzehnjährigen Tochter Bea, dem jüngeren Sohn David und ihrem Schwiegervater in einem bürgerlichen Einfamilienhaus an der Küste in Kalifornien. Los Angeles ist nicht weit, aber Lucias Mann Tom; er ist irgendwo in Berlin[111], beim Bau einer Brücke, »they've done without«, wie Lucia sagt, vier Jahre lang. Er kann nicht helfen, und wird nicht einmal informiert, als die Krise ausbricht, die Lucia allein zu bewältigen sucht. Ständig umgeben und in Anspruch genommen von der Familie, schafft sie eine Leiche, unwillentlich produziert von Tochter Bea, beiseite und hat eine Erpressung zu überstehen. Und das brutale Ende einer sentimentalen Affäre. – Martin Donnelly: er ist der Erpresser beziehungsweise sein Bote, denn im Hintergrund lauert Nagel[112]. Für die Liebesbriefe, die Bea an den Gigolo Ted Darby schrieb, bevor sie ihm in der Nacht im Bootshaus die Taschenlampe über den Schädel zieht, worauf er vom Bootssteg auf den Strand und in einen Anker fällt, verlangt der Erpresser eine Summe, über die eine bürgerliche Familie nicht so ohne weiteres verfügt. Donnelly hat ein Einsehen und verliebt sich in Lucia. Er bringt Nagel um, wird beim Kampf aber selbst verletzt, so daß er das Fluchtauto gegen einen Baum fährt. Er kann Lucia noch die Briefe geben. – Immerzu ist Weihnachten. Bea und David kommen aus dem Kino zurück mit der Nachricht, daß ein Mann, der mit dem Auto verunglückt sei, vor seinem Tod noch den Mord an Ted Darby gestanden habe. Anruf aus Berlin. Lucia weint am Telefon: alles ist in Ordnung.

Alles ist so gut wie richtig? Ophüls' letzter Film in Amerika sieht auf den ersten Blick nicht anders aus als viele anderen amerikanischen Genre-Filme auch, und wo er nicht so aussieht, wirkt das fast wie die Störung einer ästhetischen Übereinkunft. Zunächst scheint THE RECKLESS MOMENT nichts anderes zu sein, als Ophüls' Beitrag (der zweite nach

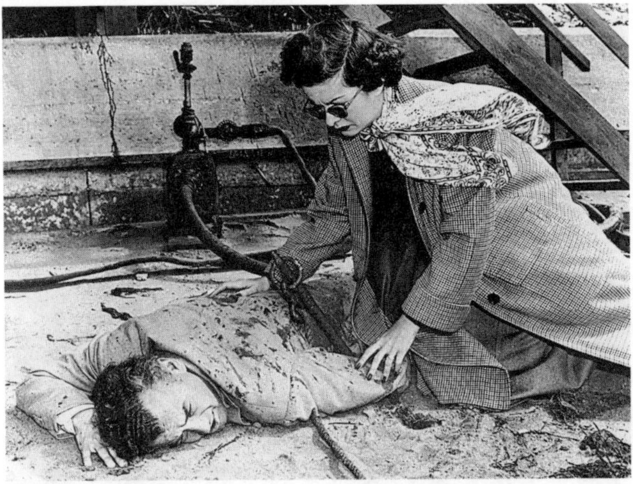

The Reckless Moment

CAUGHT) zum film noir, nach den anderen Hollywood-Europäern, nach Renoirs *Woman on the Beach* (Die Frau am Strand) von 1946, vor Langs *Clash by Night* (Vor dem neuen Tag) von 1952, an die Beylie[113] sich erinnert fühlt.

Doch THE RECKLESS MOMENT durchbricht die Paravents, die das Genre umstellen, wie Ophüls' Kamera, wann immer sie will, die Wände im Haus der Harpers verschwinden läßt, ist Melodram, Familienfilm, »woman's picture« in einem und gewinnt aus dieser unreinen Mischung Einsichten in die Moral, den ganzen Komplex der middle-class-Konvention. Es ist das Reglement einer Erziehung (zum gesellschaftlich verordneten Standard) in Permanenz: die Liaison der Tochter mit dem älteren und in der Tat mehr als zwielichtigen Ted ist von vornherein zu verurteilen (und wie sich leider zeigt: zu Recht); David ist dauernd zu maßregeln wegen seiner nachlässigen Kleidung; die Tochter ist sowieso schon leicht out of order, weil sie die Kunstschule besucht; unentwegt wird darauf geachtet, daß auch ordentlich, nein: daß überhaupt gegessen wird. Die enervierenden Anstrengungen von Pädagogik und Repression machen das Gegenteil des Ziels solcher Erziehung evident: die Brüchigkeit der Verhältnisse. Es gibt, schreibt Peter Nau[114], »keine äußeren Spuren eines

The Reckless Moment

Kriegs in dem, was der Film an Dokumentarischem enthält, jedoch die Story entwickelt (sich?) aus der schleichenden Zerrüttung einer Familie, deren Kontakt mit dem Ehemann und Vater sich aufs Übersee-Telefonat beschränkt. Wie sich matriarchalische Lebensformen in den USA herausgebildet hatten, ist wiederum Bestandteil des *Dokumentes* geworden, das der Film darstellt.«

Die Familie Harper ist schon auf die Vaterlosigkeit eingestellt, ist Teil der vaterlosen Gesellschaft, seitdem Tom Harper als Soldat im Krieg war. Die Rolle des Mannes im Haus hat Lucia übernommen. Sie ist die Verleiblichung des Pragmatismus, Vermittlerin des praktischen Lebens mit geradezu behavoristischen Ratschlägen. Und niemals zeigt sie, bei aller Befähigung zu Emotionen, auch nur einen Ansatz von Zärtlichkeit ihren Kindern gegenüber. Wenn Bea erfährt, daß Ted Darby tot aufgefunden worden ist, wenn ihr bewußt wird, in welche Situation sie sich gebracht hat, sich dem Familienleben entzieht und verzweifelt ist, kümmert sich Lucia trotz der Verwicklung, in die sie und die Familie geraten sind und die sie ganz allein für sich trägt und durchzustehen die eiserne Absicht hat, um eine Lösung: Bea soll verreisen. Sie zögert keinen Moment lang, ihre Tochter zu schützen; aber sie irgendwann in den Arm zu nehmen, mit körperlicher Wärme zu beschützen, könnte ihr niemals einfallen. Und gewiß würde sie Bea damit nur erschrecken; sowenig gehört Berührung zur Sprache, in der man in dieser Familie miteinander kommuniziert.

Zur Konnotation des Männlichen genügen dem Film so einfache Signale wie der ständige Griff Lucias zur Zigarette; daß sie nur Kleider mit in der Hüfte eingearbeiteten Taschen trägt, hat ebenfalls keine andere Bedeutung als eine praktische: dort birgt sie ihre Zigaretten. Als Raucherin kann sie es durchaus mit Leonardo Nanni (LA SIGNORA DI TUTTI) aufnehmen, der kaum einmal ohne Zigarette zwischen den schmalen Lippen zu sehen war, und mit all den vielen anderen, bis zur (unfreiwilligen?) Konnotation des Ekels kettenrauchenden Gestalten im Werk dieses Regisseurs, von dem kaum eine Fotografie überliefert ist, auf der er nicht raucht. In THE RECKLESS MOMENT wird das Rauchen zum erstenmal auch verbal thematisiert: Donnelly spricht Lucia bei einer gemeinsamen Autofahrt darauf an; und dann kauft er für sie im Drugstore, während sie telefoniert, eine der seinerzeit in Mode gekommenen Zigarettenspitzen mit nikotinabsorbierenden Filterpatronen, steckt sie zu den anderen Einkäufen

The Reckless Moment

Lucias, die später nichts damit anzufangen weiß und die Filterspitze für einen Irrtum des Verkäufers hält.
Mit Donnelly, ausgerechnet mit dem Partner des Erpressers, kommt zum erstenmal Wärme in die Eiseskälte dieses Films, eine Ahnung von »Weiblichkeit« in die Sphäre der durch die Übernahme patriarchalischer Muster vermännlichten Frau: James Mason versus Joan Bennett, die auch schon Renoirs Woman on the Beach war, melodramatisch bewegt, während Ophüls sie führt, als wäre sie eine von Hitchcocks »wooden women«. Die Rolle, die Mason in THE RECKLESS MOMENT zu spielen hat, profitiert wie schon in CAUGHT von seiner ganz un-amerikanischen Erscheinung (und auch Sprechweise), von einer europäischen Differenziertheit, die ihn als »gebrochenen« Gangster ausweist, eine bei weitem überzeugendere Rolle als die, um in aktueller Terminologie zu sprechen, des schwachen Softie gegen den Macho Ryan in CAUGHT.
Aus CAUGHT scheint dagegen Joan Bennetts Lucia Harper zu stammen, als eine unreine Mischung, wieder einmal, aus Leonora und Smith Ohlrig: wie er ist sie paranoid, wie sie klaustrophobisch. Mit Signalen der Klaustrophobie ist der Film geradezu zugestellt, »characters are constantly moving behind bars, cages, columns, furniture«[115], und die Schlußeinstellung setzt noch das Siegel darauf. Während Lucia mit Tom in Europa telefoniert, er hat angerufen, wird ihr zugleich verzweifeltes und glückliches, ihr ganz aus jeder Ordnung geratenes Gesicht eingesperrt in die Begrenzungen von Handlauf, Freiwange und Geländerstäben.
Die Treppe ist das Zentrum des Films und die Mitte des Hauses. Sie ist anders als die Treppe(n) in LETTER FROM AN UNKNOWN WOMAN ins Wohnen einbezogen und nicht nur der Weg, der zu Wohnungen führt. Die Treppe ist, was Treppe schlechthin konnotiert: Ort der Kommunikation, aber auch der Trennung, der Entscheidung zwischen oben und unten. Auf der Treppe stehend, muß Lucia - unten im Wohnbereich hält sich zum erstenmal der Erpresser Donnelly auf - Bea, die von der Zeitungsschlagzeile über den Leichenfund Ted Darbys völlig aufgelöst ist, in den oberen Bereich des Hauses zurückverweisen[116], über eine andere Treppe, die Außentreppe zum hochgelegenen Bootshaus, führt dann ihr Weg zum Erpresser Nagel. Die Kamera mobilisiert die Treppen, indem sie kaum einmal einen unbewegten Blick auf sie wirft,

sondern die Treppen nachzuzeichnen scheint, während sie die Personen begleitet, ihren Gang mitfährt und mitschwenkt, sanfter in den Totalen, bewegter in halbnahen Einstellungen.
Ein leichter Kranschwenk, verbunden mit ganz wenig Fahrt und zusätzlich einer Neigung der Kamera nach unten, schließt, nach Donnellys Kampf mit Nagel, eine Einstellungssequenz von zwei Minuten Länge ab: Donnelly, der seinen Partner getötet hat und beim Kampf verletzt worden ist, rechnet vor Lucia mit seinem Leben ab und gesteht ihr indirekt seine Liebe; und während sie fortgeht, um Hilfe zu holen (aber zunächst, wie Donnelly bittet, einen Whisky holt; und Verbandszeug, aber das ist ihr eigenes Zutun), folgt ihr die Kamera - und verliert Donnelly aus den Augen. Als Lucia zurückkommt zum Bootshaus, wird sie von der Kamera parallel begleitet, die mit ihr verharrt, wenn sie auf dem oberen Treppenpodest entdeckt, daß Donnelly fort ist; und dann geht die Kamera den gleichen Weg mit ihr zurück, in umgekehrter Richtung, während im Wind ein Fensterflügel des Bootshauses schlägt, eine im Wind schwingende Hängelampe kreischt und aus dem Off zu hören ist, wie jemand (Donnelly) ein Auto zu starten versucht. So klingen

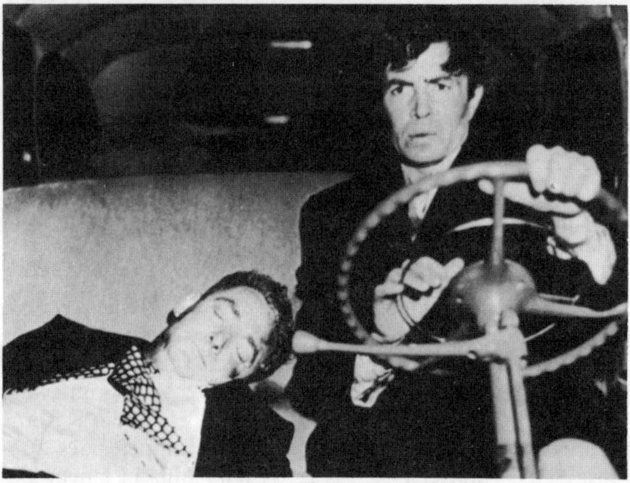

The Reckless Moment

die Einstellungen von THE RECKLESS MOMENT immer wieder wie Echos auf frühere Einstellungen, im Drugstore, im Gewühl der Straßen (dokumentarisch gefilmt; eine der nicht wiederkehrenden Ausnahmen bei Ophüls), am Strand, in der Bahnhofshalle (eine ungeschnittene Sequenz von fast drei Minuten). Fast immer kehren die Plansequenzen an ihren Ausgangspunkt zurück, was den klaustrophobischen Zirkelcharakter des Films mehr hervorruft als erst bestätigt.
Immer wieder werden lange Wege gegangen, im Sinne einer von allem Fleisch entäußerten nackten Story unnotwendig lange Wege, registriert von Dolly-Fahrten, großzügigen Schwenks, Kranoperationen. Sie markieren, gerade weil sie gegen die Gesetze der obligaten erzählerischen Ökonomie des Genres verstoßen, ein Sub-Thema dieses Films wie des ophülsschen Werks überhaupt: die Entfernung zwischen den Menschen und welche Anstrengungen der Kommunikation es braucht, sie wenigstens dem äußeren Anschein nach zu überwinden. Gleichzeitig gibt sich darin die subversive Haltung zu erkennen, von der THE RECKLESS MOMENT geprägt ist. Nicht nur ist der Film, »which investigates both the oppressions of patriarchy and the repressions necessary for the family to survive, a remarkably subversive work«[117] auf der Leinwand des Kinos, sondern schon auf der des Produzenten: die Plansequenzen feien das Werk gegen jede Absicht des re-editing, dem einfach, will es nicht den ganzen Film zerstören, kein Schnittmaterial angeboten wird. Ein schönerer, pointierterer, ironisch-sarkastischerer Abschied von Hollywood läßt sich kaum denken.

La ronde. 1950

Der Spielführer betritt die Bühne, das Atelier, die Szenerie: Wien 1900. Er sagt den Reigen an, singt den Reigen-Walzer, holt die Dirne vom Karussell, gibt ihr Anweisung für die *1. Episode:* Leocadia geht mit dem Soldaten Franz, dem der Weg zu ihrer Wohnung zu weit ist, in eine Nische unter der Brücke./Danach hat es der Soldat sehr eilig, in die Kaserne zu kommen, wo ihn der Spielführer als Trompeter des Zapfenstreichs schon erwartet. – *2. Episode:* Tanz in einem gläsernen Pavillon. Franz geht mit dem Stubenmädchen Marie in den nächstgelegenen Park./Danach will er noch einmal (mit einer anderen) tanzen. Die enttäuschte Marie wird vom Spielführer durch die Zeit und zu ihrer neuen Dienststellung geführt. Er schlägt, mitten im Orchester stehend, das den Reigen-Walzer spielt, die Filmklappe zur *3. Episode:* Marie und Alfred (der junge Herr) sind allein zu Haus; sie muß ihm Wasser bringen, er interessiert sich für ihre Korsage, schließt die Vorhänge, während der Spielführer als Portier den Professor nach Hause schickt, der zum Unterricht zu Alfred gehen will./Danach ist Alfred zu Einkäufen mit dem Fahrrad unterwegs. - Der Spielführer, jetzt als Kutscher, bringt *(4. Episode)* die Ehefrau Emma zu Alfreds Junggesellenwohnung. Als Alfred Schwierigkeiten hat, erzählt er Emma von Stendhals Offizieren - und der Spielführer repariert das Karussell, das eine Panne hat; dann dreht sich das Karussell wieder - und Emma beugt sich über Alfred, um nach seiner Uhr zu greifen./Danach verabschiedet er sie vor dem Haus und dem Spielführer-Kutscher. - Sie tanzen auf dem Karussell, aber der Spielführer sagt die *5. Episode* an: Emma und ihr Mann Karl Breitkopf liegen zu Bett; er ist mit Geschäftspapieren beschäftigt, sie liest Stendhal. Später doziert er über die Gefährdungen des Mannes durch die Liebe und was eine verheiratete Frau nicht tun dürfe. In Erinnerung an ihre Hochzeitsreise treffen sich ihre Hände zwischen den beiden Betten./Danach kommt der Ehemann *(6. Episode)* mit dem süßen Mädel ins Restaurant, wo der Spielführer als Oberkellner sie ins Séparée führt: Hors d'œuvre, Entrée, Dessert./Danach fährt der Ehemann das süße Mädel (nach ihnen hat auch der Oberkellner das Lokal verlassen) in seinem Automobil nach Hause; er bietet ihr an, »un petit nid« für sie zu mieten. Während er noch spricht, kommt *(7. Episode)* ein Aufzug zum Stehen. Das süße Mädel betritt mit dem Dichter Kuhlenkampf dessen Atelier-Wohnung, wo er sich, während im Séparée ein melancholischer Breitkopf wartet, an ihrer (literarischen) Ahnungslosigkeit erfreut./Danach schwenkt der Spielführer als Beleuchter eine Jupiterlampe auf die *8. Episode:* der Poet holt die Schauspielerin von der Bühne ab, und während das süße Mädel am Theatereingang wartet, können sich Poet und Schauspielerin in ihrer Garderobe nicht recht darauf einigen, ob sie die Nacht gemeinsam (in einem Gasthaus) verbringen sollen. Vor dem Gasthof stapft der Poet wartend im Schnee, und der Spielführer, der sich als Nachbar ausgibt, schickt ihn nach oben./Danach empfängt die Schauspielerin *(9. Episode)* den Grafen in ihrem Boudoir. Als er sich endlich über sie beugt, greift der Spielführer zur Schere und schneidet mehrere Meter aus der Filmrolle./Danach verabschiedet sich der Graf kühl von der Schauspielerin, begegnet am Ausgang dem Spielführer als Hausdiener und findet sich *(10. Episode)* in der Mansarde des Straßenmädchens wieder (Rückblende: der Graf diniert allein, natürlich mit Hasso, seinem Hund; der Graf verläßt mit Bobby torkelnd ein Lokal; der Graf fährt mit einer »lustigen Clique« in einer Kutsche mit), weiß nichts mehr von der Nacht, fühlt sich von Leocadia an jemand erinnert./Danach geht er, mit Hasso, durch die ganze Wien-Dekoration bis zur Brücke, wo er den Soldaten anraunzt, der vorbeigeht, ohne zu grüßen, indes der Spielführer ebenfalls über die Brücke kommt, seinen k. u. k.-Offiziersmantel gegen den modischen Trenchcoat tauscht und sagt: »C'est ainsi que finit la ronde.« – Das unbeleuchtete Karussell. Es dreht sich nicht mehr.[118]

»Und ich, was bin ich in dieser Geschichte? (...) Der Autor? Ein Komparse? Ein Passant? Ich bin, ich bin eben auch nur einer unter vielen. Ich bin die Inkarnation Ihrer Wünsche (désir), Ihres Wunsches, alles zu wissen. Die Menschen erkennen niemals mehr als nur einen Teil der Wirklichkeit. Und warum? Weil die Menschen sich immer von einem subjektiven Aspekt verführen lassen. Aber ich objektiviere. Indem ich zuhöre. Der ewige Reigen: das erlaubt mir, überall gleichzeitig zu sein. Überall ...« Die Eröffnung ist grandios. Während der Schauspieler Wohlbrück aus leichtem Nebel, als Silhouette von hinten gesehen, ein paar Stufen hochsteigt in eine Theaterdekoration mit barocker Architektur, vor einer auf die große Bühne gestellten kleinen Bühne hin- und hergeht und weiter an den Apparaturen eines Filmstudios vorbei, dann dichter an einer Hauswand mit diversen Läden und bis auf einen Platz mit Karussell, das er umrundet, und die Szenerie scheint immer weniger Dekor und immer mehr »realistisch« zu werden, bis dann in wenigen Sekunden das Licht aus dem Sommertag entweicht und Nacht wird und mit der Drehung des Karussells die erste Person der Handlung, Leocadia, heranfährt, und die ganze Plansequenz dauert fast fünf Minuten und ist interpunktiert allenfalls durch ein Mauerstück oder eine Säule, die sich zwischen die fahrende und schwenkende Kamera und den Schauspieler schieben, der nun schon kein Schauspieler mehr ist, sondern der Spielführer, wird das Programm angesagt, werden schon die Rollen definiert, die des Spielführers so gut wie die des Zuschauers. Und des »Aspekts«.

Wohlbrück, erzählt Georges Annenkov[119] von den Dreharbeiten, habe sich oft mit Ophüls zurückgezogen, nicht nur

um ein wenig Deutsch sprechen zu können, sondern »parce que le vrai, l'authentique et l'omnipotent Meneur de Jeu dans le film était Max Ophüls: cela les rapprochait l'un de l'autre«. Die Figur ist indes komplizierter. Sie ist Autor und Komparse und Passant in einem, »observer«, »agent« und »artist«[120] und sozusagen die Verleiblichung für die »spezifische Differenz zwischen Darstellung und Dargestelltem«[121] im ophülsschen Werk. Spielführer am Anfang (und wieder am Ende), mischt sie sich mit mephistophelischem Charme in die Aktionen der Personen, die nicht wahrnehmen (und

nicht würden wahrhaben wollen), daß sie die Marionetten dieses »Spielführers« sind, des Kutschers und des Oberkellners, des Portiers und des Beleuchters, des Hausdieners und des Trompeters. Das sind alles »Rollen«, die mit Kommunikation oder Verhinderung von Kommunikation zu tun haben – und/oder mit Ankündigung und Repräsentanz. Da er es ist, durch den erst der Film ist, weil er ihn gleichsam vorführt (und der Zensur das Handwerk legt, indem er es ihr abnimmt), wie er die Personen und ihre wechselhaften Geschichten ein- und zusammenführt und sie vorstellen läßt, was vorzustellen ist, präsentiert er nicht nur, sondern präsentiert, was andere (von ihm angeleitet, angestiftet, angemacht gewiß) präsentieren: eine Kollektion aus dem Musterkatalog amouröser Wechselfälle. Oder, mit Deborah Thomas[122]: »Where the Walbrook (i. e. Wohlbrück) character's film-within-a-film is a representation of desire, the Ophuls film as a whole is a representation of the representation of desire.«
Das ist nun um einige ästhetische Brechungen von Schnitzler entfernt – und auch um einige Kältegrade. Daß Ophüls/Natanson dem schnitzlerischen (Lese-)Drama den meneur de jeu hinzufügen, und damit das Stück in rein dramaturgischem Sinne erst spielbar machen, verändert die Vorlage insofern, als das Personal nun nicht mehr nur von seiner Begierde getrieben ist, sondern (mindestens auch) von einer Begierde, die sie zur Darstellung ihrer Getriebenheit zur Begierde hin anleitet. Wo bei Schnitzler immer auch die gesellschaftlichen Unterschiede mitspielen und die Affären verschärfen, herrscht bei Ophüls eine Art von Gleichmacherei vor: nicht nur auf der Ebene der Begierde sind sich alle gleich (soweit könnte wohl auch Schnitzler mitgehen), sondern ziehen auch keinen Vorteil (oder Nachteil) aus ihrer Position innerhalb des sozialen Gefüges. Was wie »Demokratisierung«, und sei es durch die Begierde, aussieht (wer denkt da nicht an die illusionäre Ideologie von der sexuellen Befreiung am Ende der 60er Jahre), ist in Wahrheit nichts anderes als vollständige Verdinglichung – zum Behufe der Präsentation, versteht sich. Die Körper, das ist die Lehre, werden austauschbar wie Waren, alle nehmen teil an dem, wie Guérin[123] schreibt, »cérémonial de consommation du

plaisir« und »l'un comme l'autre étant dépourvus de toute signification, l'être devient mannequin vêtu d'apparences et, sous le regard de l'autre, existe essentiellement en tant qu'objet de désir«.

Wo das Zeremoniell des Konsums von Vergnügen vorherrscht, wo einer wie der andere jedweder Bedeutung entblößt und das Wesen zur Puppe geworden ist, bekleidet mit dem äußeren Anschein, und im Blick des anderen wesentlich nur als Objekt der Begierde existiert – da fällt die Demokratisierung der Begierde auf die schiere Verfügbarkeit zurück. Mit der Auflösung der gesellschaftlichen Ordnung geht eine Materialisierung des Humanen einher, mit der Objekthaftigkeit aller emotionalen Programme ein Verlust an Gewißheit, Partner der Geschichte, der Zeit zu sein. Wien um 1900, in LIEBELEI noch dingfest, in LETTER FROM AN UNKNOWN WOMAN zum Mythos gemacht, existiert nur noch als Gedankenspiel, als Bühne. »L'avenir est incertain, le passé est mélancholique, il ne nous reste que le présent: on ne sait plus très bien où on en est«, sagt der Graf, und so sehr das, gegen Ende des Films, ein Echo ist auf eine manifesthafte Anmerkung des Spielführers gleich zu Beginn, so ist in diesem Zirkelschluß die Auflösung von geschichtlich-zeitlicher Ordnung einbeschlossen. Auch die Nostalgie ist nicht mehr, was sie einmal war, und in der Gegenwart weiß man nicht, wo man sich dort gerade aufhält – wobei der französische Text näher ans Dilemma führt, man braucht ihn nur fortzuschreiben: »il ne nous reste que le présent« zu »il nous ne reste que la présentation«.

Man muß nur hinhören: immer wieder wird in LA RONDE nach der Uhrzeit gefragt, immer wieder wird sie ganz exakt angegeben, und immer wieder ist sie ganz zuverlässig eine andere als angegeben. So konkret Zeitansagen gelegentlich dem Handlungsverlauf zugeordnet sind (die ehebrüchige Emma muß darauf achten, rechtzeitig nach Hause oder zum Alibi zu kommen; der junge Herr Alfred setzt sich mit seiner zögerlichen Annäherung an Marie unter Streß, weil er um fünf den Professor erwartet), so konkret und unerbittlich und laut die Pendeluhr vis-à-vis den Betten von Emma und Karl Breitkopf dieser Ehe die Zeit zumißt –: die Verunsicherung

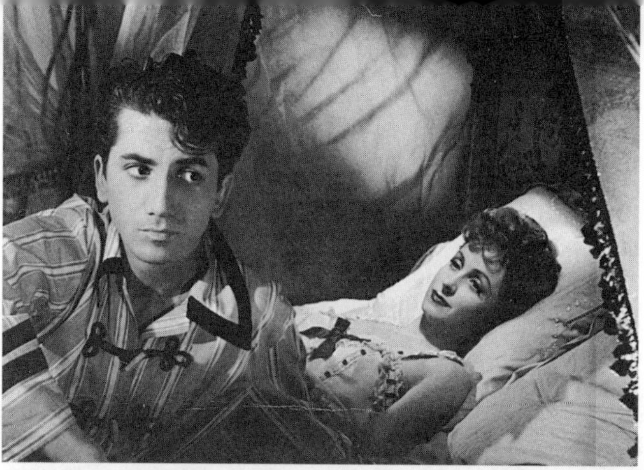

des Zeitgefüges von fast schon bergmanschem Zuschnitt hebt alles Dargestellte (und die das Dargestellte Darstellende) aus jeder Ordnung und Verantwortung heraus.
Der Auflösung der zeitlichen Architektur entspricht eine Entgrenzung der Räume ins Zeitliche. Plansequenzen schreiten sie aus, und man kann die Räume und Entfernungen statt nach Zentimeter und Meter nach Sekunden und Minuten messen. In Schnittpassagen, die, wie etwa in der Episode Alfred/Marie, fast durchweg in ein und derselben Einstellungsgröße (medium shot; halbnah) »erzählt« werden, verliert sich neben dem Zeitgefühl, auch wenn Alfred immer darauf achtet, daß es nicht schon fünf wird, jedes Raumbewußtsein. »Der Salon (...) hat Geländer und Stufen und Fenster auf mehreren Seiten, er ist verstellt mit dem Plunder einer gutausgestatteten Großbürgerwohnung. Und er wirkt seltsam entgrenzt und ungreifbar. (...) (Die) Filmbauten der Ophüls-Filme (...) sind nicht stabil, scheinen entkörperlicht und verflüchtigen sich auffallend in der Erinnerung (...) (es sind) Details, die insgesamt bewirken, daß jede Raumbegrenzung ein Echo hat und daß schließlich die Erscheinung des Raumes nur noch das Echo eines Raumes ist.«[124]
Echo, Verdoppelung, Wiederholung, Wiederkehr: der Reigen schließt sich, LA RONDE ist das strukturelle Muster schlechthin der ophülsschen Ästhetik. Und ihre Paradoxie, ihr Widerspruch, fast wäre man geneigt zu sagen: ihre Tragik. Indem sie alles Feste auflöst und verflüssigt, die Dimensionen von Raum und Zeit zum Tanzen bringt, das Dargestellte im Akt seiner Darstellung vorführt und noch jede Brechung der Ebenen der Fantasie noch einmal bricht, indem sie also die größtmögliche Freiheit favorisiert, kann die ophülssche mise-en-scène sich nur als ein Vorgang der bittersten Enteignung realisieren. Alle Personen sind, angeführt vom Spielleiter, nur Funktionen der Darstellung. Die halbnahe Einstellung hält sie auf Distanz und macht sie zugleich zu Accessoires des Dekors. Sie haben kein Leben außerhalb dieser wie auch immer schwimmenden Wände und schimmernden Paravents, Spiegel, Schleier, Tüllvorhänge; nicht außerhalb der Salons und Boudoirs, des Séparée und des Theaters, der Restaurants und der Mauernische unter der

Brücke. So liegt über LA RONDE das Klima einer kalten Klaustrophobie, in die alle Welt eingeschlossen ist, um ausgestellt zu werden. »Unbeknowst to the characters, their lives are ruled by patterns that can be seen only *on ronde,* frøm all sides«[125] gewiß, aber als pattern aller patterns demonstriert sich eine Virtuosität, die, so makellos sie sich zeigt, immerzu zu verkünden scheint: schau her, ich bin virtuos.

Nur einmal in diesem Meisterwerk der ungerührten Anschauung, nur einmal inmitten aller impassibilité eines immerzu präsenten Bewußtseins der Präsentation, nur einmal gibt es einen Blick, der ins Herz geht. Es ist (die einzige Großaufnahme des ganzen Films!) der Blick der Hure, wenn der dekadente, unendlich müde Graf, der nicht weiß, wo seine Gegenwart, seine Präsenz noch ist, wenn der Graf sie fragt, ob er sie küssen dürfe. Auf die Augen.

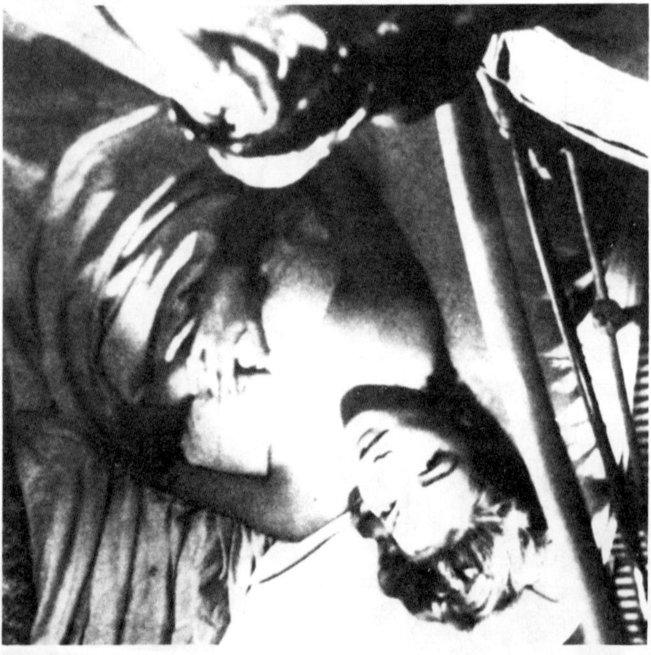

La ronde

Le plaisir. 1951/52

Le bonheur n'est pas gai.

Schwarzfilm. Der Erzähler stellt sich vor und sagt, daß er es vorziehe, im Verborgenen zu bleiben; ein Schriftsteller werde lieber gehört als gesehen; die Dunkelheit sei immer schon sein bevorzugtes Revier gewesen. Er sei allerdings besorgt, fügt er hinzu, daß seine Geschichten vielleicht etwas zu alt sein könnten für ein modernes Publikum. / *Le masque*. Eine nächtliche Straße in Montmarte, vor dem »Palais de la danse«. In der Menge, die in das Etablissement hineinströmt, eine exzentrische, sich hektisch bewegende Figur, die durch den Ballsaal auf die Bühne eilt, wo Ambroise schon erwartet wird. Er tanzt mit den anderen, aber vor allem mit der jungen Frimousse, Cancan. Dann bricht er zusammen und wird hinter die Kulissen gebracht. Ein Arzt wird herbeigeholt; er hat Mühe, die Maske zu entfernen, die der Tänzer trägt. Darunter kommt das Gesicht eines Greises zum Vorschein. Der Arzt bringt den zutode Erschöpften nach Hause, in eine schäbige Wohnung im Armenviertel. Sie werden schon von der Frau des alten Tänzers erwartet. Sie erzählt dem Arzt vom Leben des ehemaligen Friseurs und Frauenlieblings Ambroise; und daß sich ihr Leben darin erfülle, das seine zu erhalten, das er dem »Plaisir« verschrieben habe und opfere. Der Arzt kehrt zum Ballhaus zurück. / Schwarzfilm, der Erzähler beginnt mit einer neuen Geschichte: *La maison Tellier*. 1. Die Stammkunden der Madame Tellier und ihrer Mädchen sind frustiert: das Haus ist öd und geschlossen. Irgendwie treffen sie sich alle am Hafen, wo sie nach sentimentalen Naturbetrachtungen in einen ihnen unerklärlichen Streit miteinander geraten; unversöhnt gehen sie auseinander. – 2. Nach Schwarzfilm fährt ein Zug durch eine idyllische Landschaft. Im Zug die Frauen des Hauses Tellier, auf der Reise zur Erstkommunionfeier der Patentochter von Madame. Ein altes Bauernehepaar steigt zu, und während die elegante Madame Rosa träumerisch von ihrer großen Liebe, einem Vicomte, erzählt, blickt die Bäuerin mokant zum Plafond. Sie ruft ihren Mann, das alte Bäuerlein, zur Ordnung, als der beim Aussteigen den Mädchen heimlich zuwinkt. Ein Kurzwarenhändler, der ins Abteil gekommen ist, offeriert den Frauen seine exquisiten Strumpfbänder; er will sie ihnen schenken, wenn er sie persönlich anpassen darf, und wird nach der Fahrt durch einen Tunnel beim nächsten Halt mit Schimpf und seinen Koffern aus dem Zug geworfen. – 3. Die Reisegesellschaft wird von Joseph Rivet, dem Bruder von Madame, an der Bahnstation abgeholt. Im einspännigen Karren des Dorfschreiners fahren sie durch eine zauberzarte Frühlingslandschaft. Im Dorf hält Rivet auf Rosas Bitte vor der Kirche, aus der man die Kommunikanten singen hört. Den Mädchen wird von Madame ein Besuch in der Kirche verwehrt. – 4. Nachmittag und Abend im Hause Rivet. Die Mädchen sind bezaubert von der hellen Unschuld der kleinen Constance, die morgen ihre erste Kommunion empfangen soll. Die Stille ringsum läßt sie nicht schlafen. Rosa, die ewige Zigarette im Mundwinkel, holt die ebenfalls schlaflose kleine Constance zu sich ins Bett. – 5. Das Dorf strömt zur Kirche, Rivet an der Spitze seiner Frauen-Armee. Während der Zeremonie beginnt Rosa zu weinen, ihre Tränen stecken alle anderen an. – 6. Festtafel im Hofe von Rivet, der sehr betrunken ist und seine Dankrede an die Besucherinnen schon zum siebenten Male hält. Als Rosa ins Haus geht, folgt ihr Rivet und versucht sie zu vergewaltigen. Er wird von Madame Tellier, die ihn nicht aus den Augen gelassen hat, wütend aus Rosas Zimmer geworfen; Rivet kühlt seinen Kopf unter der Pumpe im Hof. – 7. Der einspännige Karren unterwegs zur Bahnstation. Die Mädchen lassen anhalten und pflücken Blumen; Rivet entschuldigt sich bei Rosa, die ein wehmütiges Lied über die Vergänglichkeit singt. – 8. Abfahrt des Zuges. Rivet versucht ihm kurz zu folgen: er und Rosa winken sich zu: à bientôt. Mit gesenktem Kopf sitzt Rivet auf seinem Karren, der ihn zu Haus, Familie und Werkstatt zurückbringen wird. – 9. Ein Lauffeuer geht durch die kleine Stadt: das Haus Tellier arbeitet wieder. Alle (Männer-)Welt eilt herbei; dem Fischhändler Tourneveau bringt man die Nachricht verschlüsselt an den Abendtisch der Familie. Ihm wird, ganz unerwartet und gegen ihre Übung, Madame Tellier zu Diensten sein: »Ce soir, je veux que tout le monde soit heureux.« / *Le modèle.* Der Erzähler (oder ist es ein anderer?) im On: an einem leeren herbstlichen Strand (Bretagne oder Normandie) ein pariser Journalist, der einem Freund (und Zuhörer) die

Geschichte von Jean, dem Maler, und Joséphine, dem Modell, berichtet. Rückblende: Jean sieht Joséphine zum erstenmal in einem Museum, er folgt ihr über eine Treppe nach oben und kommt mit ihr eine andere Treppe herunter. Er malt nur noch sie - und hat Erfolg. Aber die Liebe zerbricht, und Jean zieht sich, von seinem Freund, dem Erzähler, beraten, unter heftigen inneren Kämpfen zurück. Joséphine aber findet ihn in der Dachwohnung des Erzählers, droht mit Selbstmord, den Jean auf Rat des Erzählers, der unterdessen nebenan Klavier spielt, nicht ernst nimmt, und stürzt sich aus dem Fenster. - Wieder am Strand: ein gebeugter und grau gewordener Jean schiebt einen Rollstuhl, in dem die gelähmte Joséphine sitzt. Der Erzähler, von Jean seit dem Vorfall ignoriert, schließt: »Comme la vie était finie pour lui, il n'eut plus qu'à travailler. (...) Le bonheur n'est pas gai.«

»Guten Abend, meine Damen und Herren«, beginnt der Erzähler, im Vorspann der deutschen Synchronfassung als Guy de Maupassant (Sprecher: Adolf Wohlbrück) ausgewiesen, »ich habe immer die Finsternis geliebt (...) Die Nacht war mein Freund.« - »Man«, erzählt er weiter, habe lange überlegt, wie man seine drei Geschichten miteinander verbinden sollte; man habe ihn zum Beispiel fotografieren wollen, aber das habe er abgelehnt; umgekehrt habe sein Verlangen, im Dunkeln zu bleiben, Mißfallen erregt, und erst als er bemerkt habe, »daß es billiger sei, da stimmte man zu«. Die Ironie ist mit Händen zu greifen. Aber sie erhellt den Schwarzfilm erst zur Bitterkeit, wenn man sich dazu den Anfang imaginiert, den Ophüls entworfen hatte - und den er beim Produzenten nicht durchsetzen konnte. Georges Annenkov[126] hat das Konzept, ein Stück Drehbuch, publiziert, das zur Einleitung in den Drei-Geschichten-Film eine Begegnung zwischen »le cinéaste« (Ophüls) und »la voix« (Maupassant) im Paris »de nos jours« vorsah und Maupassant nur als »lumière« sehen ließ, mehr immerhin als nur Schwarzfilm. Es ist der Entwurf einer artistisch-ironischen Brechung, wie er von Ophüls später in seinem Hörspiel *Gedanken über Film*[127] realisiert worden ist. So leicht ließ er einen Einfall nicht verlorengehen, zumal wenn er mit dem Wechselspiel von Präsentation und Repräsentation zu tun hatte, in der er einen gemeinsamen Grundzug aller darstellenden Medien erkannte: Theater, Radio, Film, Werbung – und zum Fernsehen ist es, leider, nicht mehr gekommen: niemand wie Ophüls hätte es auf seinen Begriff bringen können; wir hätten ein anderes Fernsehen heute.

Mit LE PLAISIR stellt sich nach LA RONDE und vor LOLA MONTEZ wieder die Frage nach der Rolle des Erzählers im Film und für den Film. Nach seiner Allmacht, der die handelnden Personen unterworfen sind. In LE PLAISIR ist die Rolle (zunächst) diffuser als in LA RONDE und nahezu »unschuldig«, bis sie dann in der letzten Episode, *Le modèle,* ins Bild tritt und grell ausgeleuchtet wird als ein »meneur de jeu« von mephistophelischem Zuschnitt, der seinen Faust/Jean zuerst zu Gretchen/Joséphine hinführt, Zeuge und Mitauslöser des ersten tiefgreifenden Streits bei einem von den Männern mit dem Schein von Andacht vollzogenen und von der voll Lebenslust plappernden Joséphine gestörten Spaziergang am Fluß (Osterspaziergang) wird, und der dann dem Freund »hilft«, sich ganz von seinem Gretchen zu lösen – und ihn durch seine Intervention dennoch »auf ewig« an sie kettet. In der deutschen Synchronfassung (ebenso in der englischen[128]) wird die Rolle des Erzählers weiter verwirrt. Sie ist bastardisiert durch einen Stimmenwechsel, der im Original nicht statthat. Während dort »Maupassant« durch den ganzen Film hindurch von Jean Servais gesprochen wird, dem Darsteller des Erzählers/Chronisten/Journalisten von *Le modèle,* nehmen die nicht-französischen Versionen einen zusätzlichen Bruch in Kauf: der Erzähler/Chronist/Journalist von *Le modèle* ist in der deutschen Synchronfassung nicht von Adolf Wohlbrück synchronisiert (und in der englischen nicht von Peter Ustinov). So findet hier nicht nur ein Stimmen- und Perspektivenwechsel statt, der mit der Erzählhaltung der beiden anderen Episoden nicht korrespondiert, sondern die »Täter«-Rolle des Chronisten/Journalisten erfährt eine andere Gewichtung: auch er wird abhängig von der übergeordneten Erzählperspektive »Maupassant«; auch er wird zur Figur, die der Erzähler über das Schachbrett seines ambivalenten Spiels schiebt.

Überhaupt erscheint *Le modèle* als die unter den drei Episoden am wenigsten erzählerisch und filmisch elaborierte[129], trotz der stupenden Eleganz von Plansequenzen, wenn etwa

Le plaisir (Le modèle)

(nur ein Beispiel) sich der Ankauf mehrerer Bildnisse Jeans (er malt immer noch immer nur Joséphine) durch den Galeristen in einer in wechselnden Einstellungsgrößen und Bildhöhen durchgedrehten Einstellung vollzieht, bei der das entscheidende Geschäft (die Übergabe des Geldes) hinter einer Bilderstellwand erfolgt. Ausgerechnet diese (immer nur im Vergleich zu den anderen) schwächere Episode enthält dennoch (?) das vielleicht größte Moment der Freiheit des ganzen Films. Joséphine, konfrontiert mit der Kälte und dem Zynismus Jeans, der ihr die Selbstmorddrohung nicht abnimmt, sondern ihr sogar noch das Fenster weist, durch das sie springen könne, rennt die kurze Treppe in der zweigeschossigen Atelierwohnung hinauf, öffnet das Fenster und stürzt sich in den Hof –: aber zu sehen ist nicht Joséphine, sondern was Joséphine sieht: die Kamera rast die Treppe hinauf, die Kamera stürzt durch das Glas der Hofüberdachung. Im Kontext von PLAISIR (und des ganzen ophülsschen Œuvres, in dem der Einsatz der subjektiven Kamera außerordentlich selten ist) signalisiert die kurze Einstellungsfolge Befreiung aus dem alles vorauswissenden Erzählgestus und aus einer melancholisch-zynischen Erwartungshaltung, die sich aus der übersatten Erfahrung des bürgerlichen Lebens

genährt hat. Aber auch das noch ist eine »Befreiung«, die zum Stillstand, zum Gefängnis der Lähmung führt.
Vielleicht ist ja die einzige wirklich »freie« Frau in PLAISIR diejenige, die selbst am wenigsten mit dem »Pläsier« ungebändigter und obsessiver sexueller Erfüllungsgier zu schaffen hat: die Frau des Tänzers Ambroise *(Le masque)*. Sie ist nicht mehr, darauf macht schon Douglas Pye[130] aufmerksam, das Objekt der Begierde und hat die Vergänglichkeit von Zeit und Leben akzeptiert – aber auch ihre Opferrolle, »a life defined by her husband's obsessive needs«. Sie übernimmt, ähnlich wie der Erzähler/Chronist/Journalist in *Le modèle*, einen Teil der Narration, ohne freilich wie der Journalist handelnd Einfluß auf ihren Ablauf zu nehmen. Ferner muß auffallen, daß sie die einzige Frau des ganzen Films ist, die nicht mit Musik assoziiert und definiert wird, weder mit Offenbach noch mit Mozart. Während der ganzen Zeit in der elenden Behausung schweigen alle Instumente – außer der menschlichen Stimme.
Musik und Musikmontage nehmen in PLAISIR eine Funktion ein, die, mehr noch als die stets intellektuell zu kontrollierende Allmachtsattitüde des Erzählers, Verbindungen herstellt zwischen den Episoden, ihnen das gemeinsame Klima vorgibt und sie sich gegenseitig interpretieren läßt. »In der Geschichte des Kinos«, schreibt Guérin[131], »gibt es keine andere ›opérette filmée‹, die der tiefen Realität von Meisterwerken wie *Pariser Leben* und *Die schöne Helena* so nahe kommt wie diese Eröffnungssequenz (i. e. *Le masque*). Dieselben Obsessionen, derselbe luzide und unbarmherzige Blick auf die Gesellschaft der Belle Epoque finden sich dort, dasselbe Urteil über die Leere eines Universums, das sich den Launen der Bewegung um der Bewegung willen hingegeben hat, schimmert durch. Wie Offenbach stattet Ophüls sein Universum an Personen mit der Energie aus, die notwendig ist, um bis zum absoluten Ende den leidenschaftlichen Wahn auszuleben, und wie er stellt er mit Erbitterung fest, daß nichts die Maschine des Vergnügens auf ihrer Fahrt in den Abgrund aufhalten kann.«
Aus dem Geist der von Lebensgier überschäumenden und sie gleichzeitig mechanisierenden und damit ihre unrettbare Mechanik anzeigenden Musik Offenbachs ist LE PLAISIR in der Tat geboren. Wie ein Netz über den Film gelegt sind die

Le plaisir (La masque)

Quadrille (Anfang von *Le masque,* Ende von *La maison Tellier*) und die hinfällig-wehmütige Melodie des Liedes »Wie schnell ist entschwunden, die glückliche Zeit / die Tage der Liebe, wie liegen sie weit«. Sie skandiert die »partie de campagne« der Prostituierten; sie wird von ihnen gesungen, während sie, selbst Blumen gleich, ausschwärmen auf das von Blumen übersäte Feld; sie erklingt, wenn Joseph Rivet allein in seiner blumenbekränzten Karre nach Hause fährt. Sie begleitet aber auch Joséphine *(Le modèle),* und sie wird mit Motiven der Quadrille verknotet, wenn der Erzähler/Chronist/Journalist sich an den Flügel setzt, um Joséphine sozusagen mit Musikbegleitung klar zu machen, daß Jean seiner Familie wegen eine andere heiraten müsse, ehe er, um den nebenan um ihr Leben Streitenden zu vermitteln, daß er ihnen nicht zuhöre, in die harten und lauten Cancan-Rhythmen fällt. Die hört man immer noch, und sie werden immer lauter, obwohl sich die Aufmerksamkeit vom Ort ihrer Produktion immer weiter entfernt, als Joséphine, Opfer der offenbachschen Musik sozusagen, zum Fenster zum Hof hinaufstürzt. Danach wird ihr Körper nur noch die Maske eines Körpers sein, einer Olympia *(Hoffmanns Erzählungen)* gleich, wie die Maske das wahre, das zerstörte Gesicht des Lebemannes Ambroise nur verdeckt.

Le plaisir (La maison Tellier)

Doch zu Offenbach gesellt Ophüls oder auf sein Geheiß das Komponistenpaar Joe Hayos und Maurice Yvain: Mozart. Das »Ave verum corpus« (KV 618) ist in der Tat eine nicht nur geistliche, sondern auch eminent »körperliche«, bewegende Musik, deren Sinnlichkeit durch die Verschwisterung mit Offenbach ungemein gesteigert wird. Wiederum verklammert und »kommentiert« die Musik in einem. Sie begleitet die letzte Einstellung des Films bis zum Finale, die letzte (Einstellungs-)Sequenz, die aus einem parallel, geradlinig und ohne jede versöhnliche, humane Arabeske gezogenen Fahrtschwenk besteht: der erfolgreich und vermögend, aber alt und leblos gewordene Jean schiebt den Rollstuhl der leblos gewordenen und endgültig zum Modell erstarrten Joséphine. Daß es sich hier um einen Opfergang handelt, assoziiert aus der ersten Zitation der mozartschen Musik: in der normannischen Kirche, bei der Feier der Erstkommunion, bei der Exekution des rituellen Aktes, der Opferung genannt wird.

Es ist die zentrale Szene nicht nur von *La maison Tellier,* sondern des ganzen Films LE PLAISIR, und niemand, der jemals über den Film reflektierte, hat versäumt, sie ausführlich zu beschreiben: Guérin[132] so gut wie Pye[133] und Williams[134]

oder Barthélemy Amengual[135], der die Szene als »écriture silencieuse« jener stillen Tapferkeit feiert, die dem »avortement de la vie« (Maupassant) die Arbeit der Erinnerung (mémoire) entgegensetzt. Die Szene, zweifellos eine der bedeutendsten im Werk Ophüls', ist eindeutig und vieldeutig zugleich, enthält den ganzen Pessimismus wie den unbeugsamen Glauben des Cineasten, vereinigt Lebensbegeisterung und Wehmut mit Hingabe an Devotionalien- und Gefühlskitsch, der durch die unverstellte Compassion veredelt wird zum Zeichen des Humanen. Arrangement und Führung der Personen, Lichtregie und Kamerabewegung, Dekor und Musik und (nicht zu vergessen) Text und Intonation des Erzählers: alles kulminiert in wenigen Minuten, mit einem zentralen Panoramaschwenk von 1′45″, zu einer der unauslöschlichen Wegmarken der Filmgeschichte. Religion gipfelt auf zu einer Religiosität, deren Konfession die Kunst ist.
Die Kommunikanten ziehen in die Kirche ein, die Kamera begleitet sie parallel und sieht: daß sie von Anfang an eingefaßt sind, mehr als nur eingerahmt, durch das Gestühl und die Erwachsenen, die den Blick auf sie verstellen. Dann geht der Blick auf die Kommunikanten nur noch durch das Gitterwerk, das den Chor der Kirche umgrenzt, und man wird

Le plaisir (La maison Tellier)

sie nie anders als von fern und von hinten sehen. Sie singen »Plus près de toi, mon Dieu« (Näher, mein Gott, zu Dir[136]), und von ihren Stimmen getragen, steigt die Kamera einer unsichtbaren Diagonalen nach, die von in die Höhe, zum Kirchturmfenster, schwebenden Barockengeln vorgezeichnet scheint. Ein Umschnitt zeigt, aus getauchter Position, den Kirchturm von außen, »›enracine‹ la figure en pleine terre«[137], ehe der Blick sich wieder nach innen richtet: die Kamera gleitet eine parallele Diagonale, vorgezeichnet durch ein Arrangement von jetzt nach unten schwebenden Engeln, vom Kirchturmfenster in den Innenraum zurück. »Da geschah es«, sagt der Erzähler (Maupassant/Wohlbrück), »daß Rosa, die ihre Stirn in ihren Händen barg, plötzlich an ihre Mutter denken mußte (Musikwechsel zu Mozart), an die Kirche ihres Heimatdorfes, an ihre Kommunion. Sie glaubte sich in ihre Kindheit zurückversetzt und sah sich selbst im weißen Kleid.«

Es ist, scheint mir, der Übergang von der rein sakralen, protestantisch schlichten, wenn auch leicht süßlichen Musik zu den luziden Intonationen der mozartschen Kunst, der den Übergang der Emotion ins Werk setzt: durch den Akt der Repräsentation kirchlich-liturgischer Rituale hindurch wird das Göttliche eines alle gleichermaßen umfassenden Gefühls präsentiert. Im Panoramaschwenk des »Ave verum corpus« (dem Vorläufer des parallel gezogenen Fahrtschwenks am Ende des Films) vollzieht sich mit der liturgischen Wandlung die Verwandlung: »Wie ein Funke, der ein Feld voll reifenden Korns in Brand setzen kann, sprang Rosas Trauer und die ihrer Gefährtinnen auf alle Andächtigen über. Bald weinte die ganze Gemeinde (...) Alle waren seltsam ergriffen. Sie empfanden etwas, dessen Gewalt sich niemand entziehen kann. Sie spürten den Atem eines überirdischen Wesens.«

Hervorgerufen, hergestellt aber ist dieser »Atem eines überirdischen Wesens« von dem überaus irdischen Wesen einer jederzeit sich ihrer Mittel bewußten filmsprachlichen Artistik. Sie übersteigt in LE PLAISIR an Selbstbewußtsein noch ihre Demonstration und Selbstdarstellung in LA RONDE. Noch jeder Schatten – etwa der, den der Erzähler/Chronist/Journalist von *Le modèle* an die Wand wirft und der wie die Flügel eines schwarzen Engels aussieht, wenn er von seinem

Tisch aufsteht, um Joséphine die Tür zur letalen Begegnung mit Jean zu öffnen – ist Kalkül, wie die frenetischen Kranfahrten um das Haus Tellier herum, das immer nur von außen gesehen wird und in das der Blick selbst die Treppen aufwärts oder abwärts nur durch das Geviert oder die Jalousien der Fenster führt.

Die Anstrengungen der Architektur (Jean d'Eaubonne) sind enorm wie die der Kostüme (Annenkoff, i.e. Annenkov), und sie stülpt das Außen nach innen, wenn sie die Inneren des Hauses Rivet zu den komplizierten Eck- und Mansardenbauten des Hauses Tellier parallelisiert, als folge sie nur einem Gebot: der Kamera (Philippe Agostini; nur die erste und dritte Episode drehte Christian Matras) einen optischen Hallraum für eine Art von Selbst-Echo auf die Außenoperationen am Hause Tellier zu bauen: die langen offenen Gänge, Stege, Treppen und Stufenfolgen im Haus Rivet vermitteln keinerlei Wohnfunktion, sie dislozieren die Plätze eher, als sie festzumachen. Gleichzeitig aber ortet der Blick der Kamera die Personen immer wieder in Umgrenzungen, die meist von Dingen vorgegeben sind: das Gitterwerk in der Kirche; das Stäbewerk der sonst offenen Pferdekarre, durch das Rivet und Rosa bei ihrem ersten Dialog zu sehen sind (und sich gegenseitig sehen); das Menschengewühl im Ballsaal des »Palais de la danse«, wo es einen freien, unverstellten Blick nicht geben kann. Wie eingemauert erscheinen die Menschen nicht nur vornehmlich durch ihre sozialen Gegebenheiten, sondern durch die (unsichtbare, aber unüberhörbare) Führung des Erzählers, durch Architektur und Dekor, durch Kamera-Operationen, denen sie sich anzupassen haben, durch die Musik, die ihnen, als hörten sie ihr zu, die Emotion vorschreibt.

LE PLAISIR verhält sich zu seinem (kritischen) Thema der Konsumption bloß noch des Lebens in den Akten der Erfüllung äußerster Lebensgier selbst konsumistisch: indem alles zur Kunst verzehrt wird. Das Gefühl tiefer Depression, das LE PLAISIR (mir) vermittelt, entsteigt weniger der in dem Film permanent ermittelten Erfahrung der unaufhaltsam entrinnenden Zeit und der (schönen) Vergeblichkeit, weniger der kannibalistischen Selbstverzehrung der Lust, weniger der Erkenntnis, daß »le bonheur n'est pas gai« oder, wie die deutsche Synchronisation in eine Frage übersetzt: »Ist denn

Glück eine reine Freude?«, als vielmehr dem Antagonismus aller Artistik: daß sie vom Leben absehen muß, indem sie einen Abhub nur des Lebens konserviert. Daß die Schönheit sich der Konsumption von Leben verdankt.

Madame de ... 1953

Paris um 1900. Louise de ..., Frau eines Generals, verkauft, um ihre offenbar maßlosen Schulden zu decken, von denen ihr Mann nichts wissen soll, die herzförmig geschliffenen diamantenen Ohrringe, die der General ihr einst zur Hochzeit schenkte, an denselben Juwelier, bei dem der Schmuck erstanden worden ist. Um den Verkauf zu kaschieren, behauptet Madame de ..., die Ohrringe in der Oper verloren zu haben. Der General, mobilisiert, sucht vergeblich. Als in der Zeitung eine Nachricht über einen »vol au théâtre« erscheint, sucht der Juwelier den General in der Kaserne auf, weiht ihn ein - und kann ihm die Ohrringe ein zweitesmal verkaufen. - Am Abend zu Hause erschöpft im Bett liegend, bittet Louise ihren Mann, daß nie mehr über die Ohrringe gesprochen werden möge. Der General ist einverstanden. Auf einem nächtlichen Bahnsteig bringt er seine Maîtresse Lola zum Zug; als Abschiedsgeschenk überläßt er ihr die Ohrringe. - Beim Roulette in Konstantinopel verliert Lola ihre ganze Barschaft und versetzt auch die Ohrringe. Sie werden in das Schaufenster eines Juweliers gelegt. - Sie finden sich wieder bei der Zollkontrolle in Basel im Gepäck eines italienischen Diplomaten, des Barons Donati, der irritiert ist durch die Erscheinung einer schönen Unbekannten, die er noch vergeblich zu erreichen versucht: Louise de ... ist mit dem Zug abgefahren. Beider Kutschen kollidieren in Paris auf freier Straße, der Zufall macht Bekanntschaft. Bei einem Empfang sehen sie sich wieder und dann immerzu: sie können nicht mehr aufhören, miteinander zu tanzen, auch wenn das Orchester längst abgeräumt hat. Als der Baron bei einem Jagdausflug vom Pferd stürzt, fällt Louise in Ohnmacht. Wieder abends im Haus des Generals, bittet Louise, kränkelnd und erschöpft im Bett, ihren Mann, verreisen zu dürfen. Der Graf schließt alle Fenster und Vorhänge. - Baron Donati macht Madame de ... seine Aufwartung. Er hat ihr ein

Geschenk mitgebracht, in den Blumen verborgen: die Ohrringe. Als ihr Mann kommt, muß Louise den Schmuck wieder verstecken. Beim Abschied an der Tür flüstert sie dem Baron heftig zu: »Je ne vous aime pas ...!« - Auf einem nächtlichen Bahnsteig bringt der General seine Ehefrau Louise zum Zug; zum Abschied grüßt er lange. - An einem herbstlich aufgewühlten Meer Louise, schwarz gewandet. Der Baron schreibt ihr Briefe. Sie zerreißt, mit einem Zug fahrend, einen Antwortbrief in winzige Stücke, die als Schnee auf die Tannen fallen. - Beim Neujahrsempfang des Diplomatischen Corps verliert Donati einen Strauß gepreßter Blumen aus seiner Diplomatentasche, der General macht ihn darauf aufmerksam. Zwei Kutschen auf freiem Feld; Louise steigt um und liegt Donati in den Armen. - Zu Hause inszeniert sie das Wiederfinden der Ohrringe, sie trägt sie zum Ball. Dem irritierten Donati erklärt sie, sie habe die Ohrringe ihrem Mann gegenüber als eine Erbschaft ausgegeben. Auf demselben Ball läßt sich der General von Louise die Ohrringe aushändigen und konfrontiert den Baron mit seiner Beute und der Wahrheit; er verlangt von ihm, die Ohrringe wieder an den Juwelier zu verkaufen. Donati verabschiedet Louise: »Je ne suis déjà plus avec vous.« - Der General, der die Ohrringe dem Juwelier zum drittenmal abgekauft hat, zwingt Louise, den Schmuck einer Verwandten zu schenken. - Der Juwelier bietet dem General die Ohrringe zum vierten Kauf an: die Nichte, in Geldschwierigkeiten geraten, hat sie ihm überlassen. Der General lehnt wütend ab. - Zum erstenmal kauft jetzt Louise die diamantenen Herzen, sie hat dafür alle ihre Pelze und anderen Juwelen verkauft. Dem General gegenüber besteht sie, hinfällig und krank wie sie ist, auf dem Besitz der Ohrringe. - In einem Club fordert der General den Diplomaten wegen vorgeblicher Beleidigung der Ehre der Armee zum Duell heraus. Louise kann Donati nicht davon abhalten, sich dem falschen Ehrenhandel zu stellen. In derselben Kirche, in der sie gleich am Anfang schon einmal vor der »Kleinen Heiligen« gebetet hat, der Juwelier möge ihr die Ohrringe abkaufen, opfert sie die Juwelen jetzt der »Kleinen Heiligen«: sie möge Donati schützen. - Auffahrt der Kutschen zum Duell, die Strecke wird abgeschritten, die Duellanten nehmen ihre Position ein. In einer anderen Kutsche fahren Louise und ihre Zofe in denselben Wald. Sie hören einen Schuß, auf den zweiten warten sie vergeblich. Louise bricht zusammen. Sie stirbt. – Die leere Kirche. Der Blick verengt sich auf den Altar der »Kleinen Heiligen«. Neben den Ohrringen eine Karte: »Don de Madame de« –: der Rest, außerhalb der rechten Bildseite, ist nicht zu lesen.

Der Schnee in den Tannen; der zweite Schuß, der vergeblich erwartet wird; das Duell eines Diplomaten und eines Offiziers; der Duelltod für eine Vergangenheit, die nicht mehr Gegenwart ist; der Walzer, mit dem eine große Liebe beginnt –: LIEBELEI noch einmal? So dicht die Selbstzitate fallen, so eng die Referenzen sind, so lebhaft die persönlichen Topoi und ikonografischen Obsessionen wieder ins Fleisch der Erscheinung treten: MADAME DE ... ist weit entfernt von der Unschuld der LIEBELEI, und Louise ist ungleich raffinierter als Christine oder auch, der Vergleich liegt näher, die Baronin, der in LIEBELEI nicht das Hauptinteresse von Ophüls galt. MADAME DE ... ist zweifellos erwachsener, in jeder Hinsicht, als LIEBELEI. Wien um 1900 (LIEBELEI; LETTER FROM AN UNKNOWN WOMAN; LA RONDE) oder Paris um 1900 (LE PLAISIR; MADAME DE ...) –: es mag immerzu um 1900 sein in den Filmen von Max Ophüls, aber auch ein und dasselbe Jahr hat seine Zeiten, von welcher deiner eigenen Zeiten aus du es anschauen magst. Es ist der Unterschied, der Lisa (LETTER) im Schnee den Frühling imaginieren läßt oder Christine (LIEBELEI) das »auf ewig«, und für Louise, die Madame de ..., verwandelt sich das Frühlingserwachen ihrer Seele in Schneegestöber. Es ist der Unterschied zwischen dem Cineasten, der die Augen voller Erstaunen aufschlägt, und dem anderen (demselben noch?), der schon alles gesehen hat.
Der Erzähler und meneur de jeu hat sich, bevor er in LOLA MONTEZ die Peitsche schwingen wird, zurückgezogen, so scheint es, auf zwei Schriftinserts vor dem ersten Bild, und sie erzählen von einer Frau in den glücklichsten Verhältnissen, die sich nicht geändert hätten, wenn. Alle scheinen sich voller Freiheit zu bewegen, niemand dirigiert sie, Louise nicht, den General nicht und auch nicht Donati, auch wenn der General, als Feldherr dieser Seelenschlacht, als der große Stratege der Gefühlskollisionen, für den er sich hält, endlich am besten den Lauf der Dinge überblickt, den Lauf der

Dinge: der Ohrringe. Aber er steht einsam auf seinem Feldherrnhügel und ist am wenigsten unabhängig von den Dingen. Auch wenn er lügt oder durch Verschweigen die Wahrheit verbirgt, auch wenn er sich selbst für den Herrn des Verfahrens nimmt: er kann nicht hindern, daß er Louise verliert, zuerst ihre Liebe, Zuneigung oder Freundschaft, dann ihren dekorativen Wert innerhalb der Gesellschaft, dann ihr Leben. Er mag Donati überlegen sein, der, mit Generalsaugen betrachtet, eine fast traurige romantische Figur macht, die vom Pferd fällt, gepreßte Blumen mit sich herumträgt und sich von Louise etwas vorschwindeln läßt, aber er ist ihm zweifellos unterlegen an Liebenswürdigkeit, und sei sie der Treuherzigkeit verdankt. Donati, der »Unschuldigste«, ist schließlich der große Verlierer. Der General gewinnt, seine Ordnungsvorstellungen zugrundegelegt, seine »Ehre« zurück. Und Louise, was verliert/gewinnt sie? Daß sie von der buchhalterischen Gewinn- und Verlust-Rechnung nicht mehr zu taxieren ist. Daß sie das Spiel überwindet. Daß sie mit der Entscheidung, allen Besitz wegzugeben und von sich abzutun, um sich ihres innersten Gefühls, des sicher wertvollsten ihres leicht-sinnigen Lebens, zu versichern, zu sich selbst findet. Daß sie nichts mehr zu verlieren hat und sich selbst gewinnt.

Kein Erzähler, kein meneur de jeu? Er hat sich nur anders materialisiert. Es sind die Ohrringe, die das Spiel dirigieren. Neunzehnmal[138] im Verlauf des Films wechseln sie den Besitzer/Inhaber oder ihre Zuschreibung, den Film vor dem Film mitgerechnet: der erste Kauf durch den General und die Übergabe an Louise. Indem die Ohrringe in Bewegung gesetzt werden, lösen sie ihrerseits Bewegung aus. Man scheint sie zu haben, aber sie haben einen auch. Denn mit jedem Wechsel wird ihnen etwas hinzugetan, laden sich neue Gefühle auf sie ab[139], akkumulieren die Konnotationen. Als (Hochzeits-)Geschenk des Ehemannes konnotieren sie Inbesitznahme der Frau durch den Mann, und wenn die Frau sie verkauft, konnotiert mit ihnen die Ableugnung der früheren Konnotation und damit statt Ehe: Scheidung. Wenn sie als Geschenk in einem nicht- oder außerehelichen Liebesverhältnis fungieren, konnotieren sie entweder Abfindung (Lola) oder Anbindung beziehungsweise »Unterpfand« (von Donati an/für Louise). Zwischen dem General und Donati

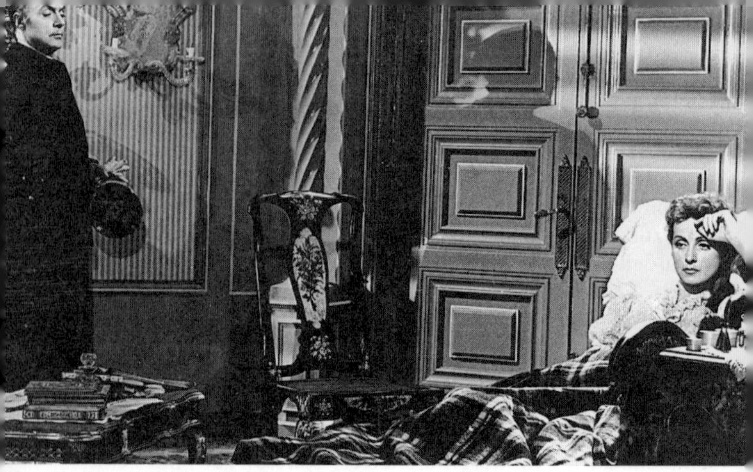

konnotieren sie Rivalität, für Louise bei der (von ihrem Mann erzwungenen) Übergabe an die Nichte den (erzwungenen) Verrat an ihrer Liebe zu Donati, zu der sie sich durch den (selbst finanzierten) Wiedererwerb bekennt, so daß der General aktiv (und zum Mörder an Donati) werden muß. Bis sie schließlich als Dotation an die »kleine Heilige« die Gipfelhöhe der Konnotationen erreichen: das Opfer.
Als movens und agens ineins sind die Ohrringe Objekt und Subjekt ineins. Quidproquo und Substitut, Zeichen und Bezeichnetes für die Zirkulation, der sie unterworfen sind, für die sie stehen und die sie gleichzeitig in Gang halten. Dabei akkumulieren sie einen Gefühlsmehrwert, der sich in Zahlen ausdrücken ließe, wenn uns Ophüls Einblick in die Geschäftsbücher des Juweliers Rémy (remis = wieder hinge-

stellt?) gewährte. Daß er, halb Mephisto, halb Seelenverkäufer, dabei das beste Geschäft macht, steht außer Zweifel: das Kapital trägt Zinsen so gut wie Tränen, und die Emotionen sind in blanker Münze zu berechnen. So läßt sich die Akkumulierung des Transfers, der schiere Handel, auch als halb boulevardeskes, halb (und das in zunehmendem Maß) tragisches Lehrstück auf die Mehrwerttheorie lesen und gut-marxistisch interpretieren[140] oder, mit einer kleinen Volte, den Substitutcharakter des infrage stehenden Gegenstands bedacht, freudianisch.[141]

Wie aber wäre MADAME DE ... ikonografisch zu lesen? Der Film beginnt mit dem nahen Blick auf Sachen, auf mit Accessoires der Eleganz und Preziosen übervolle Schränke und Läden, in denen eine Hand (die von Louise) suchend

wühlt. Wenn sie selbst, als die erste Person des Films, ins Bild kommt, ist sie selbst schon: eine Ikone. Denn nicht anders ist sie zu sehen, als in dem Blick auf sich selbst, in einem kostbar eingefaßten ovalen Spiegel. Sosehr der Film die Konnotation von Selbstverliebtheit, Narzißmus und Koketterie wünscht, sosehr vermittelt sich das Bild als ein Bild des Bildes (einer eleganten, offensichtlich ebenso wohlhabenden wie verwöhnten wie leicht-lebigen Frau). Dem Film ist damit schon die distanzierte, ironische, aufs Präsentieren des Repräsentierten eingestimmte und einstimmende Haltung vor- und mitgegeben.

Spiegel oder spiegelglatte Flächen oder spiegelndes Glas ohne Zahl: Truffaut[142] berichtet, daß der ganze Film, dem ersten Entwurf zufolge, nie eine andere Perspektive hatte einnehmen sollen: alles, jeder Blick sollte über Spiegel mitgeteilt werden. Auch in seiner endgültigen Fassung tritt der Film als Spiegelung seiner selbst in Erscheinung. Der symmetrischen Anordnung der Erzählpartien entspricht die Verdoppelung einzelner Ereignisse (zweimal begleitet der General eine Frau zum Zug; zweimal werden die Ohrringe beim Zoll registriert, in Konstantinopel und in Basel; zweimal führt der Zufall Louise und Donati zusammen; zwei Tanzsequenzen sind

Madame de . . .

Madame de . . .

ihnen zugeteilt; zweimal sucht Louise die »kleine Heilige« auf), wobei die jeweils zweite Erscheinung durchaus auch ein verfremdetes Echo auf die erste sein kann (der Szene, in der der General die Fenstervorhänge abrupt schließt, korrespondiert eine spätere, in der er die Vorhänge aufreißt). Aber man könnte auch sagen, daß die zweite Erscheinung das Spiegelbild der ersten sei, seitenverkehrt, oder um die 45 Grad verschoben, welchen Winkel die Kamera (der Blick) braucht, um das sich spiegelnde Objekt sehen zu lassen, nicht aber sich selbst.
Die Entscheidung, was und wer immer sie herbeigeführt haben mag, MADAME DE . . . am Ende doch nicht als das schiere Spiegelbild zu inkarnieren, muß als eine der glücklichsten Voraussetzungen für das Glück dieses Films bezeichnet werden. Erst so können die Spiegel, wie die Treppen, Salons, die zu langen Gängen geradezu nötigenden Plansequenzen, dialektisch mobilisiert werden. Erst so können sie selbst erzählen, indem sie nicht nur eine dramaturgische, sondern dramatische Funktion erfüllen. Denn während die Spiegel zunächst, wie das ganze überladene Dekor und die überreich drapierten Kostüme, Louise gefangenhalten, »le visage circonscrit par une savante architecture sociale«[143],

wird diese »weise gesellschaftliche Architektur« aufgebrochen in dem Maße, in dem Louise, selbst gehalten wie ein Schmuckstück und quasi eine Schwester ihrer Ohrringe, Spiegel eher zu meiden scheint, sobald »une pâleur mortelle chasse tout narcissme d'une image qu'aucun reflet ne peut plus rassurer«[144].

Von MADAME DE ... zu sagen, der Film sei »over-patterned to such an extend that the narrative itself and the characters it sets in motion seem to become the justification for the work's systems of development«[145], stimmt nur, solange übersehen wird, daß Louise sich ihrer sie gesellschaftlich determinierenden pattern und over-pattern entledigt - und wie ihr der Film dabei zu helfen scheint. Louise, die in der großen, mit allem

Raffinement wechselnder und zu immer intimerer Nähe geführten Einstellungsgrößen und durch verdeckte Schnitte gefugten zentralen Tanzsequenz (die erzählte Zeit der Sequenz umgreift fast vier Wochen!) selbstverständlich ihrem Stand angemessen in opulent wechselndem Outfit erscheint, trägt am Ende nur noch ein vergleichsweise schlichtes Kostüm und keinerlei Schmuck mehr. So »nackt« sie geworden ist und so ernst, so sehr entsagt auch der Gestus der Bildführung zunehmend den tänzerischen, flatterhaften oder hyper-eleganten Motionen. Louise, den herbstlichen Strand mit überraschend schnellem Schritt abschreitend, im schwarzen Mantelkleid mit hochgestelltem Kragen, wie von Furien gehetzt: das ist schon die tragische Gestalt geradezu antikischen Zuschnitts. Und auch hier ist zu beobachten, welchen Weg die Kamera geht: von rechts nach links, ehe sie, aber sehr viel kürzer, nach einem Zwischenschnitt auf eine der Zofen, nach rechts zurückkehrt. Die Fahrten, Schwenks oder Fahrschwenks nach links begleiten und skandieren vor allem emotional betonte Szenen, oder sie befördern ihre Emotionalisierung - nach links, in der Richtung, die aufs Herz zielt.

MADAME DE ... ist der dritte Film, den Ophüls mit Danielle Darrieux macht, nach LA RONDE (das kurze, ernsthafte Gespräch über ihre Ehe, das der General mit Louise führt, erinnert wie ein fernes Echo an den ehe-philosophischen Vortrag, den sich Emma von Karl Breitkopf in den Ehebetten anhören muß) und *La maison Tellier* (LE PLAISIR). Die Louise vom Anfang der MADAME DE ... ist eine Schwester der Rosa; sie hat den Grafen (Vicomte), den sich Rosa nur erträumen konnte. Die Louise vom Ende der MADAME DE ... ist eine andere Frau. Unmöglich zu denken, daß sie noch einmal ihre Pelze streichelt und mit affektiert-verspielt schnippendem Finger ihre Preziosen auf deren Verkaufbarkeit hin taxiert. Unmöglich die Vorstellung, daß sie noch einmal sich zur Komplizin mehr als zur Partnerin der Musikmontage macht, wie sie zu Anfang, und Reprisen gehen wie im Singspiel hin und her, trällernd auf das bedenkenlos verführerische Leitmotiv des Films eingeht (wie die Musikmontage ihr zu antworten scheint). Bis zum Ende des Films (und ihres Lebens) muß sie noch durch den morbiden hochdekadenten Walzer tanzen, der ausweg- und hoffnungslos, zermürbend und tödlich immer nur sein eigenes Echo wiederholt. In ihm ist die physische Kraft einer zugleich zerstörenden und befreienden Passion virulent, die Mechanik, die dem Sexus innewohnt, während das sanft gleitende Leitmotiv die Schmuckstücke überglänzt: die Ohrringe ebenso wie Louise.

Wie schon LA RONDE und LE PLAISIR ist auch MADAME DE ... ein Artefakt, das sich jederzeit, auch in den burlesken und ironischen Szenen (der Sohn des Juweliers und die Pirouetten um die Wendeltreppe im Laden von Rémy), seines

Kunstwerkcharakters bewußt ist. Aber anders als vor allem in LA RONDE gewinnt sich MADAME DE ... eine Dimension, die über das artifizielle Vorführen, Präsentieren und Repräsentieren hinausweist. Indem er Danielle Darrieux aus der makellosen Oberfläche der Spiegel hinter alle Spiegel führt. Indem die Schauspielerin die pralle Leere eines luxuriösen Daseins aufzufüllen versteht, bis über den Rand hinaus, mit dem Leben zum Tode hin. Indem sie zu einer der großen Liebenden wird, deren Liebe sich vom Habenwollen befreit. Indem sich das eine Schmuckstück (Louise) vollkommen in dem anderen Schmuckstück der Ohrringe auflösen und sich mit ihnen zum Opfer bringen kann. Indem der Boulevard von der Tragödie überwältigt wird.

Lola Montez. 1955

Der »Mammoth Circus« gastiert in New Orleans; sein Stallmeister/Ringmeister führt die »Attraktion des Jahrhunderts« vor, »ein Raubtier - hundertmal gefährlicher als alle Löwen und Tiger (...) Ein Teufel im Engelsgewand! Zerfetzte Herzen, vergeudete Vermögen - die Sarabande der Liebe. Zepter und Kronen, Umsturz und Revolution. Glanz und Leidenschaft, Triumph und Absturz. Lola Montez, die wirkliche Gräfin von Landsfeld.« Das Publikum darf Fragen an sie stellen: für 25 Cent das Stück. Lola ist vorgefahren worden in einer offenen Kutsche. Eine Scheibe, auf der sie deponiert wurde, dreht sich mit ihr und dem Ringmeister. Eine Frage aus dem Publikum: »Erinnert sich die Gräfin an das, was früher war?« / Überblendung: Eine großräumige Reisekutsche in der Toskana. Franz Liszt und Lola unterhalten sich über das bevorstehende Ende ihrer Begegnung. Ankunft bei einem Albergo; nachts will Liszt, er wähnt Lola schlafen, heimlich gehen; sie hält ihn noch für diese Nacht; morgens beim Abschied berühren sich ihre Finger nur noch knapp. / Überblendung: Der Manegenkronleuchter. Die Zirkuskutsche fährt in die Kulissen. Lola, sie muß bittere Medizin nehmen, bereitet sich auf den nächsten Akt vor, während der Ringmeister (im Off) ankündigt: »Wir gehen weit in die Vergangenheit zurück.« Ein kleines Mädchen, das Lola als Kind vorstellt, sagt ihr, sie sei immer ganz traurig, wenn es vorbei ist. Der Ringmeister (off) stellt Lolas Mutter und Vater vor, spricht vom frühen Tod des Vaters; ein Schiffsmodell wird in die Manege getragen. Lolas Gesicht. / Überblendung: Nächtliches Meer. Lola und ihre Mutter gehen an Bord eines Seglers, von Leutnant James empfangen. In der Nacht beobachtet Lola durch Kajütenfenster ein Fest mit Tanz in der Offiziersmesse. Auf schwankendem Bugdeck blickt sie zu den Sternen auf, vor die ein blauer, sternenübersäter Theatervorhang fällt, der sich sofort wieder hebt zum Aktschluß einer Bühnenaufführung (off der Ringmeister: »Paris; Lola findet ihren Lebensgefährten«), und schon wieder fällt, aber nur auf der Bühne. Lola wird von ihrer Mutter aus dem Parkett zu einer höher gelegenen Loge geführt. Der für sie vorgesehene Ehemann, ein älterer Bankier, ist zwar, der Gicht wegen, nach Baden-Baden abgereist, aber dem Ehevertrag steht nichts im Wege. Außer: daß Lola wegläuft, von James gefolgt, den sie zur Heirat herausfordert, während der Theaterdiener den 2. Akt einläutet. Der Kasch zieht von beiden Seiten halb zu / und öffnet sich wieder: Auf der Drehscheibe in der Manege Lola und ein Offizier statuarisch, während der Ringmeister fünf Jahre ihres Lebens zusammenfaßt. Abblende/Aufblende: James stürzt betrunken ins Haus. Sie streiten sich. Bis Lola fliehen kann: in Schwarzfilm. / Kasch öffnet sich auf Revuenummer mit Lola. Der Ringmeister führt sie als Tänzerin vor, mit einem Maestro, der sie trainiert; Lola als Seiltänzerin vor Miniaturarchitekturen: Madrid, Rom, Warschau, wo sie - in einer Reitervorführung - von den Kosaken des russischen Vizekönigs entführt, vom französischen Botschafter »gerettet« wird. Der Ringmeister singt zur Titelmelodie: »Wer Lola besaß, der war von ihr besessen.« Während im Wohnwagen des Zirkusdirektors = Clowns der Arzt über Lolas schlechten Gesundheitszustand spricht, fährt in der Manege der Ringmeister mit der Aufzählung der Stationen von Lolas Karriere fort: Kairo, St. Petersburg, Ragusa, Budapest ... / Der Kasch öffnet sich nach links und rechts: Claudio Pinotto dirigiert ein Kurorchester; Lola unter den Tänzerinnen auf der Bühne. Sie erkennt im Publikum die Ehefrau des Dirigenten, der ihr verschwiegen hatte, daß er verheiratet ist. Sie macht einen Skandal. / Die Manege: der Ringmeister läßt Lola eine Zigarre reichen und macht Reklame für das Fabrikat. Er erzählt, daß unter den Besuchern Lolas im Hotel an der Riviera auch er / Überblendung: gewesen sei. Lola empfängt den Ringmeister in ihrem gläsernen Hotelzimmer; er bietet ihr eine Karriere in Amerika an: »Sie können gar nicht tanzen, Sie können Skandale provozieren, das ist Ihre wahre Begabung.« Sie lehnt ab, er küßt sie zum Abschied. / Manege: Lola wird über mehrere Zwischenstationen in die Zirkuskuppel gehievt: »Lola steigt von Triumph zu Triumph«; sie steht ganz oben: »Apotheose der Macht, Lola kommt nach Bayern«. Von Lolas Gesicht / Überblendung auf bayerische Berge im Schnee. Lola nimmt in ihrer Kutsche den Studenten mit, der in entgegengesetzter Richtung wanderte. Im Gasthof in München ordert sie zuerst eine Suite in der obersten, billigsten Etage und bei der Nachricht, daß sie im Theater vortanzen soll, die untere, luxuriösere. Mit ihrer Zofe kommt sie aus dem Theater: sie ist abgelehnt worden. Ein Offizier spricht sie an. Er nimmt sie mit zur Parade vor dem König am Isarufer. Ihr aber dauert alles zu lange: sie reitet quer durch die Parade zum königlichen Hügel empor. Bei der Audienz reißt sie, um zu zeigen, daß sie nicht so schlecht gewachsen sei, wie ihr nachgesagt wird, ihr Kleid auf. Ludwig läßt Nadel und Faden holen. In der Opernloge versteht die Königin, daß sie besser für einige Zeit verreist. Ludwig bittet Lola, die schon wieder abreisen zu wollen vorgibt, zu bleiben, und gibt dem Kultusministerium den Auftrag, Lola malen zu lassen. Er selbst wählt in der Kunstakademie den langsamsten Maler aus. Lolas Bild nach der Art der unverschleierten Maja wird in dem Lustschloß deponiert, das der König der jetzt »wirklichen« Gräfin von Landsfeld zur Verfügung gestellt hat. Sie sucht mit dem Schwerhörigen den Ohrenarzt auf, wo er zum erstenmal mit Zeichen des öffentlichen Protestes gegen seine Regierungs- und Lebensführung konfrontiert wird. Revoltierende auf den Straßen, sie verbrennen Strohpuppen. In Lolas Boudoir liest der König *Hamlet:* »Dazu mußte es kommen«, während schon die Fensterscheiben des Schlosses eingeworfen werden. Lola überzeugt Ludwig, daß er jetzt in seiner »Rolle als König« gefordert sei, »wie es in den Geschichtsbüchern steht«. »Alle Dinge geschehen zu ihrer Zeit«, sagt Ludwig, »auch die Revolutionen« – und fügt unvermittelt hinzu: »Im nächsten März werde ich 62.« Er wird von seinem Minister abgeholt.

Im Kellergewölbe des Schlößchens begegnet die von neuen Steinwürfen aufgeschreckte Lola dem Studenten, der ihr sagt: »Diese Revolution ist eine Revolution der Reaktion«; seine Revolution aber komme von links. Er, in Lolas Kutsche, und ein berittenes Detachement von bewaffneten Studenten sichern die Flucht aus München. Unterwegs lehnt Lola das Angebot des Studenten ab, mit ihm, der bald Lateinprofessor sein will, ein neues, ein »normales« Leben zu beginnen: »Es ist etwas zerbrochen in mir. Es ist aus.« Von einer Totalen der verschneiten Berge mit Kutsche / Überblendung: auf Totale der Manege; der Ringmeister: »Allein auf sich gestellt, erinnert sich die Gräfin unserer Offerte, landet zwischen Ihnen, meine Damen und Herren.« Im Wagen des Direktors = Clowns besteht der Arzt darauf, daß heute das Netz nicht weggenommen werde. Die Anweisung kommt zu spät in die Manege. Der Ringmeister argumentiert mit dem Arzt, der die Polizei kommen lassen will, und überläßt dann die Entscheidung, dem Anschein nach, Lola in der Zirkuskuppel. Er kündigt an, daß nach der Vorstellung jeder Mann über 16 für den Betrag von einem Dollar Lola berühren, ihre Hand küssen dürfe. Das Netz fällt; Lola springt, ins Sprungtuch, über dem sich der Kasch von beiden Seiten schnell zuzieht. Schwarzfilm. Der Vorhang öffnet sich: vor Lola in ihrem Zirkuswagen-Käfig. Der Ringmeister: er hätte es nicht überlebt. Lola: »Das Leben geht weiter.« Die Kamera zieht sich zurück: Männer stehen in Schlangen an, um Lola die Hand küssen zu können. Zwei Livrierte schließen den Zirkusvorhang vor der Kamera.

Die Synopsis, die einer französischen, englisch untertitelten Kopie sowie einer deutschsprachigen Fassung folgt, will - deshalb die Ausführlichkeit - ein erster Versuch sein, einen Eindruck zu vermitteln von Aufbau und Struktur des Films, dem Arrangement der Erzählmasse, dem dramaturgischen Prinzip des ständigen Wechsels der Darstellungsebenen, der Brechungen, (beabsichtigten) Redundanzen, Durchdringungen (Überblendungen) und Abtrennungen (der von beiden Seiten gezogene oder zu beiden Seiten sich öffnende Kasch). Die filmsprachlichen Interpunktionen mögen als Doppelpunkt (Überblendung als Einleitung eines flashback) oder als Trennungsstrich (Kasch oder Schwarzfilm) fungieren: sie

Lola Montez

fügen beide Darstellungsebenen gleichermaßen zusammen, vernieten sie so dicht und unauflösbar miteinander (Off-Intervention des Ringmeisters bei der Theaterszene in Paris), daß von »Rückblenden« nur unter Vorbehalt gesprochen werden kann. Auch in der längsten, der bayerischen Episode – sie allein ist 43 Minuten lang und umfaßt damit mehr als ein Drittel des Films – bringt sich der Ringmeister als sardonisch-ironischer Kommentator (oder meneur de jeu) in Erinnerung. Kaum hat der langsamste der münchner Maler Lola zu porträtieren begonnen und der König, der im Atelier neben der Staffelei sitzt, hat (durchsichtige, weil nur auf Zeitgewinn bedachte) Einwände, läßt sich der Ringmeister nicht nur hören, sondern auch sehen: 20 Sekunden lang mit einem Kalauerreim: »Der Maler malt, so lang er kann / Von Malen zu Malen hat sie weniger an.« Mit der bayerischen Episode wird vollends jede »realistische« Zeitordnung aufgelöst: sie ereignet sich, wird »erinnert«, während Lola (fast) sprungbereit in der Zirkuskuppel steht, und die »reale« Zeit (bis zum Sprung) während einer Erzählzeit von 43 Minuten und einer erzählten Zeit von mehreren Monaten kann höchstens wenige Minuten dauern, auch wenn sie gleich angehalten wird durch die Intervention des Arztes, die außerdem nicht parallel zur erinnerten Zeit stattfindet, sondern ganz eindeutig nach ihr.

Lola Montez

Mit dem Ende der Bayern-Zeit (Präteritum bis Perfekt) erreicht der Film die Jetzt-Zeit (Präsens) der Zirkus-Präsentation und öffnet sich, kurz bevor sich ein Vorhang zum letztenmal schließt, einer unbestimmten, offenen Zeit (Futurum): »Das Leben geht weiter.« Doch auch die Realzeit der Zirkus-Präsentation ist alles andere als realistisch. Gesetzt sie dauerte auch nur annähernd so lange wie der Film dauert, würde sie jedes Zeitmaß von einer unter vielen Nummern einer Zirkusvorstellung sprengen. Gesetzt die Lola-Montez-Show wäre als einzige Darbietung des Zirkus an diesem Abend gedacht, so wäre sie nicht abendfüllend: weil wesentliche flashback-Episoden in der Manege nicht präsentiert oder parallelisiert werden (Liszt; die Schiffsreise von Indien nach Europa sowie die pariser Sequenz; die eheliche Auseinandersetzung sowie die Flucht Lolas; Pinotto-Sequenz sowie Anwerbungsversuch durch den Ringmeister im Riviera-Hotel; Bayern-Episode). Dabei unterstellt allerdings die Zirkus-Show, daß ihr Publikum mindestens zwei flash-back-Episoden wahrnimmt: Lola erzählt, vom Ringmeister/meneur de jeu aufgefordert und, wenn sie weiterzusprechen zögert, animiert, die Pinotto-Episode und wechselt vom erzählerischen Gestus in den dialogischen über; und der Ringmeister selbst geht nach Ende der Bayern-Episode (»Allein auf sich gestellt, erinnert sich die Gräfin unserer Offerte«) davon aus, daß dem Zirkus-Publikum von seinem Auftritt mit Anwerbungsversuch an der Riviera mehr zur Kenntnis gekommen ist, als nur seine Mitteilung (vor der

Bayern-Episode), daß zu Lolas Besuchern an der Riviera auch er gehört habe.

LOLA MONTEZ ist, das mag verblüffen, strukturiert wie eine moderne Fernseh-Show mit Studio-Publikum, dem neben den live vorgeführten Aktionen und Auftritten weitere und im Studio nicht zu realisierende Partien über Monitore zugespielt werden – während der TV-Zuschauer die komplette beziehungsweise komplettierte Show als Einheit »empfängt«. Was wieder einmal Anlaß gibt zu bedauern, daß es zu einer Fernsehproduktion von Max Ophüls nicht mehr gekommen ist, erscheint als eine dem Fernsehen vorauseilende, vorausgedachte und es gleichzeitig schon ironisierende Kino-Show. Der marktschreierische, peitschenknallende Stallmeister/Ringmeister des Peter Ustinov ist ein avancierter Nachfahre des Kezal Otto Wernickes (DIE VERKAUFTE BRAUT) und des Peter Frank von Heinz Rühmann (LACHENDE ERBEN), ein Agent der Werbung und Dompteur (immer wieder auf ein kleines Podest in der Höhe eines Fußschemels gestellt) sowie anchorman/Moderator einer Fernsehsendung ineins. Aber noch bleiben wir im Kino. Wenn am Ende sich die Kamera zurückzieht und das Publikum unter ihr voranschreitet auf die sich im Rückwärtsgang der Kamera entfernende Lola zu, »en sorte que *nous,* spectateurs du cinéma, nous mêlons à eux«, wie Truffaut[146] schreibt, müßte »die Kamerafahrt (...) immer weitergehen ins Kino hinein über die Köpfe der Zuschauer, die aufstehen und hinausgehen«[147], denn »in dem Zirkuspublikum von LOLA MONTEZ dürfen die Zuschauer im Kino sich vertreten sehen«[148]. Und Georges Annenkov[149] bestätigt: »En fait, les spectateurs du cirque symbolisaient déjà, dans l'esprit de Max Ophüls, ce public, plongé dans le noir, qui viendrait voir son film dans les ›salles obscures‹ de cinéma.«

»Plongé dans le noir«, in die Schwärze eingetaucht ist in der Tat das Publikum rings um die Manege: hinter einigen Dummies im Vordergrund sind die Zuschauerreihen hoch bevölkert von Schwarzweiß-Fotografien von Zuschauern. Von ihnen hebt sich ab das in allen schreienden Farben protzende und kreischende Zentrum der Show, und als ob die Kostüme der Akteure der lebenden Bilder, Reiter, Riesen und Zwerge, Lakaien und Jongleure, Tänzerinnen und Pagen, Clowns und Träger noch nicht bunt genug zu sein scheinen, fällt rasch wechselnd koloriertes Licht auf die Szene – wie in einer aktuellen Diskothek. Die Farbdramaturgie der flashbacks ist elaboriert. Annenkov[150] (der das Problem des Farbfilms auf die Formel bringt: »Dans les couleurs, il n'existe pas de monologue«) berichtet von einem Vorbereitungsgespräch Ophüls' mit dem Ausstatter Jean d'Eaubonne, in dem Ophüls die Farben der Liszt-Sequenz auf die Farben des Herbstes festlegte: Rot, Gold, Rostbraun, Ocker (und dann ließ er bei den Dreharbeiten einen Kilometer der Straße ocker-orange anmalen – acht Jahre vor Antonionis *Il deserto rosso*), Lolas Jugend auf Schwarz, Blau und Grau, die Bayern-Sequenz auf Weiß, Blau, Silber und Gold.[151]

»Als man mir vorschlug, einen Film über Lola Montez zu machen, dachte ich, daß dieses Sujet mir vollkommen fremd sei. Ich liebe die Biografien nicht, in denen sich viel ereignet«, bekennt Ophüls[152] – und doch ist es ein Film, von dem er schon lange geträumt hat, vor LOLA MONTEZ: »(...) möchte ich eines Tages ein Thema finden (...), das mir nicht anders vor die Augen kommt als in Farbe, drei Dimensionen und auf erweiterter Leinwand – wo alle solche Elemente sich nicht nur ins Spiel einordnen, sondern aus ihnen heraus auch eine Dramaturgie entstehen könnte.«[153] Genau das ist der Fall LOLA MONTEZ: für Ophüls zwei neue Techniken zugleich, Farbe und Cinemascope, die er nach seinem Motto, daß die Technik überwunden werden müsse, für den Film produktiv macht, indem er die Techniken gleichsam für sich selbst neu erfindet: »Auf alles, was es an Gutem gibt in LOLA, bin ich vielleicht durch meine fehlende Erfahrung mit der Farbe und dem Cinemascope-Format gekommen: wenn ich durch den Sucher der Kamera blickte, kam ich mir vor, als wäre ich erst einen Tag alt; ich machte alles so, wie es mir gerade vor die Augen trat ...«[154]

Wie in keinem anderen Film zuvor – und, soweit ich sehe: auch danach – ist das Cinemascope-Format aus der Sphäre des rein Technischen gelöst und humanisiert. Weit entfernt von »a defeatist attitude to composition when a new format had made a whole new approach possible«, wie der Ophüls ständig an US-amerikanischen Standards messende Salt[155] reklamiert, ist der »new approach«, den Ophüls dem unge-

wohnten Format abgewinnt: daß er die Menschen und ihre Aktionen, die Zeichen ihrer Begierde und ihres Schmerzes, ihrer Bewegung und ihrer Stagnation, ihrer Leidenschaft und ihrer Resignation nicht der Technik subsumiert, sondern, umgekehrt, die Abmessungen des Bildes den Personen und ihren Motionen und Emotionen anpaßt. »Au lieu de soumettre naïvement ses acteurs au cadre inhumain de l'écran large, Max Ophuls, au contraire, dompte l'image, la divise, la multiplie, la contracte ou la dilate selon les nécessités de sa fracassante mise en scène«[156]: wenn etwa beim Dialog Lola/Liszt in der Reisekutsche, in Schuß/Gegenschuß-Manier aufgenommen und geschnitten, die jeweils korrespondierende Seite (des Partners/der Partnerin) bis zur völligen Desorientierung des Zuschauers durch Gegenstände im Vordergrund (und in der Unschärfe) verstellt ist; oder wenn Lola durch den »natürlichen« Kasch des Kajütenfensters auf die Feiernden und Tanzenden blickt; oder wenn die jeweils korrespondierende Seite beim Ehekrach Lola/James »künstlich« abgedunkelt ist; oder wenn, in einem kurzen Zwischenschnitt aus dem flashback in die Manege, der Ringmeister in einem brennend rot ausgeleuchteten Segment auftritt, das die Breitwand aus der Horizontalen in die Vertikale zu transponieren scheint. Kurz: das Cinemascope-Format ist von der Leidenschaft, dem Engagement des Erzählers beatmet; es lebt, scheint zu pulsieren, sich zu bewegen; es ist wie die Leinwand von einem Maler zum Leben gebracht.
Neben Isolierung, Trennung, Vereinsamung kann die Aktivierung der Leinwand auch Kommunikation und deren Wege beschreiben: in der Nadel-und-Faden-Sequenz durchlaufen die Akteure die ganze Breite des Formats, während gleichzeitig die Kamera die Ebenen (der sozialen Hierarchie) von oben nach unten und wieder von unten nach oben durchbuchstabiert, ähnlich der »Formel der Inversion«[157] folgend, wie bei der artistisch grandiosen Treppen-Sequenz im pariser Theater. Sie beginnt parterre bei einer zum Innenraum hin offenen Treppe und führt über zum Innenraum (und zur Kamera) hin offene Galerien und (für die Kamera) verdeckte Treppen über zwei weitere Stockwerke nach oben: die etwa 16jährige Lola wird von ihrer Mutter dem Ehekontrakt mit einem Bankier zugeführt, der ihr Vater sein könnte; und dann folgt – nach einer kleinen Serie von in die Bildtiefe

inszenierten Einstellungen (im Hintergrund die Verhandlungen zum Arrangement; im Vordergrund Lola, und nicht weniger als sie bestürzt: James) – Lolas Flucht den gleichen Weg zurück, gefolgt von James. Es ist, als ob eine Feder, die aufgezogen worden ist, wieder, in umgekehrter Richtung, abspult, und während die erste Einstellungssequenz mit aufsteigender Kamera über 37 Sekunden lang die Spirale links-rechts-links beschreibt, wird sie von der zweiten Einstellungssequenz mit absteigender Kamera dechiffriert, über eine Strecke von einer Minute und zwanzig Sekunden und rechts-links-rechts-links: und wieder zielt die letzte Bewegung (siehe MADAME DE...) ins Herz: James umarmt Lola im Ausgang des Theaters (und der Kasch isoliert sie zum Paar).

Vereinigung und Isolierung, Begegnung und Trennung: was das Leben der Lola Montez umgreift, illuminiert auch die mise-en-scène. Bewegung und Stillstand mit Lola als Achse[158], um die sich alles dreht, bis sich, da oben in der Zirkuskuppel, die Manege = die Welt (auf die sie regrediert ist) um sie dreht. Die Bildverkantungen unter dem Zeltdach korrespondieren sublim und subkutan mit dem Aspekt, den der Film ehedem auf denjenigen hatte, der jetzt wie ein veritabel erigierter Phallus durch die Manege stolziert: bei dem Treffen im Riviera-Hotel, als er sie zum erstenmal anwerben wollte für seinen ein Vermögen versprechenden Feldzug des Skandals durch Amerika, wird der Ringmeister fast ausschließlich in verkanteten schrägen Einstellungen porträtiert. Es ist die (zentrale) Szene des Films, in der er Lola schon ansagt, was ihr künftiges Los sein wird: sie, die während des Dialogs ständig in diesem Glaskastenzimmer herumwandert, möge endlich stillstehen; und als sie es tut, nimmt er die Wanderschaft auf, die er im Ring des Zirkus fortsetzen wird.

Das ist der Fortschritt der Geschichte: die Frau, die eine Welt (und Halbwelt) in Erregung und Bewegung versetzt hat, wird zum Monument: das Subjekt wird »objektiviert«. Am Ende, in der Manege, ist sie »gezähmt« wie Rilkes Panther; auch ihr »Blick ist vom Vorübergehen der Stäbe / so müd geworden, daß er nichts mehr hält«, auch ihr »ist, als ob es tausend Stäbe gäbe / und hinter tausend Stäben keine Welt«[159]. Sie sitzt nicht nur hinter Stäben, die das Fenster ihres Zirkuswagens markieren, zu dem die Ein-Dollar-Männer treten; ihr Bett in der Liszt-Sequenz ist wie ein Käfig konstruiert, Käfige sind die vielen Kaleschen und Reisewagen ihres Lebens, Käfiggittermuster verharmlost das Filigrangitterwerk in ihrem münchner Schlößchen. Wie Lola umzäumt ist vom Fachwerk der sie umgebenden Räume, umstellt der Film selbst, als habe er Lolas Blick verinnerlicht, fast alles, was geschieht: immer wieder verhängen Vorhänge, Paravents, Schleier, verstellen Möbel oder Menschen, Stützbalken oder nur die Seile, die vom Schnürboden des Theaters herabhängen, oder ein Ofen (mitten in Lolas Reisewagen) oder ein Ofenrohr den freien Blick: denn frei kann er nicht sein in den Verstellungen der Welt.

Das multiple Bilderwerk von LOLA MONTEZ ist akzentuiert durch eine aus vier Kanälen gespeiste Tonmontage, in der, wie auf der Bildebene, verwirrende Vielfalt und Ubiquität, Zerstreuung und Desintegration angesagt sind. Was Truffaut dazu ermutigt, LOLA MONTEZ in einer kühnen Volte »neorealistisch«[160] zu nennen, wird durchdrungen von der physischen Präsenz und der Stentorstimme des Stallmeisters/Ringmeisters. Er verkörpert »le mouvais goût, la vulgarité et la cruauté inconsciente qui président aux émissions de télévision«[161] - und der Werbung. Er scheut sich nicht, in einer Vorwegnahme des product placements, für den »El caballero dorado« zu werben und Lola zum Werbeträger zu machen: es ist die Zigarrensorte, die sie raucht (und die man am Eingang des Zirkus kaufen kann). Die Allusion ist mehr als nur eine Andeutung: Lola/die Frau ist zum Objekt der Werbung geworden (und Lola hatte schon, als König Ludwig ihr Maja-Porträt nirgendwoanders als bei ihr selbst zu deponieren mehr wußte, protestiert gegen diese »Re-kla-me«, wie sie dem Schwerhörigen verdeutlichen muß).

Am Grunde der Entscheidung, LOLA MONTEZ zu drehen, lag für Ophüls auch dies: der Skandal der Verdinglichung der Frau; die Erfahrung mit Werbung und Reklame, Boulevardpresse und Sensationsjournalismus, der öffentlich skandalisierte Selbstmordversuch der Judy Garland ebenso wie der Starrummel um die Abenteuer der Rita Hayworth[162] - oder gar um seine eigene Hauptdarstellerin, die, ihrer bloßen Selbstdarstellung (in früheren Filmen) wegen bekannter als durch schauspielerische Fähigkeiten, als Lola Montez falsche voyeuristische Erwartungen eines entsprechend erzürnt rea-

gierenden Publikums enttäuschen mußte. »Il faut tuer la publicité«, fordert Ophüls, »je trouve effrayant ce vice de tout savoir, cet irrespect devant le mystère«[163] - und sieht sich mit den Strukturen des eigenen Mediums der Darstellung konfrontiert. LOLA MONTEZ umfaßt alle ihre Darbietungsformen, Oper und Theater, den Zirkus und die Werbung, Tanz und Musik, Schattenspiel, Architektur und Malerei, und so sehr der Stallmeister/Ringmeister »in den Rezitationen Ustinovs zum Vorboten der Werbetexte«[164] wird, so sehr demaskiert er die Ambiguität aller Präsentation, die zur Repräsentation wird - auch durch das Kino.
Die Zirkus-Show ist (wie das Kino) ein Abhub nur vom »wirklichen« Leben; das Filmen nimmt - um mit Truffaut/Cocteau zu sprechen - das Leben, wie der Zirkus Lola zur Toten oder Untoten macht, unbeweglich »condemmed to pure repetition, repetition without difference«[165] (wie jede Projektion auch von LOLA MONTEZ) - aber es ist präzis dieser Kontext, der das Kino zum Gegenstand der Begierde erhebt. In der ständigen, fluiden, alle Bildformate und Bildränder überschreitenden Begegnung von Darstellung und Anschauung, Blicken und Träumen, deren Dimension weit über den schillernden, auf ewig diffusen Horizont hinaus zu befreien das Kino des Max Ophüls die Vorstellungskraft geführt hat.

Lola Montez

1 Barry Salt: Film Style and Technology: History and Analysis, London: Starwood 1983, S. 356 macht ebenfalls auf den Zusammenhang aufmerksam und meint sogar, DIE VERLIEBTE FIRMA sei »heavily indebted to its musical predecessors«. Salt sieht ferner »specific references« zu Sternbergs *Der blaue Engel* (1930) und *Morocco* (1930) mit Bildzitaten als Satire oder Parodie auf Dietrich-Posen (die langbeinige Lola auf dem Stuhl) oder in der Ausstattung von Dietrichs »dressing room«.

2 Claude Beylie: Max Ophuls. Paris: Édition Pierre Lherminier 1984, S. 34

3 Max Ophüls: Spiel im Dasein. Stuttgart: Henry Goverts 1959, S. 147

4 »Die Kinder, die abends vor dem Schlafengehen gequält werden, der Gesundheit zuliebe Lebertran einzunehmen, bitten den lieben Gott, einmal die Weltordnung umzuändern. Die Eltern sollen gehorchen, und die Kinder können befehlen. Der liebe Gott schläft schon, und Petrus hört statt seiner den Stoßseufzer. Er dreht an einer der vielen ewigen Schrauben, und für 24 Stunden ist auf der Erde alles umgekehrt wie bisher. Nach einem einzigen Tag Erwachsensein bitten die Kinder den lieben Gott, wieder alles so einzurichten, wie es vorher war - so sehr haben sie die Nase voll.« ebd., S. 140

5 »Ophüls imaginiert sich in die weibliche Perspektive und nur diese totalisiert er im Film«, schreibt Gertrud Koch im Blick auf LIEBELEI und LA RONDE. Positivierung der Gefühle. Zu den Schnitzler-Verfilmungen von Max Ophüls, in: Hartmut Scheible (Hrsg): Arthur Schnitzler in neuer Sicht. München: Wilhelm Fink Verlag 1981, S. 315

6 Ophüls, a. a. O., S. 148

7 in: Filmkritik 10/1970, S. 541
8 Meyers Handbuch über die Musik. 2. Aufl. Mannheim: Bibliographisches Institut 1961, S. 908
9 Salt, a. a. O., S. 357
10 a. a. O., S. 35
11 a. a. O., S. 357
12 Ophüls, a. a. O., S. 150
13 William Karl Guérin: Max Ophuls. Paris: Cahiers du Cinéma Collection »Auteurs« 1988, S. 49. - Das überaus lesenswerte Buch von Guérin, gespeist aus den reichen Quellen des Strukturalismus und der ihm folgenden philosophischen Schulen, sieht Ophüls gegen den gewaltigen Hintergrund des »Gesamtkunstwerks«, der »Arabeske« und des »Barock« und gleichsam Arm in Arm mit Mozart gegen Wagner und mit Goethe gegen Herder - und die ganze verdammte deutsche Mythologie.
14 Ophüls, a. a. O., S. 154
15 a. a. O., S. 353
16 und am 1. 10. 1937 von der Prüfstelle verboten wurde. nach: Alfred Bauer: Deutscher Spielfilm Almanach 1929-1950. München: Filmladen Christoph Winterberg 1976, S. 196
17 Ophüls selbst schreibt: »Er hat viel Geld gebracht, aber ich als Besucher hätte wohl kaum ein Billett dafür ausgegeben. Ich machte ihn mit reiner Routine.« a. a. O., S. 158
18 s. Datenteil, S. 268
19 Für Frieda Grafe (in: Filmkritik 4/68, S. 283) beginnt der Film nach dem ersten Akt; für den Statistiker und Einstellungsvermesser Barry Salt (a. a. O., S. 358 f.) erst nach dem Eintreffen des Kaisers mit der Ouvertüre; bei Salt verlassen Fritz und die Baronin (!) - unabhängig voneinander - die Oper und wird die Baronin schließlich von ihrem Mann (!) auf dem Bahnhof zur Abreise aufs Land entlassen. - Entweder es gibt unterschiedliche Fassungen des Films, oder man kann eben nicht auf alles gleichzeitig aufpassen.
20 Guérin, a. a. O., S. 63
21 »Man müßte einmal zählen, wie häufig in diesem Film Türen aufgestoßen werden und Fenster«, schlägt Frieda Grafe (a. a. O., S. 284) vor und gelangt hinter allen Türen und Fenstern zu einem »neuen Raum, der der Darstellbarkeit sich entzieht, dessen Vorstellung allein einen schwindeln macht«, sowie zu einer von Ophüls betriebenen »Auflösung der alten Raumvorstellungen ..., Ausgangspunkt für eine neue Konzeption des Raums ... (Ophüls') Filme spielen in einem Zwischenraum, gleich weit entfernt von Theater und Realität, weil ihm so zu zeigen gelingt, daß Form, die man lange als etwas Statisches, Ruhendes, Festes verstand, sehr wohl auch unbegrenzte Bewegung sein kann.«
22 Guérin, a. a. O., S. 64
23 ebd. - Guérin analysiert (S. 62 ff.) die unterschiedlichen geometrischen Strukturen der beiden Walzer-Szenen, zeigt die Differenz zu Lubitsch auf, bei dem der Walzer ein »triomphe de la fluidité et du mouvement perpétuel« darstelle, und zeichnet den strukturellen geometrischen Dissens zwischen »arabesque« (Christine) und den »lignes droites qui écartent des arabesques« (Eggersdorf) nach.
24 Koch, a. a. O., S. 316, die ihre Beobachtung an drei einleuchtenden Szenen exemplifiziert.

25 Beylie, a. a. O., S. 39
26 Koch, a. a. O., S. 311
27 a. a. O., S. 164 ff.
28 nach einer wenig überzeugenden französischen Version von LIEBELEI noch im Jahr der Emigration unter dem nichtssagenden Titel UNE HISTOIRE D'AMOUR – die deutsche Originalfassung findet bedeutend mehr Zuspruch (Beylie, a. a. O., S. 41) – und dem mit wenig Engagement gedrehten, aber »finanziell erfolgreich(en)« (Ophüls, a. a. O., S. 177) Kriminalfilm ON A VOLÉ UN HOMME, von dem eine Kopie zur Zeit nicht mehr zu existieren scheint.
29 Beylie, a. a. O., S. 46
30 Guérin, a. a. O., S. 71
31 a. a. O., S. 187
32 ebd., S.185
33 Guérin, a. a. O., S. 71
34 ebd., S. 72: »das Abbild eines Kampfes um das Überleben der Seelen: für einen Augenblick werden aus den Körpern nur noch Spuren des Lebendigen, gewaltsame Skizzen von Gefühlen, die zu heftig sind für die Wesen auf der Szene.«
35 a. a. O., S. 363
36 ebd., S. 362
37 a. a. O., S. 69 f.
38 Interview Benjamin Fainsilber in: Cinémonde, 19. 12. 1935; zit. nach Beylie, a. a. O., S. 49
39 ebd.
40 Dieser »Entwurf einer ophülsschen Theorie des Kinos« wird von der zeitgenössischen Kritik mit Anerkennung bedacht, vom Zuschauer, der von ihr gemeint ist, jedoch abgelehnt. DIVINE ist eine der schlimmsten Niederlagen, die Ophüls erlebt hat: weil der Film den Erwartungen (des »objektiven« Blicks?) an einen Film über die »andere Seite der Music-Hall« widerstand, Erwartungen von Enthüllungen jeder Art; in der Tat ist der einzige nackte Busen, den man zu sehen bekommt, die Brust einer stillenden Mutter. s. dazu auch Beylie, a. a. O., S. 50
41 Guérin, a. a. O., S. 73
42 François Truffaut: Les films de ma vie. Paris: Flammarion 1975, S. 252
43 in: Cahiers du Cinéma, Nr. 81, März 1958, S. 14
44 a. a. O., S. 362
45 Ophüls, a. a. O., S. 191
46 Beylie, a. a. O., S. 51
47 ebd., S. 54
48 in: Cahiers du Cinéma, a. a. O., S. 15
49 Ophüls, a. a. O., S. 193 f. – Beylie, a. a. O., S. 56, terminiert die Produktion von Februar bis September 1936.
50 a. a. O., S. 352 und 354 (Tabellen)
51 ebd., S. 364
52 a. a. O., S. 197 ff.
53 Beylie, a. a. O., S. 60
54 Ch. B. (i. e. Charles Bitsch), in: Cahiers du Cinéma, a. a. O., S. 15
55 a. a. O., S. 60
56 Mit ursprünglich 102 Minuten Dauer einer der längsten Filme Ophüls', ist YOSHIWARA zur Zeit nur in einer Kopie von etwa 88 Minuten zu sehen. –

Beylie, a. a. O., S. 60, hat eine Badeszene der Geishas gesehen, die in den meisten Kopien fehle, und Salt, a. a. O., S. 364, einen imaginierten Opernbesuch der Liebenden, der (ebenfalls) mit einer Schlittenfahrt ende.

57 An Operationen wie bei Sternberg fühlt sich, ohne *Anatahan* ausdrücklich zu erwähnen, auch Lorenzo Codelli (Ophuls après Ophuls. in: Positif, Nr. 232/233, Juli/August 1980, S. 34 f.) erinnert, und er möchte schwören, daß Oshima YOSHIWARA gesehen hat.

58 Johannes Beer (Hrsg): Reclams Romanführer. Band 1. 3. Auflage, Stuttgart: Philip Reclam jun. 1966, S. 95 ff.

59 Nachwort in: Ophüls, a. a. O., S. 229

60 ebd., S. 200

61 s. den Aufsatz von Hermann Naber, S. 44 ff.

62 Goethes Werke. Hrsg von Karl Heinemann. 7. Band. Meyers Klassiker-Ausgaben. Leipzig und Wien: Bibliographisches Institut o. J., S. 32

63 ebd., 8. Band. S. 15

64 in: Cahiers du Cinéma, a. a. O., S. 16

65 zit. nach Guérin, a. a. O., S. 75

66 Goethes Werke, a. a. O., 8. Band, S. 112

67 ebd., S. 142

68 ebd., S. 138

69 Auf eine etymistische Interpretation des ganzen sexuelle Konnotationen animierenden Apparats sei hier verzichtet.

70 Claude Beylie: Max Ophuls, a. a. O., S. 62

71 »Ach, wie ist's möglich dann,/Daß ich dich lassen kann«: mit der Melodie, die Charlotte bis zu Ohnmachtsanfällen aufwühlen kann, ist ein unbekümmerter Anachronismus der Drehbuchautoren Hans Wilhelm und Max Ophüls zu registrieren. Das sogenannte Thüringer Volkslied wurde von Helmina von Chézy für ihr Schauspiel *Eginhart und Emma* (1811/12) in die hier zitierte Fassung umgedichtet; die Melodie geht auf Friedrich Kücken (1810-1882) zurück. Georg Büchmann: Geflügelte Worte. 33. Auflage. Frankfurt, Berlin, Wien: Ullstein 1981, S. 149

72 s. dazu auch Guérin, a. a. O., S. 76

73 Salt, a. a. O., S. 365

74 Christian Viviani: L'heure exquise ... in: Positif, a. a. O., S. 31

75 Jon Halliday: May Ophuls. in: Richard Roud (Hrsg): Cinema. A Critical Dictionary. Volume Two. London: Secker & Warburg 1980, S. 732

76 ebd.

77 Beylie, a. a. O., S. 64

78 ebd., S. 67

79 gezeigt vom ZDF am 28. Oktober 1979

80 Broschüre Der Spielfilm im ZDF, 1/1979, S. 38

81 lt. ZDF, ebd., am 10. Mai 1940, »an dem Tag, an dem der deutsche Angriff im Westen begann«.

82 Die Aufklärung des Widerspruchs ist mir bisher nicht gelungen. Die vom ZDF freundlicherweise zur Verfügung gestellte Rohübersetzung des Kommentars liest sich folgendermaßen: »So wurde durch den Willen nach Eroberung und Hegemonie einiger Männer der Vorwand geschaffen, der zum Ausbruch des Ersten Weltkriegs führte. - Durch die deutsche Niederlage unterbrochen, hat dieser Krieg unter dem blutigen Zeichen des Hakenkreuzes im Jahre 1939 noch unversöhnlicher wiederbegonnen. - Noch einmal haben die freien Völker die Armee der Barbaren,

den Schrecken der Massengräber, den Terror und die Zerstörung kennengelernt. - Aber die Söhne deren (sic!) von 1914 sind ihrerseits aufgestanden, um die begonnene Aufgabe zu vollenden. Und dieses Mal werden sie die Waffen nicht eher niederlegen, bis sie der Welt endgültig Frieden und Freiheit garantieren können.« - So sehr der Wortlaut der Rohübersetzung im Verhältnis zur ZDF-Sendefassung die Datierung offenläßt (oder undeutlich macht: »... hat dieser Krieg ... im Jahr 1939 ... wiederbegonnen«), öffnet er sich andererseits der Vermutung, daß er sehr viel später als Anfang 1940 entstanden sein muß: »Noch einmal haben die freien Völker ... die Zerstörung kennengelernt.« Aller Text aber kann nicht die Bilder dieser Montagesequenz übersehen lassen, und deren letzte Einstellungen können niemals von 1940 stammen.

83 Ophüls, a. a. O., S. 204 ff., schildert den überstürzten Aufbruch gegen Ende der Dreharbeiten: »Ich fuhr den Mörder Princip in seinen Krieg« - ohne mitzuteilen, um welchen der Darsteller es sich dabei handelte.

84 Beylie, in: Cahiers du Cinéma, a. a. O., S. 16. - In seiner Ophüls-Monografie kommt Beylie zu anderen Erkenntnissen: »Max Ophuls prolongea sans vergogne sa permission et put ainsi tranquillement (sic!) termine son montage, début avril 1940 environ«; a. a. O., S. 68

85 Zu dem gescheiterten Projekt (mit Louis Jouvet) in der Schweiz und den enttäuschten Hoffnungen der ersten Jahre in den USA s. Datenteil: Biografie, S. 262

86 Louis Marcorelles, in: Cahiers du Cinéma, a. a. O., S. 17

87 Interview Jacques Rivette und François Truffaut, in: Cahiers du Cinéma, Nr. 72, Juni 1957; nachgedruckt (in der Übersetzung von Peter Nau) in: Filmkritik 11/1977, S. 532

88 Ophuls in Hollywood. in: Movie, Nr. 29/30, Sommer 1982, S. 41

89 a. a. O., S. 85

90 a. a. O., S. 76

91 a. a. O., S. 365

92 Beylie, a. a. O., S. 76

93 Klaus Brüne (Redaktion): Lexikon des Internationalen Films. Band 1. Reinbek bei Hamburg: Rowohlt 1987, S. 430 f.

94 Es handelt sich, wie Rückfragen bei den Filmredaktionen von ARD und ZDF ergeben haben, um eine vom ZDF für eine Ausstrahlung am 20. 8. 1973 erworbene und nach Angaben des ZDF bereits 1949 (offenbar für die Kinoauswertung; deutsche Erstaufführung: 24. 2. 1950) synchronisierte und danach gekürzte Fassung, die später durch die ARD (vom ZDF) erworben wurde. Beiden Redaktionen ist nicht verborgen geblieben, daß die von ihnen erworbene Kopie gegenüber dem Original gekürzt war; schließlich war die Vorführdauer der deutschsprachigen Kinoversion von 1950 mit 87' unschwer zu ermitteln, ebenso, daß die Spieldauer des Films bei seiner ersten Fernsehausstrahlung (am 26. 10. 1958 durch den Bayerischen Rundfunk für das Gemeinschaftsprogramm der ARD) dito (umgerechnet) 87' betragen hatte; außerdem waren die »Löcher« in Handlung und Bildaufbau nicht zu übersehen. Obwohl es beiden Redaktionen gelingen konnte, vollständigere Kopien des Films zu ermitteln (dem ZDF eine im londoner National Film Archive lagernde Nitrokopie von rund 80 Minuten; der ARD die Originalfassung in der Originallänge von 87 Minuten), sah man sich hier wie da an die Erfüllung der (blind?) erworbenen Sendelizenzen gebunden bzw. aus Kostengründen außer-

stande, die ermittelte (ZDF) bzw. der Redaktion sogar vorliegende (ARD) längere (ZDF) bzw. komplette (ARD) Fassung vollständig neu zu synchronisieren. Zu ermitteln ist durchaus, weshalb LETTER FROM AN UNKNOWN WOMAN in verstümmelter Form gesendet worden ist; zu ermitteln ist (mindestens bisher) nicht, wer wo und aus welchem Grund den Film gekürzt hat. Zu ermitteln ist aber vor allem ein trister Tatbestand: was in anderen, zuweilen spektakulär präsentierten Fällen längst geschieht und von den respektiven Redaktionen mit berechtigtem Stolz vorgeführt wird: die Wiederherstellung integraler Versionen oft übel verstümmelter Werke - bei Max Ophüls muß man auf so viel (?) Zuwendung offenbar noch warten. Wie lange noch?

95 Ganz unaufgelöst bleibt in allen Fassungen, die ich gesehen habe, ein Widerspruch: wenn Brand, von der Kutsche kommend und in dem Bewußtsein, daß er noch drei Stunden Zeit hat bis zur Abfahrt zum Duell, in die Wohnung kommt, beauftragt er Johann, seine Sachen zu packen und eine Kutsche kommen zu lassen: er denke nicht daran, sich wirklich zu duellieren. Von der Stornierung von Auftrag und Absicht ist später nie die Rede.

96 in: Cahiers du Cinéma, a. a. O., S. 17

97 Herbert Linder: Max Ophüls - Die Lust am Sehen. in: Filmkritik 5/67, S. 292

98 Script to Screen with Max Ophuls. in: Film Comment, Vol. 6, Nr. 4, Winter 1970/71, S. 42

99 Darauf aufmerksam macht schon Alain Masson: La gravité du frivole, in: Positif, a. a. O., S. 46

100 Die Lust am Sehen. in: Deutsche Zeitung, 12. Juni 1954

101 a. a. O., S. 46 f.

102 a. a. O., S. 95

103 a. a. O., S. 368

104 Michael Kerber, in: Film Comment, Vol. 7, Nr. 2, Sommer 1971, S. 60

105 a. a. O., S. 101, S. 103

106 in: Film Comment, Vol. 7, Nr. 2, Sommer 1971, S. 64

107 a. a. O., S. 371

108 5001 Nights at the Movies. New York: Holt, Rinehart and Winston 1982, S. 99

109 Godard/Kritiker. Ausgewählte Kritiken und Aufsätze über Film (1950-1970). Reihe Hanser 83. München: Carl Hanser 1971, S. 79

110 auf die vor allem Michael Walker, a. a. O., S. 49, aufmerksam macht

111 In der deutsch synchronisierten Fassung ist aus Berlin Brüssel geworden, womöglich um jeden für das deutsche Publikum assoziierbaren Kontext aus dem Film zu nehmen; andere, wohlgemerkt von US-amerikanischen Verleihfirmen besorgte Beispiele aus dem Anfang der fünfziger Jahre sind sattsam bekannt: *Casablanca, Notorious.* - Kuriosität am Rande: der (katholische) film-dienst (nachgedruckt als Lexikon des Internationalen Films, Band 7, a. a. O., S. 3361 f.) notierte seinerzeit unter fd 1469: »Während ihr Ehemann als US-Soldat (sic!) in Berlin (sic!) stationiert ist, gerät Lucie (sic!) Harper in die Gewalt zweier Erpresser, die ...« - aber da auch die weitere Inhaltsangabe von Fehlern strotzt, muß man nicht unbedingt annehmen, daß der Rezensent von damals eine anders und mit Berlin synchronisierte Version gesehen, sondern eher wohl die amerikanische Originalfassung nicht ganz verstanden hat.

112 In der deutschen Synchronfassung heißt er Hackett oder Haggett; zur möglichen Erklärung siehe Anmerkung 111.
113 a. a. O., S. 84
114 in: Filmkritik 11/1977, S. 558
115 William Paul, in: Film Comment, a. a. O., S. 66
116 wobei sie, typische Streß-Reaktion, in die Tasche zur Zigarettenschachtel greift - und wobei dem sonst perfekt montierten Film ein Anschlußfehler unterläuft: Lucia, zuerst von hinten gesehen, hat nicht nur die Bewegung des rechten Arms zur Tasche schon vollzogen, sondern die Hand schon wieder, von ihrem Rücken verdeckt, in halber Höhe vor ihrem Körper (die unverkennbare Bewegung des Rauchers, der sich eine Zigarette aus der Tasche holt) und wiederholt dann, im Umschnitt von vorn gesehen, den ganzen Bewegungsablauf.
117 Michael Walker, a. a. O., S. 58
118 Die Synopsis folgt zwei sehr unterschiedlichen Fassungen: einer deutsch untertitelten Originalfassung von 88 Minuten bei 25 Bildern/Sekunde = 91 Minuten zu 24 Bildern/Sekunde sowie der deutschen Synchronfassung des ZDF: 105'30" (25 B/sec.) = knapp 110 Min. bei 24 B/sec. - Die ZDF-Fassung des Films ist zweifellos die längste aller bekannten Versionen LA RONDE. Ob man sie allerdings als »authentisch«, das heißt als die von Ophüls gewollte Fassung bezeichnen kann, muß zweifelhaft bleiben. Ophüls hat LA RONDE, wie sich (nach Angaben des ZDF) aus dem Produktionsdrehbuch ergibt, während der Montage kürzer geschnitten (coupé en montage). So enthält die vom ZDF neu synchronisierte und ausgestrahlte Fassung unter anderem eine Szene, von der man ausdrücklich weiß, daß Ophüls sie nicht im endgültigen Film haben wollte: »Für LA RONDE habe ich (...) eine Einstellung im Freien gedreht, ich habe sie aber herausgeschnitten. Sie gehörte zur Episode des Dichters mit der Schauspielerin: sie verbringen die Nacht in einem Hotel, und der Spielleiter, der sie im Schlitten dahingeführt hat, wartet in der Kälte, mit erfrorenen Füßen.« Interview Rivette/Truffaut, a. a. O., S. 538. - In der für das ZDF synchronisierten Fassung (Buch und Regie: Michael Miller) wird der Name des Dichters, den Jean-Louis Barrault spielt, mehrmals unmißverständlich als Kuhlenkampf ausgesprochen. Die Produktionsunterlagen verzeichnen dagegen (s. Datenteil S. 281) den Namen Kühlenkampf, was sich in der französischen Aussprache ohnehin aus Kuhlenkampf ergeben hätte. Möglicherweise handelt es sich bei der im ZDF vorgenommenen Transposition um einen bisher kaum wahrgenommenen inside joke, zumal wenn man den Kontext des Dialogs zur Kenntnis nimmt: »Und nun, mein Kind, werd ich dir ein Geschenk machen, ich werd dir meinen Namen verraten: dieser Name ist Kuhlenkampf. Jetzt bist du überwältigt, nicht wahr? - Nein, nein, wieso? Das ist ein Name wie jeder andere. - Was, du weißt nicht, wer Kuhlenkampf ist? - Doch weiß ich es, weil du es mir ja sagen wirst. - Der Name sagt dir nichts? - Nein, hm, wirklich das erstemal, daß ich ihn höre.«
119 Georges Annenkov: Max Ophuls. Paris: Eric Losfeld, Le Terrain Vague 1962, S. 27
120 Deborah Thomas, in: Movie, a. a. O., S. 74 ff.
121 Peter Nau, a. a. O., S. 553
122 a. a. O., S. 79
123 a. a. O., S. 115 f.

124 Herbert Linder, a. a. O., S. 288

125 Alan Larson Williams: Max Ophuls and the Cinema of Desire: Style and Spectacle in Four Films, 1948-1955. New York: Arno Press 1980, S. 82

126 a. a. O., S. 33 ff.

127 s. Aufsatz von Hermann Naber, S. 65 ff.

128 In der englischsprachigen Synchronfassung wird »Maupassant« von Peter Ustinov gesprochen. In der amerikanischen Verleihfassung fanden sich die Episoden in anderer Reihenfolge angeordnet, mit »The Model« als Mittelstück und »Madame Tellier's Establishment« am Ende. s. zu den Ungereimtheiten der englischsprachigen Synchronfassung und zur Umgliederung der Filmteile in den USA: Williams, a. a. O., S. 85 ff., der sich auch ausführlich mit dem Verhältnis des Films zur Originalvorlage von Maupassant beschäftigt.

129 was angesichts der kurzfristigen Entscheidung für *Le modèle* als dritte Episode nicht weiter wundern kann. Alle Produktionsvorbereitungen für die filmische Adaptation der Maupassant-Novelle *La femme de Paul* waren schon getroffen, als der neue Produzent von LE PLAISIR sich anders entschied: »Le sujet (...) ne lui convenait pas. La perspective de montrer à l'écran une lutte entre l'amour d'un homme pour une femme et l'amour lesbien, cette drôle de lutte, couronnée par une noyade, lui paraissait peu rassurante, vu les principes de la censure, et par-là, risquée à entreprendre.« Annenkov, a. a. O., S. 44

130 in: Movie, a. a. O., S. 80

131 a. a. O., S. 130

132 ebd., S. 126 f.

133 a. a. O., S. 85

134 a. a. O., S. 102

135 La mémoire et le mouvant. in: Positif, a. a. O., S. 55

136 Daß er die erzprotestantische Hymne einer normannisch-katholischen Kirche implantierte, gehörte noch zu den geringsten Vorwürfen, die Ophüls von der zeitgenössischen Kritik erfuhr. Georges Sadoul kritisierte den »germanisme du réalisateur«, Georges Charensol nannte ihn den »costumier d'Europe centrale« (nachzulesen bei Annenkov, a. a. O., S. 52 ff.), und in die erstaunlich nationalistische Kritik, die Ophüls pauschal vorwarf, sich als Nicht-Franzose an dem nationalen Heiligtum Maupassant vergriffen zu haben, stimmte sogar der spätere große Lehrmeister der Regisseure der Nouvelle Vague mit ein, André Bazin, der (zit. nach Beylie, a. a. O., S. 95) von den »origines viennoises (sic!) du metteur en scène« sprach und meinte »Max Ophuls avait écrasé Maupassant sous le luxe fallacieux des détails, le fini du décor, la somptuosité de la photographie, le brio de l'interprétation«. Vielleicht meint er ja seinen Lehrmeister und Ziehvater, wenn François Truffaut in seinem Nachruf auf Ophüls LE PLAISIR »le plus méconnu de ses films« nennt. Les films de ma vie. Paris: Flammarion 1975, S. 253

137 Guérin, a. a. O., S. 127

138 Williams, a. a. O., S. 110 ff., der, einem unveröffentlichten Manuskript von Robert Sigler folgend, minutiös jede Übergabe der Ohrringe registriert und eine symmetrische Anordnung der Zahlen des Transfers festhält; jedesmal mit dem Juwelier beginnend, kommt diese Analyse zu fünf Reihen mit untereinander symmetrisch gegliederten Abfolgen des Besitzwechsels: 3-4-5-4-3.

139 Guérin, a.a.O., S.142: »(...) les boucles d'oreilles (...) se chargent, au hasard de leur circulation, d'un poids affectif qui finit par devenir signe de passion, donc de scandal.«
140 Sehr aufschlußreich Andrew Britton: Metaphor and Mimesis: MADAME DE ..., in: Movie, a.a.O., S.91-107
141 Unter anderen bei Williams, der, seinem Vordenker Sigler folgend, die Ohrringe als »the self« (S.116) oder auch als »the forbidden« (S.131) bezeichnet. Man könnte an den Ohrringen und ihrer Funktion, vor allem, aber nicht nur für Louise, eine ganze Fetisch-Theorie exemplifizieren.
142 a.a.O., S.253: »(...) le premier traitement de MADAME DE ..., refusé par la production, prévoyait que le récit, celui que nous connaissons, serait entièrement vu dans des miroirs sur les murs et sur les plafonds.«
143 Jacques Fieschi: La femme aux cigarettes, in: Cinématographe, Nr.33, Dezember 1977, S.21
144 ebd.
145 Williams, a.a.O., S.124f.
146 a.a.O., S.250
147 Hartmut Bitomsky: LOLA MONTEZ. Die bezeichnende Lust und der bezeichnete Schmerz. in: Filmkritik 6/1974, S.267
148 Enno Patalas, in: Filmkritik 5/1968, S.357
149 a.a.O., S.85
150 ebd., S.87ff.
151 Williams, a.a.O., S.150, definiert, von Ophüls' Herbst-Assoziation für die Liszt-Episode ausgehend, das Farbsystem des Films nach Jahreszeiten: Jugend und Heirat = Frühjahr; Trennung und Skandale (dunkles Rot, gelb, grün) = Sommer; Liszt = Herbst; Bayern = Winter.
152 in einem Interview in: Arts, April 1956; zit. n. Annenkov, a.a.O., S.85, und Williams, a.a.O., S.140
153 Max Ophüls: Kunst findet immer Wege. in: Die Neue Zeitung vom 1. August 1954 (sic!); nachgedr. in: Filmkritik, 3/1967, S.164f.
154 Interview Rivette und Truffaut, a.a.O., S.535
155 a.a.O., S.374
156 Truffaut, a.a.O., S.245f.
157 Bitomsky, a.a.O., S.270
158 Annenkov, a.a.O., S.101, zitiert Ophüls: »Lola n'y reste qu'un axe, autour duquel se déroule le drame.«
159 Rainer Maria Rilke: Ausgewählte Werke. Erster Band. Gedichte. Leipzig: Insel Verlag 1942, S.172f.
160 a.a.O., S.247f.
161 ebd., S.246
162 s. Truffaut, a.a.O., S.255f.
163 zit. n. Annenkov, a.a.O., S.80
164 Patalas, a.a.O., S.352
165 Williams, a.a.O., S.150

Daten

Von Wolfgang Jacobsen

Biografie

Max Ophüls
(eigentlich: Max Oppenheimer)
im Exil: Max Ophuls/Max Opuls
geb. am 6. Mai 1902 in Saarbrücken
gest. am 26. März 1957 in Hamburg

Max Ophüls ist der Sohn des wohlhabenden jüdischen Textilkaufmanns Leopold Oppenheimer, Besitzer einiger Bekleidungskaufhäuser in Deutschland, und dessen Frau Helene, geb. Bamberger, die ebenfalls aus einer Kaufmannsfamilie stammt. Er hat eine Schwester, Friedl, später verheiratete Heilbronner. - Max besucht die Kaiserlich-Königliche Oberrealschule in Saarbrücken, die er vor dem Abitur verläßt. Er hat den Wunsch, Schauspieler zu werden, während die Familie den Eintritt des Sohnes ins elterliche Geschäft erwartet. Versuche, sich mit Varieté-Künstlern aus Saarbrücken abzusetzen, gelingen nicht. 1919 debütiert er in einer kleinen Rolle in Gustav Freytags *Die Journalisten* im Stadttheater Saarbrücken. Schließlich erhält er das Einverständnis des Vaters für seinen Berufswunsch und geht 1920 nach Stuttgart, wo er von dem Regisseur Fritz Holl Unterricht erhält. Um den Familiennamen zu schützen, entschließt er sich zu einem Pseudonym; Holl erfindet den Namen Max Ophüls (angeblich im Andenken an eine dänische Schauspielerin, mit der Holl eine unglückliche Liebesaffäre verband).
Für die Spielzeit 1921/22 wird Ophüls als Schauspieler an das Stadttheater Aachen verpflichtet, wechselt in der Spielzeit 1923/24 an das Schauspiel des Stadttheaters Dortmund, belegt das Rollenfach des »jugendlichen Charakterliebhabers« und tritt in seiner ersten Rolle als Weislingen in Goethes *Götz von Berlichingen* ohne sonderlichen Erfolg auf. Karl Schäffer, Intendant des Theaters, überträgt ihm seine erste Bühnenregie bei Dario Niccodemis Zwei-Personen-Stück *Tageszeiten der Liebe,* das am 4. März 1924 Premiere hat. Auch als Schauspieler wird er weiterbeschäftigt, spielt u. a. den Bernhard in Hebbels *Maria Magdalena*. 1925 tritt Ophüls als Spielleiter und Schauspieler bei den Vereinigten Stadttheatern Barmen-Elberfeld an unter der Intendanz von Paul Legband. Hier bleibt er, mit Erfolg

Regie führend, für eine Spielzeit, bis er für die Spielzeit 1925/26 vom Hofrat Franz Herterich an das Burgtheater in Wien verpflichtet wird. Er inszeniert Gustav Wieds *2×2=5* (Premiere: 2.10. 1925), Ludwig Fuldas *Der Vulkan* (Premiere: 24.10. 1925) und Georg Terramares *Die Erfüllung* (Premiere: 25.11. 1925). Nach seiner vierten Premiere, Otto Zoffs *Maria Orlowa* (7.2. 1926), in der er auch in der Rolle des Antonio Zacconi auftritt, kommt es zu einer antisemitischen Diffamierung von Ophüls und schließlich zu seiner Kündigung.
In Wien lernt Ophüls die Schauspielerin Hilde Wall kennen, die er 1926 heiratet; ein gemeinsamer Sohn, Marcel, der spätere Regisseur von Dokumentarfilmen, wird am 1. November 1927 in Frankfurt/M geboren.
Von Arthur Hellmer als Oberspielleiter ans Neue Theater in Frankfurt/M engagiert, richtet Ophüls als Probeinszenierung 1926 An-Skis *Dybuk* ein. Im selben Jahr betreut er die deutsche Erstaufführung des Lustspiels *König der Schnorrer* von Israel Zangwill. - Die produktivste Phase seiner Theaterarbeit beginnt 1928/29. Er wird Erster Spielleiter an den Vereinigten Theatern in Breslau, Gemeinnützige G.m.b.H. (Lobe- und Thalia-Theater), wo er ab 1929 zusätzlich als Dramaturg wirkt und bis zur Spielzeit 1931/32 bleibt. Er inszeniert Shakespeare *(Kaufmann von Venedig* und mit Käthe Gold als Rosalinde *Wie es euch gefällt),* Molière *(Der eingebildete Kranke),* Stücke von Kleist, Ben Hecht, Bernard Shaw, Marcel Pagnol, Henri Duvernois und André-Paul Antoines *L'ennemie,* das er 1936 in Frankreich verfilmen wird. Besonders aber setzt er sich für zeitkritische Stücke ein, darunter *Affäre Dreyfus* von Hans José Rehfisch/Wilhelm Herzog, *Revolte im Erziehungshaus* von Peter Martin Lampe, *Gerechtigkeit für Holubek* von Georg Fröschel, *Eros im Zuchthaus* von Friedrich Lichtneker, *Bork* von Gerhard Menzel und *Matrosen von Cattaro* von Friedrich Wolf. Sein eigenes Stück für Kinder *Fips und Stips auf der Weltreise* hat in Ophüls' Inszenierung am 16.12. 1928 im Lobe-Theater Premiere.
1931 geht Ophüls nach Berlin, verpflichtet als Spielleiter an die Meinhard-Bernauer-Bühnen (Komödienhaus/Theater in der Stresemannstraße), wo er zwei Stücke inszeniert: *Königliche Familie* von Feber und Kaufmann und *Schwengel.* Mit der Gruppe Junger Schauspieler inszeniert er am Lessing-Theater Werner Ackermanns *Flucht nach Shanghai.* In diese Jahre fallen auch Arbeiten für das Berliner Kabarett *Katakombe.* Seine letzte berliner Inszenierung ist 1932 Hermann Bahrs *Der Star* mit Käthe Dorsch in der Hauptrolle.
Um sein Einkommen aufzubessern, ist Ophüls in den zwanziger Jahren auch für den Hörfunk tätig, zunächst als literarischer Kolumnist in Frankfurt/M. In Breslau wird er ständiger Mitarbeiter bei der Schlesischen Funkstunde.

Bruno Duday verpflichtet ihn 1931 für die deutsche Dialogregie und als Regieassistent für Anatole Litvaks *Nie wieder Liebe,* der in einer deutschen und einer französischen Fassung gedreht wird. Für die Ufa realisiert Ophüls nach einer Originalgeschichte von Erich Kästner den Kurzspielfilm DANN SCHON LIEBER LEBERTRAN (1931). Das Deutsche Lichtspiel-Syndikat (D. L. S.) überträgt ihm die Regie für seinen ersten Spielfilm, das Lustspiel DIE VERLIEBTE FIRMA. Die Kritik nimmt seine ersten Filme nur zögerlich wahr. DIE VERKAUFTE BRAUT, nach Smetanas komischer Oper, entsteht in München für die Reichsliga-Film, LACHENDE ERBEN in Berlin für die Ufa, mit Heinz Rühmann in der Hauptrolle, mit dem Ophüls bereits 1931 einen Film, eine Militärgroteske, in Planung hatte. Mit seiner ersten Schnitzler-Verfilmung LIEBELEI hat Ophüls seinen künstlerischen Durchbruch als Filmregisseur.

Nach dem Machtantritt der Nationalsozialisten kann Ophüls in Deutschland nicht weiterarbeiten. Einen Tag nach dem Reichstagsbrand verläßt er mit seiner Familie Berlin und geht ins Exil nach Frankreich.

In Paris realisiert er zunächst eine französische Version von LIEBELEI, dann, mit dem ebenfalls emigrierten Produzenten Erich Pommer, ON A VOLÉ UN HOMME, während er bei dem Projekt *Le scandale* nach einem Stück von Henri Bataille als Regisseur durch Marcel L'Herbier ersetzt wird. In Italien entsteht LA SIGNORA DI TUTTI (1934 in Venedig mit einem Preis ausgezeichnet), worauf wieder Filme in Frankreich, Holland und wiederum Frankreich folgen. Von einer Einladung nach Moskau (1937), wo man ihm einen Zwei-Jahres-Kontrakt anbietet, kehrt er nach zwei Monaten zurück; er soll in Moskau am Drehbuch des sowjetischen Films *Shila-byla dewotschka* (Es war einmal ein Mädchen) mitgearbeitet haben; R: Wiktor Eisymont, 1944. Auch in Frankreich lassen sich einige Vorhaben nicht realisieren (»Derrière la fassade« und »Maria Tarnowska, femme fatale«), ehe in rascher Folge YOSHIWARA, WERTHER, SANS LENDEMAIN und DE MAYERLING A SARAJEVO entstehen.

1938 nimmt Ophüls, der sich jetzt Ophuls schreibt, die französische Staatsbürgerschaft an und tritt 1939/40 in die französische Armee ein. Er ist Autor und Regisseur einer antinazistischen Rundfunksendung, die 1940 ausgestrahlt wird. Immer noch Soldat, plant er im Juni 1940 im Süden Frankreichs ein französisch-spanisches Musical *Fandango.* Da sich das Eintreffen des beantragten amerikanischen Visums verzögert, folgt er einer Einladung von Leopold Lindtberg ans Zürcher Schauspielhaus. Er inszeniert Christian Feillers *Heinrich VIII. und seine sechste Frau* (Premiere: 5. 12. 1940) und Shakespeares *Romeo und Julia* (Frühjahr 1941); dagegen muß die Verfilmung einer Inszenierung Louis Jouvets des Molière-Stücks *L'école des femmes* wegen künstlerischer und persönlicher Differenzen auf-

gegeben werden, und auch der Plan, Wolfgang Langhoffs Buch *Die Moorsoldaten* zu verfilmen, zerschlägt sich.
Da Ophüls in der Schweiz keine Arbeitserlaubnis erhält, geht er unter großer persönlicher Gefahr nach Frankreich zurück und kann im Juli 1941 nach Lissabon entkommen. Durch die Hilfe Varian Frys und des amerikanischen Emergency Rescue Committee (ERC)/Centre Américain de Secours (CAS) kann Ophüls mit seiner Familie mit einem der letzten Flüchtlingsschiffe am 26. Juli 1941 Europa in Richtung New York verlassen, wo er am 5. August ankommt. Ende 1941 läßt sich Ophüls, er wird sich in den USA Opuls schreiben, in Hollywood nieder.
Er findet zunächst keinen Anschluß an die amerikanische Filmindustrie, ist arbeitslos und lebt von der Unterstützung des United Jewish War Relief; zeitweilig arbeitet er auch für das Office of War Information (OWI). Das Projekt eines antifaschistischen Films »The Man Who Killed Hitler« zusammen mit dem Produzenten Erich Pommer scheitert 1943 an einer fehlenden Finanzierung. Erst nach dem Zweiten Weltkrieg erhält Ophüls seinen ersten Regievertrag in Hollywood für *Vendetta,* dessen Regie er aber nach wenigen Tagen an Preston Sturges abgeben muß, weil der Produzent Howard Hughes mit seiner Arbeit nicht einverstanden ist. THE EXILE (1947) wird seine erste amerikanische Produktion. Es folgt 1947/48 die Verfilmung von Stefan Zweigs Novelle *Brief einer Unbekannten,* LETTER FROM AN UNKNOWN WOMAN. In CAUGHT (1948/49) und THE RECKLESS MOMENT (1949) spielt James Mason die Hauptrolle, mit dem Ophüls nach seiner Rückkehr nach Frankreich 1950 noch einen weiteren Film nach einem Stoff von Balzac *La duchesse de Langeais* plant, in dem Greta Garbo die weibliche Hauptrolle übernehmen soll.
Nach Frankreich zurückgekehrt, realisiert Ophüls seine zweite Schnitzler-Verfilmung, LA RONDE, für die er in Venedig 1950 für das beste Drehbuch ausgezeichnet wird. In den USA und in Italien kann der Film nur mit Schnittauflagen gezeigt werden; in der Bundesrepublik wählt man eine zurückhaltende Untertitelung und synchronisiert nur die Stimme von Anton Walbrook (Adolf Wohlbrück), um FSK-Auflagen zu vermeiden. Nach drei Novellen von Guy de Maupassant entsteht 1951/52 LE PLAISIR, während ein Film in der Schweiz, *Palace Hotel,* dessen Regie dann Leonard Steckel und Emil Berna übernehmen, nicht zustande kommt. Nach MADAME DE ... (1953), einer französisch-italienischen Koproduktion, zerschlagen sich wieder einige Projekte (*The Blessing* nach dem Roman von Nancy Mitford für Alexander Korda, *Mam'zelle Nitouche* mit Fernandel für Robert Hakim), ehe 1955 unter großen produktionstechnischen Schwierigkeiten LOLA MONTES/LOLA MONTEZ entsteht. Der Film kostet 10 Millionen Francs und wird von Ophüls in drei Sprachen hergestellt. Bei der deutschen Premiere in München und Ham-

burg kommt es zum Skandal, in Paris wird eine gegen den Willen von Ophüls gekürzte Fassung gestartet.
Seit 1954 führt Ophüls Hörspielregie beim Südwestfunk in Baden-Baden, auf Einladung von Friedrich Bischoff, den er schon aus Breslau kannte: Goethes *Novelle* (April 1954); Arthur Schnitzlers *Berta Garlan* (1956). Für den Hessischen Rundfunk entstehen *Gedanken über Film* (28.11. 1956). – Auf Einladung von Gustaf Gründgens übernimmt Ophüls am Deutschen Schauspielhaus in Hamburg die Inszenierung von Beaumarchais' *Der tolle Tag oder Figaros Hochzeit*, die am 5. Januar 1957 Premiere hat. Ophüls erkrankt am Tag der Premiere, wird ins Krankenhaus gebracht, wo er am 26. März 1957 stirbt. Die Regie eines Films, der in Frankreich vorbereitet wurde, übernimmt Jacques Becker. Max Ophüls wird in Paris auf dem Friedhof Père-Lachaise beigesetzt.

Nachtrag

Bis heute liegt keine umfassende deutschsprachige Monografie über Ophüls vor. Helmut G. Asper in Bielefeld bereitet eine Publikation vor. – Die Theater- und Hörfunkarbeiten von Ophüls sind bislang nur unzureichend dokumentiert; es gibt verstreute Aufsätze, vor allem von Asper und Martina Müller/Köln, in Frankreich von Claude Beylie, die auf diesen Aspekt seiner Arbeit hinweisen. Auch in diesem Rahmen konnte die noch ausstehende Recherche nicht geleistet werden. Eine ausführliche Liste der Filmprojekte, die weit über die in dieser Biografie genannten Pläne hinausgeht, findet sich in Beylies letzter Monografie. Die hier vorgelegte Bibliografie (S. 287 ff.) gibt über all diese Veröffentlichungen Auskunft.

Filmografie

Die Filmografie nennt Daten zu den Filmen, bei denen Max Ophüls Regie geführt hat und bei denen er in anderer Funktion beteiligt war. Die Chronologie der Filme wurde beibehalten.
Diese Filmografie folgt einer von Ronny Loewy (Frankfurt/M) erarbeiteten Liste der Filme von Max Ophüls für das Filmlexikon *Cine-Graph* (München 1984 f.). Der Verfasser hat Loewys Filmografie durch eigene Recherchen überprüft, in Einzelfällen ergänzt und mit den bereits veröffentlichten Ophüls-Filmografien kompiliert. Die Angaben über den technischen Stab folgen dem in der *Reihe Film* üblichen Standard und sind zum Teil durch Hinweise auf Assistenzen erweitert, aber es werden nicht alle beteiligten und bekannten Mitarbeiter (besonders der amerikanischen Filme) genannt. Die

Liste der Darsteller ist so umfangreich wie möglich. Bei den amerikanischen Filmen wurden dafür die Besetzungslisten der Produktionsfirmen hinzugezogen. Nicht in allen Fällen konnten die Rollennamen ermittelt werden.
Offensichtlich falsche Schreibweisen von Namen wurden korrigiert. Namensänderungen, z. B. bei Emigranten, sind beibehalten und werden in Klammern aufgelöst; ebenso wird bei Pseudonymen verfahren. Konnte eine Schreibweise nicht zweifelsfrei geklärt werden, erscheinen die verschiedenen Versionen durch Schrägstrich getrennt. Namen von Mitarbeitern und Darstellern, die aus den Vorspanndaten, der Zensurkarte oder den Angaben des *Illustrierten Film-Kuriers* nicht hervorgehen, sondern aus anderen Dokumenten erschlossen sind und als gesichert gelten können, sind ohne besondere Kennzeichnung hinzugefügt. Bei der französischen Version von LIEBELEI ist die z. T. abweichende Schreibweise des Vorspanns übernommen, in Klammern erscheint die korrekte Schreibweise.
Bei den frühen Tonfilmen ist der Terminus Originallänge (OL) durch Zensurlänge (ZL) ersetzt. Die Umrechnung erfolgt auf der Grundlage von 24 Bildern/Sekunde. Sekunden sind auf- oder abgewertet.
Bei den deutschen Filmen wird zusätzlich die berliner Premiere genannt, wenn der Film in einer anderen Stadt uraufgeführt wurde; entsprechend bei den französischen Filmen die pariser und bei den amerikanischen Filmen die new yorker Premiere. Verwiesen wird auch auf Voraufführungen (Sneak-Previews, Trade Shows etc.), Release-Daten und Copyright-Eintragungen. Bei den frühen Filmen wird neben der Deutschen Erstaufführung auch auf Wiederaufführungen in der Bundesrepublik verwiesen, der Terminus Erstaufführung in der Bundesrepublik (EA BRD) wird dann auch für die späten Filme beibehalten. Bei den Angaben zu den TV-Ausstrahlungen wird nur noch die jeweils erste Fernsehausstrahlung genannt.

Abkürzungen: R = Regie (wird genannt bei den Filmen, an denen Ophüls in anderen Funktionen beteiligt war). - B = Buch. - K = Kamera. - K-F = Kameraführung. - K-Ass = Kameraassistenz. - Sch = Schnitt. - Sch-Ass = Schnittassistenz. - T = Ton. - T-Ass = Tonassistenz. - M = Musik. - M-L = Musikalische Leitung. - Ba = Bauten. - A = Ausstattung. - Ko = Kostüme. - Ma = Maske. - R-Ass = Regieassistenz. - P = Produktionsgesellschaft. - Pd = Produzent. - Pl = Produktionsleitung. - P-Ass = Produktionsassistenz. - Al = Aufnahmeleitung. - Do = Drehort. - Dz = Drehzeit. - F = Format. - sw = schwarzweiß. - Z = Zensur (B. = Berlin; M. = München; Jf. = Jugendfrei; Jv. = Jugendverbot). - OL = Originallänge. - DL = Länge der deutschen Fassung. - ZL = Zensurlänge. - U = Uraufführung. - DE = Deutsche Erstaufführung. - EA BRD =

Erstaufführung in der Bundesrepublik. - TV = erste Fernsehausstrahlung in der Bundesrepublik. - V = derzeitiger Verleih in der Bundesrepublik.

1931 *Nie wieder Liebe.* - R: Anatole Litwak (i.e. Litvak). - Deutsche Dialog-Regie, R-Ass: Max Ophüls. - B: Irma von Cube, Anatole Litwak, nach dem Bühnenstück *Dover-Calais* von Julius Berstl. - K: Franz Planer, Robert Baberske. - Sch: Alexander Uralsky. - T: Erich Leistner. - M: Mischa Spoliansky. - M-L: Hans-Otto Borgmann. - Liedertexte: Robert Gilbert. - Ba-Entwürfe: Robert Herlth, Walter Röhrig. - Ba: Werner Schlichting. - D: Lilian Harvey (Gladys O'Halloran), Harry Liedtke (Sandercroft), Felix Bressart (Jean), Oscar Marion (Jack), Julius Falkenstein (Dr. Baskett), Hermann Speelmans (Tom), Theo Lingen (Rhinelander), Raoul Lange (Spanier), Louis Brody (Koch), Hans Behal (Der »Mann«, Charlie), Rina Marsa (Die »Frau«, Claire), Margo Lion (Stimmungssängerin), Constantin Kalser (Schiffsjunge), Mischa Spoliansky (Klavierspieler). - P: Bloch-Rabinowitsch-Produktion, Berlin; für Universum-Film AG (Ufa), Berlin. - Pl: Noé Bloch. - Do: Ufa-Atelier, Neubabelsberg; Nizza/Côte d'Azur (Außenaufnahmen). - Dz: 12.3. - ? 1931. - F: 35 mm, sw. - Tonsystem: Tobis-Klangfilm. - Z: B. 29418, 14.7. 1931, 8 Akte, 2406 m, Jv. (Entscheidung ab 10.8. 1931 ungültig); B. 29510, 25.7. 1931, 8 Akte, 2255 m, Jv. - ZL: 2406 m = 88 min.; 2255 m = 82 min. - U: 27.7. 1931, Berlin, Gloria-Palast. - TV: 17.7. 1983 (ZDF). - V: -.
Nach Protokollen der Ufa sind am Drehbuch auch beteiligt: Fritz Falkenstein, Curt Braun, Felix Joachimson. - Französische Version: *Calais-Douvres.* Ophüls ist an dieser Version nicht beteiligt, seine Funktionen übernimmt Jean Boyer.

1931 DANN SCHON LIEBER LEBERTRAN. - B: Emmerich Pressburger, Max Ophüls, nach einer Originalgeschichte von Erich Kästner. - K: Eugen Schüfftan, Karl Puth. - T: Walter Tjaden. - M: Norbert Glanzberg. - Ba: Hans Sohnle, Otto Erdmann. - D: Alfred Braun (Petrus), Paul Kemp (Michel, sein Gehilfe), Max Gülstorff (Herr Augustin), Käte Haack (Frau Augustin), Hannelore Schroth-Haack (Ellen, beider Tochter), Gert Klein (Peter, beider Sohn), Martin Milleville. - P: Universum-Film AG (Ufa), Berlin. - Pl: Bruno Duday. - Do: Ufa-Atelier, Neubabelsberg. - Dz: August 1931. - F: 35 mm, sw. - Tonsystem: Tobis-Klangfilm. - Z: B. 30192, 23.10. 1931, 2 Akte, 605 m, Jf. - ZL: 605 m = 22 min. - U: 23.11. 1931, Berlin, Universum. - V: Der Film gilt z. Zt. als nicht erhalten.
Die Angabe der Uraufführung stützt sich auf die Kritik im Film-Kurier, Nr. 275, 24.11. 1931. Ophüls berichtet, daß der Film in einem Kino »am Wedding« mit zwei Vorstellungen uraufgeführt wurde,

bevor er in den Ufa-Palast am Zoo kam (Spiel im Dasein. Stuttgart: Goverts 1959, S. 146).
Inhalt: Ein kleiner Junge träumt davon, selbst Entscheidungsfreiheit zu haben. Als seine Eltern ihn wieder früh ins Bett schicken und er den scheußlichen Lebertran schlucken muß, betet er, daß die Eltern einmal Kinder sein sollen und diese die Erwachsenen. Der heilige Petrus erhört seinen Wunsch. Am nächsten Morgen - verkehrte Welt. Die Eltern müssen in die Schule und werden von einem unnachgiebigen Lehrer traktiert; der Junge muß ins Büro, Entscheidungen treffen und sich mit einem Steuerbeamten ärgern. Am Abend wird die alte Ordnung wieder hergestellt. Beide Seiten haben ihre Lektion gelernt und das kleinere Übel ist: dann schon lieber Lebertran.

1932 DIE VERLIEBTE FIRMA. - B. Fritz Zeckendorf, nach einer Originalgeschichte von Bruno Granichstaedten und Ernst Marischka. - K: Karl Puth. - Sch: Else Baum. - T: Carlo Paganini. - M: Bruno Granichstaedten. - M-Bearbeitung: Grete Walter. - M-L: Ernst Hauke. - Liedertexte: Bruno Granichstaedten, Ernst Marischka. - Ba: Robert Neppach, Erwin Scharf. - R-Ass: Peter Willy Riethof. - D: Gustav Fröhlich (Werner Loring jr., stellvertretender Direktor der Ideal-Tonfilm AG, Idfag), Anny Ahlers (Peggy Barling, Filmstar), Lien Deyers (Gretl Krummbichler, Postbeamtin), Ernst Verebes (Heinrich Pulver, Regieassistent), José Wedorn (Leo Lamberti, Kammersänger), Leonhard (i.e. Leonard) Steckel (Harry Bing, Regisseur), Hubert von Meyerinck (Fritz Willner, Filmautor), Fritz Steiner (Toni Bauer, Komponist), Hermann Krehan (Karl Martini, Filmoperateur), Werner Finck (Franz Klingemüller, Postvorstand). - P: Deutsches Lichtspiel-Syndikat AG (D.L.S.), Berlin. - Pl: Robert Neppach. - Al: Adolf Essek. - Do: Staaken (D.L.S. Studio GmbH), Berlin; Schweiz (Außenaufnahmen). - Dz: Januar-Februar 1932. - F: 35 mm, sw. - Tonsystem: Tobis-Klangfilm. - Z: B.31076, 19.2. 1932, 5 Akte, 2007 m, Jv. - ZL: 2007 m = 73 min. - U: 22.2. 1932, Berlin, Atrium. - V: Deutsches Institut für Filmkunde (DIF), Filmarchiv Wiesbaden (35 mm: 1771 m = 65 min.; 16 mm: 716 m = 65 min).

1932 DIE VERKAUFTE BRAUT. - B: Curt Alexander, Max Ophüls, nach der Komischen Oper *Prodaná nevěsta* von Friedrich (i.e. Bedřich) Smetana und Karel Sabina (Libretto). - K: Reimar Kuntze, Franz Koch, Herbert Illig, Otto Wirsching. - Sch: Paul Ostermayr. - T: Friedrich Wilhelm Dustmann. - M, M-L: Theo Mackeben (nach Friedrich Smetana). - M-Assistenz: Ernst Viebig. - Liedertexte: Robert Vambery. - Choreografie: Senta Born. - Ba, Ko: Erwin Scharf. - R-Ass: Peter Willy Riethof, Walter Behr. - Hilfsre-

gie: August Lautenbacher. - D: Max Nadler (Bürgermeister), Jarmila Novotna (Marie, seine Tochter), Otto Wernicke (Kezal, Heiratsvermittler), Hermann Kner (Micha), Maria Janowska (seine Frau), Paul Kemp (Wenzel, ihr Sohn), Karl Valentin (Brummer, Zirkusdirektor), Liesl Karlstadt (Frau Brummer), Annemarie Sörensen (Esmeralda, ihre Pflegetochter), Willy Domgraf-Faßbaender (Hans, Postillon), Max Schreck (Indianer im Zirkus Brummer), Hans Appel (Kraftmensch im Zirkus Brummer), Ernst Ziegler (Clown im Zirkus Brummer), Karl Riedel (Erster Polizist), Georg Holl (Zweiter Polizist), Richard Révy (Finanzienrat), Lothar Koerner/Körner (Diplomat), Lotte Deyers (Gouvernante), Mary Weiss/Weiß (ihr Zögling), Trude Haefelin (ihr Zögling), Dominik Loescher (Wirt vom »Gasthaus zur Goldenen Gans«), Kurt Horwitz (Moritatensänger), Therese Giehse (Ansagerin), Eduard Mathes-Roeckel (Fotograf), Max Duffek (Erklärer eines Schlachtenpanoramas), Beppo Brehm (Bauernbursche). - P: Reichsliga-Film GmbH, München. - Pl: Karl Ritter. - Al: Fritz Sorg. - Do: Emelka-Studios, Geiselgasteig; Umgebung von München (Außenaufnahmen). - Dz: ab 9.5. 1932 (Aufbau der Bauten) bis Ende Juni; 4.7.-25.7. Schnitt. - F: 35 mm, sw. - Tonsystem: Tobis-Klangfilm. - Z: M. 4202, 12.8. 1932, 5 Akte, 2115 m, Jf. - ZL: 2115 m = 77 min. - U: 18.8. 1932, München, Phoebus Filmpalast/Gloria Filmpalast. - Berliner Premiere: 2.9. 1932, Atrium. - EA BRD: Oktober 1972. - TV: 30.3. 1970 (BR III). - V: -.
Die Angaben zur Drehzeit folgen den Nennungen im Film-Kurier (Rubrik: Arbeits-Nachweis des deutschen Films); am 1.8. und 8.8. 1932 wird der Film ohne spezifizierte Angaben noch für die Emelka-Studios aufgelistet. - Über die Dreharbeiten in Geiselgasteig entsteht unter der Regie des Agfa-Firmenvertreters Skalden ein Werbeschmalfilm, der Ende Juni 1932 der berliner Presse vorgeführt wird: »Vom Produktionsleiter Ritter bis zum Toncutter kann man alle am Werk Beteiligten an der Arbeit und in den Ruhepausen beobachten, die Produktionsarbeit eines Tages fortschreiten sehen. Alle sind mit großem Eifer am Werk; die gezeigten kurzen Szenen-Ausschnitte lassen einen interessanten und mächtigen Kostüm-Film erwarten. Von der großen Attraktion des neuen Reichsliga-Films, den Stimmen der Novotna und Domgraf-Faßbänders, konnte man naturgemäß im Schmalfilm noch keine Kostprobe bekommen.« (»Gruß aus Geiselgasteig«, in: Lichtbild-Bühne, 27.6. 1932)

1932/33 LACHENDE ERBEN. - B: Felix Joachimson, Max Ophüls, nach einer Originalgeschichte von Trude Herka (ps. Herrmann). - K: Eduard Hoesch. - Sch: Herbert Fredersdorf. - T: Walter Rühland. - M: Clemens Schmalstich. - M-L: Hans-Otto Borgmann. - Liedertexte: Fritz Rotter. - Ba: Benno von Arent. - R-Ass: Herbert Fredersdorf. - D: Heinz Rühmann (Peter Frank), Max

Adalbert (Justus Bockelmann, sein Onkel), Ida Wüst (Britta Bockelmann, dessen Frau), Walter Janssen (Robert Stumm), Lien Deyers (Gina, seine Tochter), Lizzi Waldmüller (Liane Heller), Julius Falkenstein (Dr. Weinhöppel, Notar), Friedrich Ettel (Schlemmel, Kellermeister), Elfriede Jerra. - P: Universum-Film AG (Ufa), Berlin. - Pl: Bruno Duday, Eduard Kubat. - Al: Curt Heinz. - Do: Ufa-Atelier, Neubabelsberg; Rüdesheim/Assmannshausen (Außenaufnahmen). - Dz: Herbst 1932. - F: 35 mm, sw. - Tonsystem: Tobis-Klangfilm. - Z: B.33230, 21.2. 1933, 8 Akte, 2082 m, Jv. (Entscheidung ab 4.4. 1933 ungültig); B.33406, 20.3. 1933, 8 Akte, 2072,60 m, Jf. - ZL: 2082 m = 76 min.; 2072,60 m = 75 min. - U: 6.3. 1933, Berlin, U.T. (Ufa-Theater) Kurfürstendamm. - TV: 4.2. 1982 (WDR III). - V: Deutsches Institut für Filmkunde (DIF), Filmarchiv Wiesbaden (35 mm: 2050 m = 75 min.).

1932/33 LIEBELEI. - B: Hans Wilhelm, Curt Alexander, Max Ophüls, nach dem gleichnamigen Bühnenstück von Arthur Schnitzler. - B-Mitarbeit: Felix Salten. - K: Franz Planer. - K-Ass: Bruno Stephan. - Sch: Friedel Buckow. - T: Hans Grimm. - M, M-L: Theo Mackeben, nach Motiven von Ludwig van Beethoven, Johannes Brahms, Wolfgang Amadeus Mozart, Josef Lanner, Johann Strauß, Carl Maria von Weber, Joseph Haydn, Charles Gounod, Richard Wagner. - Ba: Gabriel Pellon. - Ma: Adolf Braun, Charlotte Pfefferkorn. - R-Ass: Walter Sternheim. - Standfotografie: Walter Lichtenstein. - D: Paul Hörbiger (der alte Weiring, Kammermusiker), Magda Schneider (Christine Weiring, seine Tochter), Luise Ullrich (Mizzi Schlager, Modistin), Gustaf Gründgens (Baron von Eggersdorf), Olga Tschechowa (Baronin von Eggersdorf), Willy Eichberger (Oberleutnant Theo Kaiser), Wolfgang Liebeneiner (Leutnant Fritz Lobheimer), Paul Otto (Major von Eggersdorf), Werner Finck (Binder, Musiker), Eckehard von Arendt (Leutnant von Lensky), Lotte Spira, Walter Steinbeck. - P: Elite-Tonfilm Produktion GmbH, Berlin. - Pl: Fred Lyssa, Ernst Reicher. - P-Ass: Max Boenisch. - Al: Heinz Landsmann. - Do: Jofa-Atelier (Johannisthaler Filmanstalt GmbH), Atelier 4, Johannisthal/Berlin; Berlin/Schreiberhau im Riesengebirge (Außenaufnahmen: Reitplatzszenen bzw. Schlittenszenen). - Dz: Ende Dezember 1932-Januar 1933. - F: 35 mm, sw. - Tonsystem: Tobis-Klangfilm. - Z: B.33269, 27.2. 1933, 7 Akte, 2412 m, Jv. - ZL: 2412 m = 88 min. - Länge in Österreich: 7 Akte, 2560 m = 94 min. - U: 24.2. 1933, Wien, Opern-Kino/Imperial-Kino/Kärntner-Kino/Busch-Kino/Haydn-Kino/Flieger-Kino/Theater-Kino. - DE: 10.3. 1933, Leipzig, U.T. (Ufa-Theater) Lichtspiele. - Berliner Premiere: 16.3. 1933, Berlin, Atrium/Titania-Palast. - EA Frankreich: 1.5. 1933, Paris, Studio l'Etoile. - EA BRD: September 1950. - TV: 4.1. 1973 (BR III). - V: -.

Nur wenige Wochen nach der Premiere müssen die ersten Mitarbeiter des Films Deutschland verlassen und gehen ins Exil. Ihre Namen werden später im Vorspann des Films nicht mehr genannt. - Emigriert sind: Max Ophüls (Frankreich/USA), Ernst Reicher (CSSR), Walter Sternheim, Hans Wilhelm (Österreich/Frankreich/USA), Curt Alexander (Italien/Frankreich), Felix Salten (Schweiz), Franz Planer (Österreich/England/USA), Walter Lichtenstein (Frankreich), Willy Eichberger/Carl Esmond (England/USA).

1933/34 »LIEBELEI«. UNE HISTOIRE D'AMOUR. - B: nach Arthur Schnitzler. - Dialoge: André Doderet. - K: Ted Pahle. - K-F: Marius Raichi, Roger Arrignon. - Sch: Paul Salten. - Künstlerische Leitung: Marcel Raval. - R-Ass: Paul Salten. - Hospitanz: Robert Jungk. - D: Abel Tarride (der alte Weiring, Kammermusiker), Magda Schneider (Christine Weiring, seine Tochter), Simone Héliard (Mizzi Schlager), Gustave Grundgens (i.e. Gustaf Gründgens) (Baron von Eggersdorf), Olga Tschekowa (i.e. Tschechowa) (Baronin von Eggersdorf), Georges Rigaud (Leutnant Théodore Berg), Wolfgang Liebeneiner (Leutnant Fritz Lobheimer), Georges Mauloy (Oberst), Paul Otto (Major von Eggersdorf), Pierre Stephen (Binder, Musiker), André Dubosc (Pförtner beim Theater). - P: Alma-Sepic, Paris. - Pl: E. d'Anethan. - Al: Ralph Baum. - Do: Pathé-Natan, Joinville-le-Pont. - F: 35 mm, sw. - Tonsystem: Tobis-Klangfilm, Rhytmographie. - OL: 2408 m = 88 min. - U: 26.2.1934, Paris, Palais-Rochechouart. - V: in der Bundesrepublik nicht verliehen.
Französische Version von LIEBELEI. Für die nachträglich und eigenständig produzierte Fassung werden nur die meisten Nahaufnahmen und einige Innenaufnahmen neugedreht. An den Dreharbeiten in Joinville-le-Pont nehmen von den deutschen Darstellern nur Magda Schneider und Wolfgang Liebeneiner teil. - Genannt sind die Namen des Originalvorspanns und zusätzliche bzw. abweichende Nennungen.

1933/34 ON A VOLÉ UN HOMME. - B: René Pujol, Hans Wilhelm. - Dialoge: René Pujol. - K: René Guissart. - K-F: René Colas. - M: Bonislau Kaper, Walter Jurmann. - Ba, A: Max Heilbronner. - R-Ass: Ralph Baum. - D: Henry Garat (Jean de Lafaye), Lili Damita (Annette), Fernand Fabre (Robert), Charles Fallot (Victor, Diener), Nina Myral (alte Dame), Pierre Labry (Mann mit Narbe), Robert Goupil (Legros), Raoul Marco (Inspektor), Pierre Piérade (Remy), Lucien Callamand, Guy Rapp, André Siméon. - P: Fox Film Europa, Paris. - Pd: Erich Pommer. - Do: Paramount, Saint-Maurice/Pathé-Natan, Joinville-le-Pont; Côte d'Azur (Außenaufnahmen). - Dz: Oktober-November 1933. - F: 35 mm, sw. - Ton-

system: Western Electric. – OL: 7 Akte, 2161 m = 79 min. – U: 13.3. 1934, Paris, Marignan-Pathé. – EA Österreich: 31.5. 1935, Wien, Schweden-Kino (unter dem Titel: *Der gestohlene Millionär*). – V: Der Film gilt z. Zt. als nicht erhalten.
Inhalt: Der Bankier Pierre de Lafaye wird von der schönen Annette in eine Falle gelockt und entführt. In einer Rivieravilla wird er gefangengehalten. Die Banditen wollen unterdessen an der Börse auf Kosten de Lafayes einen großen Coup landen. An der Riviera verlieben sich Bankier und Gaunerin.

1934 LA SIGNORA DI TUTTI. Eine Diva für alle. – B: Hans Wilhelm, Curt Alexander, Max Ophüls, nach dem gleichnamigen Roman von Salvator Gotta. – K: Ubaldo Arata. – Sch: Ferdinando M. Poggioli. – T: Giovanni Bittmann. – M: Daniele Amfitheatrof. – Lieder: Daniel Dax (ps. Daniele Amfitheatrof). – Gesang: Nelly Nelson. – Ba, A: Giuseppe Capponi. – Ko: Sandro Radice. – R-Ass: Ralph Baum. – D: Isa Miranda (Gaby Doriot), Memo Benassi (Leonardo Nanni), Tatiana Pawlova (Alma Nanni), Federico Benfer (Roberto Nanni), Nelly Corradi (Anna, Gabys Schwester), Franco Coop (Impresario), Mario Ferrari (Regisseur), Lamberto Picasso, Vinicio Sofia, Attilio Ortolani, Gildo Bicci, Egisto Olivieri, Alfredo Martinelli, Andrea Checchi, Elena Zareschi, Ines Cristina Zacconi, Mattia Sassanelli, Giulia Puccini, Luigi Barberi, Achille Majeroni. – P: Novella Film, Milano. – Pd: Angelo Rizzoli. – Pl: Tomaso Monicelli. – Do: Cines, Roma; Como (Außenaufnahmen). – Dz: Mai-Juni 1934. – F: 35 mm, sw. – Tonsystem: RCA Photophone. – OL: 2654 m = 97 min. – DL: 85 min. – U: 13.8. 1934, Lido di Venezia, Hotel Excelsior (II. Biennale di Venezia); Kinostart: Dezember 1934. – EA BRD: 2.7. 1966, Berlin, Atelier am Zoo (16. Internationale Filmfestspiele/Retrospektive). – TV: 13.10. 1983 (HR III). – V: in der Bundesrepublik nicht verliehen.
Preis: II. Biennale di Venezia 1934 (Coppa del Ministero delle Corporationi per il film italiano tecnicamente migliore).

1935 DIVINE. – B: Jean-Georges Auriol, Max Ophüls, nach der Novelle *L'envers du music-hall* von Colette. – B-Mitarbeit, Dialoge: Colette de Jouvenel. – K: Roger Hubert. – Sch: Léonide Moguy. – T: Fred Behrens. – M: Albert Wolff. – Liedertexte: Roger Féral, Jean-Georges Auriol. – Ba, A: Jacques Gotko, Robert Gys. – R-Ass: Ralph Baum, Pierre de Hérain. – D: Simone Berriau (Ludivine Jarisse, genannt »Divine«), Catherine Fonteney (ihre Mutter), Yvette Lebon (Roberte), Georges Rigaud (Antonin, Milchmann), Philippe Hériat (Fakir Lutuf-Allah), Marcel Vallée (Direktor des »L'Empyrée), Paul Azaïs (Victor, Regisseur), Gina Manès (Dora), Sylvette Fillacier (Gitanette), Thérèse Dorny (»la poison«), Nane Germon

(Zaza), Gabriello (Coirol, genannt »Néron«, Dompteur), Jeanne Véniat (Mme Martelli, Ballettmeisterin), Jeanne Fusier-Gir (Mme Nicou, Concierge), Pierre Juvenet (Schutzmann), Lucien Callamand (Erster Inspektor), Tony Murcy (Zweiter Inspektor), Roger Gaillard (Pierre Paul), Floyd Dupont (Fergusson), Paul Lluis, Claude Roussel, Marie-Jacqueline Chantal, André Siméon. - P: Eden-Productions, Paris. - Pd: Simone Berriau. - Pl: Paul Bentata. - Al: Pierre Danis. - Do: Paris-Studios-Cinéma, Billancourt; Umgebung von Hyères (Außenaufnahmen). - Dz: Februar-April 1935. - F: 35 mm, sw. - OL: 2244 m = 82 min. - U: August 1935, Saint-Jean-de-Luz. - Pariser Premiere: 22.11. 1935, Eremitage. - EA BRD: 13.6. 1978, München, Münchner Stadtmuseum/Filmmuseum (Originalfassung). - V: in der Bundesrepublik nicht verliehen.

1935 LA VALSE BRILLANTE (EN LA b) DE CHOPIN. CINÉPHONIE. - B: Emile Vuillermoz. - K: Franz Planer. - M: *Valse brillante* von Frédéric Chopin. - Klavier: Alexandre Braïlowsky. - P: Compagnie des Grands Artistes Internationaux (CGAI), Lyon; für Fox Film Europa, Paris. - Do: Paramount, Saint-Maurice. - Dz: Dezember 1935. - F: 35 mm, sw. - Tonsystem: Western Electric. - OL: 1 Akt, 160 m = 6 min. - U: 23.12. 1935, Lyon, Pathé Natan. - DE: 15.1. 1982, Frankfurt/M, Kommunales Kino (Originalfassung). - V: in der Bundesrepublik nicht verliehen.

1935 AVE MARIA DE SCHUBERT. CINÉPHONIE. - B: Emile Vuillermoz. - K: Franz Planer. - M: *Ave Maria* von Franz Schubert. - Gesang: Elisabeth Schumann/Schuhmann. - P: Compagnie des Grands Artistes Internationaux (CGAI), Lyon; für Fox Film Europa, Paris. - Do: Paramount, Saint-Maurice. - Dz: Dezember 1935. - F: 35 mm, sw. - Tonsystem: Western Electric. - OL: 1 Akt, 150 m = 5 min. - U: 23.12. 1935, Lyon, Pathé Natan. - V: in der Bundesrepublik nicht verliehen.

1935/36 LA TENDRE ENNEMIE (auch L'ENNEMIE). - B: Curt Alexander, Max Ophüls, nach dem Bühnenstück *L'ennemie* von André-Paul Antoine. - Dialoge: André-Paul Antoine. - K: Eugen Schufftan (i.e. Schüfftan). - K-F: René Colas. - Sch: Pierre de Hérain. - T: Antoine Archimbaud. - M: Albert Wolff. - Ba, A: Jacques Gotko. - R-Ass: Ralph Baum. - D: Simone Berriau (Annette Dupont, die Feindin), Catherine Fonteney (ihre Mutter), Germaine Reuver (Tante Jette), Laure Diana (Mädchen im »Chez Maxim's«, »la poule«), Jacqueline Daix (Annette Duponts Mädchen), Georges Vitray (Ehemann), Lucien Nat (Verlobter), Pierre Finaly (Onkel Emile), Henri Marchand, André Siméon (Kellner),

Maurice Devienne (Verlobter), Camille Bert (Doktor Desmoulins), Marc Valbel (Geliebter), Roger Legris (Saint-Cyrien), Janine Darcey (Cousine), Liliane Lesaffre (Blumenverkäuferin). - P: Eden-Productions, Paris. - Pd: Simone Berriau. - Pl: Paul Bentata. - Al: Pierre Danis. - Do: Pathé Cinéma, Paris; Cirque d'Hiver, Paris (Außenaufnahmen). - Dz: September-Oktober 1935. - F: 35 mm, sw. - Tonsystem: RCA Photophone. - OL: 1888 m = 69 min. - U: August 1936, Lido di Venezia, IV. Biennale. - Pariser Premiere: 24.10. 1936, Edouard VII (Gala-Vorpremiere); Kinostart: 12.11. 1936, Edouard VII. - EA BRD: 27.6. 1966, Berlin, Atelier am Zoo (16. Internationale Filmfestspiele/Retrospektive). - V: in der Bundesrepublik nicht verliehen.
Preis: Prix Lumière, 1936.

1936 KOMEDIE OM GELD. Komödie ums Geld. - B: Max Ophüls, Walter Schlee, Alex de Haas, nach einer Originalgeschichte von Walter Schlee. - Dialoge: Christine van Meeteren. - K: Eugen Schufftan (i.e. Schüfftan). - K-Ass: Frits Meyer. - Sch: Gerald Bensdorp. - Sch-Ass: Nol van Es. - T: I.J. Citroen. - M, M-L: Max Tak. - M-Arrangements: Heinz Lachmann. - Liedertexte: Alex de Haas. - Ba: Heinz Fenschel, Jan Wiegers, Theo van der Lugt. - R-Ass: Nol van Es. - D: Herman Bouber (Brand, Bankbote), Rini Otte (Willy, seine Tochter), Matthieu van Eysden (Ferdinand, sein Schwager), Cor Ruys (Direktor Moorman), Edwin Gubbins Doorenbos (Sprecher), Arend Sandhouse (Tankwart), Richard Flinck (Angestellter der Immobilienfirma), Lau Ezerman, Corrie Vonk. - P: Cinetone Productie Mij., Amsterdam. - Pd, Pl: Will Tuschinski. - Do: Cinetone, Duivendrecht; Amsterdam (Außenaufnahmen). - Dz: 15.6.-September 1936. - F: 35 mm, sw. - Tonsystem: Tobis-Klangfilm. - Z: 2675/D 2073, 21.10. 1936, 2423 m, ab 14 Jahre; 1260/J 2112, 14.8. 1940, ab 14 Jahre. - ZL, DL: 2423 m = 88 min. - U: 30.10. 1936, Amsterdam, Tuschinski. - EA BRD: 21.4. 1977, Berlin, Arsenal. - TV: 31.10. 1984 (WDR III). - V: in der Bundesrepublik nicht verliehen.

1937 YOSHIWARA. - B: Arnold Lipp (i.e. Lippschitz), Wolfgang Wilhelm, J. Dapoigny, Max Ophuls (i.e. Ophüls), Jacques Companeez, nach dem gleichnamigen Roman von Maurice Dekobra. - K: Eugen Schufftan (i.e. Schüfftan). - K-F: Paul Portier, René Colas. - Sch: Pierre Méguérian. - T: Robert Sauvion. - M: Paul Dessau. - Ba, A: André Barsacq, Léon Barsacq. - R-Ass: Ralph Baum. - D: Pierre Richard-Willm (Leutnant Serge Polenoff), Sessue Hayakawa (Isamo, Kuli), Michiko Tanaka (Kohana), Roland Toutain (Pawlik, Fähnrich), Lucienne Lemarchand (Nemo), Gabriello (Herr Po, Hausherr im Teehaus), Camille Bert (Kommandant), Foon-Sen

(Geisha), Philippe Richard (russischer Attaché), Ky Duyen (Geheimagent), Georges Saillard (Arzt), Henry Bonvallet, Léon Larive (Seemann), Georges Paulais (japanischer Offizier), Maurice Devienne (russischer Offizier), Léon Arvel (Bedienter), Martial Rèbe (Gerichtspräsident), My-Linh-Namh. - P: Les Films Excelsior, Paris/Milo Film, Paris. - Pd: Hermann Millakowsky. - Pl: Arnold Misrach. - Al: Ludmilla Goulian. - Do: Pathé Cinéma, Paris und Joinville-le-Pont; Rochefort-en-Yvelins/Villefranche-sur-Mer/Japanischer Garten an der Porte de Saint-Cloud, Paris (Außenaufnahmen). - Dz: 10.2.-März 1937. - F: 35 mm, sw. - Tonsystem: RCA Photophone. - OL: 2791 m = 102 min./2408 m = 88 min. - U: 23.6. 1937, Paris, Marignan. - EA BRD: 20.6. 1978, München, Münchner Stadtmuseum/Filmmuseum (Originalfassung). - V: in der Bundesrepublik nicht verliehen. Im Original-Vorspann heißt der Film *Kohana inspiré de Yoshiwara.*

1938 WERTHER (auch: LE ROMAN DE WERTHER). - B: Hans Wilhelm, nach dem Roman *Die Leiden des jungen Werthers* von Johann Wolfgang Goethe. - Adaption: Max Ophuls (i.e. Ophüls), Hans Wilhelm. - Dialoge: Fernand Crommelynck. - K: Eugen Schufftan (i.e. Schüfftan), Fédote Bourgassoff, Georges Stilly. - K-F: Paul Portier, Marcel Grignon. - K-Ass: Georges Delaunay. - Sch: Gerald Bensdorp, Jean Sacha. - T: Monnot. - M: Henry Herblay (ps. Paul Dessau?), nach Themen von André Grétry, Johann Sebastian Bach, Wolfgang Amadeus Mozart, Ludwig van Beethoven, Franz Schubert, Joseph Haydn. - Ba, A: Eugène Lourié. - Ba-, A-Ass: Max Douy. - Ko: Annette Sarradin. - R-Ass: Henri Aisner. - D: Pierre Richard-Willm (Werther), Annie Vernay (Charlotte), Jean Galland (Albert Hochstätter), Jean Périer (Präsident), Henri Guisol (Scherz, Gerichtsschreiber), Roger Legris (Franz, Werthers Diener), Georges Vitray (Amtmann), Jean Buquet (Gustave, Charlottes Bruder), Philippe Richard (Großherzog), Géno Ferny, Léonce Corne (Majordomus), Denise Kerny (Dienstmädchen), Edmond Beauchamp (Mörder), Joseph Nossent (Kutscher), Paulette Pax (Tante Emma), Maurice Schutz (Glöckner), Léon Larive (Schankwirt), Génia Vaury (Hure), Georges Bever (Kammerherr), Martial Rèbe, Henri Darbrey, Pierre Darteuil, Maurice Devienne, Henri Beaulieu, Robert Rollis. - P: Nero-Films, Paris/Chronos Films, Paris. - Pd: Seymour Nebenzahl. - Al: Maurice Daniel. - Do: François Ier, Paris; Ammerschwihr/Riquewihr/Mont Valérien/Limours/Umgebung von Paris (Außenaufnahmen). - Dz: 15.6.-30.9. 1938. - F: 35 mm, sw. - Tonsystem: Optiphone. - OL: 2326 m = 85 min. - U: 17.11. 1938, Paris, Gaumont-Palace. - EA BRD: 20.6. 1978, München, Münchner Stadtmuseum/Filmmuseum (Originalfassung). - V: in der Bundesrepublik nicht verliehen.

1939 SANS LENDEMAIN. Ohne ein Morgen. - B: Jean Villème (i.e. Hans Wilhelm), Jean Jacot (i.e. Hans Jacoby), Curt Alexander, André-Paul Antoine, Max Ophuls (i.e. Ophüls). - Dialoge: André-Paul Antoine. - K: Eugène Schufftan (i.e. Eugen Schüfftan). - K-F: Paul Portier, Maurice Delattre, Guy Ferrier, Henri Alekan. - Sch: Bernard Séjourné, Jean Sacha. - T: Pierre Calvet. - M: Allan Gray. - M-L: Rudolph Goer (i.e. Goehr). - Ba, A: Eugène Lourié. - Ba-, A-Ass: Max Douy. - Ma: Hagop Arakelian. - R-Ass: Henri Aisner, Claude Andren. - D: Edwige Feuillère (Evelyne Morin), Charles Rigaud (Doktor Georges Brandon), Daniel Lecourtois (Armand Péreux), Mady Berry (Mme. Midu, Concierge bei Evelyne), Michel François (Pierre Morin), Georges Lannes (Paul Mazuraud), Léon Roger Maxime, Gabriello (Mario, Besitzer von »La Sirène«), Pauline Carton (die gute Ernestine), Paul Azaïs (Henri Deschamps), Jane Marken (Mme. Béhu, Concierge der Pension), Louis Florencie (Klient), Roger Forster (Tänzer), Yvonne Legeay. - P: Ciné-Alliance, Paris/Inter-Artistes-Film, Paris. - Pd: Grégor Rabinovitsch (i.e. Gregor Rabinowitsch). - Pl: Oscar Danciger. - Al: Léopold Sabas. - Do: Pathé-Cinéma, Paris und Joinville-le-Pont; Valberg, Paris (Außenaufnahmen). - Dz: 3.1.-Februar 1939. - F: 35 mm, sw. - Tonsystem: RCA Photophone. - OL: 2244 m = 82 min./2161 m = 79 min. - DL: 90 min. - U: Dezember 1939, Algier. - Kinostart: 20.3. 1940, Paris, Le Français Cinéma. - EA BRD: 21.6. 1978, München, Münchner Stadtmuseum/Filmmuseum. - TV: 17.4. 1979 (ZDF). - V: in der Bundesrepublik nicht verliehen.
Arbeitstitel: »Maquillage«/»La Duchesse de Tilsit«.

1939/40 DE MAYERLING À SARAJEVO. Von Mayerling bis Sarajewo. - B: Carl Zuckmayer; Marcelle Maurette. - Adaption: Curt Alexandre (i.e. Alexander). - Dialoge: André-Paul Antoine, Marcelle Maurette, Jacques Natanson. - K-Überwachung: Eugen Schüfftan. - K: Curt (Kurt) Courant, Otto Heller. - K-F: Jacques Mercanton, André Thomas, Albert Viguier, Jacques Natteau, Robert Lefebvre. - Sch: Myriam Borsoutzky, Jean (Hans) Oser, Linsbach. - T: Girardon, Robert Yvonnet. - M: Oscar Straus. - Orchestrierung: Marcel Cariven. - Ba, A: Jean d'Eaubonne. - Ba-, A-Ass: Raymond Gabutti. - Ko: Boris Bilinsky. - Ma: Hagop Arakelian, Lucien Dupuis. - R-Ass: Jean Faurez, Jean Paul Dreyfus (i.e. Le Chanois). - D: Edwige Feuillère (Komtesse Sophie Chotek), John Lodge (Erzherzog Franz Ferdinand), Aimé Clariond (Prinz von Montenegro), Jean Worms (Kaiser Franz Joseph), Jean Debucourt (Außenminister), Aimos (Janatchek, Kutscher), Gabrielle Dorziat (Erzherzogin Maria Theresa), Henri Bosc (Botschafter von Serbien), Gaston Dubosc (Graf Chotek), Marcel André (Erzherzog Friedrich), Eddy (Edy) Debray, Jacques Roussel, Colette Régis (Erzherzogin Isabella),

Sylvain Itkine, Jacqueline Marsan (Junge Erzherzogin), Henri Beauleu, Jean Paul Dreyfus (i.e. Le Chanois)/Gilbert Gil (Gavrillo Prinzip; Dreyfus bei den Außen-, Gil bei den Studioaufnahmen), Monique Clariond (Junge Erzherzogin), William Aguet, Primerose Perret, Philippe Richard, Jean Buquet, Francine Claudel, Geneviève Morel, Louis Florencie, Georges-François Frontec. - P: B.U.P. (British Unity Productions) Française, Paris. - Pd: Eugène Tucherer (i.e. Eugen Tuscherer). - Pl: Ivan Foxwell. - Al, ›Régie général‹: Hugo Benedeck (i.e. Bénédek); Al, ›Régie‹: André Hoss, Pierre Coren; ›Régie extérieur‹: Robert Turlure, Heynraet. - Do: Eclair, Epinay-sur-Seine/Paris-Studios-Cinéma, Billancourt; Romans (Außenaufnahmen). - Dz: 4.7.-3.9. 1939; Dezember 1939 und Januar 1940. - F: 35 mm, sw. - Tonsystem: Cameréclair. - OL, DL: 2518 m = 92 min. - U: 1.5. 1940, Paris, Marignan. - EA BRD: 11.8. 1957, Osnabrück, Central-Lichtspiele/Filmclub-Matinée; 28.6. 1966, Berlin, Atelier am Zoo/16. Internationale Filmfestspiele, Retrospektive. - TV: 28.10. 1979 (ZDF). - V: -.
Da zahlreiche Mitarbeiter und Darsteller in die französische Armee eingezogen wurden, mußten die Dreharbeiten unterbrochen werden. - In der Szene »Politische Konversation beim Billardspiel« teilt ein Beteiligter mit: »Moi, aussi j'attends un enfant, un fils, et je voudrais qu'il me ressemble. Il me succédera dans mon commerce et je mettrai à la penture ›Oppenheim et Fils‹.« (»Auch ich erwarte ein Kind, einen Sohn, und ich möchte, daß er mir ähnelt. Er wird mein Geschäft übernehmen, und ich werde an die Tür schreiben ›Oppenheim und Sohn‹.«)

1941 L'ÉCOLE DES FEMMES (auch: L'ÉCOLE DES FEMMES - DE MOLIÈRE - AU CINEMA. - B: Max Ophüls, Louis Jouvet, Jean Kiehl; nach dem gleichnamigen Bühnenstück von Molière in der Inszenierung von Louis Jouvet, aufgeführt im Théâtre de l'Athénée in Paris am 8.5. 1935. - K: Michel Kelber. - K-Ass: Adrein Porchet. - T: Jo de Bretagne, Bruno Müller. - T-Ass: Fritz Obitsch. - M: Vittorio Rieti. - Ba, Ko: Christian Bérard. - Ko: Germaine Perrier. - Ma: Hagop Arakelian. - Ma-Ass: Achille Reymond. - Bühne: Camille Demangeat, Léon Deguillova. - R-Ass: Fred Surville, Paul Lambert, Pierre de Herain. - D: Louis Jouvet (Arnolphe), Madeleine Ozeray (Agnès), Romain Bouquet (Alain), Maurice Castel (Chrysalde), Raymone Cenrars-Sauser (Georgette), Régis Outin (Horace), Alexandre Rignault (Oronte), André Moreau (Enrique), René Besson (Geistlicher). - P: TEM (Terre et mers) Films S.A., Neuchâtel. - Pd: Pierre Cailler, Jean-Mario Bertschy, François Marthaler. - Pl: Jean-Paul Madeux. - Al: René Besson, René Dalton. - Geschäftsleitung: Marcel Karsenty. - Do: Tonfilm Frobenius AG, Basel-Münchenstein; Grand-Théâtre, Genf. - Dz: 9.1.-? 1941 (3 Wochen). - F: 35 mm, sw.

Wegen persönlicher Differenzen und unterschiedlicher Auffassungen über die Filminszenierung zwischen Ophüls und Jouvet wird die Produktion nach drei Wochen abgebrochen; es sind bis dahin etwa 20-25% des Films abgedreht. Dieses Material ist, soweit z.Zt. bekannt, nicht erhalten.

1946-50 *Vendetta.* - R: Max Ophüls (begonnen); Preston Sturges, Stuart Heisler, Howard Hughes (fortgeführt), Mel (Melchior Gaston) Ferrer (vollendet, mit credit). - B: W.R.Burnett, Preston Sturges, nach der Novelle *Colomba* von Prosper Merimée. - Adaption: Peter O'Crotty. - K: Frank (i.e. Franz) Planer, Alfred Gilks. - Sch: Stuart Gilmore. - T: William Fox. - M: Roy Webb, nach Motiven von Giacomo Puccini, DiCurtis. - M-L: Constantin Bakaleinikoff. - M-Aufnahme: Vinton Vernon. - Gesang: Richard Tucker. - Ba: Robert Usher. - Ko: Laure Lourié. - Ma: Norbert Miles. - R-Ass: Edward Mull. - D: Faithe Domergue (Colomba Della Rabbia), George Dolenz (Orso Della Rabbia, ihr Bruder), Hillary Brooke (Lydia Nevil), Nigel Bruce (Sir Thomas Nevil, Lydias Vater), Joseph Calleia (Guido Barracini), Donald Buka (Padrino), Hugo Haas (Brando), Robert Warwick (Präfekt), Curt Bois (arabischer Teppichhändler), Russell Vincent, Richard Flato, John Mylong (i.e. Mylong-Münz; eigentlich: Adolf Heinz Münz). - P: Hughes Productions, Los Angeles/California Pictures Corporation, Los Angeles; für R.K.O. (Radio Keith Orpheum) Radio Pictures, Inc. Los Angeles, New York. - Pd: Howard Hughes, Preston Sturges. - Herstellungsleitung: Henry Henigson. - Pl: Cliff Broughton. - Do: Samuel Goldwyn Studios, Los Angeles; Los Angeles (Außenaufnahmen). - Dz: 12.8.-29.10. 1946 (67 Tage); Dezember 1946-April 1947 (Drehtage ungeklärt); Oktober-November 1947 (34 Tage). - F: 35 mm, sw. - OL: 2298 m = 84 min. - Tradeshow: 17.11. 1950, New York; 20.11. 1950, Los Angeles, R.K.O.Studios. - Copyright: 22.12. 1950. - U: 25.12. 1950, New York, Globe. - V: in der Bundesrepublik nicht verliehen.
Max Ophüls führt etwa an 2-3 Tagen vom 12.8. 1946 an Regie, bevor Preston Sturges die Regie übernimmt. Ophüls ist noch bei den Dreharbeiten anwesend, sein Regie-Vertrag geht bis zum 29.10. 1946.

1947 THE EXILE. Der Verbannte. - B: Douglas Fairbanks, jr., Clemence Dane, Max Opuls (i.e. Ophüls), nach dem Roman *His Majesty, the King* von Cosmo Hamilton. - K: Frank (i.e. Franz) Planer; George Robinson (19.6. 47), Hal Mohr (23.-28.6. 47). - K-F: David Ragin; Richard Towers (28.6. 47). - K-Ass: Walter Blummel Pasternak; Lew Schwartz (24.-29.4. 47). - K-Spezial-Effekte: David S.Horsley. - Sch: Ted J.Kent. - Sch-Ass: Leonard Weiner. - T-Überwachung: Leslie I.Carey. - T: William Hedgcock, Charles Felstead. - T-Aufnahme: James Masterson. - T-Ass: Ralph Butler. - M, M-L: Frank Skinner. - Orchestrierung: David Tamkin. - Choreografie: Eugene Loring. - Ba-Überwachung: Bernard Herzbrun. - Ba: Howard Bay; Hilyard Brown. - A: Russell A. Gausman, T. F. (Ted) Offenbecker. - Ko: Dwight Franklin; Ko für Maria Montez: Laure Lourié. - Ma: Bud Westmore; Robert Littlefield, Lou LaCava; Walter Herman (ab 12.6. 47). - R-Ass: Ben Chapmann (1. Assistent); George Lollier, Gordon McLean (2. Assistenten). - D.: Maria Montez (Gräfin de Courteuil), Henry Daniell (Oberst Ingram), Nigel Bruce (Sir Edward Hyde), Robert Coote (Pinner), Paule Croset (Katie), Douglas Fairbanks, jr. (König Charles II. Stuart), Otto Waldis (Jan), Eldon Gorst (Seymour), Colin Keith-Johnston (Bristol), Lester Matthews (Robbins), William Trenk (i. e. Willy Trenk-Trebitsch) (Bedienter), Milton A. Owen (Wilcox), Ben H. Wright (Milbanke), Colin Kenny (Ross), Peter Shaw (Higson), Will Stanton (Tucket), C. S. Ramsey-Hill (Reiter), Gordon Clark (Reiter), Humsden Hare (Rundkopf General), Thomas P. Dillon (Jasper), Fred Cavens (Kutscher), Alla Dunn (Marie), Torben Meyer (Kapitän), Grayce Hampton (Erste Hofdame), Mary Forbes (Zweite Hofdame), Charles Stevens (Maler), James Logan (Thurber), Art Foster (Jessop), Harry Cording (Rundkopf), Bruce Riley (Rundkopf), Saul Gorss (Rundkopf), Erich von Schilling (Diener), Gary Watson (Diener), Joe Ploski (Diener), Lillian Castle (Dienerin), Janna De Loos (Dienerin), Reginald Sheffield (Befehlshabender Offizier), Colin Campbell (Alter Sekretär), James Craven (Zweiter Reiter), Lotte Stein (Fette Holländerin), Michael Murk (Betrunkener), Edwin August (Burger), David Cavendish (Taubenhalter), Norbert Schiller (Bote), Pat O'Moore (Erster Reiter), John Meredith (Erster Trompeter), Leonard Carey (Reiter), Richard Abbott (Erster Holländer), Keith Hitchcock (Soldat), Daniel de Johghe (Arbeiter), Charles Knight (Ingrams Gehilfe), Edith Clinton (Frau des Reiters), Perc Launders (Gitarrist), Mary Bye (Bedienung), Sheldon Jett (Kartenspieler), Pat Griffin (Kleiner Junge), Eddie Cregar (Junge), Frank Austin (Kartenspieler), Joseph Kamaryt (Mann in der Wirtschaft), Jack Curtis (Kartenspieler), Elinor Van der Veer (Frau), Diane Lee Stewart (Mädchen). - P: Fairbanks Company, Inc., Los Angeles; für Universal-International Pictures Co., Universal City (Universal Pictures Company, Inc., New York). - Pd: Douglas Fairbanks, jr. - Pl: Clarence E. Ericksen. - Pd-Ass: H. Alexander MacDonald. - Al: Charles Stallings. - Do: Universal City. - Dz: 29.4.-8.7. 1947, 30.7. 1947. - F: 35 mm, sw (in Sepia eingefärbt). - Tonsystem: Western Electric. - OL: 2558 m = 93 min., 2505 m = 92 min. - DL: 2507 m = 92 min. - Sneak-Preview: 10.9. 1947, Riverside, Riverside-Theatre; 3.10. 1947, Los Angeles, Layola Theatre. - Press-Preview: 13.10. 1947, Los Angeles, Academy Award Theatre. - Copyright: 1947/8.3. 1948.

- U, Kinostart: 11.11. 1947, Boston, Keith Memorial Theatre. - Kinostart New York: 25.12. 1947, Winter Garden Theatre. - EA BRD: 2.11. 1951. - TV: 9.7. 1981 (WDR III/HR III/NDR III). - V: -.

1947/48 LETTER FROM AN UNKNOWN WOMAN. Brief einer Unbekannten. - B: Howard Koch, nach der Novelle *Brief einer Unbekannten* von Stefan Zweig. - K: Frank (i.e. Franz) Planer. - K-F: David Ragin; Lloyd Ward (15.9.47). - K-Ass: Walter Blummel. - K-Spezial-Effekte: Hoffman (24.9. 47); David S. Horsley (11. u. 14.10. 47). - Sch: Ted J. Kent. - T-Überwachung: Leslie I. Carey. - T: Glenn E. Anderson. - T-Aufnahme: Martin Brown. - M: Daniele Amfitheatrof. - Orchestrierung: David Tamkin. - Choreografie: Bert Prival. - Ba: Alexander Golitzen. - A-Überwachung: Russell A. Gausman. - A: Ruby R. Levitt, Charles Baker. - Ko: Travis Banton. - Ma-Überwachung: Bud Westmore. - Ma: Lou LaCava; John Holden (8.1. 48). - R-Ass: John F. Sherwood (1. Assistent); Les Warner, Mickey Bennett (2. Assistenten). - D: Joan Fontaine (Lisa Berndle), Louis Jordan (Stefan Brand), Mady Christians (Frau Berndle), Marcel Journet (Johann Stauffer), Art Smith (John), Carol Yorke (Marie), Howard Freeman (Herr Kastner), John Good (Leutnant Leopold von Kaltnegger), Leo B. Pessin (Stefan), Erskine Sanford (Portier), Otto Waldis (Hausmeister), Sonja Bryden (Frau Spitzer), Patricia Alphin (Pretty), William Trenk (i.e. Willy Trenk-Trebitsch) (Fritzel), Fred Nurney (Offizier auf der Straße), Torben Meyer (Fahrer), Hermine Sterler (Oberin), C.S. Ramsey-Hill (Oberst Steindorf), Will Lee (Spediteur), William Hall (Spediteur), Lotte Stein (Musikerin), Ilka Gruning (i.e. Grüning) (Frau mit Fahrkarten), Paul E. Burns (Hausmeister), Roland Varno (2. Sekundant), Leo Mostovoy (Alter Mann), William Gould (Bürgermeister), Roy Gordon (Älterer Mann in Uniform), Shimen Ruskin (Alter Mann), Celia Lovsky (Blumenverkäuferin), Lester Sharpe (Erster Kritiker), Edit Angold (Zweite Frau in mittleren Jahren), Michael Mark (Angestellter), Al Eben (Kellner), Walter Sonderling (Mann), Lisa Golm (Musikerin), Lois Austin (Ältere Frau), Kay Morley (Tochter), Mauritz Hugo (Junger Mann), Gräfin Elektra Rozanska (Elegante Dame), Paul Peter Szemere (Spediteur), Irene Seidner (Frau Mombert), Max Willenz (Gepäckträger), Edna Holland (Nonne), Gordon Clark (Straßensänger), William Vedder (Straßensänger), Elizabeth Kerr (Frau), Helen Spring (Frau in mittleren Jahren), Betty Blythe (Frau Kohner), John Elliott (Blumenverkäufer), Norbert Schiller (1. Sekundant), Mary Worth (Musikerin), Rex Lease (Wärter), Hal Melone (Kellner), Walter Bonn (Oberst Kohner), Bruce Riley (Zweiter Offizier), Blanche O'Bronska (Junge Frau), Erich von Schilling (Usher), Jamesson Shade (Musiker), Lisl Valetti (Musikerin), Jack

George (Zweiter Kritiker), Edmund Cobb (Fahrer), Edwin Fowler (Tanzlehrer), Ashley Cowan (Unreifer Bursche), Gabrielle Windsor (Tänzerin), Joe Garcia (Kassierer), John Bambury (Zwerg), Sven-Hugo Borg (Spediteur), Diane Lee Stewart (Erste Freundin), Vera Stokes (Dritte Freundin), Doretta Johnson (Zweite Freundin), Lorraine Gale (Vierte Freundin), Tay Dunn (Junger Offizier), Polly Bailey (Reisende), Doug Carter (Mann), Jack Gargan (Mann), Peggy Remington (Frau), Cy Stevens (Mann), Arthur Lovejoy (Bedienter), Frieda Stoll (Frau des Bürgermeisters), Jack Worth (Offizier), Paul Rochin (Bayer), Joseph Kamaryt (Bayerischer Bergsteiger), Pietro Sosso (Kutscher), Tom Costello (Musiker), Watson Downs (Dirigent), William Schroff (Kellner), Howard Mitchell (Mann auf Straßenbahn), Sam Gilmore (Mann im Café), Guy L.Shaw (Mann im Café), June Wood (Kassiererin), Herbert Winters (Student), Jean Ransome (Mädchen), George Blagoi (Mann), Roy Bross (Portier), Judith Woodbury (Modell), Betty McDonough (Frau), Joe Ardao (Kleiner Mann), Donald Chaffin (Fußgänger), Helen Dickson (Große Frau), John McCallum (Helfer im Laden), Harry Anderson (Mann), Curt Furberg (Butler), Manuel Paris (Sekundant), Robert W.Brown (Erster Offizier). - P: Rampart Productions, Inc., Los Angeles; für Universal-International Pictures Co., Universal City (Universal Pictures Company, Inc., New York). - Pd: William Dozier, John Houseman. - Pl: Edward Dodds. - P-Koordination: John Hambleton. - Do: Universal City. - Dz: 2.9.-27.10. 1947, 8.1. 1948, 16.1. 1948, 3.2. 1948. - F: 35 mm, sw. - Tonsystem: Western Electric. - OL: 2381 m = 87 min. - DL: 2382 m = 87 min. - Sneak-Preview: 10.2. 1948, Santa Ana, Broadway Theatre; 12.2. 1948, Los Angeles, Warner Beverly Theatre. - Release: April 1948. - Copyright: 10.6. 1948. - U, Kinostart: 28.4. 1948, New York, Rivoli. - EA BRD: 24.2. 1950, Göttingen. - TV: 26.10. 1958 (ARD). - V: -.

1948/49 CAUGHT. Gefangen. - R (Stellvertretung für Ophüls vom 14.-29.7. 1948): John Berry. - B: Arthur Laurents, nach dem Roman *Wild Calendar* von Libbie Block. - K: Lee Garmes. - K-F: Henry Webb. - Sch: Robert Parrish. - Sch-Ass: Jerome Young. - Montagen: Michael Luciano. - T: Max Hutchinson. - M: Frederick Hollander (i.e. Friedrich Hollaender). - M-L: Rudolf Polk. - Dirigent: Constantin Bakaleinikoff. - Ba: P.Frank (Frank Paul) Sylos. - A: Edward G.Boyle. - Ko: Louise Wilson. - Ko für Barbara Bel Geddes: Orry-Kelly. - Ma: Gus Norin. - R-Ass: Albert van Schmus; Robert Aldrich (30.9.-5.10. 48; 1.Assistenten); Al Weston (2.Assistent). - D: James Mason (Larry Quinada), Barbara Bel Geddes (Leonora Eames), Robert Ryan (Smith Ohlrig), Frank Ferguson (Dr.Hoffmann), Curt Bois (Franzi), Ruth Brady (Maxine), Natalie

Schaefer (Dorothy Dale), Art Smith (Psychiater), Sonia Darrin (Miss Chambers), Bernadene Hayes (Mrs. Rudecki), Ann Morrison (Miss Murrey), Wilton Graff (Adliger), Jim Hawkins (Kevin), Vicky Raw Steiner (Lorraine), Manfred Inger (Mr. Rudecki), Pam Kellino (Mrs. Fuller), Ilka Gruning (i.e. Grüning) (Großmutter Rudecki), Barbara Billingsley (Einkäuferin), Paul Bowers (Einkäufer), Virginia Hunter (Lushola), Primo Lopez (Barmann), Bobby Haynes (Butler), Wallace Dean (Ohlrigs Kollege), Tom Handley (Ohlrigs Kollege), Jack Mower (Ohlrigs Arzt), Jack Shea, Bert Stevens, Oliver Cross, Mike Lally, Dave Greene, Dick Greene, Frank Conroy. - P: Enterprise Productions, Inc., Los Angeles; für Metro-Goldwyn-Mayer Studios, Culver City (Loew's, Inc., New York). - Pd: Wolfgang Reinhardt. - Pl: Joe C. Gilpin; Robert Aldrich (14.-29.7. 1948). - Do: California Studios, Los Angeles; Bel Air, Beverly Hills, Griffith Park/Los Angeles (Außenaufnahmen). - Dz: 14.7.-31.8. 1948, 30.9.-5.10. 1948. - F: 35 mm, sw. - Tonsystem: Western Electric. - OL, DL: 2408 m = 88 min. - Copyright: 15.2. 1949. - Trade Show: 17.2. 1949, Los Angeles. - U, Kinostart: 17.2. 1949, New York, Capitol. - Release: April 1949. - EA BRD: 5.7. 1978, München, Münchner Stadtmuseum/Filmmuseum. - TV: 26.1. 1973 (ZDF). - V: in der Bundesrepublik nicht verliehen.
Arbeitstitel: »Wild Calendar«, »The Best Things in Life Are Free«, »The Luckiest Girl in the World«. - Wegen einer Erkrankung von Ophüls führt John Berry während der angegebenen Drehzeit Regie. Am 30.7. übernimmt Ophüls die Regie. Von den von Berry inszenierten Teilen wird nur die Szene »Charming School« in der Endfassung verwendet. Berry wird im Vorspann nicht erwähnt.

1949 THE RECKLESS MOMENT. Schweigegeld für Liebesbriefe. - B: Henry Garson, Robert W. Soderberg, nach der Geschichte *The Blank Wall* aus *Ladies' Home Journal* von Elisabeth Sanxay Holding. - Adaption: Mel Dinelli, Robert E. Kent. - K: Burnett Guffey. - K-F: Gert Anderson. - K-Spezial-Effekte: Ray Cory. - Sch: Gene Havlick. - T: Russell Malmgren. - M: Hans J. Salter. - M-L: Morris Stoloff. - Ba: Cary Odell. - A: Frank Tuttle. - Ko: Jean Louis. - Ma: Newt Jones. - R-Ass: Earl Bellamy; Fred Briskin (ab 3.5. 49). - R-2nd Unit: Larry Butler. - D: James Mason (Martin Donnelly), Joan Bennett (Lucia Harper), Geraldine Brooks (Beatrice Harper), Henry O'Neill (Mr. Harper, Lucias Schwiegervater), Shepperd Strudwick (Ted Darby), David Bair (David Harper), Roy Roberts (Nagle), Frances Williams (Sybil, Köchin), Paul E. Burns (Mann am Schalter), Danny Jackson (Trommler), Claire Carleton (Blonde), Billy Snyder (Spieler), Peter Brocco (Barmann), Karl »Killer« Davis (Ringer), Virginia Hunter (Mädchen), Cosmo Sardo (Mann), Joseph Palma (Kartenspieler), Robert Hyatt (Mud), Holger

Bendixen, Evelyn Moriarity, Al Bayne, Robert Gordon, Ed Pine, Jack Baker, Penny O'Connor (Liza), Bruce Gilbert Norman (Dennie), Sharon Monaghan (Bridget), Charles Marsh (Nachrichtenmann), Harry Harvey (Postangestellter), Boyd Davis (Schlanker Mann), Norman Leavitt (Zweiter Postangestellter), Ann Shoemaker (Mrs. Feller), Everett Glass (Drogist), Buddy Gorman (Angestellter), Kenneth Kendall, Richard Mickelson, Louis Mason (Mike), Pat Barton (Empfangsdame), John Butler (Pfandleiher), Kathryn Card (Mrs. Loring), Pat O'Malley (Bankwächter), Charles Evans (Bankbeamter), Jessie Arnold (Alte Dame), Sue Moore (Erste Frau), Charles Jordan (Erster Mann), Celeste Savoi (Kellnerin), John Roy, David Levitt, Barbara Hatton, Joe Recht (Zeitungsjunge), Gail Bonney, Mike Mahoney (Polizist), Dorothy Phillips, Glenn Thompson (Polizist), John Monaghan (Polizist), George Dockstader, William Schallert (Leutnant), Barry Regan, Byron Pointdexter. - P: Walter Wanger Pictures, Inc., Los Angeles; für Columbia Pictures Corporation, Los Angeles/New York. - Pd: Walter Wanger. - Pl: Jack Fier. - Al: J. Blankenhorn (Außenaufnahmen). - Do: Columbia, Los Angeles; Balboa, Los Angeles, Burbank (Außenaufnahmen). - Dz: 17.3.-19.4. 1949, 3.-10.5. 1949. - F: 35 mm, sw. - Tonsystem: Western Electric. - OL: 2260 m = 83 min. - DL: 2227 m = 81 min. - Press-Preview: 11.10. 1949, Los Angeles. - Copyright: 25.10.1949. - Release: November 1949. - U, Kinostart: 2.12. 1949, Los Angeles, Paramount Theatre. - EA BRD: 23.5. 1952, Berlin, Bonbonniere. - TV: 11.6. 1972 (NDR III). - V: -.
Arbeitstitel: »The Blank Wall«.

1950 LA RONDE. Der Reigen. - B: Jacques Natanson, Max Ophuls (i.e. Ophüls), nach dem Bühnenstück *Reigen* von Arthur Schnitzler. - Dialoge: Jacques Natanson. - K: Christian Matras. - K-F: Alain Douarinou, Ernest Bourreaud. - K-Ass: Paul Launay. - Sch: Léonide Azar. - Sch-Ass: Suzanne Rondeau. - T: Pierre Calvet. - T-Ass: Maurice Dagonneau. - M: Oscar Strauss (i.e. Straus). - Orchestrierung: Joe Hajos. - Dirigent: Henri Poussigue. - Liedtexte: Louis Ducreux. - Ba, A: Jean d'Eaubonne. - Ba-, A-Ass: Fred Marpaux, Marc Frédérix. - Ko: Georges Annenkov. - Ko-Ass: Madeleine Rabussan. - Ma: Carmen Brelle (i.e. Brel). - R-Ass: Paul Feyder, Tony Aboyants (i.e. Aboyantz). - D: Anton Walbrook (i.e. Adolf Wohlbrück) (der Spielführer), Simone Signoret (Léocadie, Dirne), Serge Reggiani (Franz, Soldat), Simone Simon (Marie, Stubenmädchen), Daniel Gelin (Alfred, junger Herr), Danielle Darrieux (Emma Breitkopf, Ehefrau), Fernand Gravey (Charles, Ehemann), Odette Joyeux (süßes Mädel), Jean-Louis Barrault (Robert Kühlenkampf, Dichter), Isa Miranda (Charlotte, Schauspielerin), Gérard Philipe (Graf), Jean Clarieux (Brigadier), Robert Vattier (Professor

Schuller), Marcel Mérovée (Toni, Piccolo), Charles Vissières (Pförtner im Theater), Jean Ozenne, Jean Landier, René Marjac, Jacques Vertan. - P: Sacha Gordine, Paris. - Pd: Sacha Gordine. - Pl: Ralph Baum. - Al: Renée Bardon. - Do: Franstudio, Joinville-le-Pont/Studios de Saint-Maurice. - Dz: 24.1.-18.3. 1950. - F: 35 mm, sw. - Tonsystem: R.C.A. - OL: 2654 m = 97 min. - DL: 2569 m = 94 min. - U: 16.6. 1950, Paris, Palais de Chaillot. - Internationale Premiere: 27.8. 1950, Venedig (Lido di Venezia, Biennale, Palazzo del Cinema). - Kinostart: 27.9. 1950, Paris, Balzac/Helder/Scala/Vivienne. - EA BRD: 24.11. 1950, Berlin, Cinema Paris. - TV: 25.4. 1978, ZDF (synchronisierte Fassung). - V: -.
Preise: Biennale di Venezia 1950: bestes Drehbuch, beste Ausstattung; Montevideo 1951: bester französischer Film; Festival de Punta del Este: 2. Preis des Festivals; Nominierung American Academy Award (1951): Drehbuch für Max Ophüls und Jacques Natanson; Award British Film Academy 1952: Best Picture of the World, 1952.

1951/52 LE PLAISIR. Pläsier. - B: Jacques Natanson, Max Ophüls, nach den drei Novellen *Le masque, La maison Tellier* und *Le modèle* von Guy de Maupassant. - Dialoge: Jacques Natanson. - K (1./3. Episode): Christian Matras. - K (2. Episode): Philippe Agostini. - K-F (1./2. Episode): Alain Douarinou. - K-F (3. Episode): Walter Wottitz. - K-F (Mitarbeit): Jean Lalier. - K-Ass: Roland Paillas, André Chenglesy. - Sch: Léonide Azar. - Sch-Ass: Suzanne Rondeau. - T: Pierre Calvet, Jean Rieul. - T-Aufnahme: Louis Haller. - M: Joe Hayos (i.e. Hajos), Maurice Yvain, nach Themen von Jacques Offenbach. - Ba, A: Jean d'Eaubonne. - Ba-, A-Ass: Jacques Guth (i.e. Gut), Raymond Gabutti. - Ko-Entwürfe: Georges Annekoff (i.e. Annenkov). - Ko: Ferdinand Junker. - Ma: Carmen Brel, Roger Chanteau. - R-Ass: Jean Valère, Tony Aboyantz. - D: 1. Episode: Claude Dauphin (Arzt), Gaby Morlay (Denise), Paul Azaïs (Patron des »Palais de la Danse«), Gaby Bruyère (Frimousse, die Partnerin der »Maske«), Jean Galland (Ambroise, »die Maske«), Janine Viènot (Freundin des Arztes), Emile Genevois (Hotelpage), Huguette Montréal (Tänzerin), Liliane Yvernault (Tänzerin). - 2. Episode: Madeleine Renaud (Mme Tellier), Ginette Leclerc (Flore, genannt »Balançoire«), Mila Parély (Raphaële), Danielle Darrieux (Rosa), Pierre Brasseur (Julien Ledentu, Handlungsreisender), Jean Gabin (Joseph Rivet), Amédée (Frédéric, Kellner), Antoine Balpêtré (M. Poulin, der alte Bürgermeister), René Blancard (Bürgermeister), Mathilde Casadesus (Louise, genannt »Cocotte«), Henri Crémieux (M. Pimpesse, Steuereinnehmer), Arthur Devère (Kontrolleur), Paulette Dubost (Fernande), Jocelyne Jany (Constance), Robert Lombart (M. Philippe, Sohn des Bankiers), Héléna Manson (Marie), Marcel Pérès (M. Duvert, Reeder), Jean Meyer (M. Dupuis, Versiche-

rungsagent), Louis Seigner (M. Tourneveau, Fischverkäufer), Michèle (i.e. Michel) Vadet (Ehemann), Charles Vissières (der Alte aus der Normandie), Janine Yselle (i.e. Zélie Yzelle) (seine Frau), Jo Dest (Deutscher), Claire Olivier (Mme Tourneveau), Georges Vitray (Kapitän), René Hell (Bauer), Pierre Palau (M. Vasse, Richter), Georges Baconnet (Anonymer Klient), Yvonne Dany, Maïa Jusanova. - 3. Episode: Jean Servais (Chronist), Daniel Gélin (Jean), Simone Simon (Joséphine), Michèle (i.e. Michel) Vadet (Journalist), René Pascal, Marcel Rouzé; in den »passages noirs«: Jean Servais (Stimme von Guy de Maupassant); in der englischen Fassung: Peter Ustinov; in der deutschen Fassung: Adolf Wohlbrück. - P: Compagnie Commerciale Française Cinématographique (CCFC), Paris/ Stera Films, Paris. - Pd: Edouard Harispuru. - Pl: François Harispuru, Ben Barkay. - Al: Hugo Bénédek (1. Al), Jacques Levron (2. Al). - Do: Franstudio, Joinville-le-Pont/Studios de Boulogne, Boulogne-sur-Seine/Eclair, Epinay-sur-Seine; Trouville, Clécy, Paris und Umgebung (Außenaufnahmen). - Dz: 7.6.-18.8. 1951, 15.10.-10.11. 1951. - F: 35 mm, sw. - Tonsystem: Western Electric. - OL: 2600 m = 95 min. - DL: 2703 m = 98 min. 2252 m = 82 min. - U: 14.2. 1952, Fécamp, Palace. - Kinostart: 29.2. 1952, Paris, Normandie/Rex. - EA BRD: 4.11. 1952, Stuttgart, Kammer-Lichtspiele. - TV: 11.2. 1967, ARD. - V: -.
Anstelle der als 3. Episode verfilmten Erzählung *Le modèle* war vor Beginn der Dreharbeiten die Verfilmung von *La femme de Paul* geplant.

1953 MADAME DE ... / I GIOIELLI DI MADAME DE ...
Madame de ... - B: Marcel Achard, Max Ophuls (i.e. Ophüls), Annette Wademant, nach dem gleichnamigen Roman von Louise de Vilmorin. - Dialoge: Marcel Achard. - K: Christian Matras. - K-F: Alain Douarinou, Ernest Bourreaud. - K-Ass: Henri Champion. - Sch: Borys (i.e. Boris) Lewin. - Sch-Ass: Laure Cassau. - T: Antoine Petitjean. - T-Aufnahme: Fernand Janisse. - M: Oscar Straus, nach Melodien von Giacomo Meyerbeer. - Orchestrierung: Georges van Parys. - Liedtexte: Louis Ducreux. - Ba, A: Jean d'Eaubonne. - Ba-, A-Ass: Jacques Gut, Marc Frédérix. - Ko: Georges Annenkov, Rosine Delamare. - Ma: Carmen Brel, Janine Cassé. - Spezial-Effekte: François Suné. - R-Ass: Marc Maurette, Willy Picard (i.e. Ulrich D. Pickardt), Tony Aboyantz. - Hospitanz: Alain Jessua. - D: Charles Boyer (General André de ...), Danielle Darrieux (Gräfin Louise de ...), Vittorio de Sica (Baron Fabrizio Donati), Jean Debocourt (M. Rémy, Juwelier), Jean Galland (M. de Bernac), Mireille Perrey (Amme), Paul Azaïs (Erster Kutscher), Hubert Noël (Henri de Maleville), Lia de Léo (Lola, Mätresse von M. de ...), Serge Lecointe (Jérôme), Jean Degrave (Schuldner von

M. de ...), Léon Walther (Theaterdirektor), Madeleine Barbulée (Freundin von Mme de ...), Jacques Beauvais (Majordomus), Georges Vitray (Alter Journalist), Colette Régis (Kerzenverkäuferin), Guy Favières (Julien, Diener von M. de ...), Jean Toulout (Botschafter), Germaine Stainval (Botschafterin), Robert Moor (Diplomat), Emile Genevois (Schildwache), Claire Duhamel (Fräulein bei Mme de ...), Léon Pauleon (Gerichtsdiener), Albert Michel (Zweiter Kutscher), Georges Paulais (Erster Sekundant), Michel Salina (Zweiter Sekundant), Roger Vincent, René Worms, Charles Bayard, Max Mégy, Gérard Buhr (Zöllner). - P: Franco-London Films, Paris/Indusfilms, Paris/Rizzoli Film, Rom. - Pd: Henri Deutschmeister. - Pl: Henri Baum, Ralph Baum. - Al: André Hoss. - Do: Studios de Boulogne, Boulogne-sur-Seine; Forêt de Rambouillet, Umgebung von Uzès, Versailles, Mairie Neuilly (Außenaufnahmen). - Dz: 8.4.-12.6. 1953. - F: 35 mm. sw. - Tonsystem: Optiphone, Western Electric. - OL: 2800 m = 102 min. - DL: 2715 m = 99 min. - U, Kinostart: 16.9. 1953, Paris, Colisèe/Marivaux. - EA BRD: 10.10. 1953, Bad Ems, Kurtheater/5. Internationales Filmtreffen des Verbandes der deutschen Filmclubs (nicht öffentlich). - Kinostart BRD: 22.4. 1954, Berlin, Cinema Paris. - TV: 2.5. 1957 (ARD). - V: Lupe (35 mm).
Deutsche Bearbeitung: Internationale Film-Union AG, Remagen. - R: Conrad von Molo. - Künstlerische Leitung: Max Ophüls. - Dialoge: Ruth Schiemann-König, Hans Bernd Ebinger.

1955 LOLA MONTÈS / LOLA MONTEZ. - B: Max Ophuls/Ophüls, Jacques Natanson, Annette Wademant, Franz Geiger, nach *La vie extraordinaire de Lola Montès* von Cécil Saint-Laurent. - B-Mitarbeit: Claude Heymann. - Dialoge, frz. Fassung: Jacques Natanson; dt. Fassung: Franz Geiger; engl. Fassung: Peter Ustinov. - K: Christian Matras. - K-F: Alain Douarinou. - K-Ass: Ernest Bourreaud, Luc Mirot, Henri Champion, Claus von Lettow-Vorbeck. - Sch, frz. Fassung: Madeleine Gug, Jacqueline Douarinou; dt. Fassung: Adolf Schlyssleder. - Sch-Ass, frz. Fassung: Etienette Muse; dt. Fassung: Rosa Ring, Johannes Nikel. - T: Antoine Petitjean, Hans Endrulat. - T-Ass: Jean Neny, K. F. Tischler. - M: Georges Auric. - M-L: Jacques Météhen. - Liedtexte, frz. Fassung: Louis Ducreux; dt. Fassung: Max Ophüls. - Choreografie: Helge Pawlinin. - Ba, A: Jean d'Eaubonne, Willy Schatz. - Ba-, A-Ass: Jacques Gut, Pierre Duquesne, Detten Schleiermacher. - Ko-Entwürfe: Georges Annenkov. - Ko-Entwürfe für Martine Carol: Marcel Escoffier. - Ko: Marie Gromtseff (i.e. Grontzeff), Karinska. - Ko-Beratung: Felicitas Bergmann. - Ma: Jonas Müller, Georg Jauss, Charlotte Müller. - Ma für Martine Carol: Maguy Vernadet. - Zirkus-Beratung: Peter S. Petrona. - R-Ass: Ulrich D. Pickardt, Claude Pinoteau,

Adolf Schlyssleder, Marcel Wall (i.e. Ophüls). - Hospitanz: Alain Jessua. - D: Martine Carol (Maria Dolorès Porriz y Montez, Comtesse de Landsfeld, genannt Lola Montès/Montez), Peter Ustinov (Stallmeister), Anton Walbrook/Adolf Wohlbrück (König Ludwig I. von Bayern), Henri Guisol (Maurice, Kutscher), Lise Delamare (Mrs. Craigie, Lolas Mutter), Paulette Dubost (Josephine, Zofe), Oscar Werner (Student), Jean Galland (Sekretär), Will Quadflieg (Franz Liszt), Héléna Manson (Leutnant James' Schwester), Germaine Delbat (Schiffsstewardess), Willy Eichberger (Arzt), Jacques Fayet (Schiffssteward), Friedrich Domin (Zirkusdirektor), Werner Finck (Maler Wisböck), Ivan Desny (Leutnant James), Walter Kiaulehn (Theaterintendant), Willy Rösner (Premierminister), Gustav Waldau (Professor Jeppner), Daniel Maendaille (Kapitän), Claude Pinoteau (Claudio Pinotto, Dirigent im Tivoli), Béatrice Arnac (Junge Lola im Zirkus), Hans Schwarz jr. (Ringer), Aimée Fontenay (Trapez-Double für Martine Carol), Hélène Iawkoff, Betty Philipsen, Marcel Wall (i.e. Ophüls), Pièral (i.e. Pierre Aleyranges), Bernard Musson, Jean Filliez, Yvonne Dany, Edy Debray, Mitarbeiter des Zirkus »Brumbach« und Zirkus »Krone«. - P: Gamma Film, Paris / Florida Film, Paris / Gamma Film GmbH, München / Oska-Film GmbH, München / Union-Film GmbH, München. - Pd: André Haguet, Alfred Zappelli, Anton Schelkopf/Emil E. Reinegger. - Herstellungsleitung: Albert E. Caraco. - Pl: Ralph Baum. - P-Ass: Tony Aboyantz, Werner Roeder. - Al: André Hoss, Karlheinz Först, Georg Markl, Helmut Ringelmann, Paule Pastier. - Do: Franstudio, Joinville-le-Pont / Victorine, Nizza / Bavaria, Geiselgasteig; Côte d'Azur /Cimiez / Fabron (Villa »Les Palmiers«) / Departementale 37 / Mühle von Marcel Pagnol in Colle-sur-Loup / Umgebung von Paris / Bamberg / Pommersfelden / Englischer Garten in München / Hohe Tauern. - Dz: 1.3.-28.7. 1955. - F: 35 mm, Farbe (Eastmancolor), Cinemascope. - Tonsystem: Western Electric (4 Kanal Magnetton/Lichtton). - Länge der uraufgeführten Kino-Fassung: 3010 m = 110 min. - DL (FSK): 3093 m = 113 min. - U, Kinostart in Frankreich: 23.12. 1955, Paris, Marignan/Le Français. - EA BRD, Kinostart: 12.1. 1956, München, Luitpold; Hamburg, Passage. - TV: 25.6. 1972 (NDR III). - V: -.

Im Mai 1955 scheidet Adolf Schelkopf als Produktionschef aus der Gamma Film GmbH (München) aus. Gleichzeitig endet auch die Beteiligung seiner Oska-Film GmbH an der Produktion des Films. An seiner Stelle übernimmt Emil E. Reinegger die Produktionsüberwachung, der Generaldirektor der Gamma Film GmbH und Chef der Union-Film GmbH ist. Der Film wird von jetzt an auch von der Union-Film GmbH koproduziert. - Eine gegen den Willen von Ophüls neugeschnittene und gekürzte Fassung (2517 m = 92 min.) wird am 22.2. 1957 in Paris (Monte Carlo) gestartet. In dieser unter der Aufsicht von Spyros Skouras von Etienette Muse geschnittenen und mit einem von Martine Carol gesprochenen Off-Kommentar versehenen Version sind die Szenen chronologisch aneinandergereiht und die Zirkusszenen mit Ausnahme der letzten herausgenommen.

1957/58 *Les Amants de Montparnasse (Montparnasse 19) / Montparnasse 19.* Montparnasse 19. - R: Jacques Becker. - B: Henri Jeanson, Max Ophuls, nach dem Roman *Les Montparnos* von Michel Georges-Michel. - K: Christian Matras. - K-F: Gilbert Chain, Ernest Bourreaud. - Sch: Marguerite Renoir. - Sch-Ass: Maryse Barbut. - T: Pierre-Louis Calvet. - T-Aufnahme: Christian Courmes. - M: Paul Misraki. - M-L: Jacques Météhen. - Orchestrierung: Georges van Parys. - Ba, A: Jean d'Eaubonne. - Ba-, A-Ass: Jacques Gut, Paul Moreau. - Ko-Entwürfe: Georges Annenkov. - Ma: Yvonne Fortuna. - R-Ass: Serge Witta, Jean Becker. - D: Gérard Philipe (Modigliani), Lilli Palmer (Béatrice), Léa Padovani (Rosalie), Gérard Séty (Léopold Sborowsky), Lino Ventura (Morel), Anouk Aimée (Jeanne Hébuterne), Lila Kedrova (Mme Sborowsky), Arlette Poirier (Lulu), Pâquerette (Mme Salomon), Marianne Oswald (Berthe Weil), Judith Magre (Tochter des Jockeys), Denise Vernac (Mme Hébuterne), Robert Ripa (Marcel, Lulus »Macker«), Jean Lanier (M. Hébuterne), Chantal de Reiux, Jany Clair, Antoine Tudal (Cendrars), Bruno Balp, Jacques Ferrière, François Joux (Polizeikommissar), Jacques Marin (Wirt), Stephane Audran (Mädchen auf der Terrasse des Cafés), François Perrot, Monique Ardouin, René Berthier, Emile Genevois, Robert Lepers, Harry Max, Daniel Mendaille, Veronique Silver, Pierre Durou, Yori Bertin, Françis Aubert. - P: Franco-London Films S. A., Paris/Astra Cinematografica S. A. R. L., Rom / Sandro Pallavicini I. N. C., Rom. - Pd: Henri Deutschmeister. - Pl: Ralph Baum. - Al: André Hoss. - Do: Studios de Boulogne, Boulogne-sur-Seine; Paris, Nizza (Außenaufnahmen). - Dz: 19.8.-25.10. 1957. - F: 35 mm, sw. - Tonsystem: Western Magnetique (Western Electric), Société Optiphone. - OL: 2955 m = 108 min. - DL: 2723 m = 100 min. - U, Kinostart in Frankreich: 4.4. 1958, Paris, Colisée / Marivaux. - EA BRD, Kinostart: 19.9. 1958, München, Luitpold. - V: -.
Max Ophüls stirbt während der Produktionsvorbereitungen des Films. Das Drehbuch, das er mit Jeanson verfaßt hat, liegt verändert der Verfilmung zugrunde. Max Ophüls ist im Vorspann der Originalfassung in einer Widmung genannt: »Dédiée à la mémoire de Max Ophuls«.

Hörspiele

1954 NOVELLE.- R, B: Max Ophüls nach der *Novelle* von Johann Wolfgang von Goethe. - T: Friedrich Wilhelm Schulz. Sch: Anneliese Wetzler. - M: Karl Sczuka. - D: Oskar Werner (Vorleser), Otto Collin (Fürst), Käthe Gold (Fürstin), Erik Schumann (Honorio), Willy Birgel (Oheim), Therese Giehse (Wärterin), Kurt Ebbinghaus (Wächtel) u.v.a. - P: Südwestfunk Baden-Baden.- OL: 56'. - U: 18.4. 1954.

1956 BERTA GARLAN - DER ROMAN EINER KLAVIERLEHRERIN.- R, B: Max Ophüls nach der Erzählung *Berta Garlan* von Arthur Schnitzler. - T: Friedrich Wilhelm Schulz. - Sch: Marlies Kranz. - M: Peter Zwetkoff. - R-Ass: Lothar Timm. - D: Käthe Gold (Berta), Kurt Meisel (Erwin), Marianne Kehlau (Frau Rupius), Bernhard Wicki (Herr Rupius), Willy Trenk-Trebitsch (Klingemann), u.v.a. - P: Südwestfunk Baden-Baden.- OL: 149'15. - U: 6.11. 1956.

1956 GEDANKEN ÜBER FILM - EINE IMPROVISATION.- R: Ulrich Lauterbach. - B: Max Ophüls. - M: Josef Haydn, Claude Debussy, Richard Wagner. - D: Max Ophüls, Friedrich Schoenfelder, Otto Rouvel, Ulrich Lauterbach, Heinz Stoewer, Marianne Kehlau, Gisela Zoch. - P: Hessischer Rundfunk Frankfurt. - OL: 62'. - U: 28.11. 1956.

Bibliografie

Die Bibliografie enthält zunächst Angaben zu Texten von Max Ophüls. Es werden alle Texte, die recherchiert werden konnten, einzeln aufgeführt. Oft sind Veröffentlichungen von Ophüls Variationen eines Grundtextes, erschienen unter wechselnden Überschriften. Nur in Einzelfällen wird auf Übereinstimmungen einzelner Artikel hingewiesen; eine textkritische Analyse konnte in diesem Punkt nicht geleistet werden. Für einige Veröffentlichungen konnten die Titel nicht ermittelt werden; es erscheint dann der Terminus »Titel unbekannt«.
Es folgen Angaben zu Veröffentlichungen über Max Ophüls. Es werden genannt Bücher und Broschüren, Spezialnummern von Zeitschriften, akademische Arbeiten, Buchkapitel, Aufsätze/Analysen, Interviews, TV-Filme und Radiosendungen. Außerdem werden Hinweise gegeben zu Materialien und Kritiken einzelner Filme. Auf Nachdrucke und Übersetzungen einzelner Veröffentlichungen wird, soweit es recherchiert werden konnte, hingewiesen. Doppelnennungen bibliografischer Angaben sind in Einzelfällen möglich, etwa

wenn ein allgemeiner Aufsatz oder ein generelles Interview umfangreiche Passagen zu speziellen Filmen enthält. Festivalberichte, die nur erfaßt sind, wenn sie längere Ausführungen zu den Filmen enthalten oder einen besonderen Aspekt von Ophüls' Werk betonen, sind durch die Nennung des Festivalorts besonders kenntlich gemacht.
Die bibliografischen Angaben sind in die Sprachbereiche deutsch, französisch, englisch unterteilt; anderssprachige Veröffentlichungen sind nur in Einzelfällen berücksichtigt. Innerhalb der Sprachen wurden die Texte chronologisch nach dem Erscheinungsdatum geordnet.
Der Verfasser versteht diese Bibliografie - ähnlich wie die Filmografie - als einen ersten Baustein zu einer »endgültigen« Filmobibliografie. Widersprüche oder falsche Angaben anderer Veröffentlichungen konnten korrigiert, auch Ergänzungen vorgenommen und oft auch erste Spuren gesichert werden; es bleiben aber dennoch Lükken.

Quellen: James M. Salem: Guide to Critical Reviews. Part IV. The Screenplays. Vol 1/2 und Supplement 1: 1963-1980. Metuchen, N.J.: The Scarecrow Press 1971, bzw. 1982. - Mel Schuster: Motion Picture Directors: A Bibliography of Magazine and Periodical Articles, 1900-1972. Metuchen, N.J.: The Scarecrow Press 1973. - FIAF: International Index to Film Periodicals 1972 ff. New York und London 1973 ff. - Stephen E. Bowles: Index to Critical Film Reviews in British and American Film Periodicals. New York: Burt Franklin & Co 1974. - John C. Gerlach, Lana Gerlach: The Critical Index. A Bibliography of Articles on Film in English, 1946-1973. Arranged by Names and Topics. New York, London: Teachers College Press, Columbia University 1974. - Film Literature Index. Albany, New York: Filmindex 1973 ff. - Linda Batty: Retrospective Index to Film Periodicals 1930-71. New York, London: R. R. Bowker 1975. - The Macmillan Film Bibliography. A Critical Guide to the Literature of the Motion Picture. Hrsg. v. George Rehrauer. New York: Macmillan 1982. 2 Bde. - The New York Times Film Reviews. New York: The New York Times & Arno Press 1970 ff. - Variety Film Reviews 1907-1980. New York, London: Garland Publ. 1983.
Für die frühen deutschen Filme wurden folgende Fachpresse und berliner Tageszeitungen ausgewertet: Der Kinematograph, Lichtbild-Bühne, Der Film, Film-Kurier, Reichsfilmblatt, Die Filmwoche; Berliner Börsen-Courier, Berliner Lokal-Anzeiger, Berliner Tageblatt, Deutsche Allgemeine Zeitung, Vorwärts, Vossische Zeitung. - Andere Fachpresse und Tageszeitungen wurden in Einzelfällen berücksichtigt. Recherchiert wurde auch die zeitgenössische literari-

sche und politische Fachpresse, in denen Ophüls' frühe Filme aber kaum berücksichtigt wurden.
Für Hilfeleistungen danke ich den Mitarbeitern der Bibliothek der Deutschen Film- und Fernsehakademie, der Bibliothek der Landesbildstelle Berlin, der Bibliothek des John F. Kennedy Instituts Berlin und der Bibliothek der Academy of Motion Picture Arts and Sciences, Los Angeles, dort besonders Sandra Archer. Für manchen bibliografischen Hinweis danke ich Helmut G. Asper, Bielefeld. - Fast alle aufgeführten Materialien können in den genannten Bibliotheken eingesehen werden.

Texte von Max Ophüls

Fips und Stips auf der Weltreise. Weihnachtsrevue in neun Bildern. Musik von Hans Krieg. Berlin: Drei-Masken-Verlag 1929. 43 S. - Murmeln (Marschlied). 1929 (Gesungen von Ernst Busch). Text in Spiel im Dasein. Dillingen: Queißer o.J.; auch in: Klaus Budzinski (Hrsg.): So weit die scharfe Zunge reicht. Die Anthologie des deutschsprachigen Cabarets. München, Bern, Wien: Scherz 1964. - Avantgarde. In: Die Scene. Blätter für Bühnenkunst. Hrsg. v.d. Vereinigung künstlerischer Bühnenvorstände e.V. Berlin. 20. Jg, Heft 11, Berlin 1930 (Umfrage: Theater im Reich und Avantgarde). - Langeweile. Text für »Die Katakombe«. Berlin, um 1930. (Musik: Harry Ralton; Interpret: Rudolf Platte). - DIE VERKAUFTE BRAUT. in: Berliner Tageblatt, Nr. 408, 28. 8. 1932. - Keine ›Schlager‹-Filme mehr! in: Mein Film (Wien), Nr. 375, 1933 (zur Uraufführung von LIEBELEI). - Champagner gegen Champagner. in: Der Neue Film (Berlin), Nr. 13, 1933 (Über die Außenaufnahmen zu LACHENDE ERBEN). - Der Dimitroff-Film »Kämpfer«. in: Das Wort (Moskau), Heft 1, Juli 1936; nachgedruckt in: Filmkritik, Nr. 12, Dezember 1977; auch in: Spiel im Dasein. a.a.O.; Film und Fernsehen (Berlin/DDR), Nr. 5, Mai 1980; englisch in: New Theatre (New York), Vol. 3, Nr. 9, September 1936; nachgedruckt in: Herbert Kline (Hrsg.): New Theatre and Film 1934 to 1937. An Anthology. San Diego, New York, London: Harcourt, Brace, Jovanovich 1985. - »Werther« n'est pas seulement une histoire d'amour. in: Le Figaro, 7. 12. 1938. - Begegnungen mit Ernst Toller. in: Pariser Tageszeitung, 28./29. 5. 1939. - Über »Pläsier« und die Moral. in: Columbia Presse. Hrsg. v. Zentral-Presseabteilung der Columbia-Filmgesellschaft. Frankfurt/M, um 1951. - Dem »Pläsier« zum Geleit. in: Columbia-Presse. Hrsg. v. Zentral-Presseabteilung der Columbia-Filmgesellschaft. Frankfurt/M, um 1951. - Ohne Titel. in: Münchner Merkur, 25. 11. 1952. - Wir müßten Entschuldigungsbriefe schreiben. in: Die Neue Zeitung (Frankfurt/M), 13./14. 12. 1952. - Guy de Maupassant als »Drehbuchautor«. in: Mannheimer Morgen, 27. 12. 1952. - Plauderei eines

Regisseurs. in: Rheinische Post (Düsseldorf), 10.1. 1953. - Maupassant wäre heute Filmautor. in: Kasseler Post, 24./25.1. 1953 (zu LE PLAISIR); nachgedruckt in: Filmkritik, Nr.2, Februar 1982; komprimierte Fassung in: Heidelberger Tageblatt, 5.2. 1953. - Mein neuer Film. in: Heidelberger Tageblatt, 5.2. 1953 (zu LE PLAISIR); vgl. Kasseler Post, 24./25.1. 1953). - »Pläsier« zum Geleit. in: Hamburger Anzeiger, 10.5. 1953. - Ohne Titel. in: Hamburger Abendblatt, 14./15.2. 1953. - Einfall und Kontrolle. in: Filmforum. Unabhängige Zeitschrift für den guten Film (Emsdetten), Nr.10, Juli 1953. - Sein »Pläsier«. in: Spandauer Volksblatt, 14.8. 1953. - Die Angst um den Erfolg. in: Der Tag (Berlin), 18.9. 1953. - Dichter und Film. in: Theater und Zeit. Monatsblätter der Städtischen Bühnen Wuppertal-Solingen, 1.Jg., Nr.2, Oktober 1953; nachgedruckt in: Filmkritik, Nr.2, Februar 1982. - Ohne Titel. in: Die Neue Zeitung (Berlin), 24.1. 1954. - Die Lust am Sehen. in: Deutsche Zeitung und Wirtschaftszeitung, 12.6. 1954; nachgedruckt in: Filmkritik, Nr.2, Februar 1982; englisch in: Paul Willemen: Ophuls. London: British Film Institute 1978. - Kunst findet immer Wege. in: Die Neue Zeitung (Berlin), 1.8. 1954; nachgedruckt in: Filmkritik, Nr.3, März 1967; auch in: Spiel im Dasein. a.a.O. - MADAME DE ... zum Geleit. in: Der Volkswille (Schweinfurt), 9.10. 1954. - Nouvelle Eve et Venus de Milo. in: Cahiers du Cinéma, Nr.42, Dezember 1954 (Enquête sur la Censure et l'Erotisme). - Letzter Drehtag im Atelier. Abschied von LOLA MONTEZ. in: Presseinformation der Union-Film, Berlin, um 1955. - LOLA MONTEZ mit auf den Weg. in: Presseinformation der Union-Film, Berlin, um 1955; nachgedruckt in: Filmkritik, Nr.2, Februar 1982. - Es gibt keine Kunst ohne Irrtum. in: Südkurier (Konstanz), 12./13.2. 1955. - Ohne Titel. in: Darmstädter Echo, 27.3. 1955. - ... alle schwatzen unentwegt hinein. Man möchte schwarz auf weiß sehen, was auf die Leinwand soll - Qual und Unfug des Drehbuchs. in: Die Welt (Berlin), 9.4. 1955. - Ohne Titel. in: Die Filmwoche, 29.6. 1955. - Geheimnis der Filmregie. in: Telegraf (Berlin), 10.7. 1955. - Wenn die letzte Klappe fällt. in: Die Welt (Berlin), 20.8. 1955; nachgedruckt in: Filmkritik, Nr.11, November 1977; auch in: Spiel im Dasein. a.a.O.; französisch in: Cahiers du Cinéma, Nr.59, Mai 1956. - Hollywood, petite île ... in: Cahiers du Cinéma, Nr.54, Weihnachten 1955 (kompiliertes Interview; vgl. unter Interviews). - Wir werden uns schon dran gewöhnen. in: Kölner Stadt-Anzeiger, 10.12. 1955; nachgedruckt in: Frankfurter Rundschau, 17.3. 1956. - Eh bien, Getreide bleibt immer. in: Süddeutsche Zeitung, 10./11.12. 1955. - Die Qual des Drehbuchs. in: Bremer Nachrichten, 31.12. 1955. - Erfahrungen. Rede. Hamburg 1956. - Aber in Breslau gab es mehr ... in: Ernst Johann (Hrsg.): Linien eines Lebens. Friedrich Bischoff. Gestalt, Wesen und Werk. Tübingen 1956 (Zum 60.Geburtstag von Friedrich Bischoff am 26.1.

1956); nachgedruckt in: Filmkritik, Nr. 12, Dezember 1977. - Ein Kapitel über den Film und seine Leute. in: Deutsche Zeitung und Wirtschaftszeitung, Nr. 26, 1956. - Gedanken über den Film. Vortrag Frankfurt/M: Frankfurter Gesellschaft für Handel, Industrie und Wissenschaft 1956. - Il faut tuer la publicité. in: Arts (Paris), Nr. 549, Januar 1956. - L'art trouve toujours ses voies. in: Cahiers du Cinéma, Nr. 55, Januar 1956 (Übersetzung: Eric Rohmer). - Ohne Titel. in: Kieler Nachrichten, 10.2. 1956. - Max Ophüls plaudert. Notwendigkeit, Qual und Unfug des Drehbuchs. in: Hessische Nachrichten (Kassel), 26.2. 1956 (vgl. Bremer Nachrichten, 31.12. 1955). - Wir werden uns schon dran gewöhnen ... in: Frankfurter Rundschau, 17. 3. 1956 (vgl. Kölner Stadt-Anzeiger, 10.12. 1955). - Es ist der Strom der Phantasie. in: Deutsche Zeitung, 31.3. 1956; nachgedruckt in: Filmkritik, Nr. 3, März 1967. - Le dernier jour de tournage. in: Cahiers du Cinéma, Nr. 59, Mai 1956. - Ohne Titel. in: Frankfurter Neue Presse, 2.6. 1956. - Die Lassowerfer und der erste Dreh. in: Süddeutsche Zeitung, 3.6. 1956. - Ohne Titel. in: Der Kurier (Berlin), 15.9. 1956. - Ohne Titel. in: Weser Kurier, 17.11. 1956. - Notwendigkeit, Qual und Unfug des Drehbuchs. in: Der Kurier (Berlin), 22.11. 1956 (vgl. Die Welt, 9.4. 1955; Bremer Nachrichten, 31.12. 1955; Hessische Nachrichten, 26.2. 1956); nachgedruckt in: Filmkritik, Nr. 3, März 1967; auch in: Spiel im Dasein. a.a.O. - Abschied von einem Freund. in: Film in Berlin. Offizieller Fest-Almanach der Internationalen Filmfestspiele Berlin 1957 (Gedicht zum Tod von Arnold Lippschitz). - Regisseur aus unglücklicher Liebe. Erlebtes und Erlittenes. in: Bonner Rundschau, 27.3. 1957. - Nicht an »Erfahrungen« klammern. in: Rhein-Neckar-Zeitung (Heidelberg), 28.3. 1957. - Getreide bleibt immer, aber der Film? Der bekannte Regisseur Max Ophüls plaudert über die Erlebnisse bei der Begutachtung eines neuen Streifens. in: Der Bote (Feucht-Nürnberg), 30.3. 1957 (vgl. Süddeutsche Zeitung, 10./11.12. 1955); nachgedruckt in: Filmkritik, Nr. 12, Dezember 1977. - Qual und Unfug des Drehbuchs. in: Der Tag (Berlin), 31.3. 1957 (vgl. Die Welt, 9.4.1955; Bremer Nachrichten, 31.12. 1955; Hessische Nachrichten, 26.2. 1956; Der Kurier, 22.11. 1956). - Verschnaufen. in: Telegraf (Berlin), 31.3. 1957. - Lettre de Max Ophuls. in: Cinéma (Paris), Nr. 17, April 1957. - Ophüls' Gedanken zu Ophüls' Gedenken. in: Süddeutsche Zeitung, 14.4. 1957. - Dieses bißchen mehr Liebe. in: Bremer Nachrichten, 22.6. 1957. - Notwendigkeit und Unfug des Drehbuchs. in: Frankfurter Neue Presse, 30.9. 1957 (vgl. Die Welt, 9.4. 1955; Bremer Nachrichten, 31.12. 1955; Hessische Nachrichten, 26.2. 1956; Der Kurier, 22.11. 1956; Der Tag, 31.3. 1957). - Die Filmschöpfer. Nicht an »Erfahrungen« klammern. in: Der Fortschritt (Düsseldorf), 17.10. 1957 (vgl. Rhein-Neckar-Zeitung, 28.3. 1957). - Schauboot der Spieler. in: Wiesbadener Kurier,

2.11. 1957. – Nicht an Erfahrungen klammern! in: Der Tag (Berlin), 19.1. 1958 (vgl. Rhein-Neckar-Zeitung, 28.3. 1957; Der Fortschritt, 17.10. 1957). – Mon expérience / Les infortunes d'un scénario. in: Cahiers du Cinéma, Nr. 81, März 1958; englisch in: Cahiers du Cinéma in English, Nr. 1, Januar 1966; nachgedruckt in: Andrew Sarris (Hrsg.): Interviews With Film Directors. Indianapolis, Kansas City, New York: The Bobbs-Merrill Comp. 1967. – Spiel im Dasein. Stuttgart: Goverts 1959. 238 S. (Autobiografie). Neuauflage: Dillingen: Queißer o.J. »Saarländische Reihe«. Hrsg. v. Verband deutscher Schriftsteller Saar. 383 S. (Nachwort von Hilde Ophüls, Einführung von Friedrich Luft, erweitert durch Texte von Max Ophüls; Anmerkungen zu den Filmen von Michael Beckert, Siegmund Grewenig; Filmo-, Bibliografie von Burckhardt Schmidt); französisch als Serie unter dem Titel »Souvenirs« in: Cahiers du Cinéma, Nr. 117, 120, 121, 122, 123, 124, 125, 127, 128, 133, 134 (1959/1961/62; Übersetzung: Max Roth; Illustrationen: Régine Ackermann-Ophuls); französische Buchausgabe: Max Ophuls par Max Ophuls. Paris: Editions Robert Laffont 1963 (Vorwort von Hilde Ophuls). – Schauspieler, die ich gern habe. in: Der Tag (Berlin), 22.3. 1959; nachgedruckt in: Spiel im Dasein. a.a.O. – Erfahrungen eines Filmschöpfers. in: Hamburger Filmgespräche. Bd. I. Festschrift zum 10. Jahrestag der Gründung der Hamburger Gesellschaft für Filmkunde e.V. am 18. September 1962. Hamburg: Conrad Kayser 1962. – My Experience. in: Cahiers du Cinéma in English, Nr. 1, 1966. – Gedanken über den Film. Eine Improvisation. Nachdruck des Hörspielmanuskripts (Sendung HR 28.11. 1956). in: Filmkritik, Nr. 12, Dezember 1977; auch in Spiel im Dasein. a.a.O.; englisch in: Paul Willemen: Ophuls. London: British Film Institute 1978. – Lettres à John Houseman, Wolfgang Reinhardt, Colette, Maurice Chevalier, Montgomery Clift. in: Positif, Nr. 232/33, Juli/August 1980. – Extrait d'»Automne«: film inédit de Max Ophuls. in: Positif, Nr. 232/33, Juli/August 1980. – LOLA MONTÈS en avant-première. in: Positif, Nr. 232/33, Juli/August 1980.

Über Max Ophüls

Bücher/Broschüren

Peter B. Schumann: Cinema Nôvo, Max Ophüls, Mack Sennett. Retrospektive. Filmhistorische Vorführungen der Internationalen Filmfestspiele Berlin 1966 (darin: Peter Ripken: Max Ophüls. Entdeckung eines Verkannten. S. 42–48. Filmografie S. 49–60).

Claude Beylie: Max Ophuls. Brussels: Club de Livre de Cinéma 1957. – Georges Annenkov: Max Ophuls. Paris: Le Terrain Vague 1962. 139 S. Bibliografie (sehr fehlerhaft). – Claude Beylie: Max Ophuls. Paris: Editions Seghers 1963. Cinéma d'aujourd'hui 16.

222 S. - Claude Beylie: Ophuls. Supplément à L'Avant-Scène du Cinéma, Nr. 48, 1.5. 1965 (Nr. 5, Mai 1965, Sonderdruck). - Jean-Jacques Brochier: Max Ophuls. Paris: Casterman 1971. Dossiers du Cinéma. Cinéastes I. - Claude Beylie: Max Ophuls. Paris: Editions Pierre Lherminier 1984. Collection Cinéma classique. Les cinéastes. 191 S. Filmo-, Bibliografie. - William Karl Guérin: Max Ophuls. Paris: Cahiers du Cinéma 1988. Collection Auteurs. 219 S. Bio-, Filmografie.

Richard Roud: Max Ophuls. An Index. London: British Film Institute 1958. 44 S. - Paul Willemen (Hrsg.): Ophuls. London: British Film Institute 1978. 87 S. (Beiträge von Paul Willemen, Jacques Rivette, François Truffaut, Max Ophüls, Frieda Grafe, Masao Yamaguchi, Stephen Heath). - Alan Larson Williams: Max Ophuls and the Cinema of Desire: Style and Spectacle in Four Films, 1948-1955. New York: Arno Press 1980.

Michele Mancini: Max Ophüls. Firenze: La Nuova Italia 1978. Il castoro cinema 55/56. 145 S. Filmo-, Bibliografie. - Giovanni Spagnoletti (Hrsg.): Il cinema di Max Ophuls. Parma: Incontri cinematografici Monticelli Terme 1978. 138 S. (Beiträge von Jacques Rivette, François Truffaut, Isa Miranda, Peter Ustinov, James Mason, Howard Koch, Georges Annenkov, Frieda Grafe, Andrew Sarris, Fred Camper, Gary Carey, William Paul, Claude Beylie, Giulio Cesare Castello; Filmo-, Bibliografie).

Zeitschriften

Cinema (Zürich), Nr. 29/30, Frühling/Sommer 1962 (Beitrag von Mario Gerteis: Max Ophüls: Seine Welt, sein Vermächtnis). - Filmkritik, Nr. 11, November 1977 (Beiträge von Jacques Rivette, François Truffaut, Max Ophüls, Peter Nau; Bibliografie von Burckhardt Schmidt). - Filmkritik, Nr. 12, Dezember 1977 (Texte von Max Ophüls; Nachtrag zur Bibliografie von Burckhardt Schmidt). - Filmkritik, Nr. 2, Februar 1982 (Beiträge von Hartmut Bitomsky, Max Ophüls; Nachträge zur Bibliografie von Burckhardt Schmidt).

Cinéma (Paris), Nr. 18, Mai 1957 (Beiträge von Tony Aboyantz, Georges Annenkov, Georges Auric, Ralph Baum, Ulla de Colstoun, Danielle Darrieux, Jean d'Eaubonne, Henri Jeanson, Christian Matras). - Cahiers du Cinéma, Nr. 81, März 1958 (Beiträge von Claude Beylie, Charles Bitsch, Jean-Luc Godard, Louis Marcorelles, Max Ophuls, James Mason, François Truffaut, Peter Ustinov). - Cinématographe, Nr. 33, Dezember 1977 (Beiträge von Louis Audiberti, Michel Devillers, Pierre Jouvet, François Cuel, Jacques Fieschi, Emmanuelle Decaux). - Positif, Nr. 232/33, Juli/August 1980 (Beiträge von Jean-Loup Bourget, Michel Ciment, Lorenzo Codelli, Marc LeFanu, Max Ophuls, Marcel Ophuls, Robert Parrish, Christian Viviani, Alain Masson, Barthélemy Amengual, Yann Tobin).

Film Comment, Vol. 7, Nr. 2, Sommer 1971 (Beiträge von Andrew Sarris, Michael Kerbel, Gary Carey, William Paul, Foster Hirsch, Brian Henderson). - Movie, Nr. 29/30, Sommer 1982 (Max Ophuls and Melodrama: Beiträge von Michael Walker, V. F. Perkins, Deborah Thomas, Douglas Pye, Andrew Britton, Ian Cameron).

Akademische Arbeiten

Peter Jobst: Aufsätze zum Thema: Literatur und Film. Visconti, Pasolini, Ophüls, Godard, Resnais, Duras, Tanner. Universität Salzburg 1979. - Martina Müller: LOLA MONTEZ. Biographie und Rekonstruktion eines Films. Universität Köln. Institut für Theaterwissenschaft. In Arbeit.

Vincent Amiel: Mouvements du baroque, une estétique opulsienne. Université de Montpellier II. 1979.

Alan Williams: Max Ophuls and the Cinema of Desire - Style and Spectacle in Four Films, 1948-1955. University of New York at Buffalo 1977 (vgl. Buchveröffentlichungen). - Robert Livingston Chamblee: Max Ophuls' Viennese trilogy: communication styles and structures. New York University 1981. - Lutz Bacher: Max Ophuls' Universal International Films: The Impact of Production Circumstances on a Visual Style. Wayne State University 1984.

Buchkapitel

Gertrud Koch: Positivierung der Gefühle: Zu den Schnitzler-Verfilmungen von Max Ophüls. in: Hartmut Scheible (Hrsg.): Arthur Schnitzler in neuer Sicht. München: Fink 1981. S. 309-29; nachgedruckt in: Gertrud Koch: Was ich erbeute, sind Bilder. Zum Diskurs der Geschlechter im Film. Basel, Frankfurt/M: Stroemfeld/Roter Stern 1989. - Cedric Dumont: Max Ophüls. in: C. D.: Die (Un)Vergessenen. Ein ABC der Erinnerungen. Zürich: Edition Musik & Theater 1984. - Helmut G. Asper: Max Ophüls gegen Hitler. in: Exilforschung. Ein internationales Jahrbuch. Band 3: Gedanken an Deutschland im Exil und andere Themen. Hrsg. v. Thomas Koebner, Wulf Köpke, Joachim Radkau. München: edition text + kritik 1985. S. 173-182. - Helmut G. Asper: »... daß diese Dinge nicht in Vergessenheit geraten.« Max Ophüls' Exilwerk. in: Helmut F. Pfanner: Kulturelle Wechselbeziehungen im Exil. Exile Across Cultures. Bonn: Bouvier 1986. - Kathinka Dittrich van Weringh: Der Niederländische Spielfilm der dreißiger Jahre und die deutsche Filmemigration. Amsterdam: Rodopi 1987. Academische Proefschrift aan de Universiteit van Amsterdam. (darin diverse Abschnitte über Ophüls). - z. B. LIEBELEI / »Re: Max Ophuls« /Directed by Max Ophuls. in: Ronny Loewy (Red.): Von Babelsberg nach Hollywood. Filmemigranten aus Nazideutschland. Exponatenverzeichnis. Ausstellung vom 26.5.-9.8. 1987, Frankfurt/M: Schriftenreihe des Deutschen

Filmmuseums 1987 (S. 25, 36-39, Nachdruck/Abschrift von Dokumenten; Fotos). - Wolfgang Jacobsen: Erich Pommer. Ein Produzent macht Filmgeschichte. Berlin: Argon 1989 (darin diverse Abschnitte über Ophüls, besonders über das Projekt »The Man Who Killed Hitler«, S. 138-140).

Pierre Leprohon: Max Ophuls. in: P. L.: Présences Contemporaines. Cinéma. Paris: Ed. Debresse 1957. - Henri Agel: Max Ophuls. in: H. A.: Les grands cinéastes. Paris: Ed. Universitaires 1959; nachgedruckt in: H. A.: Les grands cinéastes que je propose. Paris: Ed. du Cerf 1967. - Claude Beylie: Max Ophuls. in: Anthologie du Cinéma. Bd. 1. Paris: L'Avant-Scène du Cinéma 1966. - Gérard Legrand: Note sur Max Ophuls. in: G. L.: Cinémanie. Paris. Ed. Stock 1979.

Andrew Sarris: Max Ophuls. in: A. S.: The American Cinema. Directors and Directions 1929-1968. New York: E. P. Dutton 1968. - Howard Koch: Twilight of the Gods: Script to Screen with Max Ophuls. in: Richard Corliss (Hrsg.): The Hollywood Screenwriters. A Film Comment Book. New York: Avon Book 1972; nachgedruckt in: Virginia Wright Wexman, Karen Hollinger (Hrsg.): LETTER FROM AN UNKNOWN WOMAN. New Brunswick, N.J.: Rutgers University Press 1986. - Jon Halliday: Max Ophuls. in: Richard Roud (Hrsg.): Cinema. A Critical Dictionary. The Major Film-Makers. Vol. 2. London: Secker & Warburg 1980. - Herbert Kline: How Hitler Affected the Lives of Two New Theatre Contributors. in: H. K. (Hrsg.): New Theatre and Film 1934 to 1937. An Anthology. San Diego, New York, London: Harcourt Brace Jovanovich 1985 (Aufsatz über Max Ophüls und G. W. Pabst). - Anthony Heilbut: Exiled in Paradise. German Refugee Artists and Intellectuals in America, from the 1930s to the Present. New York: The Viking Press 1983; deutsche Ausgabe: Kultur ohne Heimat. Deutsche Emigranten in den USA nach 1930. Weinheim, Berlin: Quadriga 1987 (darin diverse Abschnitte über Ophüls). - Barry Salt: Stylistic Analysis of the Films of Max Ophuls. in: B. S.: Film Style and Technology: History and Analysis. London: Starword 1983. - John Russell Taylor: Strangers in Paradise. New York: Holt, Rinhart and Winston 1983; deutsche Ausgabe: Fremde im Paradies. Berlin: Siedler 1984 (darin diverse Abschnitte über Ophüls). - Robin Wood: Max Ophüls. in: Christopher Lyon (Hrsg.): The Macmillan Dictionary of Films and Filmmakers. Vol. 2: Directors. London: Macmillan 1984. - Roy Armes: French Cinema. London: Secker & Warburg 1985 (darin diverse Abschnitte über Ophüls).

Aufsätze

-o-: Der Regisseur. Max Ophüls. Parole: Optimismus. in: Film-Kurier, Nr. 56, 5. 3. 1932 (Biografische Notiz). - Ba.: Berliner Reigen mit 30 PS. in: Der Abend (Berlin), 27.11. 1950. - (Hans-Dietrich Weiss): Kleines Filmporträt. Max Ophüls. in: Der Neue Film (Wiesbaden), Nr.49, 4.12. 1950 (anläßlich der Berliner Premiere des REIGEN; Gespräch mit Ophüls). - Rolf Trouwborst: Max Ophüls' »Pläsier« und die Filmregie. in: Darmstädter Echo, 23.12. 1952. - Ben Eichsfelder (ps. Enno Patalas): Kosmopolit der Leinwand. Begegnung mit Max Ophüls. in: Filmforum (Emsdetten), Nr.3, Dezember 1953. - Dr. Jens Bergfeldt: Umwegpsychologie im Film. in: Westfälische Rundschau, 2.3. 1954. - Edith Hamann: Regisseur der Dichter. in: Telegraf (Berlin), 25.4. 1954. - Hubert Doerrschuck: Max Ophüls in Joinville. in: Badische Neueste Nachrichten, 26.3. 1955. - Henri Agel: Max Ophüls. in: Antares. Französische Hefte für Kunst, Literatur und Wissenschaft (Baden-Baden). 3 Jg., Nr.3, Mai 1955. - Alfred Güntzel: Ophüls und der deutsche Film. in: Die Nation (München), 21.5. 1955. - anon.: Das Porträt: Max Ophüls. in: Die Filmwoche (Baden-Baden), Nr.50, 10.12. 1955 (Beilage: Filmbrücke, Nr.25, 10.12. 1955). - Eduard Trier: Ohne Titel. in: Frankfurter Allgemeine Zeitung, 25.1. 1956. - GB: Max Ophüls, Resistant der Filmregie. in: Frankfurter Rundschau, 5.6. 1956. - Hans Schaarwächter: Ein Meister der Menschenführung. Gedenkblatt für Max Ophüls; PEM (i.e. Paul Marcus): kleine Erinnerung an M.O. Mit einem Gedicht von Max Ophüls. in: Film in Berlin. Offizieller Fest-Almanach der Internationalen Filmfestspiele Berlin 1957. - FAZ: Max Ophuels. Zum Tode des Film- und Bühnenregisseurs. in: Frankfurter Allgemeine Zeitung, 27.3. 1957. - W.H. (Willy Haas): Max Ophüls gestorben. in: Die Welt (Berlin), 27.3. 1957. - Karena Niehoff: Ironie ohne Bitterkeit. in: Der Tagesspiegel, 28.3. 1957. - Enno Patalas: Max Ophüls. Tiefgekühlte Distanz. Regisseure VI. in: Kirche und Film, Nr.5, Mai 1957. - Fritz Kempe: Max Ophüls. in: Film Bild Ton, Nr.12, Dezember 1958. - Hans Winge: Zärtlichkeit ohne Erben. in: Die Presse (Wien), 5.5. 1962. - Klaus Hellwig: Der Regisseur Max Ophüls. in: Frankfurter Rundschau, 30.7. 1966. - Elke Kummer: Alles bewegt sich. Plädoyer für eine Wiederentdeckung Max Ophüls'. in: Film (Velber), Nr.1, Januar 1967. - Herbert Linder: Max Ophüls - Die Lust am Sehen. in: Filmkritik, Nr.5, Mai 1967. - Enno Patalas: Eine Zirkusnatur. Max Ophüls - Theater, Film und Publikum. in: Die Zeit, 3.5. 1968. - Hans C(hristoph) Blumenberg: Emigration in Babylon. Warum ging Renoir nach Hollywood? Warum ging Max Ophüls nach Hollywood? in: Film (Velber), Nr.7, Juli 1969. - Enno Patalas: Max on the tracks. in: Süddeutsche Zeitung, 5.5. 1972. - Ulrich Kurowski: Plädoyer für das Glück. in: Saarbrücker Zeitung, 18.5. 1974. - Peter Nau: Qualität der Tradition. Henri Agel sprach im Institut Français über Max Ophüls. in: Der Tagesspiegel, 25.3. 1977. - Ulrich Kurowski: Cineast der letzten Stunden. in: Film-Korrespondenz, Nr.5, 3.5. 1977. -

Peter Nau: Die Gegenwart des Vergangenen. in: Die Zeit, 15.7. 1977; nachgedruckt in: Filmkritik, Nr. 11, November 1977. - Peter Nau: Notizen zu Max Ophüls' Filmen. in: Filmkritik, Nr. 11, November 1977. - Frieda Grafe: Laut gesprochen und fern gesehen. in: Süddeutsche Zeitung, 22/23.7.1978; nachgedruckt in: Die Republik. Hrsg. v. Petra und Uwe Nettelbeck, Nr. 72-75, 25.1. 1985; Frieda Grafe: Beschriebener Film 1974-1985. - Michael Beckert: Ein Saarbrücker, der sich Ophüls nannte. in: Saarbrücker Zeitung, 4.8. 1978. - Michael Beckert: Die Leiden des jungen M. Marcel Ophüls über seinen Vater. in: Saarbrücker Zeitung, 3.2.1979. - Frieda Grafe: Ein Vergangenheits-und Schattenkino. Über das Werk des Filmemachers Max Ophüls. in: Die Weltwoche (Zürich), 6.6. 1979. - Ulrich Kurowski: Max Ophüls: Zwischen Realitäts- und Kunstprinzip. in: Film & Ton-Magazin, Nr. 2, Februar 1980. - Hartmut Bitomsky: The traveller: das Kino bei Ophüls. in: Filmkritik, Nr. 2, Februar 1982. - Hans Gerhold: Wenn Kunst und Leben eins werden. in: Filmdienst, Nr. 8, 21.4. 1982. - Georg Bense: Max Ophüls - das heißt Bewegung. in: Saarbrücker Zeitung, 30.4. 1982. - Bruno Jaeggi: Max Ophüls. in: Basler Zeitung, 6.5. 1982. - Gertrud Koch: Ophüls und die inszenierte Weiblichkeit. Die Schnitzler-Verfilmungen von Max Ophüls. in: Frauen und Film, Nr. 33, Oktober 1982. - Martina Müller: Weltberühmter Filmregisseur fiel in Dortmund kläglich durch. in: Westfälische Rundschau (Dortmund), 1.12. 1982 (über Ophüls' Engagement am Dortmunder Stadttheater 1923/24). - Karl-Ludwig Baader: Ein kühler Beobachter unseres Jahrhunderts. in: Frankfurter Allgemeine Zeitung, 14.2. 1983. - Franz Manola: Filmdokumentation als Waffe. in: Die Presse (Wien), 11.3. 1983. - Martina Müller: Vom Souffleurkasten über das Mikro auf die Leinwand: Max Ophüls. in: Frauen und Film, Nr. 42, August 1987. - Helmut G. Asper: Die Affäre Ophüls. Antisemitismus am Wiener Burgtheater 1926. in: TheaterZeitSchrift (Berlin), Nr. 22, Winter 1987/88.

Charles Ford: Grâce à Max Ophuls Hitler ne peut plus dormir. in: Cinémonde, 24.4. 1940 (über die Radiosendung »Schlaf, Hitler, schlaf ...«). - Paul Carrière: Max Ophuls va tourner à Vienne un film sur Johan Strauss, qui ne sera pas toutefois un film musical dans le sens conventionnel. in: Le Figaro, 30.6. 1950. - François Truffaut: Redécouvrons Max Ophuls, cinéaste des sentiments éternels. in: Arts (Paris); Juni 1955. - François Truffaut: Max Ophuls. in: Cahiers du Cinéma, Nr. 70, April 1957; deutsch in: F.T.: Die Filme meines Lebens. München: Hanser 1976; Taschenbuch-Ausgabe. München: dtv 1979. dtv 1449. - François Truffaut: Notre cinéaste de Chevet. in: Arts (Paris), 3.4. 1957. - Claude Beylie: Ophuls ou les ambiguïtés. in: Cinéma (Paris), Nr. 21, September/ Oktober 1957. - Claude Beylie: Esquisse d'une théatrographie de Max Ophuls. in: Cahiers du Cinéma, Nr. 81, März 1958. - F. T. (François Truffaut): Max Ophuls contre Hitler. in: Cahiers du Cinéma, Nr. 81, März 1958 (Petit Journal du Cinéma). - Philippe Demonsablon: Max Ophuls ou l'école du roman. in: Revue des lettres modernes, Sommer 1958 (Sondernummer: Cinéma et Roman). - Claude Beylie: Max Ophuls ou le cinéma purifié par le cinéma. in: Cinéma (Paris), Nr. 130, November 1968. - Jacques Siclier: Max Ophuls a toujours recommencé le rêve de sa vie. in: Télérama, 24.5. 1970. - Louis Audiberti: Max Ophuls et la mise en scène. in: Cinématographe, Nr. 33, Dezember 1977. - François Cuel: L'amour, le désir et autres accessoires. in: Cinématographe, Nr. 33, Dezember 1977. - Emmanuelle Decaux: Le malentendu baroque. in: Cinématographe, Nr. 33, Dezember 1977. - Michel Devillers: Ophuls ou la traversée du décor. in: Cinématographe, Nr. 33, Dezember 1977. - Jacques Fieschi: La femme aux cigarettes. in: Cinématographe, Nr. 33, Dezember 1977. - Pierre Jouvet: Rythmes et masques. in: Cinématographe, Nr. 33, Dezember 1977. - Serge Tolnay: Théatre et cinéma: Schnitzler, Ophuls et Ronconi. in: Cinématographe, Nr. 44, Februar 1979. - Jean-Loup Bourget: Le tombeau de Max Ophuls. in: Positif, Nr. 232/33, Juli/August 1980. - Michel Ciment: Max Ophuls. in: Positif, Nr. 232/33, Juli/August 1980. - Lorenzo Codelli: Ophuls après Ophuls. in: Positif, Nr. 232/33, Juli/August 1980. - Mark LeFanu: Dix instantanés pris dans un album d'Ophuls. in: Positif, Nr. 232/33, Juli/August 1980. - Marcel Ophuls: Confessions d'un fils a papa/Deux contes. in: Positif, Nr. 232/33, Juli/August 1980. - Robert Parrish: Ophuls, deuxième prise. in: Positif, Nr. 232/33, Juli/August 1980. - Christian Viviani: L'heure exquise. in: Positif, Nr. 232/33, Juli/August 1980. - Claude Beylie: Ophuls en miettes. in: L'Avant-Scène du Cinéma, Nr. 262, 15.2. 1981. - Christian Viviani: Portrait de Max Ophuls à l'arrêt. in: Positif, Nr. 257/58, Juli/August 1982. - Alain Virmaux, Odette Virmaux: Max Ophuls, Madeleine Ozeray, Louis Jouvet: le tobaggan. in: Cinématographe, Nr. 118, April 1986 (über das Projekt zu Molières *Ecole des femmes*). - Claude Beylie: Max notre amour/Max Ophuls a La Rochelle. in: L'Avant-Scène du Cinéma, Nr. 351, Juni 1986. - Vincent Amiel, Françoise Audé: La Rochelle: Max Ophuls. in: Positif, Nr. 310, Dezember 1986.

Driving the Fuehrer to Furor. in: Variety, 22.5. 1940 (über die Radiosendung »Schlaf, Hitler, schlaf ...«). - Frank Eng: Ohne Titel. in: Daily News (Los Angeles), 14.6. 1948 (Kolumne). - William R. Weaver: Public Apathy Provides Incentive for Creative Effort, Opuls Believes. in: Motion Picture Herald, 6.11. 1948. - Darr Smith: Ohne Titel. in: Daily News (Los Angeles), 19.2. 1949 (Kolumne). - Eugene Archer: Max Ophuls and the Romantic Tradition. in: Yale French Studies (New Haven), Nr. 17, Sommer 1956. - Max Ophuls. Beiträge von James Mason, Christian Matras, Jacques Natanson, Peter Ustinov. in: Sight and Sound, Vol.27, Nr.1, Sommer 1957. - Raymond Durgnat: Midnight Sun. in: Films and Filming, Vol.8, Nr.8, Mai 1962. - Michael Ratcliffe: The Ophuls' Glitter. in: Films and Filming, Vol.9, Nr.9, Juni 1963. - Andrew Sarris: Memory and Max Ophuls. in: Moviegoer, Nr.3, Sommer 1966; nachgedruckt in: A.S. (Hrsg.): Interviews With Film Directors. Indianapolis, Kansas City, New York: The Bobbs-Merrill Comp. 1967. - Forrest Williams: The Mastery of Movement. in: Film Comment, Vol.5, Nr.4, Winter 1969. - Howard Koch: Script to Screen with Max Ophuls. in: Film Comment, Vol.6, Nr.4, Winter 1970/71. - Brian Henderson: The Long Take. in: Film Comment, Vol.7, Nr.2, Sommer 1971. - Andrew Sarris: Max Ophuls. An Introduction. in: Film Comment, Vol.7, Nr.2, Sommer 1971. - W.D. Route: Buried Directors. in: Focus (Chicago), Frühjahr 1972. - Fred Camper: Distance and Style: The Visual Rhetoric of Max Ophuls. in: Monogram (London), Nr.5, 1974. - Robin Wood: On Carl Dreyer. in: Film Comment, Vol.10, Nr.2, März/April 1974 (u.a. über Ophüls). - anon.: Why Ophuls? in: Framework, Nr.4, Herbst 1976. - Michael Walker: Ophuls in Hollywood. in: Movie, Nr.29/30, Sommer 1982. - Michael Wilmington: What Max Ophuls' Moving Camera Saw. in: L.A. Weekly, 21.-27.9. 1984. - John Houseman: Houseman, Ray & Ophuls. in: Sight and Sound, Vol.55, Nr.4, Herbst 1986 (Auszüge aus Housemans Autobiographie).

Interviews

Hans Sandmann: Wuppertal - entscheidender Punkt meines Lebens. in: General-Anzeiger (Wuppertal), 15.8. 1953. - Walter Busse: Regisseur für Delikatessen. in: Die Welt (Berlin), 30.4. 1954. - Ingeborg Brandt: Gold in deutschen »Strümpfen«. in: Welt am Sonntag, 12.2. 1956.

Benjamin Fainsilber: Entretien autor DIVINE et de L'ENNEMIE. in: Cinémonde, 19.12. 1935. - Paul Carrière: Balzac est meilleur psychanaliste que Freud, nous dit Max Ophuls en attendant de tourner »La Duchesse de Langeais«. in: Le Figaro, 8./9.10. 1949. - Paul Carrière: Max Ophuls nous parle de LA RONDE. in: Le Figaro, 10./11.12. 1949. - François Truffaut: Rencontre avec Max Ophuls. in: Arts (Paris), 25.5.1955. - J.R., F.T. (Jacques Rivette, François Truffaut): Hollywood, petite île ... par Max Ophuls. in: Cahiers du Cinéma, Nr.54, Weihnachten 1955 (ohne Gesprächsform). - Jacques Rivette, François Truffaut: Entretien avec Max Ophuls. in: Cahiers du Cinéma, Nr.72, Juni 1957 (Biofilmografie von Charles Bitsch, Jacques Rivette); engl. in: Paul Willemen: Ophuls. London: British Film Institute 1978; deutsch in: Filmkritik, Nr.11, Juni 1977.

William R. Weaver: Public Apathy Provides Incentive for Creative Effort, Ophuls Believes. in: Motion Picture Herald, 6.11. 1948. -

Francis Koval: Interview with Ophuls. in: Sight and Sound, Vol. 19, Nr. 5, Juli 1950; nachgedruckt in: John Weightman (Hrsg.): Masterworks of the French Cinema. New York 1974. - Robert Aldrich: Interview with Ophuls. in: Charles Higham, Joel Greenberg (Hrsg.): The Celluloid Muse. Chicago: Angus and Robertson 1971 (u. a. über Aldrichs Mitarbeit an CAUGHT). - Studs Terkel: Interview with Marcel Ophuls. in: S. T.: The Good War. An Oral History of World War Two by Studs Terkel. New York: Pantheon 1984; deutsch in: Freibeuter (Berlin), Nr. 20, 1984 (unter dem Titel: Marcel Ophüls im Gespräch: »Das Gras ist immer grüner auf der anderen Seite.«).

Zu einzelnen Filmen

NIE WIEDER LIEBE
Literarische Vorlage: Julius Berstl: Dover - Calais. Braunschweig 1926.
Material: anon.: Nie wieder Liebe. in: Die Filmwoche, Nr. 28, 8.7. 1931 (Inhaltsangabe). - L. Sp.: Generalpause nicht vergessen! in: Vossische Zeitung, Nr. 183, 2.8. 1931, Postausgabe (über die Musik).
Aufsatz/Analyse: Rudolf Arnheim: Bressart. in: Die Weltbühne, Nr. 31, 4.8. 1931; nachgedruckt in: R. A.: Kritiken und Aufsätze zum Film. Hrsg. v. Helmut H. Diederichs. München, Wien: Hanser 1977.
Kritiken: H. St. (Heinrich Strobel) in: Berliner Börsen-Courier, Nr. 346, 28.7. 1931. - -nk. in: Berliner Lokal-Anzeiger, Nr. 351, 28.7. 1931. - Hermann Sinsheimer in: Berliner Tageblatt, Nr. 351, 28.7. 1931. - F(ritz) H(erbert) Lehr in: Deutsche Allgemeine Zeitung, Nr. 340, 28.7. 1931. - -g (Georg Herzberg) in: Film-Kurier, Nr. 174, 28.7. 1931. - anon. in: Kinematograph, Nr. 170/71, 28.7. 1931. - H. W-g. (Hans Wollenberg) in: Lichtbild-Bühne, Nr. 179, 28.7.1931, Tagesdienst. - r. in: Vorwärts, Nr. 348, 28.7.1931. - --ee. in: Der Tag, Nr. 180, 29.7. 1931. - (Hans Walther) Betz in: Der Film, Nr. 31, 1.8. 1931. - -i- in: Reichsfilmblatt, Nr. 31, 1.8.1931 (mit einem Zusatz von E. Lth. über die Musik). - Francis Fock in: Der Vorstoss, 1. Jg., Nr. 31, 2.8. 1931. - Siegfried Kracauer in: Frankfurter Zeitung, 3.8.1931; nachgedruckt in: S. K.: Von Caligari zu Hitler. Hrsg. v. Karsten Witte. Frankfurt/M: Suhrkamp 1979. - Aros. (Alfred Rosenthal) in: Der Montag, Sonder-Ausgabe des Berliner Lokal-Anzeigers, Nr. 29, 3.8. 1931. - E. G. M. in: Hamburger Echo, 8.8. 1931. - S. (Hans Spielhofer?/Willy Seidel?) in: Deutsche Filmzeitung (München), Nr. 33, 14.8. 1931.
anon. in: The New York Times, 4.10. 1931 (Bericht aus Berlin). - H. T. S. in: The New York Times, 16.1. 1932.

DANN SCHON LIEBER LEBERTRAN
Kritiken: E. J. (Ernst Jäger) in: Film-Kurier, Nr. 275, 24.11. 1931

(Aufführung im Universum). - H.H. (Hans Hirsch) in: Lichtbild-Bühne, Nr.281, 24.11. 1931 (im Vorprogramm zu Strohwitwer, R: Georg Jacoby, U.T. Kurfürstendamm). - K.L. (Kurt London) in: Der Film, Nr.48, 28.11.1931 (im Vorprogramm zu Strohwitwer, R: Georg Jacoby, U.T. Kurfürstendamm). - f.h. (Felix Henseleit) in: Reichsfilmblatt, Nr.48, 28.11. 1931 (im Vorprogramm zu Der Draufgänger, R: Richard Eichberg, Ufa-Palast am Zoo). - H.H. (Hermann Hieber) in: Sozialistische Bildung, Nr.12, Dezember 1931 (Filmschau).

DIE VERLIEBTE FIRMA
Material: Illustrierter Film-Kurier, Nr.1739. - Wiener Illustrierter Film-Kurier, Nr.394 (Österreichischer Titel: Mein Herz ist noch ledig). - anon.: Lien Deyers telegrafiert Schlagertexte. in: Lichtbild-Bühne, Nr.27, 2.2. 1932 (Drehbericht). - D.L.S. zeigt demnächst: DIE VERLIEBTE FIRMA. in: D.L.S. (Offizielles Organ des Deutschen Lichtspiel-Syndikats), Nr.2, 24.2. 1932 (Vorankündigung/Inhaltsangabe). - DIE VERLIEBTE FIRMA in der Funkkritik! in: D.L.S. (Offizielles Organ des Deutschen Lichtspiel-Syndikats), Nr.3-5, 20.5. 1931 (Nachdruck einer Funkkritik von Herbert Bahlinger, Schlesische Funkstunde, Breslau, 12.3.1932). - Ein Abend im Zeichen eines glänzenden D.L.S.-Sieges! in: a.a.O. (Kritiken-Sammlung: Berliner Morgenpost, Berliner Volkszeitung, Berliner Nachtausgabe, Berliner Tageblatt, B.Z. am Mittag, Vossische Zeitung, Neue Berliner 12-Uhr-Zeitung, Berliner Börsen-Courier, Welt am Abend, Der Deutsche, Berliner Börsen-Zeitung, Film-Kurier, Lichtbild-Bühne, Kinematograph, Reichsfilmblatt, Berliner Morgenzeitung, Berlin am Morgen). - anon.: DIE VERLIEBTE FIRMA. in: Die Filmwoche, Nr.10, 9.3. 1932 (Inhaltsangabe). - DIE VERLIEBTE FIRMA. Programmblatt. in: Hans Helmut Prinzler, Dorothea Gebauer, Walther Seidler (Red.): Verleihkatalog Nr.1. Frankfurt/M, Wiesbaden, Berlin: Deutsches Institut für Filmkunde/Stiftung Deutsche Kinemathek 1986.
Kritiken: Hans Feld in: Film-Kurier, Nr.46, 23.2. 1932. - anon. in: Kinematograph, Nr.37, 23.2. 1932. - H(ans) Hirsch in: Lichtbild-Bühne, Nr.45, 23.2. 1932. - -ap- in: Vossische Zeitung, 23.2. 1932. - -e. in: Berliner Tageblatt, Nr.92, 24.2. 1932. - F.B. in: Deutsche Allgemeine Zeitung, Nr.97, 27.2.1932. - Haßreiter in: Der Film, Nr.9, 27.2.1932. - Peter Zweifel in: Reichsfilmblatt, Nr.9, 27.2. 1932. - Aros. (Alfred Rosenthal) in: Der Montag, Sonder-Ausgabe des Berliner Lokal-Anzeigers, Nr.9, 29.2. 1932. - H.H. (Hermann Hieber) in: Sozialistische Bildung, Nr.3, März 1932 (Filmschau). - (Edith) Hamann in: Die Filmwoche, Nr.9, 2.3. 1932. - anon. in: Deutsche Filmzeitung (München), Nr.10, 5.3. 1932. - E.G.M. in: Hamburger Echo, 28.5. 1932. - R.R. in: Der Tagesspiegel, 20.12. 1973.
Magnus. in: Variety, 22.3. 1932.

DIE VERKAUFTE BRAUT

Vorlage: Friedrich Smetana: Die verkaufte Braut. Komische Oper 1856.

Drehbuch: S. Berndt: Wie sieht ein Tonfilm-Drehbuch aus? in: Die Filmwoche, Nr. 25, 22. 6. 1932 (Auszug).

Material: Illustrierter Film-Kurier, Nr. 1801. - Wiener Illustrierter Film-Kurier, Nr. 458. - Max Ophüls: DIE VERKAUFTE BRAUT. in: Berliner Tageblatt, Nr. 408, 28. 8. 1932. - Karl Ritter: Tonfilmoper - Operntonfilm. in: Lichtbild-Bühne, Nr. 206, 2. 9. 1932. - Aros. (Alfred Rosenthal): Auf dem Wege zur Tonfilmoper. in: Der Montag, Sonder-Ausgabe des Berliner Lokal-Anzeigers, Nr. 34, 5.9.1932. - anon.: VERKAUFTE BRAUT tonlich einwandfrei. in: Film-Kurier, Nr. 212, 8. 9. 1932 (über einen Kopiefehler bei der Berliner Premiere). - Sylvia Wolf, Ulrich Kurowski: Das Münchner Film- und Kinobuch. München: Edition Achteinhalb Lothar Just. 1989. S. 101-103.

Aufsatz/Analyse: Trude Weiss: The First Opera-Film. in: Close Up, Vol. 9, Nr. 4, Dezember 1932.

Kritiken: H.S. in: Lichtbild-Bühne, Nr. 192, 17. 8. 1932 (über die Münchner Uraufführung). - Dr. Wolfgang Martini in: Deutsche Filmzeitung (München), Nr. 34, 19. 8. 1932. - J. St-g. in: Völkischer Beobachter, Nr. 232, 19. 8. 1932, Reichsausgabe. - Br. (Heinrich Braune) in: Hamburger Echo, 27. 8. 1932. - Heinrich Strobel in: Berliner Börsen-Courier, Nr. 412, 3. 9. 1932. - -ak. in: Berliner Lokal-Anzeiger, Nr. 419, 3. 9. 1932. - Fechter in: Deutsche Allgemeine Zeitung, Nr. 414, 3. 9. 1932. - Dr. Kurt London in: Der Film, Nr. 36, 3. 9. 1932. - E. J. (Ernst Jäger) in: Film-Kurier, Nr. 208, 3. 9. 1932. - anon. in: Kinematograph, Nr. 173, 3. 9. 1932. - Hanne Angel in: Lichtbild-Bühne, Nr. 207, 3.9.1932. - Conrad Frigo in: Reichsfilmblatt, Nr. 36, 3. 9. 1932. - w. in: Vorwärts, Nr. 416, 3. 9. 1932. - Schn. (Albert Schneider) in: Film-Journal, Nr. 36, 4. 9. 1932. - (Paul) Ickes in: Die Filmwoche, Nr. 37, 14. 9. 1932. - Felix Stössinger in: Sozialistische Monatshefte, 19. 9. 1932. - Frieda Grafe in: Filmkritik, Nr. 10, Oktober 1970 (Fotos von Wim Wenders); nachgedruckt in: F. G., Enno Patalas: Im Off. München, Wien: Hanser 1974; englisch in: Paul Willemen: Ophuls. London: British Film Institute 1978. - Hellmut Haffner in: Deutsches Allgemeines Sonntagsblatt, 12. 9. 1971. - Enno Patalas in: Süddeutsche Zeitung, 14. 10. 1972. - Peter W. Jansen in: Die Zeit, 27. 10. 1972. - Wolfram Schütte in: Frankfurter Rundschau, 4. 11.1972. - Brigitte Jeremias in: Frankfurter Allgemeine Zeitung, 6. 11. 1972. - Paula Linhart in: Film-Dienst, Nr. 23, 14. 11. 1972 (FD-Nr. 18050). - Volker Baer in: Der Tagesspiegel, 17. 11. 1972. - Christa Maerker in: Spandauer Volksblatt, 17. 11. 1972. - Ulrich Kurowski in: Medium, Nr. 2, Februar 1973; nachgedruckt in: U. K. (Red.): Karl Valentin. Fundsachen 2. Münchner Filmzentrum/Freunde des Münchner Filmmuseums e. V. 1977. -

Ekkehard Pluta in: Medium, Nr. 2, Februar 1973. - uk (Ulrich Kurowski) in: Film-Korrespondenz, 8. 3. 1977.
Ch. B. (Charles Bitsch) in: Cahiers du Cinéma, Nr. 81, März 1958. - Claude Beylie in: Cinéma (Paris), Nr. 126, Mai 1968.
C. Hooper Trask in: The New York Times, 13. 11. 1932 (Bericht aus Berlin). - H. T. S. in: The New York Times, 27. 4. 1934. - Kauf. in: Variety, 1. 5. 1934.

LACHENDE ERBEN
Material: Illustrierter Film-Kurier, Nr. 1937. - Wiener Illustrierter Film-Kurier, Nr. 598. - Max Ophüls: Champagner gegen Champagner. in: Der Neue Film (Berlin), Nr. 13, 1933 (über Außenaufnahmen). - Ky.: Das Fräulein mit den Kisten. in: Der Neue Film (Berlin), Nr. 17, 1933; nachgedruckt in: Film-Rundschau (Wuppertal-Elberfeld), Nr. 34, 1933; Lichtbild-Bühne, Nr. 55, 4. 3. 1933 (über Außenaufnahmen). - LACHENDE ERBEN. Filmbericht. in: Film-Journal, Nr. 11, 12. 3. 1933 (Auszüge aus Kritiken). - anon.: LACHENDE ERBEN. in: Die Filmwoche, Nr. 11, 15. 3. 1933. - LACHENDE ERBEN. Programmblatt. in: Hans Helmut Prinzler, Dorothea Gebauer, Walther Seidler (Red.): Verleihkatalog Nr. 1. Frankfurt/M, Wiesbaden, Berlin: Deutsches Institut für Filmkunde/Stiftung Deutsche Kinemathek 1986.
Kritiken: k. w. in: Berliner Börsen-Courier, Nr. 112, 7. 3. 1933. - -nk. in: Berliner Lokal-Anzeiger, Nr. 112, 7. 3. 1933. - (unleserlich): in: Berliner Tageblatt, Nr. 112, 7. 3. 1933. - j-n. (Walter Jerven) in: Film-Kurier, Nr. 57, 7. 3. 1933. - anon. in: Kinematograph, Nr. 46, 7. 3. 1933. - H. H. (Hans Hirsch) in: Lichtbild-Bühne, Nr. 57, 7. 3. 1933. - Wyr. in: Vossische Zeitung, Nr. 114, 8. 3. 1933. - U. K. in: Deutsche Allgemeine Zeitung, Nr. 119, 11. 3. 1933. - Ludwig. in: Der Film, Nr. 11, 11. 3. 1933. - Peter Zweifel in: Reichsfilmblatt, Nr. 11, 11. 3. 1933. - Aros. (Alfred Rosenthal) in: Der Montag, Sonder-Ausgabe des Berliner Lokal-Anzeigers, Nr. 11, 13. 3. 1933. - E. H. (Edith Hamann) in: Die Filmwoche, Nr. 11, 15. 3. 1933. - anon. in: Deutsche Filmzeitung (München), Nr. 16, 21. 4. 1933.
H. T. S. in: The New York Times, 19. 11. 1933.

LIEBELEI
Literarische Vorlage: Arthur Schnitzler: Liebelei. Berlin 1896.
Material: Illustrierter Film-Kurier, Nr. 1941. - Wiener Illustrierter Film-Kurier, Nr. 565. - Max Ophüls: Keine »Schlager«-Filme mehr. in: Mein Film (Wien), Nr. 375, 1933. - Wolfgang Liebeneiner: Es gibt noch Zufälle. in: Reichsfilmblatt, Nr. 12, 18. 3. 1933 (über sein Engagement durch Ophüls); nachgedruckt in: Die Filmwoche, Nr. 12, 22. 3. 1933. - LIEBELEI. Filmbericht. in: Film-Journal, Nr. 12, 19. 3. 1933 (Auszüge aus Kritiken); Nachtrag in: Nr. 13, 26. 3. 1933. -

anon.: LIEBELEI. in: Die Filmwoche, Nr.12, 22.3. 1933 (Inhaltsangabe). - anon.: Allerlei um LIEBELEI. in: Filmwelt, Nr.13, 26.3.1933. - Die kleine Filmkunstreihe, Heft 67. Hrsg. v. Neue Filmkunst Walter Kirchner, Göttingen. Text/Redaktion: Herbert Linder. n.p.
Aufsätze/Analysen: Wolfgang Petzet: Filmfragen. in: Deutsche Zeitschrift, 46.Jg., Nr.8, 1932/33 (Abschnitt: Das Problem der Sprache; u.a. über Dialogdramaturgie in LIEBELEI). - Frieda Grafe, Enno Patalas: Theater, Kino, Publikum. LIEBELEI und LOLA MONTEZ von Max Ophüls. in: F.G., E.P.: Im Off. Filmartikel. München, Wien: Hanser 1974; englisch in: Paul Willemen (Hrsg.): Ophuls. London: British Film Institute 1978. - Gertrud Koch: Positivierung der Gefühle: Zu den Schnitzler-Verfilmungen von Max Ophüls. in: Hartmut Scheible (Hrsg.): Arthur Schnitzler in neuer Sicht. München: Fink 1981. - Gertrud Koch: Ophüls und die inszenierte Weiblichkeit. Die Schnitzler-Verfilmungen von Max Ophüls. in: Frauen und Film, Nr.33, Oktober 1982. - Manfred Kammer: Das Verhältnis Arthur Schnitzlers zum Film. Aachen: Cobra 1983. - Reinhold Rauh: LIEBELEI oder Wie Bild und Ton zusammenkamen. Bild-Sprache-Kombination im frühen deutschen Tonfilm. in: Ludwig Bauer, Elfriede Ledig, Michael Schaudig (Hrsg.): Strategien der Filmanalyse. diskurs film. Münchner Beiträge zur Filmphilologie. Bd.1. München 1987.
Fritz Walter: Arthur Schnitzler und der Film. in: Journal of the International Arthur Schnitzler Research Association. 5.Jg., Nr.4, 1966. - Jan-Christopher Horak: Ophuls' Celebration of Love in LIEBELEI. in: Image (Rochester), Vol.20, Nr.3/4, September-Dezember 1977. - Alan Williams: Reading Ophuls reading Schnitzler: LIEBELEI (1933). in: Eric Rentschler (Hrsg.): German Film & Literature. New York, London: Methuen 1986.
Kritiken: H.Dollinger in: Lichtbild-Bühne, Nr.61, 11.3. 1933 (zur Uraufführung in Leipzig, anläßlich des 30-jährigen Bestehens der U.T.-Lichtspiele). - P.A.O. in: Berliner Tageblatt, Nr.127, 17.3. 1933. - Walter Jerven in: Film-Kurier, Nr.66, 17.3. 1933. - anon. in: Kinematograph, Nr.54, 17.3. 1933. - Wyr. in: Vossische Zeitung, Nr.130, 17.3. 1933. - Hawa in: Lichtbild-Bühne, Nr.66, 17.3. 1933. - A. in: Berliner Lokal-Anzeiger, Nr.131, 18.3. 1933. - W.G.H. in: Deutsche Allgemeine Zeitung, Nr.131, 18.3. 1933. - K.L. (Kurt London) in: Der Film, Nr.12, 18.3. 1933. - Conrad Frigo in: Reichsfilmblatt, Nr.12, 18.3. 1933. - er. in: Völkischer Beobachter, Nr.77, 18.3. 1933, Norddeutsche Ausgabe. - Robert Ramin in: Der Montag, Sonder-Ausgabe des Berliner Lokal-Anzeigers, Nr.12, 20.3. 1933. - W.P. (Wolfgang Petzet?) in: Deutsche Filmzeitung (München), Nr.12, 24.3. 1933. - J. in: Die Filmwoche, Nr.13, 29.3. 1933. - Hermann Hieber in: Die Volksbühne, 8.Jg., Nr. 1, April 1933 (Die Stimme der Kritik/Filmschau). - anon. in: Süddeutsche Zeitung, 10.6. 1955. -

str. in: Der Bund (Bern), 24.2. 1956.- Herbert Linder in: Süddeutsche Zeitung, 12.3.1968. - Frieda Grafe in: Filmkritik, Nr.4, April 1968. - Klaus Hellwig in: Frankfurter Rundschau, 17.8. 1968. - Brigitte Jeremias in: Frankfurter Allgemeine Zeitung, 19.8. 1968. - Eberhard Mannigel in: Film-Dienst, Nr.8, 18.2. 1969 (FD-Nr. 15964). - cm (Christa Maerker) in: Spandauer Volksblatt, 12.3. 1970.
Joseph Kessel in: Pour vous, 1.6. 1933. - G.L.George in: Pour vous, Nr.279, 22.3. 1934 (französische Fassung). - L.Ms. (Louis Marcorelles) in: Cahiers du Cinéma, Nr.81, März 1958.
anon. in: Variety, 11.4. 1933 (Berliner Premiere). - anon. in: Variety, 30.5. 1933 (Premiere der französisch untertitelten deutschen Fassung). - anon. in: The New York Times, 2.7. 1933 (Bericht aus Berlin). - Frank S. Nugent in: The New York Times, 28.2. 1936. - Land. in: Variety, 4.3. 1936. - Peter Ericsson in: Sequence, Nr.10, 1950. - Andrew Sarris in: Film Comment, Vol.9, Nr.2, März-April 1973. - anon. in: The New York Times, 30.9. 1974. - Andrew Sarris in: The Village Voice, Vol.19, Nr.41, 10.10. 1974. - Andrew Sarris in: The Village Voice, Vol.28, Nr.21, 7.6. 1983.

ON A VOLÉ UN HOMME. Der gestohlene Millionär
Material: Wiener Illustrierter Film-Kurier, Nr.1096 (Der gestohlene Millionär).
Benjamin Fainsilber: Comment Henry Garat a aidé Lili Damita à redevenir française. in: Cinémonde, Nr.264, 9.11. 1933. - Ecran: Film-Berlin an der Seine. Streifzug durch das deutsche Filmschaffen in Frankreich. in: Pariser Tageblatt, 15.12. 1933.
Kritiken: W. in: Pour vous, Nr.279, 22.3. 1934. - anon. in: Cine-Miroir, Nr.468, 23.3. 1934. - anon. in: Pariser Tageblatt, 23.3. 1934.
Stern. in: Variety, 3.4. 1934.

LA SIGNORA DI TUTTI. Eine Diva für alle
Literarische Vorlage: Salvator Gotta: La Signora di tutti. Milano 1934.
Kritiken: Eugenio Giovannetti in: Comoedia, Nr.10, 15.10. 1934. - C.B. (Claude Beylie) in: Cahiers du Cinéma, Nr.81, März 1958.
anon. in: Variety, 8.1. 1935. - H.T.S. in: The New York Times, 26.3. 1936. - Odec. in: Variety, 1.4. 1936. - Andrew Sarris in: Film Comment, Vol.10, Nr.6, November/Dezember 1974. - Geoffrey Nowell-Smith in: Monthly Film Bulletin, Vol.49, Nr.584, September 1982. - Janet Maslin in: The New York Times, 25.9. 1983. - E.Stein in: Film Comment, Vol.19, Nr.6, November/Dezember 1983 (New York).

DIVINE
Literarische Vorlage: Colette: L'envers du music-hall. Paris 1948; deutsche Ausgabe: Wir Komödianten vom Varieté. Wien 1952.

Drehbuch: Le film complet, Nr. 468.
Material: Colette: Colette au Cinéma. Hrsg. v. Alain & Odette Virmaux. Paris: Flammarion 1975.
Interview: Benjamin Fainsilber: Entretien autour de DIVINE et de L'ENNEMIE. in: Cinémonde, 19.12. 1935.
Aufsatz/Analyse: Eithne Bourget: DIVINE ou le lait de l'innocence. in: Positif, Nr. 232/33, Juli/August 1980.
Kritik: F.T. (François Truffaut) in: Cahiers du Cinéma, Nr. 81, März 1958.

LA TENDRE ENNEMIE
Literarische Vorlage: André-Paul Antoine: L'ennemie. Paris 1929.
Interview: Benjamin Fainsilber: Entretien autour de DIVINE et de L'ENNEMIE. in: Cinémonde, 19.12. 1935.
Kritiken: Siegfried Kracauer in: Neue Zürcher Zeitung, 22.11. 1936; nachgedruckt in: S.K.: Kino. Hrsg. v. Karsten Witte. Frankfurt/M: Suhrkamp 1974. st 126.
Benjamin Fainsilber in: Cinémonde, 29.10. 1936. - Georges Sadoul in: Regards, 5.11. 1936. - C.B. (Claude Beylie) in: Cahiers du Cinéma, Nr. 81, März 1958.
A.V. in: Monthly Film Bulletin, Vol. 4, Nr. 37, 31.1. 1937. - anon. in: The New York Times, 31.3. 1938. - Shan. in: Variety, 6.4. 1938.

YOSHIWARA
Literarische Vorlage: Maurice Dekobra (ps. Maurice Tessier): Yoshiwara. Paris 1935
Material: C.B. (Claude Beylie): Précisions. in: Cahiers du Cinéma, Nr. 83, Mai 1958 (Petit Journal).
Kritiken: Ch.B. (Charles Bitsch) in: Cahiers du Cinéma, Nr. 81, März 1958. Hugo. in: Variety, 8.9. 1937.

WERTHER
Literarische Vorlage: Johann Wolfgang von Goethe: Die Leiden des jungen Werthers. Leipzig 1774.
Kritiken: Siegfried Kracauer in: Neue Zürcher Zeitung, 9.1. 1939; nachgedruckt in: S.K.: Kino. Hrsg. v. Karsten Witte. Frankfurt/M: Suhrkamp 1974. st. 126.
C.B. (Claude Beylie) in: Cahiers du Cinéma, Nr. 81, März 1958. - P.V. (Paul Vecchiali) in: La saison cinématographique, Nr. 276/77, Oktober 1973.

SANS LENDEMAIN. Ohne ein Morgen
Aufsatz/Analyse: Fritz Göttler: SANS LENDEMAIN. in: Hans Helmut Prinzler (Red.): Europa 1939. Filme aus zehn Ländern. Berlin: Stiftung Deutsche Kinemathek 1989.

Kritiken: Ulrich Lauterbach in: Frankfurter Allgemeine Zeitung, 19.4. 1979.
Ravo. in: Variety, 17.4. 1940. - anon. in: Monthly Film Bulletin, Vol.15, Nr.174, 30.6. 1948.

DE MAYERLING A SARAJEVO. Von Mayerling bis Sarajewo
Material: Roger Regent: En attendant son affectation. Max Ophuls va achéver DE MAYERLING A SARAJEVO. in: Pour vous, 27.9. 1939.
Kritiken: C.B. (Claude Beylie) in: Cahiers du Cinéma, Nr.81, März 1958.
Ravo. in: Variety, 22.5. 1940. - Bosley Crowther in: The New York Times, 30.10. 1940. - anon. in: Monthly Film Bulletin, Vol.14, Nr.165, 30.9. 1947.

L'ÉCOLE DES FEMMES
Literarische Vorlage: Molière: L'école des femmes. Paris 1663.
Material: Hervé Dumont: L'ÉCOLE DES FEMMES. in: H.D.: Geschichte des Schweizer Films. Spielfilme 1896-1965. Schweizer Filmarchiv/ Cinémathèque Suisse 1987. (Film-Nr.164).
Aufsatz/Analyse: Alain Virmaux, Odette Virmaux: Max Ophuls, Madeleine Ozeray, Louis Jouvet: le tobeggan. in: Cinématographe, Nr.118, April 1986.

VENDETTA
Kritiken: Bron. in: Variety, 22.11. 1950. - A.W. in: The New York Times, 26.12. 1950. - anon. in: Newsweek, Vol.37, Nr.2, 8.1. 1951. - anon. in: Time, Vol.57, Nr.4, 22.1. 1951. - C.B. in: Monthly Film Bulletin, Vol.18, Nr.211, August 1951.

THE EXILE. Der Verbannte
Literarische Vorlage: Cosmo Hamilton: His Majesty, the King. Garden Citie 1926.
Drehbuch: Mon Film, Nr.106.
Material: Illustrierte Film-Bühne, Nr.1308.
Kritiken: (W.A.) Weigl in: Die Filmwoche (Baden-Baden), Nr.48, 1.12. 1951. - Ö. in: Film-Dienst, Nr.1, 7.1. 1952 (FD-Nr.1519). - R.H. in: Hannoversche Presse, 6.2. 1952. - E.R. in: Der Abend (Berlin), 16.7. 1952. - W.V. in: Die Neue Zeitung (Berlin), 17.7. 1952. - K.Ni. (Karena Niehoff) in: Der Tagesspiegel, 17.7. 1952. - Oly. in: Filmblätter, Nr.29, 18.7. 1952. - TPH in: Wiesbadener Kurier, 24.4. 1953. - dt in: Darmstädter Echo, 29.8. 1953.
P.M. (Pascal Mérigeau) in: La saison cinématographique 1948/49. Hors série XXX. - L.Ms. (Louis Marcorelles) in: Cahiers du Cinéma, Nr.81, März 1958. - N.S. (Noël Simsolo) in: La saison cinématographique, Nr.276/77, Oktober 1973.

Whit. in: Variety, 15.10. 1947. - anon. in: Time, Vol.50, Nr.23, 8.12. 1947. - A.W. in: The New York Times, 26.12. 1947. - anon. in: Monthly Film Bulletin, Vol.15, Nr.176, 31.8. 1948.

LETTER FROM AN UNKNOWN WOMAN. Brief einer Unbekannten

Literarische Vorlage: Stefan Zweig: Brief einer Unbekannten. Leipzig 1922.

Drehbuch: Mon Film, Nr.120. - Virginia Wright Wexman, Karen Hollinger (Hrsg.): LETTER FROM AN UNKNOWN WOMAN. New Brunswick, N.J.: Rutgers University Press 1986. 271 S. (Materialien, Filmo-, Bibliografie).

Material: Illustrierte Film-Bühne, Nr.540. - Aus dem Brief einer Unbekannten. in: Spandauer Volksblatt, 10.11. 1950.

Diskussion: T.Gallagher, u.a.: Dialogue. in: Cinema Journal (Chicago/Illinois), Vol.25, Nr.2, 1986.

Interview: Penelope Houston: Interview With John Houseman. in: Sight and Sound, Vol.31, Nr.4, Herbst 1962; französisch in: Cahiers du Cinéma, Nr.142, April 1963.

Aufsätze/Analysen: Gertrud Koch: Die masochistische Lust am Verkennen. Zur Rolle der Hörwelt in Max Ophüls' LETTER FROM AN UNKNOWN WOMAN (1948). in: Frauen und Film, Nr.39, Dezember 1985; nachgedruckt in: G.K.: Was ich erbeute, sind Bilder. Zum Diskurs der Geschlechter im Film. Basel/Frankfurt/M.: Stroemfeld/ Roter Stern 1989.

Alain Masson: La gravité du frivole. in: Positif, Nr.232/33, Juli/ August 1980. - Christian Viviani: L'heure exquise ... in: Positif, Nr.232/33, Juli/August 1980. - Claude Beylie: Lettre d'une inconnue. La nostalgie est toujours ce qu'elle était. in: C.B.: Vers une Cinémathèque idéale. Paris: Ed. Henri Veyrier 1982.

Forrest Williams: The mastery of movement. An appreciation of Max Ophuls. in: Film Comment, Vol.5, Nr.4, Winter 1969. - Howard Koch: Script to Screen With Max Ophuls. in: Film Comment, Vol.6, Nr.4, Winter 1970/71; nachgedruckt in: Richard Corliss (Hrsg.): The Hollywood Screenwriters. A Film Comment Book. New York: Avon Book 1972; auch in: Virginia Wright Wexman, Karen Hollinger (Hrsg.): LETTER FROM AN UNKNOWN WOMAN. New Brunswick, N.J.: Rutgers University Press 1986. - Brian Henderson: The Long Take. in: Film Comment, Vol.7, Nr.2, Sommer 1971; nachgedruckt in: Bill Nichols (Hrsg.): Movies and Methods. Berkeley, Los Angeles: The University of California Press 1976; auch in: B.H.: A Critique of Film Theory. New York: Dutton 1980. - Richard Lippe: LETTER FROM AN UNKNOWN WOMAN. in: Velvet Light Trap (University of Wisconsin), Vol.5, Sommer 1972. - Molly Haskell: The Woman's Film. in: M.H.: From Reverence to Rape. The

Treatment of Women in the Movies. New York, Chicago, San Francisco: Holt, Rinehart and Winston 1973; Taschenbuch-Ausgabe: New York: Penguin 1974. - Fred Camper: Distance and Style. The Visual Rhetoric of Max Ophuls: LETTER FROM AN UNKNOWN WOMAN. in: Monogram (London), Nr. 5, 1974. - Howard Koch: LETTER FROM AN UNKNOWN WOMAN. in: Richard Corliss (Hrsg.): Talking Pictures. Screenwriters in the American Cinema. Woodstock, N. Y.: The Overlook Press 1974. - Robin Wood: Ewig hin der Liebe Glück. in: R. W.: Personal Views. London: Fraser 1976. - Stephen Heath: The Question Oshima. in: Wide Angle, Vol. 2, Nr. 1, März 1977; nachgedruckt in: Paul Willemen (Hrsg.): Ophuls. London: British Film Institute 1978; auch in: Wexman, Hollinger. a. a. O. - John Houseman: Front & Center. New York: Simon and Schuster 1979. A Touchstone Book (darin S. 210-18). - N. Hale: LETTER FROM AN UNKNOWN WOMAN: the dance of time and space. in: Cinemonkey (Portland/Oregon), Vol. 5, Nr. 1, 1979. - Tony Pipolo: The Aptness of Terminology: Point of View, Consciousness and LETTER FROM AN UNKNOWN WOMAN. in: Film Reader (Evanston/Illinois), Nr. 4, 1979. - Douglas McVay: LETTER FROM AN UNKNOWN WOMAN. in: Focus on Film, Nr. 35, April 1980. - Charles Affron: Cinema and Sentiment. Chicago, London: The University of Chicago Press 1982 (darin S. 46-47, 97-103). - V. F. Perkins: LETTER FROM AN UNKNOWN WOMAN. in: Movie, Nr. 29/30, Sommer 1982. - William Hughes: Howard Koch. in: Robert E. Morsberger, Stephen O. Lesser, Randall Clark (Hrsg.): Dictionary of Literary Biography. Vol. 26: American Screenwriters. Detroit: Gale Research Company 1984. - Kaja Silverman: Dis-Embodying the Female Voice. in: Mary Ann Doane, Patricia Mellencamp, Linda Williams (Hrsg.): Re-Vision. Essays in Feminist Film Criticism. Los Angeles: The American Film Institute, University Publications of America 1984. - Tania Modleski: Time and Desire in the Women's Film. in: Cinema Journal, Vol. 23, Nr. 3, Frühjahr 1984; nachgedruckt in: Wexman, Hollinger a. a. O. - George M. Wilson: Max Ophuls' LETTER FROM AN UNKNOWN WOMAN. in: G. M. W.: Narration in Light. Studies in Cinematic Point of View. Baltimore, London: The John Hopkins University Press 1986. - G. Stewart: Photo-gravure: death, photography, and film narrative. in: Wide Angle, Vol. 9, Nr. 1, 1987.

Kritiken: Z. in: Film-Dienst, Nr. 10, 18. 3. 1950 (FD-Nr. 618). - G. N. in: Evang. Film-Beobachter, Nr. 7, 1. 4. 1950. - Roger in: Filmblätter, Nr. 20, 19. 5. 1950. - Elio Romano in: Frankfurter Allgemeine Zeitung, Nr. 4, 6. 1. 1952. - Roland Mayr in: Film logbuch, Nr. 16, März 1988.

G. Ct. (Gilles Colpart) in: La saison cinématographique 1948/49. Hors série XXX. - José Zendel in: L'Ecran Français, 9. 11. 1948. - L. Ms. (Louis Marcorelles) in: Cahiers du Cinéma, Nr. 81, März

1958. - Claude Beylie in: Cinéma (Paris), Nr. 138, Juli/August 1969. - Jacques Siclier in: Le Monde, 30.9. 1987.

Baxt. in: Variety, 14.4. 1948. - Bosley Crowther in: The New York Times, 29.4. 1948. - Robert Hatch in: The New Republic, Vol. 118, Nr. 18, 3.5. 1948. - anon. in: Newsweek, Vol. 31, Nr. 18, 3.5. 1948. - John McCarten in: The New Yorker, Vol. 24, Nr. ?, 8.5. 1948. - anon. in: Time, Vol. 51, Nr. 20, 17.5.1948. - anon. in: Fortnight, Vol. 4, Nr. 11, 21.5. 1948. - Philip T. Hartung in: Commonweal, Vol. 48, Nr. ?, 18.6. 1948. - anon. in: Monthly Film Bulletin, Vol. 16, Nr. 188, 31.8. 1949. - anon. in: Sight and Sound, Vol. 18, Nr. 72, Januar 1950. - Simon Harcourt-Smith in: Sight and Sound, Vol. 19, Nr. 1, März 1950. - Gary Carey in: Seventh Art, Vol. 2, Nr. 3, Sommer 1964. - David S. Hull in: Film Society Review (New York), März 1966. - Michael Kerbel in: Film Comment, Vol. 7, Nr. 2, Sommer 1971. - Roger Greenspun in: Film Comment, Vol. 10, Nr. 6, November/Dezember 1974; Vol. 11, Nr. 1, Januar/Februar 1975. - John Coleman in: New Statesman (London), 23.11. 1979. - Derek Elley in: Films and Filming, Vol. 26, Nr. 4, Januar 1980.

CAUGHT. Gefangen

Literarische Vorlage: Libbie Block: Wild Calendar. New York 1946.

Aufsätze/Analysen: Robert Parrish: De Chaplin a Fuller. in: Cahiers du Cinéma, Nr. 142, April 1963. - Robert Parrish: Ophuls, deuxième prise. in: Positif, Nr. 232/33, Juli/August 1980.

M. A. Doane: CAUGHT and Rebecca: the inscription of femininity as absence. in: Enclitic (Minneapolis), Vol. 5/6, Nr. 1/2, 1981/82.

Kritiken: J.-L. G. (Jean-Luc Godard) in: Cahiers du Cinéma, Nr. 81, März 1958; nachgedruckt in: Jean-Luc Godard par Jean-Luc Godard. Paris: Ed. Pierre Belfond 1968; deutsch in: Godard. Kritiker. Ausgewählte Kritiken und Aufsätze über Filme (1950-1970). München: Carl Hanser 1971.

Bosley Crowther in: The New York Times, 18.2. 1949. - Brog. in: Variety, 23.1. 1949. - John McCarten in: The New Yorker, Vol. 25, Nr. 1, 26.2. 1949. - anon. in: Newsweek, Vol. 33, Nr. 9, 28.2. 1949. - Philip T. Hartung in: Commonweal, Vol. 49, Nr. ?, 4.3. 1949. - Robert Hatch in: The New Republic, Vol. 120, Nr. 10, 7.3. 1949. - anon. in: Time, Vol. 53, Nr. 10, 7.3. 1949. - Voyeur in: Theatre Arts, Vol. 33, Nr. 4, Mai 1949. - anon. in: Monthly Film Bulletin, Vol. 16, Nr. 185, 31.5. 1949. - G. L. (Gavin Lambert) in: Sequence, Nr. 2/6, Herbst 1949. - Gary Carey in: Film Comment, Vol. 7, Nr. 2, Sommer 1971.

THE RECKLESS MOMENT. Schweigegeld für Liebesbriefe

Literarische Vorlage: Elisabeth S(anxay) Holding: The Blank Wall. in: Ladie's Home Journal; Buchausgabe: New York 1947

Material: Illustrierte Film-Bühne, Nr. 1376.
Aufsätze/Analysen: Stephen Croffs: THE RECKLESS MOMENT/The Family in RECKLESS MOMENT. in: Framework, Vol. 11, Nr. 4, Herbst 1976. - N. Hale: Houses, phones and cars: domestic spaces in Max Ophuls' THE RECKLESS MOMENT. in: Movietone News (Seattle/Washington), Nr. 58/59, 14.8. 1978.
Kritiken: F. in: Film-Dienst, Nr. 45, 1.12. 1951 (FD-Nr. 1469). - H. H. in: Filmblätter, Nr. 21, 23.5. 1952. - E. R. in: Der Abend, 24.5. 1952. - -ndt. in: Die Neue Zeitung (Berlin), 25.5. 1952. - I. K. in: Der Tagesspiegel, 25.5. 1952. - D. F. (Dora Fehling) in: Telegraf (Berlin), 25.5. 1952. - K. O. G. (Karl Otto Gebert) in: Die Filmwoche (Baden-Baden), Nr. 22, 31.5. 1952. - ch. in: Die Tat (Zürich), 1.6. 1952. - hl. in: Neue Zürcher Zeitung, 3.6. 1952. - Gö. in: Kölnische Rundschau, 9.7. 1952. - anon. in: Münchner Merkur, 9.7. 1952. - R. K. in: Der neue Film, 21.7. 1952. - E. S. in: Nürnberger Nachrichten, 26.7. 1952. - G. N. in: Evang. Film-Beobachter, Nr. 33, 14.8. 1952. - eg. in: Der Mittag (Düsseldorf), 28./29.4. 1953.
N. S. (Noël Simsolo) in: La saison cinématographique 1950/51. Hors série XXXII. - L. Ms. (Louis Marcorelles) in: Cahiers du Cinéma, Nr. 81, März 1958.
Brog. in: Variety, 19.10. 1949. - anon. in: Newsweek, Vol. 34, Nr. ?, 19.12. 1949. - Bosley Crowther in: The New York Times, 30.12. 1949. - G. L. (Gavin Lambert) in: Monthly Film Bulletin, Vol. 16, Nr. 192, 31.12. 1949. - Lindsay G. Anderson in: Sequence, Nr. 10, 1950. - anon. in: Sight and Sound, Vol. 18, Nr. 72, Januar 1950. - Philip T. Hartung in: Commonweal, Vol. 51, Nr. ?, 20.1. 1950. - William Paul in: Film Comment, Vol. 7, Nr. 2, Sommer 1971.

LA RONDE. Der Reigen
Literarische Vorlage: Arthur Schnitzler: Reigen. Wien 1903.
Drehbuch: LA RONDE. in: L'Avant-Scène du Cinéma, Nr. 25, 15.4. 1963.
Masterworks of French Cinema. Einführung von John Weightman. London: Lorrimer 1974.
Material: Illustrierte Film-Bühne, Nr. 967.
LA RONDE. Fiche 149. Télé-Ciné, Paris.
anon.: Oskar Straus At 80 Working On Movie. in: The New York Times, 6.3. 1950. - Bosley Crowther: The Censor Was Here. in: The New York Times, 21.3. 1954.
Interview: Paul Carrière: Max Ophuls nous parle de LA RONDE. in: Le Figaro, 10./11.12. 1949.
Aufsätze/Analysen: Gertrud Koch: Positivierung der Gefühle: Zu den Schnitzler-Verfilmungen von Max Ophüls. in: Hartmut Scheible (Hrsg.): Arthur Schnitzler in neuer Sicht. München: Fink 1981. - Gertrud Koch: Ophüls und die inszenierte Weiblichkeit. Die

Schnitzler-Verfilmungen von Max Ophüls. in: Frauen und Film, Nr. 33, Oktober 1982.
François Cuel: L'amour, le désir et autres accessoires. in: Cinématographe, Nr. 33, Dezember 1977.
Karel Reisz: Max Ophuls and LA RONDE. in: Sequence, Nr. 14, Neujahr 1952. - Raymond Durgnat: Midnight Sun. in: Films and Filming, Vol. 8, Nr. 8, Mai 1962. - Hyberger: Camera la ronde. in: Foreign Cinema, 19.12. 1969. - Alan Williams: The Circles of Desire: Narration and Representation in LA RONDE. in: Film Quarterly, Vol. 26, Nr. 5, Herbst 1973. - Alan Williams: Keeping the circle turning. Ophuls' LA RONDE (1950). in: Andrew S. Horton, Joan Magretta (Hrsg.): Modern European Filmmakers and the Art of Adaptation. New York: Ungar 1981. - Deborah Thomas: LA RONDE. in: Movie, Nr. 29/30, Sommer 1982. - Philip Kemp: LA RONDE. in: Christopher Lyon (Hrsg.): The Macmillan Dictionary of Films and Filmmakers. Vol. 1: Films. London: Macmillan 1984.
Kritiken: Ba. in: Der Abend (Berlin), 25.11. 1950. - D. F. (Dora Fehling) in: Telegraf (Berlin), 25.11. 1950. - -ft. (Friedrich Luft) in: Die Neue Zeitung (München), 26.11. 1950. - W. F. (Werner Fiedler) in: Der Tag (Berlin), 26.11. 1950. - K. W. K. in: Der Tagesspiegel, 26.11. 1950. - LM (Ludwig Maurer) in: Spandauer Volksblatt, 27.11. 1950. - -ck. in: Evang. Film-Beobachter, Nr. 23, 1.12. 1950. - Edith Hamann in: Filmblätter, Nr. 48, 1.12. 1950. - G. H. (Georg Herzberg) in: Film-Echo, Nr. 44, 2.12. 1950. - E. P. M. in: Film-Dienst, Nr. 46, 8.12. 1950 (FD-Nr. 986). - Werner in: Die Filmwoche (Baden-Baden), Nr. 49, 9.12. 1950. - kh. in: Neue-Ruhr-Zeitung (Essen), 11.1. 1951. - anon. in: Stuttgarter Nachrichten, 18.1. 1951. - L. B. in: Nürnberger Nachrichten, 3.2. 1951. - C. Ulberth in: Weser-Kurier (Bremen), 30.3. 1951. - W. E. Süskind in: Sie (Berlin), 4.11. 1951. - Gerhard R. Koch in: Frankfurter Allgemeine Zeitung, 27.4. 1978.
R.C. (Raymond Chirat) in: La saison cinématographique 1950/51. Hors série XXXII. - C. B. (Claude Beylie) in: Cahiers du Cinéma, Nr. 81, März 1958.
Mosk. (Gene Moskowitz) in: Variety, 12.7. 1950. - Lauro Venturi in: Films in Review, Vol. 1, Nr. 7, Oktober 1950 (Venedig). - G. L. (Gavin Lambert) in: Monthly Film Bulletin, Vol. 18, Nr. 209, Juni 1951. - Richard Winnington in: Sight and Sound, Vol. 20, Nr. 2, Juni 1951. - anon. in: Newsweek, Vol. 38, Nr. 17, 22.10. 1951. - anon. in: Time, Vol. 58, Nr. 17, 22.10. 1951. - Hollis Alpert in: Saturday Review, Vol. 34, Nr. 45, 10.11. 1951. - Leda Bauer in: Theatre Arts, Vol. 35, Nr. 12, Dezember 1951. - Bosley Crowther in: The New York Times, 17.3. 1954. - Philip T. Hartung in: Commonweal, Vol. 59, Nr. 25, 26.3. 1954. - John McCarten in: The New Yorker, Vol. 30, Nr. 6, 27.3. 1954. - Eric Bentley in: The New Republic, Vol. 130, Nr. 14, 5.4. 1954. - Romano Tozzi in: Films in Review, Vol. 16, Nr. 4, April

1965. - Richard Winnington in: Sight and Sound, Vol. 37, Nr. 3, Sommer 1968. - Andrew Sarris in: The Village Voice, Vol. 14, Nr. 53, 16.10. 1969. - Francis Wyndham in: Sight and Sound, Vol. 51, Nr. 2, Frühjahr 1982. - David Shipman in: Films and Filming, Nr. 332, Mai 1982. - John Coleman in: New Statesman (London), 7.5. 1982.

LE PLAISIR. Pläsier
Literarische Vorlage: Guy de Maupassant: Le masque (1891); La maison Tellier (1881); Le modèle (1883).
Drehbuch: LE PLAISIR. in: Sight and Sound, Vol. 22, Nr. 4, Sommer 1952 (Auszug).
Material: Illustrierte Film-Bühne, Nr. 1764. - Susanne Ulrici: Sahnetörtchen aus Tüll. »Pläsier« von Ophüls macht Vergnügen. in: Columbia-Presse. Hrsg. v. Zentral-Presseabteilung der Columbia-Filmgesellschaft, Frankfurt/M, um 1951. - Alexandre Alexandre: »Reigen«-Regisseur verfilmt Maupassant. in: Darmstädter Echo, 16.5. 1952.
Brigitte Guerin: LE PLAISIR. Fiche filmographique, Nr. 142. Institut des Hautes Etudes Cinématographiques, Paris.
Aufsätze/Analysen: Barthélemy Amengual: La mémoire et le mouvant: LE PLAISIR. in: Positif, Nr. 132/33, Juli/August 1980.
C. Johnston: Narrative, spectacle and the sexes in Ophuls' LE PLAISIR. in: Film Criticism, Vol. 4, Nr. 3, 1980. - Douglas Pye: LE PLAISIR. in: Movie, Nr. 29/30, Sommer 1982.
Kritiken: Alexandre Alexandre in: Wiesbadener Kurier, 20.8. 1952. - Dieter Raabe in: Stuttgarter Nachrichten, 5.11. 1952. - -f- in: Stuttgarter Zeitung, 6.11. 1952. - Wolfgang A. Peters in: Die Neue Zeitung (Frankfurt), 7.11. 1952. - USE. (Ulrich Seelmann-Eggebert) in: Der neue Film (Wiesbaden), 17.11. 1952. - Manuel in: Filmblätter, Nr. 47, 21.11. 1952. - Walter Hanns Zeller in: Die Filmwoche (Baden-Baden), Nr. 47, 22.11. 1952. - -ck in: Evang. Film-Beobachter, Nr. 50, 11.12. 1952. - Hans Schaarwächter in: Der Mittag (Düsseldorf), 11.12. 1952. - Rolf Becker in: Neue-Ruhr-Zeitung (Essen), 11.12. 1952. - Ro. in: Film-Dienst, Nr. 2, 9.1. 1953 (FD-Nr. 2272). - Barnabas Pardel in: Michael (Düsseldorf), 18.1. 1953. - Georg Krieger in: Rheinischer Merkur (Koblenz), 23.1. 1953. - anon. in: Welt der Arbeit (Recklinghausen), 30.1. 1953. - L. B. in: Nürnberger Nachrichten, 17.4. 1953. - Rolf Becker in: Neue-Ruhr-Zeitung, 5.5. 1953. - -ger (Georg Ramseger) in: Die Welt (Hamburg), 6.5. 1953. - ms. (Martin Schlappner) in: Neue Zürcher Zeitung, 12.5. 1953. - Gerd Schulte in: Hannoversche Allgemeine Zeitung, 16./17.5.1953. - T. in: Sonntagsblatt (Hamburg), 17.5. 1953. - Ba. in: Der Abend (Berlin), 18.8. 1953. - Felix Henseleit in: Der Kurier (Berlin), 18.8. 1953. - -ft. (Friedrich Luft) in: Die Neue Zeitung (Berlin), 19.8. 1953. - LM (Ludwig Maurer) in: Spandauer Volksblatt,

19.8. 1953. – W.F. (Werner Fiedler) in: Der Tag (Berlin), 19.8. 1953. – W.Lg. (Walter Lennig) in: Der Tagesspiegel, 19.8. 1953. – D.F. (Dora Fehling) in: Telegraf (Berlin), 19.8. 1953. – Carl Andrießen in: Die Weltbühne (Berlin), Nr.37, 16.9. 1953. – str. in: Der Bund (Bern), 26.4. 1954.
J.-L.G. (Jean-Luc Godard) in: Cahiers du Cinéma, Nr.81, März 1958. – Jean-Luc Godard in: Cahiers du Cinéma, Nr.92, Februar 1959 (Tours). – M.Perez in: Positif, Nr.254/55, Mai 1982.
Mosk. (Gene Moskowitz) in: Variety, 26.3. 1952. – G.L. (Gavin Lambert) in: Monthly Film Bulletin, Vol.20, Nr.230, März 1953. – Simon Harcourt-Smith in: Sight and Sound, Vol.22, Nr.4, April-Juni 1953. – Bosley Crowther in: The New York Times, 20.5. 1954. – John McCarten in: The New Yorker, Vol.30, Nr.15, 29.5. 1954. – Bosley Crowther in: The New York Times, 30.5.1954. – Philip T.Hartung in: Commonweal, Vol.60, Nr.9, 4.6. 1954. – Lee Rogow in: Saturday Review, Vol.37, Nr.23, 5.6. 1954. – anon. in: Time, Vol.63, Nr.24, 14.6. 1954.

MADAME DE ... Madame de ...
Literarische Vorlage: Louise de Vilmorin: Madame de ... Paris 1954; deutsche Ausgabe: Madam de ... München o.J.; München 1971
Drehbuch: MADAME DE ... in: L'Avant-Scène du Cinéma, Nr.351, Juni 1986.
Material: Illustrierte Film-Bühne, Nr.2317.
Déclarations de Max Ophuls à la presse corporative. in: Unifrance Film Informations, Nr.5. – Michèle Robert: MADAME DE ... Fiche filmographique, Nr.195, Institut des Hautes Etudes Cinématographiques, Paris. – Pierre Jouvet: Rythmes et masques. in: Cinématographe, Nr.33, Dezember 1977. – Cahier du tournage. in: L'Avant-Scène du Cinéma, Nr.351, Juni 1986.
Aufsätze/Analysen: Enno Patalas: Kolportage mit doppeltem Boden. Max Ophüls' Meisterwerk MADAME DE ... in: Antares. Französische Hefte für Kunst, Literatur und Wissenschaft (Baden-Baden), 3.Jg., Nr.2, März 1955.
Jacques Rivette: Le Masque. in: Cahiers du Cinéma, Nr.28, November 1953; deutsch in: Revue CICIM (München), Nr.24/25, Januar 1989 (Jacques Rivette: Schriften fürs Kino). – Vincent Amiel: Mouvements d'un couple et de la société. in: Positif, Nr.257/58, Juli/August 1982.
Robert Giard: The earrings of Madame de ... in: Seventh Art (New York), Sommer 1964. – Andrew Britton: Metapher and Mimesis: MADAME DE ... in: Movie, Nr.29/30, Sommer 1982. – Stephen L.Hanson: MADAME DE ... in: Christopher Lyon (Hrsg.): The Macmillan Dictionary of Films and Filmmakers. Vol.1: Films. London: Macmillan 1984.

Kritiken: Cornelius Kant in: Münchner Merkur, 22.9. 1953. - Alexandre Alexandre in: Hamburger Anzeiger, 24.9. 1953. - Hubert von Rauhe in: Die Neue Zeitung (Berlin), 8.10. 1953. - A. in: Film-Dienst, Nr. 15, 9.4. 1954 (FD-Nr. 3213). - D.F. (Dora Fehling) in: Norddeutsche Zeitung (Hannover), 11.4. 1954. - Edith Hamann in: Filmblätter, Nr. 16, 23.4.1954. - (Georg) Herzberg in: Film-Echo, Nr. 17, 24.4. 1954. - Heinz Reinhard in: Die Filmwoche (Baden-Baden), Nr. 16, 24.4. 1954. - Ilse Urbach in: Der Kurier (Berlin), 24.4. 1954. - -ft. (Friedrich Luft) in: Die Neue Zeitung (Berlin), 25.4. 1954. - LM (Ludwig Maurer) in: Spandauer Volksblatt, 25.4. 1954. - W.F. (Werner Fiedler) in: Der Tag (Berlin), 25.4. 1954. - anon. in: Der Spiegel, Nr. 18, 28.4. 1954 (Kurzkritik). - G-z. (Erwin Goelz) in: Stuttgarter Zeitung, 28.4. 1954. - Clara Menck in: Deutsche Zeitung und Wirtschaftszeitung (Stuttgart), 1.5. 1954. - Carola Eckert in: Hannoversche Allgemeine Zeitung, 3.5. 1954. - St-e in: Hamburger Echo, 5.5. 1954. - B.B. in: Rheinische Post (Düsseldorf), 12.5. 1954. - E.K. (Eva Krause) in: Evang. Film-Beobachter, Nr. 20, 13.5. 1954. - anon. in: Die Zeit, 13.5. 1954. - Gunter Groll in: Süddeutsche Zeitung, 14.5. 1954; nachgedruckt in: G.G.: Lichter und Schatten. München: Süddeutscher Verlag 1956. - anon. in: Münchner Merkur, 16.5. 1954. - R.Bg. in: Frankfurter Rundschau, 26.5. 1954. - Klaus Hebecker in: Der Mittag (Düsseldorf), 1.6. 1954. - Mg. in: Kölnische Rundschau, 12.6. 1954. - W.B. in: Nürnberger Nachrichten, 18.6. 1954. - gobo in: Welt der Arbeit, 2.7. 1954. - Ulrich Lauterbach in: Frankfurter Allgemeine Zeitung, 15.1. 1980. - p.b. (Peter Buchka) in: Süddeutsche Zeitung, 28.7. 1982.
J.B. (Jean Barreau) in: La saison cinématographique 1967. - Vincent Amiel in: L'Avant-Scène du Cinéma, Nr. 351, Juni 1986.
Mosk. (Gene Moskowitz) in: Variety, 21.10. 1953. - Lindsay Anderson in: Sight and Sound, Vol. 23, Nr. 4, April-Juni 1954. - K.R. in: Monthly Film Bulletin, Vol. 21, Nr. 244, Mai 1954. - A.W. in: The New York Times, 20.7. 1954. - anon. in: Time, Vol. 64, Nr. 4, 26.7. 1954. - anon. in: Newsweek, Vol. 44, Nr. 6, 9.8. 1954. - Martin S. Dworkin in: The New Republic, Vol. 131, Nr. 7, 16.8. 1954. - Arthur Knight in: Saturday Review, Vol. 37, Nr. 36, 4.9. 1954. - Pauline Kael in: Kulchur 1961; nachgedruckt in: P.K.: I Lost It At the Movies. London: Jonathan Cape 1966. - Robert Giard in: Seventh Art (New York), Vol. 2, Nr. 3, Sommer 1964. - Foster Hirsch in: Film Comment, Vol. 7, Nr. 2, Sommer 1971.

LOLA MONTÈS / LOLA MONTEZ
Literarische Vorlage: Cecil Saint Laurent (ps. Jacques Laurent): La vie extraordinaire de Lola Montès. Paris: Hachette o.J. (1956). Deutsche Ausgabe: Von Glück und Trauer trunken (Lola Montez). Bonn: Verlag der Europäischen Bücherei H.M. Hieronimi 1956

Drehbuch: Enno Patalas (Hrsg.): Spectaculum. Texte moderner Filme. Bd. 1. Frankfurt/M: Suhrkamp 1962. – LOLA MONTÈS. in: L'Avant-Scène du Cinéma, Nr. 88, Januar 1969. – Séquence inédit. in: Education et Cinéma, Nr. 14, September/Oktober 1958.

Poem: Stan Slater: Lola Montez. in: Literature/Film Quarterly, Vol. 2, Nr. 1, Winter 1974.

Material: Illustrierte Film-Bühne, Nr. 3120. – W. A. Weigl: Lola verzaubert sogar die Münchener. in: Die Filmwoche (Baden-Baden), Nr. 21, 21. 5. 1955 (Drehbericht). – D-ck.: Die Tragödie des Ruhms. in: Telegraf (Berlin), 22. 5. 1955. – AMS: Noch trainiert sie am Trapez. in: Der Tag (Berlin), 17. 6. 1955. – Hans Borgelt: Martine Carol als Lola Montez. in: Der Tagesspiegel, 19. 6. 1955. – Will Wehling: 6 000 000 für LOLA MONTEZ. in: Die Welt (Berlin), 13. 8. 1955. – anon.: Ophüls und sein Zirkus. in: Der Spiegel, Nr. 38, 14. 9. 1955 (Produktionsbericht). – Alexandre Alexandre: Deutsch-französische Coproduktion. in: Hamburger Anzeiger, 31. 12. 1955. – Martine Carol: Manchmal hatte ich Angst. in: Der Tag (Berlin), 20. 1. 1956. – -ng (Dora Fehling): Begegnung mit Ophüls. in: Telegraf (Berlin), 10. 2. 1956. – Peter Wiesmeier: Ein guter Autor ist gern in der Schußlinie der Kritik. Interview mit Franz Geiger. in: Film + Ton-Magazin, Nr. 11, November 1979. – Sylvia Wolf, Ulrich Kurowski: Das Münchner Film- und Kinobuch. München: Edition Achteinhalb Lothar Just 1989 (darin S. 184-187).

Charles Bitsch: Le dossier de presse de LOLA MONTÈS. in: Cahiers du Cinéma, Nr. 55, Januar 1956. – Offener Brief zu LOLA MONTÈS. Unterzeichner: Jean Cocteau, Roberto Rossellini, Jacques Becker, Christian-Jacque, Jacques Tati, Pierre Kast, Alexandre Astruc. in: Le Figaro, 5. 1. 1956. – Jacques Audiberti: Billet XV. Entrée de secours. in: Cahiers du Cinéma, Nr. 56, Februar 1956. – A. G. (A. Golea): 12 Janvier. in: Cahiers du Cinéma, Nr. 56, Februar 1956 (Petit Journal du Cinéma). – H. Soissons: LOLA MONTÈS. in: Cahiers du Cinéma, Nr. 61, Juli 1956. – C. B. (Claude Beylie): Précisions. in: Cahiers du Cinéma, Nr. 83, Mai 1958 (Petit Journal du Cinéma). – Marcel Martin: LOLA MONTÈS. in: Cinéma (Paris), Nr. 66, Mai 1962. – Max Ophuls: LOLA MONTÈS en avant-première. in: Positif, Nr. 232/33, Juli/August 1980. – LOLA MONTÈS. in: Des femmes en mouvements, 2. 3. 1980; deutsch in: Frauen und Film, Nr. 27, Februar 1981 (Schein und Sein – Glanz und Grausamkeit der Repräsentation).

Joanne Robertson: Lola Montez – her life. in: Monthly Film Bulletin, Vol. 45, Nr. 537, Oktober 1978.

Diskussion: Andrew Britton, Ian Cameron, V. F. Perkins, Douglas Pye, Michael Walker: LOLA MONTÈS. Discussion. in: Movie, Nr. 29/30, Sommer 1982.

Interviews: Will Wehling: LOLA MONTEZ. in: Die Welt, 13. 8. 1955.

Jacques Demeure, Paul-Louis Thirard: Entretien avec Alain Jessua. in: Positif, Nr. 149, April 1973 (u. a. über LOLA MONTEZ).
Aufsätze/Analysen: Frieda Grafe, Enno Patalas: Theater, Kino, Publikum. LIEBELEI und LOLA MONTEZ von Max Ophüls. in: F. G., E. P.: Im Off. Filmartikel. München, Wien: Hanser 1974; englisch in: Paul Willemen (Hrsg.): Ophuls. London: British Film Institute 1978. - Hartmut Bitomsky: LOLA MONTEZ. Die bezeichnende Lust und der bezeichnete Schmerz. in: Filmkritik, Nr. 6, Juni 1974.
Jacques Siclier: Lola aux pieds nus. in: Cahiers du Cinéma, Nr. 56, Februar 1956. - Dominique Delouch: LOLA MONTÈS. in: télécine, Nr. 55/56, März/April 1956. - Ado Kyrou: L'histoire se répète ou l'inhumaine Lola. in: Positif, Nr. 16, Mai 1956. - Louis Audiberti: La dernière femme de Max Ophuls. in: Cinématographe, Nr. 57, Mai 1980. - Yann Tobin: Ich bin die fesche Lola ... in: Positif, Nr. 232/33, Juli/August 1980. - Christian Viviani: L'heure exquise ... in: Positif, Nr. 232/33, Juli/August 1980. - Jean-François Tarnowski: Identification d'une oeuvre: Antonioni et la modernité cinématographique. in: Positif, Nr. 263, Januar 1983 (u. a. über LOLA MONTEZ).
Molly Haskell: The Woman's Film. in: M. H.: From Reverence to Rape. New York, Chicago, San Francisco: Holt, Rinehart and Winston 1973; Taschenbuch-Ausgabe: New York: Penguin 1974. - Dennis Nastav: LOLA MONTÈS. in: Christopher Lyon (Hrsg.): The Macmillan Dictionary of Films and Filmmakers. Vol. 1: Films. London: Macmillan 1984.
Kritiken: Hans Sommerhäuser in: Hamburger Anzeiger, 14. 1. 1956. - Hans-Joachim Deckert in: Mannheimer Morgen, 14. 1. 1956. - epb in: Die Welt (Berlin), 14. 1. 1956. - Friedrich Luft in: Süddeutsche Zeitung, 15. 1. 1956. - Hans Hellmut Kirst in: Münchner Merkur, 15. 1. 1956. - Ernst Veit in: Film-Echo, Nr. 5, 18. 1. 1956. - -ck. in: Evang. Film-Beobachter, Nr. 3, 19. 1. 1956. - Edmond Lutrand in: Die Zeit, 19. 1. 1956. - W. S. (Wolf Sauerlandt) in: Die Filmwoche (Baden-Baden), Nr. 4, 21. 1. 1956. - anon. in: Der Spiegel, Nr. 4, 25. 1. 1956. - M: PL in: Film-Dienst, Nr. 4, 26. 1. 1956 (FD-Nr. 4685). - I. U. (Ilse Urbach) in: Der Kurier (Berlin), 10. 1. 1956. - G. Geisler in: Berliner Morgenpost, 11. 2. 1956. - F-e in: Spandauer Volksblatt, 11. 2. 1956. - Werner Fiedler in: Der Tag (Berlin), 11. 2. 1956. - Karena Niehoff in: Der Tagesspiegel, 11. 2. 1956. - D. F. (Dora Fehling) in: Telegraf (Berlin), 11. 2. 1956. - G-z. (Erwin Goelz) in: Stuttgarter Zeitung, 18. 2. 1956. - Heinrich Dittmar in: Neue-Ruhr-Zeitung (Essen), 3. 3. 1956. - gobo in: Welt der Arbeit (Recklinghausen), 30. 3. 1956. - Helene Rahms in: Frankfurter Allgemeine Zeitung, 31. 3. 1956. - ms. (Martin Schlappner) in: Neue Zürcher Zeitung, 16. 4. 1956. - Undine in: National-Zeitung (Basel), 29. 6. 1956. - Gerhard Roger in: Filmblätter, Nr. 3, 3. 7. 1956. - E. K. in: Neue Rhein-

Zeitung (Düsseldorf), 31.5. 1958. - Joachim von Mengershausen in: Süddeutsche Zeitung, 25.3. 1968. - Enno Patalas in: Filmkritik, Nr.5, Mai 1968; nachgedruckt in: Wilhelm Roth (Red.): Gibt es einen »Altersstil«. Spätwerke von fünfzehn Regisseuren, konfrontiert mit Frühwerken. Berlin: Freunde der deutschen Kinemathek, 13.-31.12. 1973. - Brigitte Jeremias in: Frankfurter Allgemeine Zeitung, 7.5. 1968. - Klaus Hellwig in: Frankfurter Rundschau, 7.5. 1968. - Klaus Kreimeier in: Film (Velber), Nr.6, Juni 1968. - Bruno Jaeggi in: Basler Zeitung, 11.6. 1979.

Philippe Demonsablon in: Cahiers du Cinéma, Nr.55, Januar 1956. - François Truffaut in: Cahiers du Cinéma, Nr.55, Januar 1956; nachgedruckt in: F.T.: Les films de ma vie. Paris: Flammarion 1975; deutsche Ausgabe: Die Filme meines Lebens. München: Hanser 1976; Taschenbuch-Ausgabe: München: dtv 1979. dtv 1449. - L.O. in: La Cinématographie Française, Nr.1650, 7.1. 1956. - Jacques Audiberti in: Cahiers du Cinéma, Nr.56, Februar 1956. - L.S. (Louis Seguin) in: Positif, Nr.16, Mai 1956. - François Truffaut in: Arts (Paris), 27.2. 1957. - Jacques Chastel in: Cinéma (Paris), Nr.17, April 1957. - Claude Veillot in: L'Express, 21.-27.10. 1968. - O.S. (Olivier Serre) in: télécinė, Nr.216, März 1977. - Jean-Pierre Le Pavec in: Cinéma (Paris), Nr.257, Mai 1980. - Jérôme Tonnerre in: Cinématographe, Nr.57, Mai 1980. - Raymond Lefévre in: Image et Son/La Revue du Cinéma, Nr.350, Mai 1980.

Mosk. (Gene Moskowitz) in: Variety, Vol.201, Nr.8, 25.1. 1956. - David Robinson in: Sight and Sound, Vol.27, Nr.3, Winter 1957/58. - John Cutts in: Films and Filming, Vol.4, Nr.4, Januar 1958. - Jonas Mekas in: The Village Voice, Vol.4, Nr.42, 12.8. 1959; nachgedruckt in: J.M.: Movie Journal. New York: Collier Books 1972. - Romano Tozzi in: Films in Review, Vol.10, Nr.9, November 1959. - Gretchen Weinberg in: Film Quarterly, Vol.16, Nr.4, Sommer 1963. - Marilyn Goldin in: Seventh Art (New York), Vol.2, Nr.3, Sommer 1964. - Vincent Canby in: The New York Times, 23.9. 1968. - Roger Greenspun in: Film Society Review (New York), Oktober 1968. - anon. in: The New York Times, 20.4. 1969. - anon. in: The New York Times, 21.4.1969. - Stanley Kauffmann in: The New Republic, Vol.160, Nr.18, 3.5. 1969; nachgedruckt in: S.K.: Figures of Light. New York, Evanston, San Francisco, London: Harper & Row 1971. - Penelope Gilliatt in: The New Yorker, Vol.55, Nr.11, 3.5. 1969; nachgedruckt in: P.G.: Unholy Fools. London: Secker & Warburg 1973. - Marjorie Baumgarten in: Cinema Texas Program Notes (Austin), 6.10. 1977. - Gordon Gow in: Films and Filming, Vol.25, Nr.1, Oktober 1978. - Tom Milne in: Monthly Film Bulletin, Vol.45, Nr.537, Oktober 1978. - David Robinson in: Sight and Sound, Vol.47, Nr.4, Herbst 1978.

LES AMANTS DE MONTPARNASSE. Montparnasse 19
Kritiken: Alexandre Alexandre in: Der Kurier (Berlin), 11.4. 1958. - H.v.R. (Hubert von Rauhe?) in: Rheinische Post (Düsseldorf), 7.5. 1958. - anon. in: Münchner Merkur, 22.9. 1958. - K.K. (Karl Korn) in: Frankfurter Allgemeine Zeitung, 11.10. 1958. - G-z. (Erwin Goelz) in: Stuttgarter Zeitung, 15.1. 1959. - E.R. in: Der Abend (Berlin), 7.4. 1959. - -es- in: Der Kurier (Berlin), 7.4. 1959. - Gsl. (Geisler) in: Berliner Morgenpost, 8.4. 1959. - F-e. in: Spandauer Volksblatt, 8.4. 1959. - W.F. (Werner Fiedler) in: Der Tag (Berlin), 8.4. 1959. - D.F. (Dora Fehling) in: Telegraf (Berlin), 8.4. 1959. - Karena Niehoff in: Der Tagesspiegel, 9.4. 1959. - H.T. in: Berliner Stimme, 11.4. 1959. - H.Albrecht in: National-Zeitung (Berlin/DDR), 6.8. 1960. - H.H. in: Neues Deutschland (Berlin/DDR), 7.8. 1960. - I.I. in: General-Anzeiger (Wuppertal), 7.12. 1960.
Jean-Luc Godard in: Cahiers du Cinéma, Nr.83, Mai 1958.
Gene Moskowitz in: Sight and Sound, Vol.27, Nr.3, Winter 1957/58. - Romano Tozzi in: Films in Review, Vol.12, Nr.3, März 1961. - Bosley Crowther in: The New York Times, 1.3. 1961. - Raymond Durgnat in: Films and Filming, Vol.7, Nr.11, August 1961.

Andere Medien

Syposium
Méditation culturelle et débat politique: Des aspects du travail théâtral, radiophonique et cinématographique de Max Ophuls. Goethe-Institut/Institut Lumière, Lyon 1987.

Filme
1932. Werbeschmalfilm der Agfa über die Dreharbeiten zu DIE VERKAUFTE BRAUT. - R: Skalden. - Vgl. Filmografie.
1965. Max Ophuls ou le plaisir de tourner. - R: Michel Mitrani. - TV-Film. - TV: 26.10. 1965. - Reihe: Cinéastes de notre temps. - Gedächtnissendung des französischen Fernsehens im Zirkus Fanni mit Vittorio de Sica, Peter Ustinov, Marcel Ophuls, Alain Jessua, Jean Valère, Danielle Darrieux, Martine Carol, Simone Simon.
1966. Max Ophuls. - R: André S.Labarthe. - TV-Film.
1968. Letter From an Unknown Woman. - R: Victor Perkins. - TV-Film, BBC.
1982. Zauberer des Kinos - Max Ophüls. - R: Georg Bense. - TV-Film. - TV: 5.5. 1982, S 3.

Hörfunk
1967. Die Lust zu sehen. Max Ophuls zum 10.Todestag. Ein Porträt von Herbert Linder. - Südwestfunk 20.3. 1967

1977. Der große Verzauberer. - R, B: Ulrich Lauterbach. - Erstsendung: Südwestfunk 10.9. 1977.

Schallplatte
J. W. v. Goethe: Novelle
Cottas Hörspielbühne

Rezensionen über »Spiel im Dasein«

G-z. (Erwin Goelz) in: Stuttgarter Zeitung, 27.2. 1959. - Hans Schaarwächter in: Der Mittag (Düsseldorf), 17.3. 1959. - Ev. (Franz Everschor) in: Film-Dienst, Nr. 21, 21.5. 1959. - D. F. (Dora Fehling) in: Telegraf (Berlin), 5.7. 1959. - Christian Bauer in: Süddeutsche Zeitung, 19.9. 1981 (Neuauflage).

Für Hilfeleistungen und Bildvorlagen danken die Herausgeber den in den Filmografien aufgeführten Produktions- und Verleihfirmen, den Fernsehanstalten, dem Historischen Bildarchiv des Südwestfunks, Baden-Baden, der Cinémathèque Française, Paris, dem British Film Institute, London, dem Deutschen Filmmuseum, Frankfurt, dem Privaten Archiv für Filmkunde, Köln, sowie Peter H. Schröder, Paris. - Die Mitarbeiter des Bandes sahen eine von den Freunden der Deutschen Kinemathek (Berlin) mitorganisierte Retrospektive der Filme von Max Ophüls im Januar 1988 bei der Stiftung Deutsche Kinemathek sowie der Deutschen Film- und Fernsehakademie und im Kino Arsenal, Berlin.